The Canterbury and York Society
GENERAL EDITOR: R. L. STOREY
M.A., Ph.D.

T0355399

DIOCESE OF SALISBURY

CANTERBURY AND YORK SOCIETY VOL. LVIII

The Registers of
Roger Martival

BISHOP OF SALISBURY

1315-1330

VOLUME II (*bis*)

The Register of Divers Letters
(second half)

EDITED BY

C. R. ELRINGTON, M.A.

Deputy Editor, Victoria History of the Counties of England

PRINTED IN GREAT BRITAIN
BY THE DEVONSHIRE PRESS, TORQUAY
MCMLXXII

PREFACE

THE CONTENTS of the registers of Roger Martival are briefly described in the preface to Volume I. The present volume completes the Register of Divers Letters and provides the index. It follows straight on from the first half, published by the Canterbury and York Society as Volume LVII, and the pagination of the two halves is continuous. The first half was published in 1963, but the length of the intervening period is accidental: the work of editing the second half had largely been finished by the time that the first half was published.

All that is said in the preface to the first half applies equally to the present volume, and in particular the acknowledgement of the help given by the people named there. To their names should now be added that of Dr. R. L. Storey, who has done much since he became General Editor of the Canterbury and York Society to speed the publication of this volume and to improve its quality.

CHRISTOPHER ELRINGTON

CONTENTS

CORRIGENDA

page   3, *line* 12, *for* [4] *read* [1]

,,   13, ,,   11 *from end, for* nominaf ratrum *read* nomina fratrum

,,   72, ,,   11, *for* Robert *read* Roger

,,   79, ,,   12, *for* Chitterne *read* Netheravon

,,   79, ,,   13, *for* Netheravon *read* Chitterne

,,   84, ,,   14, *for* descinnynge *read* descumynge

,,   84, ,,   22 *for* Remmesbirs. Sire *read* Remmesbirs, sire

,, 128, ,,   18, *for* Abnere *read* Almere

,, 135, ,,   2, *for* he cscriptura *read* hec scriptura

,, 145, ,,   14 *from end, for* 1317 *read* 1316

,, 160, ,,   4, *for* Saddoc [1] *read* Saddoc'

,, 160, ,,   22, *after* master *add* Peter

,, 179, ,,   18, *after* prior and *add* convent of Holy Trinity, London.

,, 225, ,,   2 *from end, for* F. Esgarston' *read* E. Esgarston'

,, 271, ,,   4, *for* Waltero *read* Willelmo

,, 273, ,,   2, *for* Barbeslet' *read* Barbeflet'

,, 273, ,,   6, *for* septemdecim *read* septem

,, 285, ,,   7 *from end, for* Calais *read* Caux

,, 317, ,,   7 *from end, for* Waye, Nicholao *read* Waye Nicholao

,, 317, ,,   4 *from end, for* Bajonse *read* Bajouse

,, 339, *note, for* ii jnonas *read* iij nonas

,, 345, *line* 10 *from end, for* Hugo *read* Hugoni

,, 345, ,,   9 *from end, for* Willelmo *read* Willelmus

,, 345, *last line, for* 24 June *read* 15 July

,, 346, *line* 5, *for* RECPETUM *read* RECEPTUM

,, 347, ,,   17 *from end, for* magistr *read* magistri

,, 349, ,,   6 *from end, for* July *read* June

,, 584, ,,   4 *from end, for* Istele *read* Iftele

,, 588, ,,   3, *for* Istele *read* Iftele

[*7 July 1321. Ratification by the Bishop, at North Moreton, of the restoration to the vicarage of North Moreton of a court with houses and gardens that had been temporarily exchanged by the last vicar for three acres belonging to the last archdeacon of Berks. The restoration was made by the archdeacon's official; his certificate, which the Bishop received and examined on 13 March, is dated 31 January and recites the Bishop's mandate of 11 November 1320 telling the official to act on the vicar's complaint about the archdeacon's retaining the property of the vicarage.*]

[Fo. 123ᵛ]

CONFIRMACIO DOMINI SUPER ASSIGNACIONE MANSI VICARIE DE NORTH-MORTON'. Universis sancte matris ecclesie filiis ad quorum noticiam pervenerit hec scriptura Rogerus permissione divina Sar' episcopus salutem in eo quem peperit uterus virginalis. Universitati vestre patefacimus per presentes quod litteras integras in nulla sui parte viciatas recepimus hanc verborum seriem continentes:[1]

'Reverendo in Christo patri ac domino domino Rogero dei gracia Sar' episcopo suus humilis et devotus [filius] domini archidiaconi Berk' . . officialis obedienciam [et] reverenciam debitas cum honore. Mandatum vestrum recepi sub forma que sequitur:

' "Rogerus permissione divina Sar' episcopus dilecto filio . . archidiaconi[2] Berkes' . . officiali salutem, graciam, et benediccionem. Querelam gravem domini Ricardi perpetui vicarii ecclesie de North-morton' nostre diocesis recepimus continentem quod cum inter quemdam magistrum Willelmum de Berg' quondam archidiaconum Berk' ex parte una et dominum Johannem de la Wyndyate nuper vicarium dicte ecclesie predecessorem ejusdem Ricardi ex altera quedam convencio sive composicio personalis inita fuisset, videlicet ut dictus Johannes predicto archidiacono quandam curiam cum domibus et gardino et omnibus pertinenciis ejusdem ad vicariam predictam spectantibus nomine escambii trium acrarum terre arabilis quas dictus archidiaconus de suo perquisito habuit in campo de North-morton' predicta pro tempore suo concederet et dimitteret, ac postquam dictus magister Willelmus archidiaconus esse desineret predicta curia cum domibus et pertinenciis suis predictis ad prefatum Johannem tunc vicarium vel ejus successores, dictaque terra cum pertinenciis ad dictum magistrum Willelmum vel heredes suos absque contradiccione qualibet libere reverterentur, prout in quadam indentura super hoc nobis exhibita videtur prima facie contineri, dominus Tydo de Varesio nunc archidiaconus Berkes' successor dicti magistri Willelmi inmediatus predictam curiam cum omnibus suis pertinenciis toto tempore dicti

---

[1] *Before the opening words of the certificate are the following words, marked* vacat: Universis pateat per presentes quod nos Rogerus permissione divina Sar' episcopus recepimus et inspeximus infrascriptas certificatorias litteras in hec verba.

[2] *MS.* archidiacono.

A

vicarii detinuit et adhuc detinet minus juste occupatam, super quibus cum mansum aliud non habuit ad dictam vicariam spectans sicut de jure habere debuit peciit sibi per nos de remedio congruo provideri. Quocirca devocioni vestre committimus et mandamus quatinus domino Tidone prefato auctoritate nostra coram vobis legitime vocato prefato vicario in hac parte faciatis tam celeris justicie complementum quod ad nos per partem dicti vicarii querela non redeat iterata, super quibus omnibus et singulis vobis quantum ad nos attinet vices nostras committimus cum cohercionis canonice potestate donec eas duximus revocandas. Quid autem in premissis feceritis et dictus archidiaconus fecerit in hac parte nobis citra festum purificacionis beate Marie proximo futurum distincte et aperte rescribatis per litteras vestras patentes harum seriem continentes. Valete. Datum apud parcum nostrum de Remmesbir' iij idus Novembris anno domini millesimo cccmo xxmo et consecracionis nostre sexto."

'Hujus igitur auctoritate mandati constitutis coram me dominis Tidone de Varesio archidiacono memorato et Ricardo vicario ecclesie de Northmorton' antedicta ac aliis quamplurimis de parochia ejusdem viris fidedignis premissorum noticiam verisimiliter optinentibus juratis, examinatis, et diligenter requisitis, inveni quod quedam area cum gardino ejusdem adjacente certis distincta limitibus in qua ante tempus dicti escambii fuerunt domus quedam situate ad vicariam de Northmorton' spectabat, que quidem area cum gardino predicto data fuit sic ut premittitur in escambium cum tribus acris antedictis, quam vero aream cum omnibus suis pertinenciis de expresso ipsius Tidonis assensu ad dictam vicariam pertinere declaravi, et ipsam vicariam ad statum quem habuit in dicta area ante tempus dicti escambii reduxi cum effectu, ipsamque aream predicto vicario nomine vicarie sue predicte, qui premissis omnibus reputavit ut dixit se contentum, assignavi, et sic mandatum vestrum sum reverenter executus. Datum London' ij kalendas Februarii anno domini supradicto.'

In cujus recepcionis et inspeccionis testimonium nos Rogerus episcopus supradictus sigillum nostrum fecimus hiis apponi. Datum apud Aulton' juxta Cerne iij idus Marcii anno domini supradicto.

Nos igitur ipsarum litterarum vim et effectum diligencius ponderantes declaracionem, reduxionem, et assignacionem predictas auctoritate nostra ordinaria ratificamus et eciam approbamus dictamque aream cum gardino cum suis juribus et pertinenciis universis vicarie ecclesie de Northmorton' predicte pertinere debere imperpetuum auctoritate eadem concurrentibus omnibus que in hac parte requiruntur de jure tenore presencium ordinamus, quas sigilli nostri impressione fecimus communiri in fidem et testimonium premissorum. Datum apud Northmorton' septimo die Julii anno domini millesimo ccc^mo vicesimo primo et consecracionis nostre sexto.[1]

[4 July 1321. Ordination of a vicarage at Iwerne Minster at the request of the rector and of his presentee as vicar. The vicar, whose obligations are defined and include the maintenance of five priests for the parish church and its dependent chapels, is to have several houses, various tithes, payments of wax and of corn, offerings, land, wood, pasture, and mortuaries in Iwerne Minster and the chapelries or hamlets of Hargrove, Preston, Orchard, Hinton St. Mary, Margaret Marsh, Handley, and Gussage St. Andrew.]

[Fo. 124]

ORDINACIO VICARIE ECCLESIE DE YWERNEMYNSTR' FACTA PER DOMINUM. Universis sancte matris ecclesie filiis ad quorum noticiam pervenerit hec scriptura Rogerus permissione divina Sar' episcopus salutem in eo quem peperit uterus virginalis. Cum dilectus filius magister Ricardus de Abendon' rector ecclesie de Ywernemynstr' nostre diocesis ad vicariam ejusdem ecclesie cum suis capellis per nos canonice ordinandam magistrum Rogerum Fulconem presbiterum presentavit instituendum per nos perpetuum vicarium in eadem, ipsumque presbiterum, salva nobis et nostris successoribus potestate porciones ejusdem vicarie prout sacri canones exigunt ordinandi, instituerimus ejusdem presentacionis optentu vicarium perpetuum in dicta ecclesia sub onere in ea continue residendi et personaliter ministrandi, ad que facienda secundum formam constitucionis domini Octoboni coram nobis juramentum prestitit corporale, magister Ricardus et vicarius supradicti nobis humiliter supplicarunt ut vicarie hujusmodi porciones prout ad nostrum spectat officium ordinare vellemus. Volentes igitur in ordinando porciones ipsius vicarie et ejusdem onera deliberate in quantum cum deo possumus procedere et certitudinaliter providere, proventus et obvenciones subscriptos ad dictam ecclesiam pertinentes et in quibus dicta vicaria melius nostro et peritorum judicio posset et potest consistere vocatis ad hoc vocandis per viros fidedignos et juratos inquirendorum noticiam verisimiliter optinentes estimari fecimus diligenter. Unde magistro Ricardo et vicario supradictis coram nobis sufficienter in hac parte comparentibus ponderatis undique ponderandis sufficienti deliberacione previa et concurrentibus omnibus que in hac parte requiruntur de jure vicariam predictam ipsiusque porciones et onera que ad eam et ipsius vicarios futuris temporibus pertinere debeant per dictum rectorem primitus assignata ac inter eum et dictum vicarium concordata auctoritate pontificali ipsorum concurrente consensu prout infrascribitur ordinamus, specific-amus, et tenore presencium declaramus.

[1] *In margin,* coll'.

In primis cum secundum apostolum qui altare deservit vivere debeat de altari et ad onus electus repelli non debeat a mercede, volumus quod vicarius supradictus et sui successores habeant unum mansum apud Ywernemynstr' predictam ab antiquo pro duobus presbiteris assignatum, item decimam duorum molendinorum aquaticorum; item omnimodam decimam lini et canabi ubicumque crescencium; gardinorum eciam et curtilagiorum quocumque semine seminentur, vaccarum, vitulorum, pullanorum, lactis et casei, mellis, porcellorum, cignorum, aucarum, columbarum, ovorum, et piscariarum provenientem de Ywernemenstr' et capella de Haregrave et de hamelettis earum videlicet Preston', Orchet, et aliis quibuscumque; item duas libras cere recipiende annuatim de procuratoribus luminum ecclesie de Ywernemynstr' predicta; item decimam feni pratorum de Wydemor, Langemede, et omnium pratorum de Prestone et eciam decimam bladorum si eadem prata in agriculturam forsitan reducantur; item omnes oblaciones dictarum ecclesie et capella cum omnibus hamelettis predictis; item totam decimam lane de Ywerenemynstr', Orchet, et Preston' et de de dictis hamelettis; item habebunt dictus vicarius et sui successores apud Hentone unum mansum ad vicariam predictam juxta rectoris curiam assignatum; item omnimodam decimam lane, agnorum, lactis, casei, vaccarum, vitulorum, pullanorum, porcellorum, cignorum, aucarum, piscariarum, ovorum, gardinorum et curtilagiorum, lini eciam, canabi, et columbarum de Henton' predicta, omnes eciam oblaciones altaris ibidem ac eciam capelle beate Margarete in marisco, et herbam omnium cimiteriorum predicte ecclesie et capellarum suarum, herba cimiteriorum ecclesie de Ywerne et capelle beate Margarete in marisco dumtaxat excepta. Item habebunt dictus vicarius et sui successores unum mansum apud Henlegh' pro presbitero assignatum ibidem. Item habebunt idem vicarius et sui successores frumentum et ordeum yemale recipienda annuatim de quibusdam parochianis de Henlegh' videlicet de Willelmo Gladwyne unum bussellum frumenti et duos bussellos ordei yemalis, de Jordano Herberd' unum bussellum frumenti et j bussellum ordei yemalis, de Thoma Gennyls dimidium bussellum frumenti et duos bussellos ordei yemalis, de Thoma Payn dimidium bussellum frumenti et unum busselum ordei yemalis, de Rogero Arnald' dimidium bussellum frumenti et j bussellum ordei yemalis, de Roberto Halveknyght dimidium bussellum frumenti et unum bussellum ordei yemalis, de Johanne le Niwe dimidium bussellum frumenti et unum bussellum ordei yemalis, de Willelmo le Bonde dimidium bussellum frumenti et unum bussellum ordei yemalis, de Johanne Godard dimidium bussellum frumenti et unum bussellum ordei yemalis, de Waltero le Chapman de Gussich' dimidium bussellum frumenti, de Waltero le

Blake de Gussich' dimidium bussellum frumenti et unum bussellum
ordei yemalis, de Galfrido de Dene dimidium bussellum frumenti et
unum bussellum ordei yemalis, de Johanne de Dene unum

Fo. 124^v   bussellum frumenti et duos bussellos | ordei yemalis, de
Roberto Carpentar' unum bussellum frumenti et duos
bussellos ordei yemalis, de Thoma atte Wyche dimidium bussellum
frumenti et unum bussellum ordei yemalis, de Willelmo clerico
dimidium bussellum frumenti et unum bussellum ordei yemalis, de
Laurencio Torr' dimidium bussellum frumenti et unum bussellum
ordei yemalis, de Ricardo Oede dimidium bussellum frumenti et
unum bussellum ordei iemalis, de Johanne Payn dimidium bussellum
frumenti et unum bussellum ordei yemalis.   Item habebunt dicti
vicarius et sui successores omnes oblaciones altaris capelle de Henlegh'
et Gussich' una cum decimis omnimodis gardinorum, curtilagiorum,
aucarum, porcellorum, lini, canabi, columbarum, molendinorum,
ovorum, lactis et casei, vitulorum, vaccarum, pullanorum, et mellis
provenientibus infra limites capellarum de Henlegh' et Gussich'
predictarum.   Insuper habebunt iidem vicarius et sui successores
apud capellam de Gussich' unum mansum pro capellano ibidem
celebraturo assignatum ab antiquo cum curtilagio adjacenti, viginti
acris terre arabiles, unam acram bosci, pasturam quinquaginta
bidencium, unius affri, unius vacce.   Habebunt eciam idem vicarius
et sui successores medietatem omnium mortuariorum qualiacumque
fuerint infra parochiam, limites, et decimaciones ecclesie de Ywernemynstr' ac omnium capellarum spectancium ad eandem quocumque
nomine censeantur.   Et cum emolumentum percipiens onus agnoscere
teneatur ordinamus quod dictus vicarius et sui successores qui pro
tempore fuerint suis sumptibus ecclesie de Ywernemynstre et capellis
suis predictis prout retroactis temporibus fieri consuevit per quinque
presbiteros ydoneos, nisi ipsemet vicarius loco unius presbiteri ministrare valeat et voluerit, congrue deserviri faciant in divinis.   Libros
quoque, vestimenta, et cetera ornamenta pro ecclesia et capellis
predictis, exceptis illis quos locorum parochiani de consuetudine
exhibere tenentur, dicte ecclesie rector semel sufficienter et plenarie
ministrabit quorum onus extunc omnimodum ad predictum vicarium
et suos in dicta vicaria successores volumus perpetuis temporibus
pertinere; dictusque rector et sui successores easdem ecclesiam et
capellas in quatuor festis anni principalibus et aliis temporibus consuetis
decenter annuatim faciant straminari.   Et quia archidiaconus Dors'
duas ibidem procuraciones recipit et distinctas, unam videlicet ab
ecclesia de Ywernemynstr' et aliam a capella de Henlegh' a dicta
ecclesie multum distante, volumus quod pro eadem ecclesia dictus
vicarius et sui successores, pro capella de Henlegh' dictus rector et

sui successores archidiaconum procurent, eo presertim quod idem
rector domos habet ibidem ad capellam predictam spectantes pro
recepcione ipsius archidiaconi competentes, vicarius vero nequaquam
aliisque certis causis que ad hoc racionabiliter nos inducunt. Vicarium
eciam predictum et suos successores ad subeundum sinodalia et
omnia alia onera ordinaria consueta manere deinceps volumus obligatos
preter cancellorum ecclesie et capellarum predictarum edificacionem,
sustentacionem, et reparacionem quas ad rectorem predictum pertinere
disponimus temporibus successivis prout fieri consuevit. Et ut
dubietatis et discordie materia in hac parte tollatur volumus quod
dictus rector vel sui successores de terris, possessionibus, animalibus,
vel rebus aliis ecclesie et capellarum predictarum que in parochiis
earumdem habere et tenere ut rectores contigerit non dent dicto
vicario suisve successoribus decimas aliquales. Et cum ecclesia de
Ywernemynstr' cum omnibus suis capellis secundum taxacionem veri
valoris et decime nunc currentis in quinquaginta marcis sterlingorum
taxetur volumus quod vicarius predictus et sui successores prestaciones
extraordinarias decime et cujuslibet alterius quote dicte ecclesie
imponende pro rata centum solidorum dumtaxat quod attentis
oneribus supradictis predicto vicario et suis successoribus incumbentibus
taliter moderamur agnoscant quodque dictus rector et sui successores
pro toto residuo taxacionis predicte prestaciones extraordinarias supradictas et alia extraordinaria quecumque ecclesie et capellis predictis
quomodolibet incumbencia agnoscere teneantur insolidum et subire.
Hanc autem ordinacionem nostram in forma superius annotata
volumus imperpetuum fideliter observari, reservantes nobis specialiter et
nostris successoribus [auctoritatem] porciones vicarie predicte, absque
strepitu judiciali et figura judicii quociens et quando nobis vel successoribus nostris neccessarium vel oportunum esse videbitur, augmentandi,
suplendi, dubia et obscura si que in premissis et ea tangentibus fortassis
appareant interpretandi et eciam declarandi. Et ut premissa fidelius
observentur meliusque in futurum memorie commendentur presentes
litteras volumus dupplicari et duplicatas nostri impressione sigilli
muniri earumque unam in thesauraria ecclesie nostre Sar' et aliam
penes vicarium supradictum et suos successores imperpetuum remanere.
In quorum testimonium sigillum nostrum ad perpetuam rei memoriam
fecimus hiis apponi. Datum apud Sutton' iiij nonas Julii anno domini
millesimo ccc^mo xxj et consecracionis nostre sexto.[1]

---

[1] *In margin,* coll'.

[*Undated. Mandate to the official of the archdeacon of Salisbury to sequestrate the incomes of rectors who have failed to make good defects in their churches and parsonage houses, and to use the sequestrated income to make good the defects. The mandate refers to a constitution of Bishop Richard Poore which made the archdeacons liable for such defects as they had not compelled rectors to make good, and alludes to the defects of this kind that Bishop Martival has found on his recent visitation.*]

[Fo. 125]

MANDATUM AD COMPELLENDUM RECTORES SUARUM ECCLESIARUM REPARARE DEFECTUS. Rogerus et cetera . . archidiaconi Sar' . . officiali salutem et cetera. Bone memorie Ricardus predecessor noster pro ecclesiarum indempnitate et subditorum quiete constitucione synodali statuendo sicut et alii sancti patres sanxerunt salubriter ordinavit quod archidiaconi nostre Sar' ecclesie in suis visitacionibus archidiaconatuum suorum annis singulis faciendis de defectibus in ecclesiis et mansis ecclesiarum sibi subditarum diligenter inquirerent et rectores ecclesiarum in quibus defectus inventi fuerint secundum facultates ecclesiarum debite ad reparacionem compellerent earumdem, alioquin si negligentes in hiis extiterint et rectores ad suplecionem vel reparacionem hujusmodi defectuum compellere distulerint vel dissimulaverint in tantum quod de bonis rectorum ipsorum inveniri non poterit unde hujusmodi defectus valeant reparari, preter alias penas ipsis archidiaconis comminatas teneantur dicti archidiaconi de propriis suis bonis defectus ipsos supplere. Verum quia diocesim nostram nuper auctoritate ordinaria visitantes hujusmodi defectus notabiles et patentes in diversis ecclesiis nobis subditis et mansis earum invenimus nimis note qui conniventibus oculis non absque scandalo et ecclesiarum dampno preteriri non poterunt incorrecti, considerantes igitur quod constitucionem hujusmodi exequendo nedum ecclesias et rectores earum prospiciatis indempnitati quin eciam vobis ipsis devocionem vestram hortamur in domino et hortando mandamus vobis in virtute sancte obediencie nichilominus firmiter injungentes sub pena in dicta constitucione vobis taliter comminata quatinus circa premissa diligenciam talem deinceps adhibere curetis ne urgente nos debito officii pastoralis contra vos secundum formam constitucionis predicte procedere compellamur inviti. Volumus eciam et mandamus pro majori securitate in premissis habenda quod ubicumque in ecclesiis archidiaconatus predicti fuerint hujusmodi defectus inventi quod fructus et proventus rectorum ecclesiarum ipsarum qui ad reparacionem hujusmodi defectuum vivi vel mortui tenebantur eciam vel tenentur ad estimacionem dictorum defectuum sequestrentur et sub arto sequestro custodiantur adeo quod de eisdem hujusmodi defectus valeant reformari; proviso quod fructus hujusmodi taliter sequestrati vel quicquid pro defectibus ipsis receptum fuerit in

eorum reparacionem et non in usus alios sicut antea aliquociens fieri
novimus convertantur, quodque predictarum ecclesiarum fructus
et proventus in solo ecclesiastico et non in feodo laico collocentur
sub pena excommunicacionis majoris quam in contrarium venientes
poterunt non inmerito formidare.   Qualiter autem hoc mandatum
nostrum fueritis executi nos oportunis loco et tempore reddatis debite
cerciores per litteras vestras patentes harum seriem et rectorum quorum
bona sequestraveritis nomina et cognomina et eorumdem bonorum
estimacionem plenarie continentes.   Valete.   Datum Lond'.[1]

[*28 August 1321. Mandate to the dean of Salisbury to publish the citation of Tido de Varesio,
archdeacon of Berks., to appear before the Bishop or his commissaries in Salisbury chapter-house
on the second juridical day after the feast of St. Denis (9 October) to answer for his non-
residence, his perjury in failing to keep his oath, his farming the profits of the archdeaconry,
his irregular visitation of the archdeaconry, his neglect of the property of his church of North
Moreton, and his withdrawal of the stipend of his vicar in the cathedral church.*]

CITACIO . . ARCHIDIACONI BERK' PRO NON RESIDENCIA ET PERJURIO AC
ALIIS INFRASCRIPTIS.[2]   Rogerus permissione divina Sar' episcopus
dilecto filio . . decano ecclesie nostre Sar' vel ejus locum tenenti
salutem, graciam, et benediccionem.   Cum secundum statuta et
consuetudines ecclesie nostre cathedralis Sar' hactenus approbata
archidiaconus Berk' qui pro tempore fuerit in ecclesia nostra predicta
per medietatem anni semper residenciam facere teneatur nisi necessaria
et evidens causa ipsum legitime poterit excusare, dominus tamen
Tydo de Vares' archidiaconus Berk' ac canonicus et prebendarius
prebende de Graham Borial' in ecclesia memorata jam per plures
annos a tempore assecucionis dicti archidiaconatus ab eadem ecclesia
voluntarie et absque causa racionabili se penitus absentavit et in
eadem secundum consuetudines et statuta predicta licet ad hujusmodi
consuetudines et statuta observanda juramentum prestitit corporale
notorie non resedit nec residet in presenti, perjurium voluntarium ex
hoc dampnabiliter incurrendo, ac eciam archidiaconatum predictum,
fructus, et proventus exer[ci]cii jurisdiccionis ejusdem, post et contra
formam constitucionum legatorum sedis apostolice et conciliorum
provincialium, ad firmam dimisit.   Plures insuper ecclesias parochiales
et curatas sui archidiaconatus abinvicem non dependentes una die
visitavit, procuraciones integras ab earum singulis racione visitacionis
hujusmodi recepit contra canonicas sancciones, necnon domos et
edificia necessaria in manso ecclesie de Northmorton' dicto archi-
diaconatui annexe sumptuose et decenter a suis predecessoribus
constructa corruere permittit tamquam notorius desertor juris ecclesie

[1] *In margin,* coll'.

[2] *In margin,* nota.

supradicte, stipendiaque vicario suo in dicta nostra ecclesia cathedrali debita contra ipsius ecclesie consuetudinum exigenciam jam per plures annos subtraxit et subtrahit in presenti in anime sue periculum, nostri et ecclesie nostre Sar' predicte prejudicium, plurimorum scandalum, et aliorum perniciosum exemplum. Quocirca vobis committimus et firmiter injungendo mandamus quatinus dictum dominum Tydonem si personaliter inveniri poterit vel ejus procuratorem si quem dimiserit alioquin publice citacionis edicto in ecclesia nostra Sar' predicta necnon in stallo suo in choro ejusdem ecclesie dicto archidiacono assignato publice proposito et copia citacionis hujusmodi ibidem dimissa insuper denunciacione

Fo. 125ᵛ | vicario ejusdem in ipsa ecclesia, familiaribus notis, et amicis ejusdem facta ac aliis modis quibus de jure poteritis citetis seu citari faciatis peremptorie quod compareat coram nobis nostrisve commissariis in capitulo ecclesie nostre cathedralis predicte secundo die juridico post festum sancti Dyonisii nunc venturum super premissis sibi et eorum singulis et ea tangentibus ac articulis occasione eorumdem ex officio nostro sibi obiciendis de justicia responsurus, facturus, et recepturus juxta consuetudines et statuta antedicta in omnibus et singulis supradictis et circa predicta et eorum singula secundum qualitatem et naturam quod canonicis convenit institutis. Terminum autem predictum sic duximus moderandum et peremptorium statuendum propter evidens quod in hac parte vertitur periculum animarum. De die vero recepcionis presencium necnon de modo et forma citacionis vestre et quid feceritis in premissis nos vel commissarios nostros ad dictos diem et locum per litteras vestras patentes harum seriem continentes reddatis debite cerciores. Valete. Datum apud Sonnyngg' v kalendas Septembris anno domini mᵒ cccᵐᵒ xxjᵒ et consecracionis nostre sexto.

[*Note of a similar mandate to the official of the archdeacon of Berks., showing the different places in which, and persons to whom, the citation is to be published by the official.*]

CONSIMILIS EMANABAT . . ARCHIDIACONI BERK' . . OFFICIALI HOC MUTATO POST HOC VERBUM, *quatinus*: dominum Tydonem archidiaconum predictum si personaliter inveniri poterit vel eo absente procuratorem suum si quem dimiserit alioquin modis omnibus et viis quibus poteritis et precipue publico citacionis edicto in ecclesia de Northmorton' predicta per dies dominicos et festivos coram parochianis ejusdem publice proposito necnon denunciacione decanis et apparitoribus ac aliis ipsius archidiaconatus ministris notis, amicis, ac familiaribus ejusdem facta citetis seu citari faciatis peremptorie *et cetera ut supra.*[1]

---

[1] *In margin*, coll'.

[*29 July 1321. Injunction to the inhabitants of Weymouth, where they live for the sake of trade and where there is a chapel of ease, to attend their parish church of Wyke Regis; those resorting to the parish church contrite and confessed are granted thirty days' indulgence.*]

INDULGENCIA CONCESSA PER DOMINUM PRO ECCLESIA DE WYKE. Rogerus permissione divina et cetera dilectis in Christo filiis parochianis ecclesie de Wyk' nostre diocesis salutem, graciam, et benediccionem. Gracia que de concedentis libera benignitate procedit recipientem manifeste reddit ingratum si concessa in dispendium torqueat et suis non contentus finibus se extendat in alterius lesionem. Dudum siquidem ecclesiam parochialem predictam personaliter visitantes repperimus quod quidam vestrum apud Waymuth' infra dictam parochiam ut cominus excercicio commerciorum indulgeant habitantes, occasione capelle que ibidem de gracia matricis ecclesie est permissa, ab eadem matrice ecclesia, utpote in audiendis divinis officiis ac predicacione verbi dei ex cujus auditu ortodoxe fidei cum bonis operibus hortamenta sequntur, diebus dominicis et festivis ac aliis in quibus eidem ecclesie sunt astricti frequenter se subtrahunt inportune maternalem reverenciam a cujus uberibus suxerunt, salutaria sacramenta abicientes inprovide tanquam degeneres filii ancillam domine ordine prepostero preferentes in animarum suarum periculum ipsiusque matricis ecclesie lesionem non modicam ac perniciem aliorum. Nolentes autem ut status ipsius ecclesie debitus et antiquus per aliquorum insolenciam seu abusum temerarium subvertatur set pocius, ut errantes in viam possint redire justicie, lumen veritatis ostendi volentes, vos omnes et singulos exhortamur in domino et eciam obsecramus vobis in remissionem pecaminum firmiter injungentes quatinus diebus dominicis et festivis aliisque quibus oportunitas affuerit accedenda ut debitus honor eidem in omnibus observetur ipsam ecclesiam in qua spiritualis almonie menbris sibi incorporatis derivantur fluenta et pabula ministrantur cum veneracione debita frequentetis, honoris et jurium parochialium exhibicionem justam ut tenemini inpensuri. Et ut animos vestros futuris successivis temporibus ad salutem animarum propensius allectivis indulgenciarum muneribus excitemus, vobis omnibus et singulis de peccatis suis vere contritis et confessis ad prefatam ecclesiam ut premittitur accedentibus xxx dies indulgencie concedimus per presentes, ratificantes insuper omnes indulgencias tam a venerabili patre domino R. quondam archiepiscopo Cant' quam ab aliis patribus concessas et inposterum concedendas. In cujus rei testimonium sigillum nostrum fecimus hiis apponi. Datum London' iiij kalendas Augusti anno domini m⁰ ccc^mo xxj⁰ et consecracionis nostre anno sexto.[1]

---

[1] *In margin,* coll'.

[*14 July (? rectius 12 June) 1321. Mandate to the archdeacon of Dorset to enjoin processions and prayers on 17 July for the state of the King and for the peace of the church, the kingdom, and its inhabitants, and to publish forty days' indulgence for those taking part. The mention of intervening Sundays suggests that the date should be June, not July.*]

[Fo. 126]

MANDATUM AD ORANDUM ET PROCESSIONES FACIENDAS PRO PACE REGIS ET REGNI. Rogerus et cetera archidiacono Dors' vel ejus . . officiali salutem, graciam, et benediccionem. Utriusque testamenti exemplis salutaribus informati omnium operacionum humanarum directum principium ac contra hostium visibilium et invisibilium insidias devotam oracionum instanciam esse didicimus firmamentum. Ideoque devocionem vestram monemus et hortamur in domino Jhesu Christo quatinus religiosos necnon rectores, vicarios, et presbiteros parochiales nobis inmediate subjectos moneatis et injungatis eisdem, exemptos eciam quoscumque tam religiosos quam alios vice nostra rogetis quorum et nos toto cordis et mentis affectu deposcimus caritatem, ut die Veneris proxima post festum translacionis sancti Benedicti abbatis circa suas ecclesias faciant processiones solempnes, dictisque rectoribus, vicariis, et presbiteris parochialibus in virtute obediencie injungimus quod parochianos suos salubribus exhortacionibus et modis aliis et viis quibus poterunt excitent et inducant quod processionibus hujusmodi interesse curent et eis durantibus nudi pedes sequantur easdem, pro salubri statu domini regis, pace, et tranquillitate ecclesie Anglicane, regni, et regnicolarum plus solito quod dolentes referimus jam turbatis apud altissimum sine quo nichil est validum preces curent effundere humiles et devotas inter cetera oracionum suffragia oracionem dominicam in spiritu humilitatis et animo contrito cum salutacione dicendo virginis gloriose. Et ut ad hec devocius excitentur omnibus parochianis nostris de peccatis suis vere contritis et confessis qui faciendis hujusmodi processionibus interesse ac ut premittitur incedere nudis pedibus et orare pia mente curaverint de dei omnipotentis misericordia confidentes quadraginta dies de injuncta sibi penitencia misericorditer in domino relaxamus. Que omnia et singula per vos in vestris capitulis interim celebrandis necnon per rectores, vicarios, et presbiteros supradictos in singulis eorum ecclesiis et capellis parochialibus precipimus cum celeritate possibili diebus dominicis et festivis intermediis intra missarum solempnia solempniter publicari. Valete. Datum apud Sonnyngg' ij idus Julii anno domini millesimo ccc^{mo} vicesimo primo et consecracionis nostre sexto.

[*Note of a similar mandate to the* locum tenens *of the dean of Salisbury for processions and prayers at the cathedral on 24 July.*]

ET MANDABATUR TENENTI LOCUM . . DECANI VEL IPSIUS DECANI . . OFFICIALI SUB HAC FORMA. R. et cetera dilecto filio tenenti locum

. . decani ecclesie nostre Sar' vel ejusdem . . officiali salutem et cetera. Utriusque testamenti *et cetera ut supra.* Ideoque devocionem vestram monemus et hortamur in domino Jhesu Christo quatinus clerum et populum ad ecclesiam nostram Sar' in processionibus inibi faciendis proximis confluentem salubribus monitis inducatis quos ad subscripta hortamur per aspersionem sanguinis Jhesu Christi ut die Veneris proxima ante festum sancte Margarete Virginis nunc venturum processionem quam tunc solempniter fieri volumus et mandamus in ecclesia nostra predicta nudi pedes sequantur pro salubri statu domini nostri regis *et cetera ut supra.*[1]

[*25 August 1321. Mandate to the dean and chapter of Salisbury for a meeting with the Bishop in the chapter-house on 1 October; canons unavoidably absent are to be represented by proctors.*]

MANDATUM DOMINI PRO CONGREGACIONE CANONICORUM FACIENDA IN CAPITULO SUO SAR'.[2] Rogerus permissione divina Sar' episcopus dilectis filiis . . decano ecclesie nostre Sar' vel ejus vices gerenti ac capitulo loci ejusdem salutem, graciam, et benediccionem. Quia propter ardua quedam negocia nos, ecclesiam nostram, et vos contingencia consilio vestro plurimum indigemus, vos decane si personaliter ibidem fueritis alioquin vices vestras gerens et in utriusque defectus vos capitulum supradictum curetis diem Jovis proximo post festum sancti Michaelis venturum statuere in quo possimus in dicto capitulo nostro pariter congregari pro dictorum negociorum expedicione salubri et taliter absentes fratres et canonicos ad diem illum vestris litteris convocare, et quod tam illorum quam vestra requiritur industria specialiter, singulariter, et communiter in hac parte ut suam una vobiscum presenciam impedimento cessante legitimo nobis in dicto capitulo exhibeant personalem, alioquin per alium concanonicum et confratrem in ecclesia nostra predicta procuratorem suum sufficientem potestatem habentem compareant, cum continuacione et prorogacione dierum tunc sequencium usque ad finalem expedicionem negociorum hujusmodi una nobiscum tractaturi, et prout sibi a deo inspiratum fuerit suum consilium et consensum efficaciter impensuri super hiis que ad honorem dei et beate Marie virginis matris ejus patrone nostre et utilitatem ecclesie nostre predicte super hiis negociis antedictis annuente domino communiter fieri statui contigerit vel eciam ordinari. Et quid super hiis duxeritis seu quispiam vestrum qui has litteras nostras receperit duxerit faciendum nobis litteris vestris patentibus harum seriem continentibus citra festum predictum rescribatis plenarie vel rescribat. Valete. Datum apud Sonnyngg'

---

[1] *In margin*, coll'.
[2] *In margin*, nota.

viij kalendas Septembris anno domini m⁰ ccc^mo xxj et consecracionis nostre sexto.

[*28 September 1321. The certificate of the dean's* locum tenens *to the above mandate.*]

CERTIFICATORIUM. Venerabili in Christo patri et domino domino Rogero dei gracia Sar' episcopo seu ejusdem commissario suus devotus clericus tenens locum domini . . decani ejusdem, ipso domino decano notorie in remotis agente, reverenciam et honorem debitum tanto patri. Mandatum vestrum nuper recepi sub eo qui sequitur tenore, 'Rogerus' *et cetera ut supra,* cujus auctoritate mandati diem Jovis supradictum statui in capitulo memorato fratribus et canonicis tunc presentibus ad tractandum de negociis ecclesie ut mandastis et absentes qui de consuetudine ecclesie vocari debent secundum formam statuti citavi et sic mandatum vestrum reverenter sum executus. Datum Sar' xxviij die mensis Septembris.

[*25 August 1321. Mandate to the archdeacon of Dorset, similar mandates being sent to the dean of Salisbury and the other archdeacons, to attend a diocesan synod at Salisbury on 5 October and to cite the clergy of the archdeaconry to attend. The archdeacon is to certify the Bishop by 29 September.*]

[Fo. 126ᵛ]

CITACIO AD SYNODUM . . DECANI SAR' ET IIIJ^or ARCHIDIACONIS[1] DIRECTA HOC MODO. Rogerus et cetera dilecto filio archidiacono Dors' vel ejus . . officiali salutem et cetera. Postquam ad apicem solicitudinis pastoralis officii divina clemencia nos provexit, ad statum ecclesiarum et ecclesiasticarum personarum atque gregis nobis crediti consideracionis nostre intuitum paterno dirigentes affectu, multa et varia invenimus nedum reformacionis doctrinam exposcencia verum eciam correccionis debite disciplinam. Quedam namque a predecessoribus nostris pro animarum salute discrecione previa laudabiliter instituta per non usum illorum pro quorum utilitate fuerant ordinata in desuetudinem abierunt, quedam vero jam succrescente hominum malicia hiis diebus tendere videntur ad noxam et periculum animarum prout rerum magistra experiencia manifestat, que cum medentis tipum et curantis ymaginem in ecclesia dei geramus absque medicaminis remedio conniventibus oculis sub dissimulacionis umbraculo pertransire nequimus, quinpocius urgente nos debito officii pastoralis compellimur ea quantum in domino possumus in melius reformare, que eciam vocatis illis de quorum utilitate agitur et interesse versatur prehabitoque consilio eorumdem speramus auxiliante domino posse efficacius

---

[1] *After* archidiaconis, officialibus *has been inserted above the line, but* archidiaconis *has not been changed to* archidiaconorum.

expediri. Quamobrem de nostri capituli Sar' consilio et assensu pro reformacione celeri pretactorum nostram synodum duximus celebrandum tam cum eis quam cum ceteris personis ecclesiasticis et clero nostre diocesis in ecclesia nostra cathedrali Sar' communem super hiis et ea tangentibus habituri tractatum. Vos igitur presencium tenore citamus peremptorie et per vos . . officialem predictum consimiliter citari volumus modis quibus poteritis et mandamus dilectos filios videlicet omnes abbates et monasteriorum priores supra se abbates proprios non habentes nobis subjectos, quod vos et ipsi personaliter, exemptos eciam qui ecclesias vel capellas et populum optinent nobis in archidiaconatu predicto subjectos in quantum racione hujusmodi ecclesiarum, capellarum, et populi vel alias jurisdiccioni nostre subesse noscuntur, ceterosque monasteriis vel collegiis presidentes necnon et conventus nostre diocesis, religiosos insuper quoscumque quorum monasteria in nostra diocese non existunt ecclesias in usus proprios vel in porciones seu pensiones in dicto archidiaconatu habentes, et alios quorum interest in hac parte qui ad hec de jure vocari debuerint, quod per procuratores singulos mandatum in hac parte sufficiens optinentes, rectores eciam et vicarios ac totum clerum archidiaconatus predicti, quod ipsi per unum procuratorem idoneum potestatem sufficientem habentem, compareatis et compareant in nostra Sar' ecclesia cathedrali die Lune proxima post festum sancti Michaelis venturum cum continuacione et prorogacione dierum sequencium usque ad finalem ipsius sinodi expedicionem, ad tractandum nobiscum et cum capitulo nostro Sar' super hiis et aliis nos, statum ecclesiarum, ecclesiasticarum personarum, cleri, et tocius populi nobis commissi salutem animarum tangentibus suumque consilium impendendum et consenciendum hiis que ad honorem dei, animarum salutem, et pro utilitate communi concedente domino tunc ibidem contigerit ordinari. Monasteriorum eciam et collegiorum exemptorum abbates et priores electivos ac conventus omnino exemptos faciatis premuniri quod diebus et loco hujusmodi modo superius limitato compareant id idem facturi si sua viderint expedire. Citacionem autem predictam peremptorie fieri demandamus propter negociorum hujusmodi qualitatem et naturam que hoc exigunt evidensque periculum quod notorie in hac parte vertitur animarum. De die vero recepcionis presencium et quid feceritis in premissis nos citra festum sancti Michaelis predictum distincte et clare certificare curetis per litteras vestras patentes harum seriem et citatorum nomina et cognomina plenarie continentes. Valete. Datum apud Sonnyngg' viij kalendas Septembris anno domini millesimo ccc^{mo} vicesimo primo et consecracionis nostre vj^{to}.[1]

---

[1] *In margin,* coll'.

[*Note that the corresponding mandate for the decanal and sub-decanal jurisdiction went to the dean of Salisbury's official, and that for the citation of the chapter of Salisbury cathedral to the dean or his* locum tenens.]

ET SCIENDUM EST QUOD MANDABATUR DICTI DECANI OFFICIALI PRO JURISDICTIONE DECANALI ET SUBDECANALI.

ITEM . . DECANO SAR' VEL EJUS LOCUM TENENTI AD CITANDUM CAPITULUM SAR' AD SYNODUM SUPRADICTUM.

[*10 October 1321. Mandate to the bailiff of Sherborne to allow the chapter of Salisbury and several prebendaries to take the felons' goods of their tenants, as in Bishop Ghent's time; the liberty had been granted by Henry III to the Bishop Richard Poore[1] who had in turn granted it to the chapter and the prebendaries for the use of the fabric of the cathedral.*]

[Fo. 127]

MANDATUM . . BALLIVO DE SHIREB' UT PERMITTAT CAPITULUM SAR' LIBERTATES SUBSCRIPTAS HABERE.[2] Rogerus et cetera. Si ex nostri pastoralis officii debito teneamur jura et libertates nostre Sar' ecclesie contra exteros pro viribus defensare quanto magis ne a nostris quibuscumque infringantur ministeriis debeamus esse soliciti, neminem credimus ignorare. Olim siquidem clare memorie Henricus rex Anglie, ex devocione pregrandi quam ad ecclesiam nostram habuit supradictam, bona et catalla hominum capituli et prebendariorum ejusdem ecclesie felonum[3] de sua regali munificencia cuidam predecessori nostro et suis contulit successoribus intuitu caritatis, qui quidem predecessor bona et catalla felonorum hujusmodi predicto capitulo dedit suis litteris et concessit in usus fabrice dicte ecclesie convertenda, quam quidem concessionem optinuit subsequenter auctoritate regia confirmari prout in confectis super hoc cartis plenius est contentum. Quamobrem tibi in fide qua nobis teneris firmiter injungimus et mandamus quatinus dilectos filios . . capitulum memoratum permittas bona et catalla hujusmodi libere percipere et possessione gaudere predicta necnon ipsum capitulum, singulos canonicos ecclesie nostre predicte, habere pacifice in suis prebendis et earum hominibus libertates, immunitates, consuetudines, et jura quecumque quas et que in eisdem recolende memorie domini et predecessoris nostri inmediati Simonis tempore habuerunt vel consueverunt habere in suis prebendis et hominibus earumdem, inhibentes et firmiter injungentes ne novitates aliquas introducas vel incipias contra eos seu gravamen aliquod eisdem inferas in premissis nec quantum in te est ab aliis permittas inferri. Datum apud Wodeford' vj^to idus Octobris anno domini m^o ccc^mo xxj et consecracionis nostre vij^o.

[1] *Sar. Chart. & Doc.* (Rolls Series), 180-1.
[2] *In margin,* Ballivo de Shireborn'.
[3] *Altered from* felonorum.

[*Note of a similar mandate, and of a slight variation in its wording, to the steward of the Bishop's lands and to the bailiff of Salisbury.*]

MANDATUM SIMILE . . SENESCALLO TERRARUM ET . . BALLIVO SAR' EMANAVIT HOC ADDITO POST *recolende memorie*, dominorum et predecessorum nostrorum immediatorum Nicholai et Simonis temporibus habuerunt vel consueverunt habere, et cetera ut supra.

[*Note of a similar mandate to G. de Wermenistr', the Bishop's attorney in the Exchequer, enjoining him to make over for the use of the fabric any such felons' goods delivered to him in the Exchequer.*]

Postmodum sub data predicta G. de Wermenistr' atornatus domini in scaccario litteram habuit prenotatam usque verbum *mandamus* quatinus bona et catalla hujusmodi felonum per thesaurarium et barones de scaccario domini nostri regis tibi per extractas vicecomiti liberatas[1] facias predicto capitulo integre liberari in usus fabrice predicte ecclesie nostre ut premittitur convertenda. Vale. Datum.

[*21 October 1321. Mandate to the archdeacon of Berks. to take an inventory of the defects in the rectory and chancel of Farnborough, of which the rector, William de Asselyn, has scorned monitions to reside and lives a dissolute life at Letcombe. The archdeacon is to warn the rector that if he does not repair the defects within two months his goods will be seqestrated for the purpose; and is to certify the Bishop of his and the rector's actions by 13 January.*]

MANDATUM AD MONENDUM . . RECTOREM DE FARNBERG' REPARARE DEFECTUS IN MANSO RECTORIE SUE. Rogerus permissione divina Sar' episcopus dilecto filio archidiacono Berkes' vel ejus . . officiali salutem, graciam, et benediccionem. Per partes archidiaconatus Berkes' nostre diocesis nuper transitum facientes, fide perspeximus oculata quod nonnulle domus in rectoria ecclesie de Farnbergh' dicti archidiaconatus ipsius rectorie neccessarie et utiles subsidio debite reparacionis cessante omnino corruerunt, alique eciam ruinam minantur, adeo deforme quod nullus in eadem ecclesia rector merito censeri valeat set bonorum et fructuum ejusdem verius dissipator. Novimus insuper quod Willelmus Acelyn pro rectore se gerens ecclesie supradicte alias canonice et sufficienter auctoritate nostra monitus quod infra tempus jam effluxum in ecclesia sua predicta sub pena juris resideret, spretis monicionibus hujusmodi a tempore earumdem hactenus in eadem ecclesia sua notorie non resedit nec residet in presenti, quinpocius in prediis seu possessionibus suis temporalibus apud Ledecombe dicte nostre diocesis vitam ducens dissolutam degere et illicite conversari dinoscatur publice et notorie post et contra formam constitucionum legatorum sedis apostolice ibidem tenens concubinam. Quocirca devocioni vestre committimus et mandamus quatinus ad ecclesiam

---

[1] *Sic. Recte* vicecomitis liberata?

predictam personaliter accedentes, defectus quoscumque hujusmodi in
rectoria predicta necnon in cancello dicte ecclesie et ornamentis
ecclesiasticis ejusdem inventos visui supponentes, ipsos per viros
fidedignos et juratos fideliter estimari faciatis et taxari, denunciacione
tamen premissa per vos dicto rectori facienda quod hujusmodi
cstimacioni et taxacioni intersit si sibi viderit expedire, solicite monentes
eundem Willelmum rectorem predictum quod infra duos menses
hujusmodi monicionem per vos faciendam secuturos domos predictas
dirutas restaurare ceteraque edificia in eadem reficere ac defectus
quoscumque memoratos reparare studeat condecenter, quodque
ipso facere cessante per tempus supradictum extunc fructus et proventus
ecclesie ejusdem ac bona ecclesiastica dicti rectoris quecumque
sequestrantes necnon ad hujusmodi defectuum inventorum estimacionem colligentes vos hujusmodi domos et edificia de bonis et
fructibus antedictis refici et restaurari ac defectus memoratos quoscumque faciatis auctoritate nostra congrue reparari.   Moneatis insuper
dictum rectorem ex habundanti canonice et peremptorie quod ad
ecclesiam quam deseruit memoratam infra xv dies a tempore monicionis
vestre sibi facta numerandos revertatur et in eadem sub pena juris
personaliter resideat ut tenetur.   Per hec tamen ab effectu
Fo. 127ᵛ   monicionum | hujusmodi[1] alias auctoritate nostra sibi
factarum seu jure nobis quesito per easdem nolumus nec
intendimus recedere quovis modo.   Quid autem feceritis et dictus
rector fecerit in premissis nobis citra festum sancti Hillarii proximo
nunc venturum dilucide rescribatis per litteras vestras patentes harum
seriem continentes.   Valete.   Datum apud Sonnyngg' xij kalendas
Novembris anno domini millesimo cccᵐᵒ vicesimo primo et consecracionis nostre septimo.

[*4 May 1321.   Letter to the King asking him to instruct bailiffs in possession of lands and
goods of Henry Estormy, clerk, who had been accused of trespass and theft about 19 May
1314 and had been absolved by the Bishop after he had been delivered to the ecclesiastical
authority by the King's justices, to restore those lands and goods to Henry.*]

LITTERA REGI DIRIGENDA PRO LIBERANDIS BONIS CLERICI A CARCERE
LIBERATI.   Excellentissimo principi et suo reverendo domino domino
Edwardo dei gracia regi Anglie illustri domino Hibern' et duci Aquit'
Rogerus ejusdem permissione Sar' episcopus salutem in eo per quem
reges regnant et regnorum omnium gubernacula sustentantur.
Dominacionis vestre celsitudini patefacimus per presentes quod
Henricus Stormy clericus, super eo quod ipse simul cum aliis circa
festum sancti Dunstani anno regni vestri septimo venit apud Wolfhale

---

[1] *Also written as the catchword on the recto.*

B

et ostia camere Roberti de Hungerford' et Ricardi de Stokke capellani felonice fregit et bona ac catalla ipsorum Roberti et Ricardi videlicet pannos, laneos et lineos, ciphos, coclearia argenti, et alia bona et catalla ad valenciam centum solidorum fuerit depredatus ibidem, ac quod idem Henricus venit apud Stapleford' super seisinam vestram et ibidem triturare fecit sex quarteria avenarum et felonice unam cistam fregit et unum lectum precii dimidie marce asportavit, a quibusdam notatus et ideo captus et incarceratus nobisque ad judicandum in foro ecclesiastico secundum canonicas sancciones per dominum Henricum Spigornel et socios suos justicios vestros ad diversas felonias et transgressiones in comitatu Wyltes factas audiendas et terminandas assignatos apud Sar' liberatus, post plures proclamaciones in omnibus locis huic negocio oportunis solempniter et publice promulgatas, cum nullus esset qui per viam accusacionis vel alio modo crimina hujusmodi contra eum prosequi attemptaret, de eisdem impositis sibi criminibus coram nobis canonice se purgavit, propter quod eundem Henricum ab infama criminum hujusmodi sentencialiter absolvimus restituentes eum integraliter fame sue. Quocirca excellencie vestre attencius supplicamus quatinus ob reverenciam sancte matris ecclesie cujus causa agitur in hac parte . . ballivis vestris qui terras, res, possessiones, et bona dicti Henrici occasione premissa detinent occupata dare velitis vestris litteris in mandatis quod hujusmodi terras, res, possessiones, et bona eidem Henrico restituant graciose. Valeat excellencia vestra regia in Christo per tempora diuturna. In cujus rei testimonium sigillum nostrum fecimus hiis apponi. Datum Sar' iiij^{to} nonas Maii anno domini millesimo ccc^{mo} vicesimo primo.

[*15 November 1321. Letter from the bishop of London, dated at Stepney, containing the Archbishop's mandate, dated 14 November at Lambeth, for a council at St. Paul's on 1 December. The bishop of London's mandate was received on 20 November. It is printed in Reg. Orleton (Cant. & York Soc. v), 206-8, where, apart from minor verbal variations, the Archbishop's mandate is dated 14 September.*]

[Fo. 128]

MANDATUM EPISCOPI LOND' PRO CONCILIO ARCHIEPISCOPI PRIMO DIE DECEMBRIS ANNO DOMINI M^o CCC^{mo} VICESIMO PRIMO LOND' CELEBRANDO RECEPTUM XIJ KALENDAS DECEMBRIS APUD POTERNE. Venerabili in Christo patri domino R. dei gracia Sar' episcopo [*etc.*].

[*21 November 1321. Mandate in pursuance of the above to the archdeacon of Dorset, similar mandates being sent to the other archdeacons. The proctors of the several archdeaconries are to meet on 25 November to choose proctors for the diocese. The archdeacons are to certify the Bishop three days before 1 December, the circumstances not allowing a longer term.*]

[Fo. 128v]

ET MANDABATUR IIIJ^{or} ARCHIDIACONIS VEL EORUM . . OFFICIALIBUS
EXECUCIONI SUB HAC FORMA. Rogerus et cetera dilecto filio archidiacono Dors' vel ejus . . officiali salutem, graciam, et benediccionem.
Mandatum xij kalendas Decembris hora vesperarum recepimus
infrascriptum, 'Venerabili in Christo patri', et cetera. ET IN FINE
SIC: Hujus igitur auctoritate mandati peremptorie vos citamus et per
vos ¹fili officialis archidiaconi supradicti¹ cum celeritate possibili
peremptorie in virtute obediencie citari mandamus . . abbates et . .
priores alios suos conventus per se regentes exemptos et non exemptos
ac eorum conventus archidiaconatus vestri quod secundum formam
mandati predicti compareatis vos fili archidiacone et compareant die
et loco in eodem mandato contentis facturi omnia et singula que
tenor ipsius requirit. Clerum eciam archidiaconatus predicti faciatis
absque more diffugio ad certos diem et locum vocari ac unum procuratorem ab eodem ad contenta in mandato predicto constitui qui
substituendi habeat potestatem, de sic constituto procuratore taliter
disponentes quod in nostra cathedrali Sar' ecclesia compareat die
Veneris proxima post festum sancte Katerine virginis proximo jam
venturum sic cum procuratoribus cleri aliorum archidiaconatuum
nostre diocesis tractaturus quod juxta exigenciam mandati prefati
idem clerus sufficienter compareat et faciat quod ipsius effectus exigit
et requirit. Vosque archidiacone supradicte prout ad vestram personam attinet in hiis consimiliter faciatis. Vobis insuper denunciamus
et per vos hujusmodi citandis personis denunciari volumus ac ipsos
nichilominus ydonee premuniri quod si mandato non pareatis et
pareant supradicto venerabilis pater dominus archiepiscopus supradictus graviter puniet non parentes.² De die vero recepcionis presencium et quid in premissis actum fuerit et duxeritis faciendum nobis
una cum . . abbatum, priorum, et procuratorum cleri per vos
citatorum nominibus propriis in quadam cedula vestro certificatorio
annexa conscripta per triduum ante primam mensis predicti per
litteras vestras patentes harum seriem continentes taliter rescribatis
quod dictum archiepiscopum certificare possimus in omnibus ut
mandatur. Nec vestra miretur devocio quod circa execucionem
hujusmodi vobis quatenus vos concernit terminus per nos limitatur
tam brevis, periculum enim qualitasque negocii et utilitas publica de

¹ - ¹*In margin, with a sign to show position in text.*

² *A mark at this point indicates the substitution here of a sentence which is partly illegible
written at the bottom of the page*: . . . filii officialis . . . decani . . . citetis . . . decanum et
. . . capitulum ecclesie nostre cathedralis predicte quod ipsi quantum ad eos pertinet
compareant et faciant in omnibus . . ., *modifying the mandate to a form suitable for the
dean and chapter.*

quibus premittitur ac superioris nostri mandatum predictum in virtute obediencie exequendum directum diffusiorem non sinunt in hac parte terminum vobis dari sicut in eodem mandato et ipsius recepcionis die predictis poteritis apercius intueri. Valete. Datum apud Poterne xj kalendas Decembris summo mane anno domini supradicto et consecracionis nostre septimo.

[*Note of a comparable mandate to the* locum tenens *of the dean of Salisbury*.]

DICTUM ECIAM MANDATUM MANDABATUR EXECUCIONI . . TENENTI LOCUM DECANI SAR' PRO CAPITULO SAR'.

[*30 November 1321. The Bishop's certificate to the mandate for the council on 1 December, in which he says that he will try to attend but begs to be excused if he fails. A schedule lists the religious cited to attend the council.*]

CERTIFICATORIUM DOMINI DE MANDATO PREDICTO HABUIT HUNC TENOREM. Venerabili in Christo patri et domino reverendo domino Waltero dei gracia Cant' archiepiscopo tocius Anglie primati Rogerus ejusdem permissione Sar' episcopus obedienciam, reverenciam, et honorem debitas tanto patri. Paternitatis vestre litteras venerabili patri domino S. dei gracia Lond' episcopo per vos et per eumdem nobis directas kalendas Decembris recepimus hanc verborum seriem continentes, 'Venerabili', et cetera. Huic igitur mandato quatenus potuimus parentes et parere cum debita reverencia cupientes, reverendo patre domino Raymundo de Farg' sancte Romane ecclesie cardinali et ecclesie nostre decano ac domino Geraldo de Tilheto archidiacono Wyltes in partibus transmarinis agentibus, necnon domino Tidone de Varesio archidiacono Berk' in nostra diocese personaliter non invento, quos ea occasione citare nequivimus ut mandatur, Dors' et Sar' archidiaconos ac capitulum ecclesie nostre Sar'[1] totumque clerum nostre diocesis citari fecimus peremptorie quod ipsi primo die mensis Decembris in ecclesia sancti Pauli Lond' de mane sufficienter secundum predicti mandati vestri exigenciam compareant cum continuacione et prorogacione dierum subsequencium facturi super omnibus et singulis in vestre paternitatis eodem mandato contentis que ipsius mandati series et effectus exigunt et requirunt, ipsisque denunciari fecimus quod contra ipsos non comparentes et in pacis prosecucione negligentes predicta quantum vobis a jure permittitur puniendo canonice procedetis et alia facietis que in vestro predicto mandato

[1] *Marked* vacat *in the text*: abbates eciam et priores suos conventus per se regentes exemptos et non exemptos ac eorum conventus.

seriosius continentur. Nos utique ad vestre paternitatis concilium supradictum festinamus venire et festinabimus quatenus Fo. 129 vires | imbecillis nostri corporis hoc permittunt facturi volente domino quod nobis superius est mandatum. Si tamen fortassis ad diem superius limitatum legitime prepediti accedere nequeamus nos habere dignetur vestra solita benignitas quesumus excusatos. Citatorum autem nomina de quibus premisimus continet cedula hiis annexa. Ad ecclesie sue sancte regimen et munimen vitam vestram diu conservet incolumem pietas salvatoris. Datum apud Sonnyngg' ij kalendas Decembris anno domini supradicto.

[*Schedule to the foregoing*]

CEDULA. Capitulum ecclesie cathedralis Sar'. Fratres Johannes de Abyndon', Nicholas de Radyngg', Robertus de Shirborn', Robertus de Middelton', Radulfus de Cernel', Petrus Abbotesbir', Willelmus de Malmesbur' (exemptus), monasteriorum abbates ordinis sancti Benedicti cum suis conventibus; Willelmus de Stanlegh', Willelmus de Bynedon', ordinis Cistercien' abbates exempti cum suis conventibus; Johannes de Bradenestok', . . de Hurle, Willelmus de Walyngford', . . de Farle, [*the last three*] exempti ut pretendunt, priores cum suis conventibus.

[*13 December 1321. Mandate from the Archbishop, received 22 December, to publish the provincial council's decision (at the King's instance) that the sentences passed on the Despensers were wrong and revocable. The correct dating is indicated by the preceding and following entries.*]

MANDATUM . . ARCHIEPISCOPI AD PUBLICANDUM RESPONSUM PRELATORUM IN DICTO CONCILIO DOMINO REGI DATUM SUPER EXAMINACIONE PROCESSUS EXILIUM DOMINORUM H. LE DESPENS' TANGENTIS, receptum apud Poterne undecimo kalendas Januarii in hec verba. Walterus permissione divina Cant' archiepiscopus tocius Angl' primas venerabili fratri domino R. dei gracia Sar' episcopo salutem et fraternam in domino caritatem. A vestra memoria non recedit qualiter in provinciali nostro concilio in ecclesia sancti Pauli Lond' nuper celebrato dominus noster rex per quosdam nobiles, comites videlicet et barones et alios de consilio, quemdam processum dominos Hugonem Dispensarii patrem et filium contingentem ad nos et alios presentes in eodem concilio destinare curavit nobis videlicet toti concilio in fide qua sibi tenebamur firmiter injungens ut nos super ipso processu sanum sibi daremus consilium quid secundum deum et justiciam sibi consulcius foret agendum absque violacione juramenti quo ad coronam est astrictus. Dicto igitur processu per nos et ceteros prelatos presentes necnon omnes gradus ceteros cleri ejusdem concilii examinato, et cum summa diligencia discusso, visum nobis presentibus extitit quod dictus processus erroneus peccatique labe notatus ac revocabilis existebat, sicut in nostra deliberacione sub certa verborum forma in scriptis concepta et in vestra presencia domino nostro regi liberata plenius sicut nostis continetur. Postmodum vero apicibus domini regis ad nos directis recepimus arcius in mandatis ut ipsam nostram deliberacionem et consilium per totam nostram provinciam faceremus per vos et alios fratres nostros solempniter publicari, prout ex ipsius mandati tenore quem una cum deliberacionis nostre transcripto de qua premittitur presentibus mittimus involutum liquere poterit evidenter. Vobis itaque injungimus consulendo quatinus mandatum dicti domini nostri regis juxta suum effectum ponderantes pro tranquillitatis bono atque pacis per totam vestram diocesim ad honorem domini nostri regis et pacis conservacionem viis et modis quibus melius poteritis cum celeritate comoda curetis si libeat publicare. Nos enim in nostra diocese hoc idem celerius quo poterimus faciemus. Datum apud Lamehuth' kalendis [*recte* idibus] Decembris anno domini millesimo ccc^{mo} vicesimo primo.

[*12 December 1321. The King's letter to the Archbishop for the publication of the council's decision.*]

CEDULE IN DICTO MANDATO INCLUSE DE QUIBUS PREMITTITUR HANC VERBORUM SERIEM CONTINEBANT. Edward par la grace de dieu roi Dengleterre seignur Dirlande et ducs Daquitayne Fo. 129^v | a lonurable piere en dieu Waut' par la mesme grace archevesque de Canterbir' primat de tut Engleterre salutz. Come nadgeres en vostre concil des prelatz de vostre province assemblez a Lundres fust acordez et assentuz par vous et par les ditz prelatz qe le process et le juggement fait et rendu sur lexil et la desheriteson de sire Hug' le Despens' le piere et le filz sunt repelables et deffesables come erroignes et faitz contre dieu et droiture et sur ce nous priastes a grant instance en consaillant pur bien de pees et pur blemure de conscience qe nous les vueloms faire repeler come choses faites contre ley de nostre terre pur mentenement del serment qe nous feismes a nostre coronement, vous prioms et chargeoms sur la foi qe vous nous devez qe cestes choses facez bublier [*sic*] parmi vostre diocise et enjoindre chargeaument as evesques de vostre dite province qe auxint le facent chescun en sa diocise issi qe la chose soit conue par tout. Et ce ne lessez si come nous nous fioms de vous. Done suth nostre prive seal a Redyngg' le xij jour de Decembre lan de nostre regne xv^{mo}.

[*Undated. The council's decision that the sentences of exile and disinheritance were wrong and are revocable.*]

Tres cher sire. Vous nous avez mande de regarder un process et de vous consailler sur ce lequel tuche monsieur Hug' le Despens' le filz [et monsieur Hug' le piere] le quel process del exil et de la desheritance, sire, nous avoms diligentement regarde par nous et par nos freres qe cy sount et les procuratours des evesques absentz et par le clergie. Et semble a nous qe le process quant al exil et la desheritance de monsieur Hug' le filz et monsieur Hug' le piere si est erroigne et peccherusement fait et repelable. Dunt tres cher sire il nous semble bon qu vous facez sil vous plest cestes choses redresser et amender pur bien de pees solont dieu et droiture.

[*12 December 1321. The King's letter to the Bishop for the publication of the council's decision.*]

MANDATUM REGIS AD PUBLICANDUM RESPONSUM PRESCRIPTUM, receptum apud Poterne viij kalendas Januarii. Edward par la grace de dieu roi Dengleterre seignur Dirlande et ducs Daquit' al honurable piere en dieu R. par la mesme grace evesqe de Sar' salutz. Come nadgeres en le concil des prelatz de la province de Canterbir' assembles a Lundres fust acordez et assentuz par lonurables pieres en dieu lerchevesqe de Canterbir' et par vous et les altres evesqes ilocqes assemblez qe le process et le jugement faitz et renduz sur lexil et la desheritezon de Hug' le Despens' le piere et le filz sunt repellables et deffesables come erroings et faitz contre dieu et droiture, et sur ce nous priastes a grant instaunce en conseillant pur bien de pees et pur blemure de conscience qe nous les vuelloms faire repeler come choses faites contre la ley de nostre terre pur mentenance du serment qe nous feismes a nostre coronement, vous prioms et chargeoms sur la foi qe vous nous devez qe cestes choses facez publier en les eglises parmi vestre diocise issint qe la chose soit conue. Et ve ne lessez sicome nous nous fioms de vous. Done suth nostre prive seal a Redynges le xij jour de Decembre lan de nostre regne quinzisme.

[*24 December 1321. Mandate to the archdeacon of Dorset to publish the Archbishop's mandate and the council's decision, to announce forty days' indulgence for those praying for the safety of the King and the peace of the realm, and to hold processions.*]

EX INJUNCCIONE IGITUR ARCHIEPISCOPI ATQUE REGIS PUBLICARE MANDAVIT DOMINUS RESPONSUM HUJUSMODI IN HAC FORMA. Rogerus permissione divina Sar' episcopus dilecto filio . . archidiacono Dors' vel ejus . . officiali salutem, graciam, et benediccionem. Undecimo kalendas Januarii apud Poterne mandatum recepimus infrascriptum, 'Walterus permissione divina Cant' archiepiscopus', et cetera *ut*

parte alia istius folii prenotatur. Deliberacionem eciam prelatorum de
qua premittitur infra predictum mandatum inclusam die et loco
predictis in Gallico scriptam recepimus habentem in omnibus seriem
hanc verborum, 'Tres cher sire. Vous nous avez mande', et cetera *ut
supra.* Ex injunccione igitur dicti patris et eciam ad predicti domini
nostri regis instanciam mandato volentes parere predicto, devocioni
vestre firmiter injungendo mandamus quatinus mandatum et prelatorum deliberacionem hujusmodi in singulis ecclesiis archidiaconatus
predicti pro pacis et tranquillitatis comodo altissimi presidio in regno
facilius optinendo cum celeritate possibili publicetis intelligibiliter et
faciatis per alios solempniter publicari, quodque venerabilis pater
predictus et septemdecim sue provincie Cant' suffraganei omnibus
parochianis suis et eciam aliis vere contritis et confessis quorum
diocesani indulgencias hujusmodi ratificaverunt qui pro salubri statu
domini nostri regis quam in honore et bono conservet altissimus et
eciam pro pace et tranquillitate regni sui oraverint pia mente quadraginta dies indulgencie concesserunt, nosque de dei
Fo. 130   omnipotentis gracia ejusque immensa misericordia | necnon
piissime matris sue patrone nostre et omnium sanctorum
meritis et precibus confidentes quatenus in nobis est indulgencias
ratificavimus et ratificamus easdem quadraginta dies indulgencie
consimiliter indulsimus et presentibus indulgemus.   Injungimus
eciam quod pro salubri statu domini nostri predicti ac pace et tranquillitate regni sui et regnicolarum fieri faciatis processiones solempnes
et orari devote prout mandata nostra vobis vicibus repetitis directa
exigunt et requirunt.   Hec siquidem omnia et singula suprascripta per
aliorum archidiaconorum officiales in singulis archidiaconatibus et
eciam per totam nostram diocesim mandavimus consimiliter exequenda.
Qualiter autem hoc mandatum nostrum fueritis executi nobis curetis
rescribere absque more diffugio presencium cum tenore.   Datum apud
Poterne ix kalendas Januarii anno domini supradicto et consecracionis
nostre septimo.[1]

[7 *March 1322. The Archbishop's mandate, dated at Lambeth and received 12 March,
containing the King's writ, dated 1 March at Coventry, for the publication of letters relating to
the alliance of the northern rebels with the Scots. The mandate, which requires solemn processions
on the King's behalf on Thursdays and Saturdays, is printed in Reg. Orleton* (Cant. & York
Soc. v), 218-20, *with minor verbal variations.*]

MANDATUM . . ARCHIEPISCOPI CONTINENS UNUM BREVE AD PUBLICANDUM
CONFEDERACIONEM FACTUM CUM SCOT', receptum apud parcum de
Remmesbir' iiij^{to} idus Marcii sero.   Walterus [*etc.*].

[1] *In margin,* coll'.

[*15 January 1322. Safe conduct by Thomas Randolph, earl of Moray, the king of Scotland's lieutenant, for Sir Richard, chaplain of Topcliffe, and a companion to go to talk with the Scots, to last until 15 August; with note of a similar safe conduct by Sir James Douglas.*]

[Fo. 130v]

TRANSCRIPTUM LITTERARUM DE QUIBUS PREMITTITUR HANC VERBORUM SERIEM CONTINEBAT.

Thomas Randolf' counte de Morres' seignur de Van, de Anan, et de Man, lieu tenant nostre seignur le roi Descoce a touz iceux qi ceste lettre verrunt ou orrunt salutz en dieu.   Sachez nous avoir done et grante sur et sauf conduit a sire Richard chapelein de Toppeclif' et a un compaignon oue lui oue lur garceons salvement devenir parler oue nous en quel lieu qe nous soioms salvement venir, demorir, et repeirer.   Par quei nous comandoms a touz iceux qi sunt a la foi nostre seignur le roi Descoce qe il ne facent mal, moleste, ne desturbance al dit sire Richard ne a son compaignon ne a lur biens en venant, demorant, ne en repeirant, ne soeffrent estre fait a lur poair.   En tesmoignance de quel chose en ceste presente lettre avoms mys nostre seal adurer a lassumpcion nostre dame prochein apres la fesure de cestes.   Escript a Corbrigg' le vendredi prochein apres la feste seint Hyllere lan de grace m¹ ccc xxj.

James de Douglas' donne une lettre de sauf conduit a mesme le chapelein avantnome faite en la manere come la lettre desusescrite.

[*16 February 1322. Safe conduct by the same for Sir John de Mowbray and Sir Roger de Clifford and forty horsemen to go into Scotland, to last until 14 March. This and the three following letters are printed with many minor variants in* Rymer, Foedera (Record Commission), ii(1), 474.]

A touz iceux qi ceste lettre verrunt ou orrunt Thomas Randolf' counte de Morres' seignur de Van, de Anand, et de Man et lieu tenant nostre seignur le roi Descoce salutz en dieu.   Sachez nous avoir done et grante seur conduit a monsire Johan de Moubray et monsire Roger de Clefford et xl hommes as chivals de quele condicion qil soient et lur herneis et a lur garceons devenir a nous en le roialme Descoce salvement venir, salvement demorir, et salvement returner, par quei qi nous mandoms et comandoms a touz iceux qi sunt a la foi nostre seignur le roi qe as ditz monsire Johan et monsire Roger ne a ceux avantnomes mal, moleste, desturbance, ne grevance ne facent ne soeffrent estre fait sur tant qil purrunt forfaire dever nostre seignur le roi et nous.   En tesmoignance de quel chose nous les avoms donez cestes nos lettres patentes durantes al xiiij jour de marcz.   Done a Katheres le xvj jour de feverer lan du regne nostre seignur le roi xvj.

[(February 1322). Letter under the seal of Sir James Douglas, addressed to ' King Arthur ', arranging a meeting the details of which the bearer will give by word of mouth.]

Le transcript dune lettre close enseale du seal sire James Douglas entitle en la cue, al roi Arthur.

Salutz come a lui mesmes. Sire, sachetz qe le portur de cestes vint la ou il nous quida avoir trove le vij jour de feverer, meas il ne nous trova mie iloeqes, par quei il ne purra mie estre respondu de ses busoignes avant le xvij jour del dit mois pur certain reson la qele il vous porra dire. Et nous envoioms la lettre de conduit par lui. Endroit del lieu la ou la parlance se purra meultz faire a ce qi nous semble le portur de cestes vous purra dire. Et sil vous plest devenir al dit lieu ou aillurs nous certefiez vj jours devant. Adiex qi vous gart.

[Undated. Letter from Sir James Douglas to Sir Ralph Nevill asking for Richard de Therlewalle to be sent as an intermediary.]

Le transescript dune lettre close seale du seal sire James de Douglas' entitle en la cue, A monsire Rauf de Nevil.

Salutz. Sire, pur ascunes busoignes qi nous tuchent vous pri vous nous mandez Richard de Therlewalle auxi en haste come vous purrez qe il ad conduit. Et sil ne puist venir mandez moi ascun altre certain homme qe vous puist certefier de ce qe serra fait des choses qe nous tuchent. Sire a dieux.

[Undated. Letter from the rebels stating that they have finished their discussions and are at Pontefract, and asking for a day and place to be fixed for the joining of forces.]

[Fo. 131]

Sire, sachetz qe la parlance qad este entre est ore a la fyn aparformer, qar le counte de Hereford', monsire Roger Dammory, monsire Hug' Daudeleye, monsire Bartholomeu de Badelesmere, monsire Roger de Clifford', monsire Johan Giffard, monsire Henri Tygheis, monsire Thomas Mauduit, monsire Johan de Wylynton', et moi et touz les altres sunt venuz a Pontfreit et prest sunt a faire seurte dever vous, meas qe vous parfacez les choses entreparlez, cest a savoir devenir en aide de nous et daler oue nous en Engleterre et en Gales a vinre et morir ouesqe nous en nostre querele. Vous prioms qe vous nous assignez jour et lieu la ou nous vous purroms encontrer et les choses fiablement parformiroms, et nous vous prioms qe vous nous facez avoir conduit pur xxx hommes a chival de salvement venir en vos partyes.

[*15 March 1322. Mandate to the archdeacon of Dorset (similar mandates being sent to the dean of Salisbury and the other three archdeacons) to publish the above letters, and also to hold processions for peace, with grant of forty days' indulgence for those taking part.*]

EXECUCIO IN HAC PARTE FACTA . . DECANO SAR' ET IIIJ^or ARCHIDIACONIS FUIT ISTA. Rogerus permissione divina Sar' episcopus dilecto filio . . archidiacono Dors' vcl cjus . . officiali salutem, graciam, et benediccionem. Mandatum venerabilis patris domini Walteri dei gracia Cant' archiepiscopi tocius Anglie primatis recepimus iiij^to idus Marcii continens hunc tenorem, 'Walterus', et cetera. Copiam eciam scripture in dicto mandato incluse ut premittitur continet cedula presentibus involuta. Hec igitur omnia et singula supradicta exequamini in archidiaconatu predicto debite prout superius exequenda mandantur fieri faciendo secundum ejusdem mandati exigenciam processiones solempnes pro pace in regno divina mediante clemencia celerius procuranda. Et ut subditorum nostrorum devocionem ad premissa salubriter excitemus, de dei omnipotentis gracia ejusque immensa misericordia necnon piissime matris sue patrone nostre et omnium sanctorum meritis et precibus confidentes omnibus parochianis nostris ac aliis quorum diocesani hanc nostram indulgenciam ratam habuerint et acceptam de peccatis suis vere contritis et confessis qui predictis processionibus intererint ac pro pace predicta oraverint pia mente quadraginta dies de injuncta sibi penitencia misericorditer in domino relaxamus. Qualiter autem hoc mandatum fueritis executi nobis absque more diffugio rescribatis per litteras vestras patentes harum seriem continentes adeo quod dictum patrem cerciorare possimus plenius ut mandatur. Valete. Datum apud parcum nostrum de Remmesbur' iij idus Marcii anno domini supradicto et consecracionis nostre septimo.

[*24 March 1322. The Bishop's certificate to the Archbishop's mandate of 7 March.*]

CERTIFICATORIUM . . ARCHIEPISCOPO IN HAC PARTE TRANSMISSUM HOC FUIT. Venerabili in Christo patri et domino reverendo domino Waltero dei gracia Cant' archiepiscopo tocius Anglie primati Rogerus ejusdem permissione Sar' episcopus obedienciam, reverenciam, et honorem debitam tanto patri. Mandatum vestrum iiij^to idus Marcii proximo preterito circiter horam completorii copiam transcripti quarumdam litterarum de quibus infra fit mencio involutam continens recepimus in hec verba, 'Walterus', et cetera. Huic igitur mandato parere volentes pro viribus reverenter, illud ac breve regium et copiam transcripti litterarum de quibus premittitur legi ac premissa omnia et singula solempniter publicari, solempnesque processiones per totam nostram diocesim quadraginta dierum indulgenciis ad hoc a nobis concessis fieri fecimus et eciam faciemus diebus et locis in vestro predicto comprehensis mandato ac omnes et singulos nostre diocesis moneri et induci quod domino nostro regi assistant fideliter et competenter subveniant ut tenentur. Ad ecclesie sue sancte regimen et munimen paternitatem vestram diu conservet incolumem Jhesus Christus. Datum apud parcum nostrum de Remmesbur' ix kalendas Aprilis anno domini prenotato.[1]

Nuncio regis cursore.

[*Form of commission to make the annual visitation of a nunnery, which, under a new constitution, is incumbent on the Bishop.*]

COMMISSIO AD VISITANDUM MONIALES SECUNDUM CONSTITUCIONEM NOVELLAM. R. et cetera talibus et cetera. Cum secundum constitucionem novellam teneamur annis singulis subjecta nobis monialium monasteria auctoritate nostra ordinaria visitare et ad hoc ad presens certis ex causis et legitimis prepediti intendere personaliter nequeamus, nos de vestra circumspeccione et industria plenam in domino fiduciam optinentes ad supervidendum statum monasterii monialium de . . dicte nostre diocesis ac ad inquirendum, corrigendum, et puniendum excessus si qui fortassis comperiantur ibidem necnon ad omnia alia et singula facienda que in hac parte necessaria vel oportuna fuerint eciam si mandatum exigunt speciale vobis conjunctim et divisim committimus vices nostras, mandantes quatinus quid inveneritis et feceritis in premissis nobis oportunis loco et tempore debite rescribatis. Valete. Datum.

[*8 March 1322. Mandate to the archdeacon of Berks. to publish a comprehensive list of penitentiaries within the diocese, and of the limitations on their authority to absolve people from confessed sins. The archdeacon is to certify the Bishop by 25 April.*]

[Fo. 131ᵛ]

CONSTITUCIO PENITENCIARIORUM DOMINI PER TOTAM DIOCESIM. Rogerus permissione divina Sar' episcopus dilecto filio archidiacono Berk' vel ejus . . officiali salutem, graciam, et benediccionem. Juxta sanctorum patrum tradiciones penitenciarios nostros in singulis archidiaconatibus et decanatibus nostre diocesis fecimus et constituimus quibus concessimus et tenore presencium concedimus potestatem audiendi confessiones tam decanorum ruralium, rectorum, vicariorum, et presbiterorum quam aliorum quorumcumque subditorum nostrorum secundum distinccionem locorum scriptam in scedula hiis annexa, et eosdem a confessatis sibi maculis absolvendi in casibus nobis eciam reservatis et

---

[1] *In margin,* coll'.

imponendi eisdem penitencias salutares[1] (parcorum nostrorum fractori-
bus et eciam homicidis necnon et perjur[i]is cujus pretextu perjurii
aliquis vitam, bonam famam, bona, menbrum, exheredacionem vel
grave dampnum amiserit vel incurrerit dumtaxat exceptis, in quibus
casibus absolucionem nobis specialiter reservamus), inhibentes peni-
tenciariis memoratis ceterisque subditorum nostrorum confessiones
audituris in archidiaconatu predicto ne ecclesias juribus suis fraudantes,
fures, usuratorios, et bonorum raptores absolvant sicuti nec possint de
jure donec ablata restituerint vel satisfecerint pro eisdem si restituendi
vel satisfaciendi habeant potestatem.   Hec igitur in vestris capitulis
publicetis et per ecclesiarum rectores, vicarios, et presbiteros parochiales
archidiaconatus predicti faciatis diebus dominicis et festivis intra
missarum solempnia publicari adeo quod ad subditorum nostrorum
possint noticiam pervenire pro animarum suarum salute.   Commissiones siquidem penitenciarie nostre quibuscumque aliis prius factas
quorum nomina in cedula non scribuntur predicta ex certa sciencia
tenore presencium revocamus.   Qualiter autem hoc mandatum
fueritis executi nos infra quindenam Pasche proximo jam venturam
cum tenore presencium debite rescribatis.   Valete.   Datum apud
parcum nostrum de Remmesbir' viij⁰ idus Marcii anno domini
millesimo ccc^mo xxj⁰ et consecracionis nostre septimo.

[*Schedule containing the names and areas of the penitentiaries.*]

PENITENCIARII IN TOTA DIOCESE.

Magistri Thomas de Bocton' subdecanus Sar' penitenciarius
generalis racione officii; Nicholaus Wardedieu canonicus Sar,' Hugo
de Chauseye vicarius de Bremele,[2] sacre scripture professores; Ricardus
vicarius ecclesie de Wanetyngg'; Willelmus de Wynterborn' rector
ecclesie de Stokton'; Ricardus de Edmondesthorp', Johannes de
Thorp', vicarii in ecclesia Sar'; Hugo de Penkestone vicarius ecclesie
de Helton'.

PENITENCIARII IN ARCHIDIACONATU DORS'.

Magister Radulphus de Farham rector ecclesie de Corscombe per
totum archidiaconatum Dors'.
DECANATUM DE BRUDEPORT' TANTUM: magister Ricardus rector
ecclesie de Langebridie; dominus Robertus rector ecclesie de Simondes-
bergh'.

---

[1] *In margin,* cleric' percuss' [? clericorum percussatoribus].
[2] *In a different hand,* nunc rector ecclesie de Stanton Quintyn.

DECANATU DORCESTR' TANTUM: magister Henricus rector ecclesie de Wynterborn' sancti Martini; magister Johannes rector ecclesie de Maigne Fratrum.

DECANATU ALBI MONASTERII TANTUM: Willelmus de Littletone vicarius ecclesie de Caneford'; Willelmus rector ecclesie de Chuselborne; magister Henricus rector ecclesie de Tollepudele; Rogerus de Farnbergh' vicarius de Torneworth'.

DECANATU SCHEFTON' TANTUM: Rogerus vicarius de Iwernemenstr'; Johannes de Orchardeslee rector ecclesie Omnium Sanctorum Schefton'; magister Willelmus de la Wyle rector ecclesie de Stapelbrigg'.

DECANATU PYMPERN' TANTUM: Magister Johannes rector ecclesie de Pentrich'.

[Fo. 132]

PENITENCIARII IN ARCHIDIACONATU SAR'.

Magister Robertus Fromond rector ecclesie sancti Thome Sar' per totam civitatem nostram Sar'.

DECANATU AMBR' TANTUM: Johannes vicarius ecclesie de Idemestone; Johannes vicarius ecclesie de Laverkestoke.

WYLTONE TANTUM: Magister Johannes de Netherhampton' rector ecclesie sancti Nicholai Parvi Wylton'; Thomas vicarius ecclesie de Bolebrigg'.

CHALK' TANTUM: Robertus vicarius ecclesie de Bisschopeston'; Robertus rector ecclesie de Fovente.

WYLY TANTUM: Magister Willelmus de Bratton vicarius ecclesie beate Marie de Cettr'; Nicholaus vicarius ecclesie de Wynterbornestok'; Willelmus vicarius ecclesie de Fysscherton'.

POTERN' TANTUM: Magister Thomas rector ecclesie de Whadden'; Willelmus vicarius ecclesie de Lavynton' Episcopi; Robertus vicarius ecclesie de Uphavene.

PENITENCIARII IN ARCHIDIACONATU WYLTES'.

DECANATU MALM' TANTUM: Robertus rector ecclesie de Dicherugg'; Willelmus de la More vicarius ecclesie de Kyngton' sancti Michaelis; Magister Ricardus rector capelle de Bremelham.

DECANATU CREK' TANTUM: Magister Ricardus rector ecclesie de Etone; magister Henricus vicarius ecclesie de Aistone; Johannes Chaneu vicarius ecclesie de Rodborn'.

DECANATU AVEBUR' TANTUM: Willelmus de Holte rector ecclesie de Allecanyngg'; Thomas vicarius ecclesie de Helmertone.

DECANATU MARLEBERG' EXTERIORIS: Magister Robertus rector ecclesie de Colyngborn' Abbatis; magister Ricardus vicarius ecclesie de Aldeborne;[1] magister Gilbertus vicarius ecclesie de Peuesie.

PENITENCIARII IN ARCHIDIACONATU BERK'.

DECANATU ABENDON' TANTUM: Magister Robertus vicarius ecclesie de Ledecombe; Walterus vicarius ecclesie de Sparsholte; Petrus de Querendon' vicarius sancti Nicholai Abendon'; Willelmus vicarius ecclesie de Hanneye.

DECANATU WALYNGFORD' TANTUM: Magister Alexander vicarius ecclesie de Cholseye;[2] Rogerus vicarius ecclesie de Stretlee.

DECANATU RADYNGG' TANTUM: Magister Willelmus de Pagula vicarius de Wynkefeld';[3] Henricus rector ecclesie de Tedmerssh'; Mattheus vicarius ecclesie de Wyndesore nova; Michael vicarius ecclesie sancti Egidii Radyng'.

DECANATU NEUBUR' TANTUM: Alanus rector ecclesie de Neubur'; Johannes vicarius ecclesie de Esegarston'; magister Johannes vicarius ecclesie de Chivele; magister Willelmus de Lutegarshale rector ecclesie de Wikham.

[*3 February 1322. Suspension by the Pope of John de Sutton, abbot of Abingdon, from the administration of the temporalities and spiritualities of the abbey; the suspension follows an inquiry, by two successive cardinals to whom the matter was committed, into the complaints by the prior and convent that the abbot had misappropriated goods assigned to the prior and convent to the sum of £1,000, had taken their muniments, and had imprisoned the prior and some of the monks.*]

[Fo. 132v]

SUSPENSIO AB ADMINISTRACIONE SPIRITUALIUM IN ABBATEM ABENDON'. Johannes episcopus servus servorum dei ad futuram rei memoriam. Ex parte dilectorum filiorum . . prioris et conventus monasterii de Abyndon' ordinis sancti Benedicti Sar' diocesis fuit in publico consistorio propositum coram nobis quod licet dudum certe possessiones ipsius monasterii mense . . abbatis dicti monasterii fuerint assignate, reliquis possessionibus remanentibus pro prioris et conventus usibus predictorum, tamen Johannes de Suttone abbas dicti monasterii de bonis mense predicte adeo alienavit illicite et distraxit et dilapidare presumpsit quod de restantibus se asserens sustentari non posse ad bona eisdem priori et conventui assignata et spectancia ad eosdem manus extendit ac de eis usque ad summam mille librarum argenti

---

[1] *In a different hand*, postea dominus concessit sibi pro tota diocese exceptis casibus prenotatis.

[2] *In a different hand*, postmodum littera pro toto archidiaconatu.

[3] *In a different hand*, postmodum potestatis littera pro toto archidiaconatu Berk'.

occupavit temere et consumpsit, subtrahens privilegia et munimenta super hujusmodi assignacione confecta apostolica auctoritate et alias optenta ea extra dictum monasterium asportando, ac priorem et quosdam monachos dicti monasterii pro eo quod de hujusmodi excessibus reclamabant cepit et carceri detinet mancipatos, super quibus humiliter supplicarunt eidem monasterio de oportuno remedio provideri. Nos itaque nolentes talia sub dissimulacione transire dilecto filio nostro Nicholao tituli sancti Eusebii presbitero cardinali commisimus ut super predictorum infamia si qua esset contra dictum abbatem in Romana curia se plenius informaret et quecumque super hiis inveniret nobis referre curaret, qui tam super hujusmodi infamia quam super bona fama ejusdem abbatis quosdam ex testibus per procuratores utriusque partis productis examinare curavit. Et tandem dicto cardinali se in hac parte propter egritudinem excusante, nos negocium hujusmodi dilecto filio nostro Petro tituli sancti Stephani in Celiomonte presbitero cardinali sancte Romane ecclesie vice-cancellario resumendum in eo statu in quo dictus Nicholaus cardinalis dimiserat commisimus oraculo vive vocis per eum nobis postmodum referendum, qui tam per acta super hoc habita coram Nicholao cardinali prefato quam per testes quos super premissis recepit super hiis diligencius se informavit. Et quia per relacionem ejusdem cardinalis vicecancellarii fideliter nobis factam invenimus dictum abbatem super hujusmodi bonorum distraccione et dilapidacione et premissis aliis infamia laborare, ne quod absit dictum monasterium et bona ipsius in ejus manibus naufragentur, ipsum ab administracione spiritualium et temporalium dicti monasterii et membrorum ipsius de fratrum nostrorum consilio apostolica auctoritate suspendimus, sibi omnem administracionem hujusmodi sub excommunicacionis pena quam si secus egerit eum incurrere volumus ipso facto inter-dicentes omnino ac decernentes exnunc irritum et inane si secus super hoc ab eo contigerit attemptari. Nulli igitur omnino hominum liceat hanc paginam nostrorum suspensionis, voluntatis, interdicti, et constitucionis infringere vel ei ausu temerario contraire. Si quis autem hoc attemptare presumpserit indignacionem omnipotentis dei et beatorum Petri et Pauli apostolorum ejus se noverit incursurum. Datum Avinion' iij nonas Februarii pontificatus nostri anno sexto.

[*7 April 1322. Commission to the prior of Bradenstoke to hear and settle two disputes apparently about probate in the peculiar of Tredington in Worcester diocese. The Bishop issues the commission as papal delegate under letters of 1 December 1321.*]

[Fo. 133][1]

COMMISSIO DOMINI A SEDE APOSTOLICA DELEGATI. Rogerus permissione

---

[1] *At top of page,* Octavus decimus quaternus.

divina Sar' episcopus judex unicus in hac parte a sede apostolica delegatus religioso viro . . priori de Bradenestoke nostre diocesis salutem et mandatis apostolicis filialiter obedire. Duas litteras sanctissimi in Christo patris et domini domini Johannis divina providencia pape xxij recepimus filo canapis ut prima facie apparet more curie Romane bullatas quarum una sic incipit, 'Johannes episcopus servus servorum dei venerabili fratri . . episcopo Saresbir' salutem et apostolicam benediccionem. Significarunt nobis Walterus Damalys clericus et Ricardus Damalys de Tydilminton' laicus Wygorn' diocesis executores testamenti quondam Willelmi capellani capelle de Tydilminton' dicte diocesis quod Johannes quondam . . decanus ecclesie de Tredyngton' predicte diocesis qui de antiqua et approbata et hactenus pacifice observata consuetudine in consistentes in decanatu suo ipsius ecclesie de Tredynton',' et cetera, et sic terminatur, 'compellas veritati testimonium perhibere. Datum Avinion' kalendis Decembris pontificatus nostri anno sexto,' alia eciam sic incipit, 'Johannes episcopus servus servorum dei venerabili fratri episcopo . . Sar' salutem et apostolicam benediccionem. Sua nobis Walterus dictus Damalice clericus, Johannes dictus Damalice et Ricardus dictus Damalice laici, et Agnes dicta Damalys de Tidilmynton' Wigorn' diocesis executores testamenti quondam Alicie de Tydelmynton' vidue ejusdem diocesis peticione monstrarunt quod cum Henricus decanus ecclesie de Tredynton' predicte diocesis,' et cetera, et taliter terminatur, 'compellas veritati testimonium perhibere. Datum Avinion' kalendis Decembris pontificatus nostri anno sexto,' quas vobis mittimus inspiciendas. Verum quia certis causis et legitimis prepediti eorum que in predictis litteris continentur expedicioni personaliter intendere non valemus, de vestra circumspeccionis industria plenam in domino fiduciam optinentes ad audiendum et fine debito terminandum ea que in dictis duabus litteris apostolicis nobis audienda et terminanda mandantur ac ad omnia et singula facienda et expedienda que eedem littere exigunt et requirunt, eciam si mandatum a nobis exigant speciale, vobis auctoritate apostolica qua fungimur in hac parte cum cohercionis canonice potestate committimus tenore presencium vices nostras, devocioni vestre in virtute obediencie qua sedi apostolice tenemini auctoritate apostolica firmiter injungentes quatinus nostram immo verius apostolicam hujusmodi commissionem humiliter amplectentes omnia et singula in dictis litteris comprehensa exequamini effectualiter secundum earumdem exigenciam litterarum. Pars vero executorum predictorum coram nobis juravit quod executores ipsi potenciam dictorum decanorum tempore impetracionis dictarum litterarum merito prohorescebant in tantum quod eos infra civitatem vel diocesim Wygorn' nequibant convenire secure. Datum apud

c

parcum de Remmesbur' vij° idus Aprilis anno domini millesimo ccc^mo vicesimo secundo et consecracionis nostre septimo.

[*1 April 1322. Letter from the bishop of London containing the Archbishop's mandate, dated 30 March, which in turn contains the King's writ, dated 14 March, for a parliament at York beginning on 2 May; the date of receipt, though repeated in the next entry, is evidently wrong. The King's writ, without all of the* praemunientes *clause, is printed in Parliamentary Writs* (Record Commission), ii (2), 245.]

[Fo. 133ᵛ]

PRO PARLIAMENTO APUD EBOR' TENENDO, receptum apud Remmesbir' vj kalendis Aprilis [*sic*]. Venerabili in Christo patri domino R. dei gracia Sar' episcopo Stephanus ejusdem permissione London' episcopus salutem et sincere dileccionis continuum incrementum. Mandatum reverendi in Christo patris et domini domini W. dei gracia Cant' archiepiscopi tocius Angl' primatis ij kalendas Aprilis recepimus in hec verba:

'Walterus permissione divina Cant' archiepiscopus tocius Angl' primas venerabili fratri domino Stephano dei gracia London episcopo salutem et fraternam in domino caritatem. Licet pro variacione temporum ac adverso negociorum eventu prelatos et clerum nostre Cant' provincie vocacionibus frequencius repetitis juxta qualitatem agendorum quod anxie gerimus fatigare cogeremur multociens et inviti, instans tamen ecclesie ac reipublice Anglicane necessitas precumque regiarum invitacio quas per breve suum ad nos directum penultimo die mensis Marcii apud Lameht' juxta London' recepimus ad convocacionem sub certa forma faciendam in presenti, prout ejusdem brevis tenor insertus complectitur, pro ecclesie ac rei publice regni Anglicani neccessitatibus relevandis qualiter dissimulacione semota arcius nos impellunt, cujus brevis series de verbo ad verbum sequitur sub hac forma:

"Edwardus [*etc.*]. Nos nolentes negocia nostra in dicto parliamento tractanda propter absenciam dictorum . . decanorum, . . priorum, . . archidiaconorum, et cleri retardari vobis mandamus rogantes quatinus decanos et priores ecclesiarum cathedralium et archidiaconos tocius provincie vestre in propriis personis suis, capitula eciam singula dictarum ecclesiarum cathedralium per singulares procuratores et clerum cujuscumque diocesis ejusdem provincie per duos sufficientes procuratores ad dictos diem et locum venire faciatis ad tractandum et consenciendum hiis que in premissis tunc ibidem contigerit ordinari. Et hoc nullatenus omittatis. Teste meipso apud Derby xiiij die Marcii anno regni nostri quintodeccimo."

'Vestre igitur fraternitati committimus et mandamus quatinus omnes decanos et priores ecclesiarum cathedralium ac achidiaconos

tocius provincie nostre Cant' ut in propriis personis suis, capitula
eciam singula dictarum ecclesiarum cathedralium per singulares
procuratores, clerum eciam cujuslibet diocesis ejusdem nostre provincie
ut per duos sufficientes procuratores per venerabiles fratres nostros
locorum episcopos in singulis suis diocesibus vice et auctoritate nostra
citantes[1] peremptorie, mandare curetis quod ad diem et locum in brevi
regio contentos in forma premissa compareant ad tractandum et
consenciendum hiis que in dicto brevi sunt expressa ibidem tunc
contigerit salubriter ordinari, necnon faciendum ulterius omnia et
singula que predicti brevis et negociorum tractandorum qualitas
exposcit et natura. Vos vero quantum ad vos attinet et clerum vobis
subjectum faciatis quod breve requirit antedictum. De die vero
recepcionis presencium et quid in premissis feceritis nos die et loco in
brevi contentis distincte et aperte cum citatorum nominibus certificetis
vestris patentibus litteris habentibus hunc tenorem. Datum apud
Lameth' iij kalendas Aprilis anno domini millesimo ccc^{mo} vicesimo
secundo.'

Volentes itaque prescripto mandato parere reverenter in omnibus
ut tenemur vobis auctoritate dicti patris injungimus et mandamus
quatinus ipsum mandatum quatenus . . decanum, capitulum, et
archidiaconos vestre ecclesie cathedralis ac clerum vobis subjectum
contingit curetis cum celeritate commoda juxta sui [*sic*] vim, formam,
et effectum execucioni debite demandare. Datum apud Orseth'
kalendis Aprilis anno domini supradicto.

[*7 April 1322. Mandate in pursuance of the above to the official of the archdeacon of Berks.,
similar mandates being sent to the other archdeacons. The proctors of the several archdeaconries
are to meet on 22 April to choose proctors for the diocese. The official is also to cite the archdeacon to attend the parliament, and is to certify the Bishop three days before 1 May.*]

ET SIC MANDABATUR EXECUCIONI IIIJ^{or} ARCHIDIACONIS VEL EORUM
OFFICIALIBUS. Rogerus et cetera dilecto filio . . archidiaconi Berkes'
. . officiali salutem, graciam, et benediccionem. Mandatum vj
kalendas Aprilis [*sic*] recepimus infrascriptum, 'Venerabili in Christo
          patri', ut supra. ET IN FINE SIC: Cujus auctoritate mandati
Fo. 134 | vobis mandamus quatinus clerum archidiaconatus
          predicti secundum formam predicti mandati citantes
faciatis ad aliquos certos diem et locum ad hec congruos evocari
ac unum procuratorem ab eodem ad contenta in dictis litteris constitui
qui substituendi habeat potestatem de sic constituto procuratore
taliter disponentes quod in nostra Sar' ecclesia cathedrali x^o kalendas
Maii instanter compareat sic cum procuratoribus cleri aliorum

---

[1] *MS.* citent.

archidiaconatuum nostre diocesis tractaturus et dispositurus quod iidem clerus compareat et faciat quod jus et dictum mandatum exigunt in hac parte. Archidiaconum eciam Berk' per vos citari volumus quod compareat personaliter et faciat illud idem. Quid autem feceritis et actum fuerit in premissis nos infra tres dies dictas kalendas inmediate sequentes reddatis debite cerciores per litteras vestras patentes harum seriem et procuratorum cleri nostre diocesis nomina et cognomina continentes. Datum apud parcum de Remmesbur' vij idus Aprilis anno domini supradicto, consecracionis nostre anno septimo.

[*19 April 1322. Ordination by the Bishop of a chantry, for the souls of Reynold de Tudeworth and his wife Joan, in the collegiate church of St. Edmund, Salisbury. Quoted in full are: the royal letters patent, dated 15 March, allowing the grant in mortmain of a house and rents in Salisbury; the agreement of the provost and priests of St. Edmund's, dated 16 April; and the charter of Richard de Tudeworth and William de Berewico, dated 10 April, granting the house and rents to Henry de Lodyngton and his successors as chantry chaplains, in fulfilment of the intention of Reynold de Tudeworth who died before he was able to complete the endowment himself. The charter specifies the houses and rents, and grants the patronage of the chantry to the Bishop.*]

ORDINACIO CANTARIE PERPETUE PRO ANIMA REGINALDI DE TUDEWOTH'.[1] Universis sancte matris ecclesie ad quorum noticiam pervenerit hec scriptura Rogerus permissione divina Sar' episcopus salutem in eo quem peperit uterus virginalis. Frequens et assidua dilectorum filiorum Ricardi de Tudeworth' et Willelmi de Berewico civium nostre civitatis Sar' exhibita nobis peticio continebat quod cum ipsi ad sustentacionem perpetuam unius perpetui capellani et perpetue cantarie in ecclesia sancti Edmundi confessoris[2] civitatis nostre predicte pro animabus Reginaldi de Tudeworth' et Johanne uxoris ejusdem ac omnium fidelium defunctorum futuris temporibus per capellanum hujusmodi faciende unum messuagium et redditus dederint et assignaverint, petita ad hoc licencia excellentissimi principis et domini nostri domini Edwardi dei gracia regis Angl' illustris ac dilectorum filiorum . . prepositi et perpetuorum presbiterorum ecclesie sancti Edmundi predicte consensu pariter et optentis prout in litteris suis super hoc confectis quarum tenores subscribuntur plenius continetur, cantariam ipsam approbare et confirmare auctoritate nostra ordinaria dignaremus, quarum quidem litterarum hii serio sunt tenores:

'Edwardus dei gracia rex Angl' dominus Hybn' et dux Aquit' omnibus ad quos presentes littere pervenerint salutem. Sciatis quod

---

[1] *In margin*, nota.
[2] *In margin*, In ecclesia sancti Edmundi Sar'.

cum nuper per finem quem Reginaldus de Tudeworth' de Nova Sar'
fecit cum domino E. quondam rege Angl' patre nostro idem pater
noster concessisset et licenciam dedisset pro se et heredibus suis
quantum in ipso fuit eidem Reginaldo quod ipse quinque marcatas
redditus cum pertinenciis in Nova Sar' dare posset et assignare cuidam
capellano divina singulis diebus in ecclesia beati Edmundi confessoris
Sar' pro animabus predicti Reginaldi et Johanne que fuit uxor ejusdem
Reginaldi ac omnium fidelium defunctorum celebraturo, habendas et
tenendas eidem capellano et successoribus suis capellanis divina ibidem
sicut predictum est singulis diebus celebraturis imperpetuum; ac nos
postmodum per finem quem prefatus Reginaldus fecit nobiscum
concessissemus et licenciam dedissemus pro nobis et heredibus nostris
quantum in nobis fuit eidem Reginaldo quod ipse unum mesuagium
et viginti solidatos redditus cum pertinenciis in dicta villa de Nova
Sar' dare posset et assignare prefato capellano divina singulis diebus
in ecclesia predicta pro animabus predictis celebraturo in augment-
acionem sustentacionis sue imperpetuum, statuto de terris et tenementis
ad manum mortuam non ponendis edito non obstante, prout in
litteris dicti patris nostri et nostris patentibus inde confectis plenius
continetur; ac prefatus Reginaldus antequam premissa juxta licenciam
dicti patris nostri et nostram sibi in hac parte concessam complevisset
viam universe carnis sit ingressus et Ricardus de Tudeworth' et
Willelmus de Berewyco jam tenentes mesuagium et redditum predicta
nobis cum instancia supplicaverint ut eis licenciam concedere curaremus premissa faciendi, nos ipsorum supplicacioni in hac parte annuentes
concessimus eis et licenciam dedimus pro nobis et heredibus nostris
quantum in nobis est quod ipsi mesuagium et redditus predicta cum
pertinenciis dare possint et assignare prefato capellano divina singulis
diebus in ecclesia predicta pro animabus predictis celebraturo,
habenda et tenenda eidem capellano et successoribus suis capellanis
divina singulis diebus in ecclesia predicta pro animabus predictis
celebraturis imperpetuum. Et eidem capellano quod ipse mesuagium
et redditus predicta cum pertinenciis a prefatis Ricardo
Fo. 134ᵛ   et Willelmo recipere possit et tenere | sibi et successoribus
suis capellanis divina singulis diebus in ecclesia predicta
pro animabus predictis celebraturis imperpetuum sicut predictum
tenore presencium similiter licenciam dedimus specialem, statuto
predicto non obstante, nolentes quod predicti Ricardus, Willelmus, vel
heredes sui aut prefatus capellanus seu successores sui racione statuti
predicti per nos vel heredes nostros inde occasionentur in aliquo seu
graventur, salvis tamen capitalibus dominis feodi illius serviciis inde
debitis et consuetis. In cujus rei testimonium has litteras nostras fieri

fecimus patentes. Teste meipso apud Ebor' xv die Marcii anno regni nostri duodecimo.'

'Venerabili in Christo patri et domino suo reverendo domino Rogero dei gracia Sar' episcopo devotus clericus suus Ricardus de Hertyngg' prepositus ecclesie collegiate sancti Edmundi confessoris Sar' vestre diocesis et ejusdem loci . . perpetui presbiteri obedienciam in omnibus et honorem.[1] Laudabiliter propositum Ricardi de Tudeworth' et Willelmi de Berewyco commendantes in domino velud pium et ad divini cultus tendens augmentum ut perpetua cantaria per ydoneum presbiterum in ecclesia collegiata predicta pro animabus Reginaldi de Tudeworth' et Johanne que fuit uxor ejusdem Reginaldi ac omnium fidelium defunctorum imperpetuum fieri valeat per vestram sanctam paternitatem canonice ordinanda, nostro et ecclesie predicti nomine tenore presencium consentimus ipsius ecclesie juribus et consuetudinibus in omnibus semper salvis, affectuose rogantes ut premissa ad laudem dei et animarum salutem quatenus ad vestre benigne paternitatis officium attinet ordinare et expedire dignemini graciose. Ad ecclesie sue sancte regimen vitam vestram diu conservet incolumem pietas salvatoris. In cujus rei testimonium sigillum mei . . prepositi supradicti vice mea et dictorum presbiterorum fieri hoc petencium presentibus est appensum. Et quia idem sigillum pluribus est ignotum sigillum discreti viri domini . . subdecani Sar' . . officialis procuravimus personaliter hiis apponi. Et nos domini . . subdecani predicti . . officialis ad rogatum personale . . preposti et presbiterorum predictorum sigillum officii nostri hujusmodi hiis duximus apponendum in testimonium premissorum. Datum apud Sar' xvj kalendas Maii anno domini millesimo ccc^{mo} vicesimo secundo.'

'Sciant presentes et futuri[2] quod nos Ricardus de Tudeworth' et Willelmus de Berewyco licencia domini regis preoptenta dedimus et hac presenti carta nostra bipartita assignavimus domino Henrico de Lodyngton' capellano divina singulis diebus in ecclesia beati Edmundi confessoris Sar' pro animabus Reginaldi de Tudeworth' et Johanne que fuit uxor ejusdem Reginaldi ac omnium fidelium defunctorum celebraturo unum mesuagium, sex marcatas, sex solidatas, et octo denariatas redditus cum pertinenciis in Nova Sar', quod quidem mesuagium situm est in alto vico juxta tenementum Walteri Ywon, et de quibus sex marcatis, sex solidatis, et octo denariatis redditus proveniunt annuatim sexdecim solidate redditus de tenemento Johannis de Brutford' sito ex opposito fori ubi blada venduntur, et sexdecim solidate redditus de tenemento Johannis Machewel sito juxta tenementum predictum, et decem solidate

---

[1] *In margin,* Consensus prepositi.　　　　[2] *In margin,* Carta dotacionis.

redditus de tenemento Johannis de Lynham sito in Minstrestrete
juxta tenementum Simonis de Oxon', et sex solidate redditus de
tenemento Rogeri Antony sito ex opposito fori juxta tenementum
Agnetis Drummeres, et undecim solidate et septem denar[i]ate
redditus de tenemento Johannis le Chandeler sito in alto vico qui
vocatur Carterestrete juxta tenementum Andree le Hattere, et
duodecim solidate redditus de uno tenemento Radulfi le Bolde sito
ad stallas carnificum juxta shopam Petri de Colyngborn', et tres
solidate et una denariata redditus de tenemento Willelmi de Dase
sito ad stallas carnificum juxta shopam Walteri le Bolde, et quatuor
solidate redditus de uno tenemento Henrici le Napper sito in Wyneman-
nestret juxta tenementum Johannis le Copener', et due solidate
redditus de tenemento Martini le Krupse sito in vico predicto juxta
tenementum Roberti Baudri, et sex solidate redditus de tenemento
quondam Michaelis de Brightmerston' juxta tenementum Henrici
de Wynterslewe in vico predicto, habendum et tenendum totum
predictum mesuagium et redditum predictum cum pertinenciis
eidem Henrico capellano et successoribus suis capellanis divina
singulis diebus in ecclesia predicta pro animabus predictis celebraturis
imperpetuum, salvis capitalibus dominis feodi illius serviciis inde
debitis et consuetis et justis consuetudinibus usitatis ad predictam
civitatem spectantibus. Et nos vero predicti Ricardus et Willelmus
et heredes nostri et quilibet nostrum insolidum conjunctimve seu
divisim predicta mesuagium et redditum cum pertinenciis predicto
Henrico capellano et successoribus suis capellanis divina singulis
diebus in ecclesia predicta pro animabus predictis celebraturis contra
omnes gentes warantizabimus, defendemus, et acquietabimus imperpetuum, hoc observato quod dominus episcopus Sar' qui pro tempore
fuerit cantariam predictam infra unius mensis spacium quociens
vacaverit capellano ydoneo divina ibidem ut premittitur celebraturo
conferat,[1] ita tamen quod si episcopus Sar' qui pro tempore

Fo. 135 fuerit | infra dictum mensem contariam [*sic*] antedictam

postquam vacacio ejusdem cantarie predicto episcopo
innotuerit ut predictum est non contulerit extunc collacio dicte cantarie
simili modo per ydoneum capellanum faciende infra alium mensem
post lapsum mensis predicti a die vacacionis numerandi ad canonicos
in ecclesia Sar' residentes et tunc dicti loci capitulum facientes illa
vice penitus devolvatur. In cujus rei testimonium, tam parti penes
dictum episcopum quam parti penes predictum Henricum capellanum
et successores eorum residentibus, sigilla nostra apposuimus et sigillum
commune civitatis predicte apponi procuravimus, hiis testibus domino

---

[1] *In margin,* collacio pertinet domino.

Willelmo de Harden' milite tunc senescallo episcopi, Willelmo de Stourton' tunc ballivo Sar', Johanne Baudry et Philippo de Devyses tunc coronatoribus Sar', Johanne le White et Johanne de Thornhulle tunc prepositis Sar', Roberto de Cnoel, Roberto de Lavyngton', Henrico Borry, Henrico le Spic', Adam Cole, Rogero Hupewel', Willelmo de Mordon' clerico, et aliis. Datum apud Novam Sar' die sabbati proxima post festum sancti Ambrosii anno regni regis Edwardi filii regis Edwardi quintodecimo.'

Nos igitur Rogerus episcopus supradictus ponderatis ut convenit omnibus suprascriptis et aliis ponderandis, ipsorumque Ricardi et Willelmi devocionem laudabilem, quam ad divini cultus augmentum animarumque salutem tendere cernimus, in domino commendantes, concurrentibus omnibus que in hac parte requiruntur de jure, cantariam predictam ac dacionem et assignacionem porcionum ejusdem ut premittitur, salvo jure in omnibus predicte ecclesie collegiate et ejusdem . . prepositi et presbiterorum ac quorumcumque aliorum quorum interest cui in aliquo prejudicare non intendimus, auctoritate pontificali ordinamus, approbamus, et tenore presencium ex certa sciencia confirmamus, salvis in omnibus episcopalibus juribus et consuetudinibus ac nostre Sar' ecclesie dignitate et capitalibus dominis feodi supradicti serviciis debitis et consuetis ac nobis et successoribus nostris collacione cantarie hujusmodi secundum predicte carte exigenciam quocienscumque vacaverit facienda. Et ut premissa perpetue memorie commendentur presentes litteras registrari et nostri appensione sigilli communiri fecimus in testimonium eorumdem. Datum apud parcum de Remmesbur' xiij kalendas Maii anno domini millesimo ccc^mo vicesimo secundo, consecracionis vero nostre anno septimo.

[*12 May 1322. Letter from the bishop of London, containing the Archbishop's mandate of the same date for a provincial convocation at St. Paul's, London, on 9 June to consider the King's request for a clerical subsidy of 5d. on each mark of ecclesiastical income on which a tenth is normally paid. The King had made the request at the parliament at York, but an answer was deferred because of the reasonable absence of the bishops and clergy of some dioceses. The Archbishop's mandate is printed in* Wilkins, Concilia, *ii. 515-16, where however, it is defective near the end.*]

[Fo. 135ᵛ]

PRO CONGREGACIONE PRELATORUM LOND' FACIENDA PRO QUINQUE DENARIIS DE MARCA DOMINO REGI CONCEDENDIS, receptum apud Nouesle xiij kalendas Junii. Venerabili in Christo patri domino R. dei gracia Sar' episcopo Stephanus ejusdem permissione Lond' episcopus salutem et fraternam in domino caritatem. Lit[t]eras venerabilis patris domini W. dei gracia Cant' archiepiscopi tocius Anglie primatis una

cum quadam cedula in eisdem inclusa iiij idus Maii apud Ebor'
recepimus continencie infrascripte:

'Walterus [*etc.*]. Vestre igitur fraternitati committimus et mandamus
quatinus omnes et singulos fratres et coepiscopos nostros necnon clerum
cujuslibet diocesis per locorum diocesanos in quolibet gradu pre-
munire demandetis ac citari quod die Mercurii proxima post festum
sancte Trinitatis proximo futuro in ecclesia sancti Pauli London' super
premissis et aliis statum ecclesie et regni contingentibus compareant
tractaturi et suos consensus legitime prebituri eisdem, facturi ulterius,
et recepturi quod agendorum qualitas exigit et natura. Vos eciam
quantum ad vos et vestros subditos pertinere noscitur hoc idem faciatis,
nobis nichilominus ad diem et locum predictos vestris litteris tam
exemptorum quam non exemptorum vestre diocesis nomina per vos
citatorum continentibus plenius rescribentes quid feceritis de premissis.
Fratribus eciam et coepiscopis nostris injungatis ut et ipsi modo
consimili premissa omnia faciant et diligencius exequantur nobisque
suis litteris harum seriem et citatorum nomina continentibus ad
eosdem diem et locum significent quid fecerint de prescriptis. Nomina
vero exemptorum hujusmodi in eventu non paricionis eorumdem
domino nostro regi pro loco et tempore intimare oportebit.

Fo. 136 Datum | apud Acom juxta Ebor' iiij^to idus Maii anno
domini millesimo ccc^mo vicesimo secundo.'

Quarum auctoritate litterarum vos tenore presencium premunimus
ut dicti patris mandato quatenus vos et clerum vestre diocesis contingit
juxta vim, formam, et effectum ejusdem ac cedule supradicte cujus
copiam vobis transmittimus presentibus interclusam effectualiter parere
in omnibus studeatis. Datum apud Ebor' iiij^to idus Maii anno domini
supradicto.

[*Schedule to the Archbishop's mandate of 12 May 1322 stating the action necessary if the clergy
of a diocese agrees to the subsidy asked by the King.*]

CEDULA FUIT ISTA. Facta ad mandatum vestrum convocacione cleri
vestri infra vestram diocesim statim post recepcionem presencium, si
clerus vester in summam consenserit subsidii de quo in mandato fit
mencio, tunc incontinenti ipsam per aliquem fidelem collectorem et
receptorem per vos deputandum cum omni celeritate per quascumque
censuras levari faciatis. Nec oportebit sic consencientes ad nostram
congregacionem de qua nostris litteris inseritur venire. Vos tamen
ad diem et locum convocacionis nostre habetis nobis rescribere vestro
certificatorio inter cetera quod clerus vester subsidium de quo tangitur
dare consentit statim solvendum, et procuratorem vestrum mittere
nisi vos personaliter accedere contingat ad eamdem. Tenor vero

presentis cedule singulis episcopis infra litteram eis mittendum est includendus.

[*21 May 1322. Mandate in pursuance of the above to the archdeacon of Dorset, similar mandates being sent to the other archdeacons. The proctors of the several archdeaconries are to meet on 1 June. The archdeacon's official (tacitly acknowledged as the recipient of the letter) is to cite the archdeacon to do what is necessary. The short amount of time allowed is explained by the fact that the Bishop received the mandate only on 20 May. The archdeacon is to certify the Bishop's sequestrator by 3 June.*]

EXECUCIO MANDABATUR IIIJ^{or} ARCHIDIACONIS VEL EORUM OFFICIALIBUS SUB HAC FORMA.[1] Rogerus et cetera dilecto filio archidiacono Dors' vel ejus . . officiali salutem, graciam, et benediccionem. Mandatum subscriptum xiij kalendas Junii recepimus continens hunc tenorem cum cedula presentibus involuta, 'Venerabili', et cetera ut supra. Hujus igitur auctoritate mandati vobis mandamus quatinus clerum archidiaconatus predicti in quolibet gradu premunientes eciam et citantes faciatis ad aliquos certos diem et locum ad hec congruos convocari, ac habito super premissis diligenti tractatu unum procuratorem ab eodem clero ad contenta in dicto mandato constitui qui substituendi habeat potestatem, de sic constituto procuratore taliter disponentes quod idem in hac parte ut convenit informatus in nostra Sar' ecclesia cathedrali die Martis in ebdomada Pentecostes proximo jam ventura compareat sic cum procuratoribus cleri aliorum archidiaconatuum nostre diocesis, quos simili modo constitui mandavimus, super hiis que in mandato et cedula continentur predictis plenius tractaturus et consideratis et ponderatis undique ponderandis taliter dispositurus quod idem clerus in quolibet gradu compareat juxta predicti mandati effectum vel saltem faciat quod cedula requirit predicta quatenus clerum concernit eundem, ac per vos . . officialem predictum citari mandamus archidiaconum supradictum ut quantum premissa eum concernunt faciat illud idem. Nec miretur vestra devocio quod circa execucionem hujusmodi vobis statuimus terminum hujusmodi et eciam ita brevem, superioris enim nostri mandatum predictum nobis exequendum directum diffusiorem non sinit in hac parte terminum vobis dari sicut per ipsius mandati recepcionis diem predictum intueri poteritis manifeste. Quid autem in premissis feceritis quidque clerus in quolibet gradu duxerit faciendum nos vel dilectum filium magistrum Radulphum de Querindon' sequestratorem nostrum, quem pro hujusmodi certificatoriis recipiendis nostrum deputavimus commissarium, die Jovis in ebdomoda Pentecostes predicta ad tardius aput Abindon' certificare curetis dilucide et distincte per litteras vestras

---

[1] *In margin,* coll'.

patentes harum seriem et citatorum tam exemptorum quam non
exemptorum nomina et cognomina continentes adeo quod dictum
patrem cerciorare possimus juxta sui mandati exigenciam supradicti.
Oportebit utique de exemptorum nominibus in eventu non paricionis
eorum dominum nostrum regem reddere cerciorem sicut mandatum
continet antedictum. Valete. Datum apud Noueslee xij kalendas
Junii anno domini prenotato, consecracionis nostre anno septimo.

[*6 June 1322. The Bishop's certificate to the Archbishop, to the effect that the clergy of the
diocese have agreed to the subsidy, and that the Bishop will therefore proceed to levy it in
accordance with the schedule to the Archbishop's mandate.*]

Certificatorium in hac parte . . archiepiscopo destinatum.
Venerabili in Christo patri et domino reverendo domino Waltero dei
gracia Cant' archiepiscopo tocius Anglie primati Rogerus ejusdem
permissione Sar' episcopus obedienciam, reverenciam, et honorem
debitos tanto patri. Paternitatis vestre litteras venerabili patri
domino S. dei gracia Lond' episcopo per vos et per eumdem nobis
directas xiij kalendas Junii recepimus hanc verborum seriem continentes, 'Venerabili', et cetera. Clero igitur nostre diocesis in quolibet
gradu ad certos diem et locum predicti racione mandati quatenus
temporis sinebat brevitas convocato, idem clerus in quolibet gradu
ponderatis ejusdem mandati viribus et effectu summe consenciit
subsidii memorati ut premittitur persolvendi, paucis quorum nomina
in presentibus annexa cedula continentur dumtaxat exceptis quos
auctoritate predicta premuniri et citari fecimus prout
Fo. 136ᵛ   in eadem cedula continetur. | Summam autem predictam
faciemus cum diligencia possibili secundum mandati vestri
predicti exigenciam a clero nostre diocesis predicto levari et eciam
quatenus poterimus ab exemptis predictis ac ulterius mandatum ipsum
quatenus nos concernit in omnibus suis articulis effectualiter pro
viribus exequemur. Ad ecclesie sue sancte regimen et munimen
paternitatem vestram diu conservet incolumem Jhesus Christus.
Datum apud parcum de Remmesbur' viij idus Junii anno domini
millesimo cccᵐᵒ xxij.

[*Schedule to the foregoing, naming those who did not attend the diocesan synod at which the
subsidy was agreed.*]

Cedula fuit ista. Fratres Willelmus abbas de Bynedon' non est
inventus personaliter set mandatum vestrum publicatum est in
monasterio de Bynedon'; Willelmus Malmesbur', Willelmus de
Stanlegh' abbates exempti sunt premuniti et citati; . . prior de Farlegh'
exemptus, premunitus et citatus de veniendo ad congregacionem

hujusmodi venire aliqualiter non curavit ad convocacionem nostram predictam; Willelmus prior de Walyngford' exemptus consenciit dicto subsidio persolvendo si abbas monasterii de sancto Albano cujus monasterii dictus prioratus est cellula voluerit consencire.

Dominus Geraldus de Tylheto archidiaconus Wyltes' non est inventus set in curia Romana cum summo pontifice ut dicitur commoratur.[1]

[*6 June 1322. Letter to the Archbishop naming Master Geoffrey de Eyton as the Bishop's proctor at the provincial convocation on 9 June.*]

PROCURATORIUM DOMINI AD DICTAM CONGREGACIONEM TRANSMISSUM. Venerabili in Christo patri et domino reverendo domino Waltero dei gracia Cant' archiepiscopo tocius Angl' primati Rogerus ejusdem permissione Sar' episcopus obedienciam et reverenciam cum honore. Quia hac instanti convocacione cleri vestre Cant' provincie die Mercurii proximo post instans festum sancte Trinitatis facienda interesse personaliter non valemus, ad comparendum pro nobis in eadem et tractandum vice nostra super omnibus et singulis in mandato super hujusmodi facienda convocacione nobis directo contentis et eisdem consensum legitime prebendum, ulteriusque faciendum in omnibus et singulis secundum predicti mandati exigenciam et recipiendum nomine nostro quod agendorum in hac parte qualitas exigit et natura, dilectum nobis in Christo magistrum Galfridum de Eyton' canonicum Lincoln' procuratorem nostrum facimus, ordinamus, et constituimus per presentes, concedendo eidem potestatem specialem alium procuratorem loco sui substituendi ad premissa prout et quando ei videbitur expedire, testimonio presencium quas sigilli nostri impressione fecimus communiri. Datum apud parcum de Remmesbur' viij idus Junii anno domini millesimo ccc vicesimo secundo.[2]

[*13 June 1322. Mandate to the official of the archdeacon of Dorset, similar mandates being sent to the officials of the other archdeacons, to collect the subsidy of 5d. on each mark which the clergy of the diocese have agreed should be ready for payment to the King by 1 August. The official is to make the levy by 8 July, giving receipts for payment and urging the exempt religious houses to pay; he is to deliver the money to the provost of St. Edmund's, Salisbury, in St. Edmund's church by 25 July, and he is to tell the Bishop of the sum collected and the names of those paying and not paying within four days of 25 July.*]

MANDATUM IIIJ[or] ARCHIDIACONORUM OFFICIALIBUS DIRECTUM AD LEVANDUM ET COLLIGENDUM QUINQUE DENARIOS SUPRADICTOS. Rogerus permissione divina Sar' episcopus dilecto filio . . archidiaconi . . Dors' officiali salutem, graciam, et benediccionem. Per transmissas nobis vestras et omnium archidiaconorum nostre diocesis officialium litteras

---

[1] *In margin,* coll'.   [2] *In margin,* coll'.

certificatorias luculenter apparet quod clerus nostre diocesis in gradu quolibet, exemptis paucis dumtaxat exceptis expresse tamen non contradicentibus, concesserunt domino nostro regi quinque denarios de marca qualibet de bonis suis ecclesiasticis ex quibus decima dari consuevit cum summa celeritate levandos in subsidium defensionis ecclesie Anglicane, predicti domini regis, regni sui, ac repulsus Scotorum qui ad dicti regni invasionem offerunt se paratos, ita quod illi denarii citra festum beati Petri ad vincula proximo jam venturum ad solvendum domino regi predicto integre sint parati, prout hec in predictis certificatoriis litteris et in reverendi patris domini W. dei gracia Cant' archiepiscopi tocius Angl' primatis mandato nobis et per nos ipsius mandati copia vobis sicut et ceteris officialibus suprascriptis transmisso plenius est contentum. Quocirca vobis committimus et firmiter injungendo mandamus quatinus de bonis ecclesiasticis de quibus decima dari consuevit cleri in quolibet gradu archidiaconatus predicti eciam si bona ipsa in dignitatibus vel prebendis ecclesiisve quibuscumque appropriatis existant colligere et cum effectu levare curetis citra festum sancte Margarete proximo jam venturum, faciendo solventibus litteras de soluto, contradictores et rebelles per quamcumque censuram ecclesiasticam canonice compescendo, denunciantes exemptis in archidiaconatu predicto quod cum in causa hujusmodi concessi subsidii eorum sicut aliorum interesse versetur ipsum subsidium de bonis eorum ecclesiasticis solvere non omittant termino ad hoc superius limitato ne si ecclesie Anglicane, domino nostro regi, regno suo vel regnicolis quod absit dampnum accidat eorumdem

Fo. 137 exemptorum in hac parte rebellioni | valeat imputari, scituri quod ipsorum non solvencium nomina si qui sint scribentur domino nostro regi sicut predicti reverendi patris mandatum exigit supradictum. Predictam vero pecuniam sic collectam dilecto filio . . preposito domus sancti Edmundi Sar' citra festum sancti Jacobi proximo jam venturum in ecclesia sancti Edmundi Sar' integre persolvatis adeo quod ipsa pecunia in festo sancti Petri predicto ad solvendum domino nostro regi ut premittitur sit parata. Ipsi quidem preposito per alias litteras nostras mandamus quod dictam pecuniam a vobis recipiat vobisque litteras faciat de soluto. Quid autem feceritis quantumque per vos collectum fuerit et predicto preposito liberatum nobis infra iiij^or dies festum sancti Jacobi predictum sequentes una cum nominibus solvencium et non solvencium presertim exemptorum rescribatis per litteras vestras patentes et clausas harum seriem continentes. Valete. Datum apud Poterne idibus Junii anno domini millesimo ccc^mo vicesimo secundo et consecracionis nostre septimo.[1]

[1] *In margin*, memorandum quod mandabatur officialibus de supersedendo quoad capitulum Sar' quia preposito solvere noluerunt.

[*28 June 1322. Mandate to the provost of St. Edmund's, Salisbury, to receive the money so collected from the archdeacons' officials and the chapter of Salisbury, and to keep it safe, giving letters of receipt.*]

MANDATUM DIRECTUM PREPOSITO SANCTI EDMUNDI SAR' AD RECIPIENDUM DENARIOS SIC COLLECTOS. Rogerus et cetera dilecto filio . . preposito domus sancti Edmundi civitatis nostre Sar' salutem, graciam, et benediccionem. Quinque denarios de marca qualibet bonorum ecclesiasticorum per clerum nostre diocesis pro defensione ecclesie Anglicane ac repulsu Scotorum domino nostro regi jam dudum concessos mandavimus per archidiaconorum nostre diocesis officiales colligi et citra festum sancti Jacobi nunc venturum integre vobis solvi. Ad recipiendum igitur denarios hujusmodi et eciam illos quos . . capitulum ecclesie nostre Sar' pro bonis suis de denariis ipsis vobis solvere voluerit secureque conservandum eosdem donec aliud a nobis habueritis in mandatis, quitancieque litteras solventibus faciendum vobis tenore presencium committimus potestatem. Valete. Datum apud Poterne iiij kalendas Julii anno domini m⁰ ccc⁰ xxij et consecracionis nostre septimo.[1]

[*Note of the sums collected.*]

Et dicto . . preposito solutum fuit de pecunia supradicta videlicet per archidiaconi Sar' . . officialem iiij^{xx} li' xiij s' iiij d'. Item per . . archidiaconi Berk' . . officialem iiij^{xx} xix li' xiiij d' ob'. Item per archidiaconi Wyltes' . . officialem lxij li' vj s' viij d'. Item per . . archidiaconi Dors' . . officialem lxxiij li' xij s' j d' ob'; prout in eorumdem officialium litteris certificatoriis plene liquet.[2]

Postmodum vero dicti officiales per mandatum de levando residuum denariorum hujusmodi, videlicet Sar' octo libras, Berk' lvij sol' v d' qᵃ, Wyltes' vj li', Dors' xxvij li' xiiij s' v d' ob' qᵃ, levaverunt et solverunt . . preposito supradicto prout eorum certificatoria attestantur.[3]

Deinde dictus prepositus receptor ut premittitur deputatus scripsit certificando magistrum R. de Worth' cancellarium domini quod summa tocius pecunie in hac parte recepte et per eum deposite se extendit ad cccc vj li' xij s' iiij d' ob' qᵃ.[4]

---

[1] *In margin*, coll'.

[2] *In margin*, cccxv li' xiij [s'] iiij [d'], *which has been crossed out; above it*, ccccvj li' . . . *The edge of the folio has been trimmed.*

[3] *In margin*, ccclx li' v [s'] iij [d'].

[4] *In margin*, Respice registrum [de] brevibus cum . . . ; *the final total here does not exactly tally with any figure in Reg. Martival*, iii (Cant. & York Soc. lix), pp. 104-5, *which is apparently the place to which the margination refers.*

[*11 June 1322. Ordination by the Bishop of a chantry for the souls of John Alwyne of Knighton, his ancestors and descendants, to be held in the chapel of Knighton during John's lifetime and in Broad Chalke parish church after his death. After the death or resignation of the first chantry priest, William de Merhston, the rector of Broad Chalke is to present his successors to the Bishop, who may collate by lapse after a month. Quoted in full are: the royal letters patent, dated 6 February 1314, allowing the grant in mortmain of three houses and land in Knighton and rent in Salisbury; similar letters, dated 28 May 1322, for the grant of land and pasture in Knighton; the consent, dated 15 April 1322, of the abbess and convent of Wilton, in whose church the rectory of Broad Chalke was said to be prebendal, to the foundation of the chantry and the grant of the houses and land in Knighton which John Alwyne held of the abbey; the respective consents of the rector, John de Okham, dated 26 April 1321, and the vicar, Robert de Merhston, dated 17 March 1322; and the grant by John Alwyne, dated 8 June 1322, in which the endowments are specified. A condition of the ordination is that each chantry priest should take an oath to do nothing to the prejudice of the vicars.*]

[Fo. 137ᵛ]

ORDINACIO PERPETUE CANTARIE PRO JOHANNE ALWYNE DE KNIGHT'.[1]
Universis sancte matris ecclesie filiis ad quorum noticiam pervenerit hec scriptura Rogerus permissione divina Sar' episcopus salutem in eo quem peperit uterus virginalis. Frequens et assidua dilecti filii Johannis Alwyne de Knighteton' nostre diocesis exhibita nobis peticio continebat quod cum ipse ad sustentacionem perpetuam unius perpetui capellani et perpetue cantarie in capella omnium sanctorum de Knyghteton' predicta eodem Johanne superstite et subsequenter in ecclesia parochiali de Chalk' dicte diocesis ipso Johanne ab hac luce subtracto pro anima ejusdem Johannis et animabus antecessorum et successorum suorum et omnium fidelium defunctorum futuris et perpetuis temporibus faciende terras, tenementa, pasturam, et redditus dederit, concesserit, et assignaverit, licencia excellentissimi principis et domini nostri domini Edwardi dei gracia regis Angl' illustris necnon dilectarum filiarum . . abbatisse et conventus ecclesie conventualis Wylton' ac dilectorum filiorum Johannis de Okham ecclesiam de Chalk' predictam que in ecclesia conventuali predicta esse dicitur prebendalis institucionis titulo optinentis et Roberti de Merhston' ejusdem ecclesie de Chalk' perpetui vicarii consensu petitis pariter et optentis prout in suis super hiis confectis litteris infrascriptis plenius continetur, cantariam ipsam approbare et confirmare auctoritate nostra ordinaria dignaremur. Predictarum siquidem litterarum hii serio sunt tenores:

'Edwardus dei gracia rex Angl' dominus Hybern' et dux Aquit' omnibus ad quos presentes littere pervenerint salutem. Licet de communi consilio regni nostri statutum sit quod non liceat viris religiosis seu aliis ingredi feodum alicujus ita quod ad manum mortuam deveniat sine licencia nostra et capitalis domini de quo res illa inmediate tenetur, per finem tamen quem Johannes Alwyne de Knighteton' fecit

---

[1] *In margin*, nota, *and at top of page*, celebrabit in ecclesia de Chalke.

nobiscum concessimus et licenciam dedimus pro nobis et heredibus
nostris quantum in nobis est eidem Johanni quod ipse tria mesuagia,
unam virgatam terre, et quadraginta et sex solidatas et octo denariatas
redditus cum pertinenciis in Knighteton' et Nova Sar' dare possit et
assignare cuidam capellano divina singulis diebus in capella omnium
sanctorum de Knighteton' tota vita predicti Johannis et post mortem
ejusdem Johannis in ecclesia de Chalk' pro anima ipsius Johannis
et animabus antecessorum et successorum suorum et omnium fidelium
defunctorum celebraturo, habenda et tenenda eidem capellano et
successoribus suis capellanis divina singulis diebus in capella predicta
tota vita predicti Johannis et post mortem suam in eadem ecclesia pro
animabus predictis imperpetuum celebraturis.   Et eidem capellano
[*etc.; cf. p.* 391.].   Teste meipso apud Eltham sexto die Februarii
anno regni nostri septimo.'

Item: 'Edwardus dei gracia [*etc. as above*] quod ipse unam rodam
terre et pasturam ad quinque boves, tres vaccas, et quinquaginta et una
oves cum pertinenciis in Knighteton' dare possit et assignare

Fo. 138   cuidam capellano [*etc. as above*, mutatis mutandis]. | Teste
meipso apud Haywra vicesimo octavo die Maii anno
regni nostri quintodecimo.'

Item: 'Omnibus Christi fidelibus ad quos presentes littere pervenerint
Constancia permissione divina abbatissa Wylton' et ejusdem loci
conventus salutem in domino sempiternam.   Laudabile desiderium
dilecti nobis in Christo Johannis Alwyne de Knighteton' Sar' diocesis
quod circa divini cultus augmentum habere dicitur in domino commendantes, ut in capella de Knyghteton' ecclesie prebendali de Chalk'
nostri patronatus adjacente capellanum divina celebrantem dum idem
Johannes vixerit et postmodum in dicta ecclesia de Chalk' pro anima
ipsius Johannis et animabus antecessorum et heredum suorum ac
omnium fidelium defunctorum celebraturo quatenus ad nos pertinet
absque prejudicio matris ecclesie nostrum prebemus assensum, ita
quod vacante cantaria predicta futuris et perpetuis temporibus
presentacio capellani ibidem celebraturi pertineat ad rectorem
ecclesie de Chalk' prenominate qui pro tempore fuerit secundum
quod de consensu dicti rectoris et Johannis Alwyne super hoc ut
intelleximus est conventum, auctoritate eciam venerabilis patris
domini Rogeri dei gracia Sar' episcopi concurrente.   Concessimus
insuper eidem Johanni et quantum in nobis est licenciam dedimus
per presentes quod ipse in auxilio sustentacionis predicti capellani tria
mesuagia, unam virgatam et unam rodam terre, et pasturam ad
quinque boves, tres vaccas, unum hurtardum, quinquaginta oves et
ad exitum earumdem vaccarum et ovium cum pertinenciis que de
nobis tenet in Knyghteton' dare possit et assignare predicto capellano

ut predictum est pro animabus predictis celebraturo, habenda et tenenda prefato capellano et successoribus suis capellanis ut predictum est pro animabus predictis imperpetuum celebraturis, salvis nobis et successoribus nostris serviciis inde debitis et consuetis. In cujus rei testimonium sigillum nostrum commune presentibus est appensum. Datum in capitulo nostro Wylton' quintodecimo die Aprilis anno domini millesimo ccc^mo vicesimo secundo.'

Item: 'Venerabili in Christo patri et domino reverendo domino Rogero dei gracia Sar' episcopo devotus suus clericus Johannes de Okham prebendarius ecclesie prebendalis de Chalk' nostre [*sic*] diocesis obedienciam, reverenciam, et honorem debitos tanto patri. Laudabile propositum Johannis Alwyne parochiani ecclesie predicte commendans in domino velud pium et ad cultum tendens divinum, ut perpetua cantaria per ydoneum presbiterum in capella de Knyghteton' ecclesie predicte annexa dicto Johanne superstite et eo ab hac luce subtracto in ecclesia mea predicta pro anima ejusdem Johannis et animabus suorum predecessorum et successorum et omnium fidelium defunctorum imperpetuum facienda per vestram paternitatem canonice ordinari valeat meo et ecclesie predicte nomine quantum in me est consencio per presentes, ipsius ecclesie et ejusdem vicarii ecclesieque de Wylton' ac eciam omnium quorum interest juribus et consuetudinibus in omnibus semper salvis necnon salvo mihi et successoribus meis jure patronatus in cantaria predicta, ita quod in presenti ac inposterum quando eamdem per mortem vel cessionem cujuscumque presbiteri vacare contigerit ego Johannes prebendarius predictus vel successores mei ydoneum presbiterum episcopo Sar' qui pro tempore fuerit presentare possimus et debeamus infra mensem a die vacacionis numerandum, alioquin liceat eidem episcopo et suis successoribus post lapsum mensis a vacacione numer-atum ydoneum presbiterum ea vice ibidem jure suo preficere,[1] affectuose requirens ut premissa ad laudem dei et animarum salutem quatenus ad vestre pie paternitatis officium attinet expedire dignemini benignitate solita graciose. Ad ecclesie sue sancte regimen vitam vestram diu conservet incolumem pietas redemptoris. In cujus rei testimonium sigillum meum presentibus est appensum. Datum apud Wokyngham vj kalendas Maii anno domini millesimo ccc^mo vicesimo primo.'

Item: 'Venerabili in Christo patri et domino reverendo domino Rogero dei gracia Sar' episcopo devotus clericus suus Robertus de Merhston' perpetuus vicarius ecclesie prebendalis de Chalk' vestre

---

[1] *In margin,* nota, presentabit infra mensem.

E

diocesis obedienciam, reverenciam, et honorem. Laudabile propositum Johannis Alwyne de Knyghteton' parochiani
Fo. 138ᵛ   ecclesie predicte commendans | in altissimo velud pium
et ad cultum tendens divinum, ut perpetua cantaria per
ydoneum presbiterum in capella de Knighteton' ecclesie predicte
annexa dicto Johanne superstite, et in ecclesia predicta ipso Johanne
ab hac luce subtracto, pro anima ejusdem Johannis et animabus
antecessorum et heredum suorum et omnium fidelium defunctorum
imperpetuum facienda per vestram sanctam paternitatem canonice
valeat ordinari tamquam vicarius ecclesie predicte et quantum in
me est consencio per presentes, ipsius ecclesie et ejusdem vicarie
ecclesieque de Wylton' ac omnium quorum interest juribus et consuetudinibus in omnibus semper salvis necnon et salvo domino meo
dicte ecclesie prebendario et successoribus suis jure patronatus in
cantaria predicta prout in litteris ejusdem prebendarii super hiis
confectis et vobis sancte pater missis plenius continetur, affectuose
supplicans ut premissa ad laudem dei et animarum salutem quatenus
ad vestre pie paternitatis officium attinet expedire dignamini si
placeat graciose. Vitam vestram incolumem conservet omnipotens et
sanctam per tempora diuturna. In cujus rei testimonium presentibus
sigillum meum est appensum. Et quia sigillum idem pluribus est
ignotum sigillum discreti viri domini . . archidiaconi Sar' . . officialis
procuravi personaliter hiis apponi. Et nos domini . . archidiaconi
predicti . . officialis ad rogatum personalem predicti vicarii sigillum
officii nostri hujusmodi hiis duximus apponendum in testimonium
premissorum. Datum apud Chalk' xvj kalendas Aprilis anno domini
millesimo cccᵐᵒ vicesimo secundo.'

Item: 'Sciant presentes et futuri quod ego Johannes Alwyne de
Knighteton' licencia domini regis preoptenta dedi et presenti carta
mea assignavi domino Willelmo de Merhston' capellano divina
singulis diebus in capella omnium sanctorum de Knighteton' me
superstite et in ecclesia prebendali de Chalk' Sar' diocesis me ab hac
luce subtracto pro anima mea et animabus antecessorum et successorum
meorum et omnium fidelium defunctorum celebraturo, tria mesuagia,
unam virgatam et unam rodam terre, et pasturam ad quinque boves,
tres vaccas, et quinquaginta et unam oves, et quadraginta et sex
solidatas et octo denaratas redditus cum pertinenciis in Knighteton'
et Nova Sar', que quidem mesuagia sunt in Knighteton' unde unum
mesuagium quod quondam fuit Ricardi Gosselyn est angulare situm
juxta tenementum Willelmi le Chepman ex parte australi, et aliud
mesuagium quod quondam fuit Willelmi Gille situm est inter tenementum Rogeri Heryng' ex parte occidentali et tenementum Alicie
la Webbe ex parte orientali, et tercium mesuagium situm est inter

tenementum Ade Baugi ex parte occidentali et tenementum Johannis Boylond ex parte orientali, et tota predicta terra que quondam fuit predicti Ricardi Gosselyn dudum nativi domini Reginaldi de sancto Martino feoffatoris mei cum pastura predicta jacet in campo de Knighteton', prout in cartis inde originalibus quas prefato capellano tradidi custodiendas plenius continetur, et de predicto redditu proveniunt due marce de capitali tenemento Nicholai Plusbel sito in civitate Nove Sar' predicta in vico de Wynemanestret' super angulum, et viginti solidate redditus proveniunt de duabus shopis Johannis le Nywe sitis adinvicem in eadem civitate ex opposito stallorum carnificum inter shopam Roberti de Knoel ex parte occidentali et shopam quondam Willelmi Plunket ex parte orientali, habenda et tenenda omnia predicta mesuagia, terram, pasturam, et redditum cum pertinenciis predicto Willelmo capellano et successoribus suis capellanis divina singulis diebus in capella predicta me superstite et in ecclesia predicta me ab hac luce subtracto pro anima mea et ceteris animabus predictis ut predictum est celebraturis imperpetuum, salvis capitalibus dominis feodorum illorum serviciis inde debitis et consuetis et justis consuetudinibus usitatis ad civitatem predictam spectantibus. Et ego vero predictus Johannes et heredes mei omnia predicta mesuagia, terram, pasturam, et redditum cum pertinenciis predicto Willelmo capellano et successoribus suis capellanis divina singulis diebus ut predictum est pro anima mea et ceteris animabus predictis celebraturis contra omnes gentes warantizabimus, defendemus, et acquietabimus imperpetuum, hoc observato quod prebendarius ecclesie prebendalis predicte qui pro tempore fuerit presentare possit et presentet infra mensem a die vacacionis numerandum ad cantariam predictam quociens vacaverit ydoneum capellanum ut premittitur celebraturum episcopo Sar' qui pro tempore fuerit, alioquin liceat eidem episcopo et successoribus suis post lapsum mensis a vacacione numerati ydoneum capellanum in forma predicta celebraturum jure suo preficere illa vice. In cujus rei testimonium presenti carte sigillum meum est appensum et sigillum majoritatis civitatis predicte apponi procuravi, hiis testibus, Willelmo de Stourton' tunc ballivo Sar', Willelmo de Berewyk' tunc majore Sar', Johanne Baudry et Philippo | de Devys' tunc coronatoribus Sar', Johanne le White et Johanne de Thornhulle tunc prepositis Sar', Roberto de Knoel, Roberto de Wodeford', Willelmo de Tydolfside, Johanne Hupehulle, Willelmo de Wodemanton', Johanne de Durneford', Johanne Gojon, Johanne de Wynterborn', et aliis. Datum apud Novam Sar' die Martis proximo ante festum sancti Barnabe apostoli anno regni regis Edwardi filii regis Edwardi quintodecimo.'

Fo. 139

Nos igitur Rogerus episcopus supradictus ponderatis ut convenit suprascriptis et aliis in hac parte omnibus ponderandis predictique Johannis Alwyne devocionem laudabilem quam ad divini cultus augmentum animarumque salutem tendere cernimus in domino commendantes, concurrentibus eciam omnibus que in hac parte requiruntur de jure, cantariam predictam ut predicitur faciendam ac donacionem, concessionem, et assignacionem porcionum ejusdem de quibus premittitur, salvo jure in omnibus predicte ecclesie de Chalk' et ejusdem vicarii et omnium aliorum quorum interest cui in aliquo prejudicare non intendimus, auctoritate pontificali ordinamus, approbamus, et tenore presencium ex certa sciencia confirmamus, salvis eciam in omnibus episcopalibus juribus et consuetudinibus ac nostre Sar' ecclesie dignitate et capitalibus dominis feodorum predictorum serviciis inde debitis et eciam consuetis, necnon cuicumque qui pro tempore ecclesiam de Chalk' predictam institucionis titulo canonice optinuerit jure presentandi infra mensem a die vacacionis cantarie hujusmodi continue numerandum quociens eam vacare contigerit nobisque et successoribus nostris si ad ipsam cantariam infra mensem hujusmodi minime presentaverit eamdem persone ydonee conferendi prout in suprascripta carta plenius est contentum. Ordinamus eciam quod singuli cantarie hujusmodi capellani semel singulis dicte ecclesie vicariis prestent in eadem ecclesia coram aliquibus ejusdem ecclesie parochianis cum per loci vicarium requisiti fuerint ad sancta dei evangelia juramentum ea deosculando quod ipsis vicariis seu vicarie predicte circa oblaciones vel requestus aliave ad ipsos vicarios spectancia quocumque nomine censeantur nullum omnino inferent prejudicium per se vel alios quovis modo nec directo vel per obliquum clam vel palam inferri quomodolibet procurabunt. Et ut premissa perpetue memorie commendentur presentes litteras registrari et nostri appensione sigilli communiri fecimus in testimonium eorumdem. Datum apud parcum de Remmesbur' iij idus Junii anno domini millesimo ccc^mo vicesimo secundo et consecracionis nostre septimo.[1]

[*21 March 1323. Letter to the King asking him to remove laymen from the possession of the church of East Hagbourne, to which the Bishop has collated; with a note of another letter not mentioning the collation but otherwise the same. Cf. Reg. Martival, i (Cant. & York Soc. lv), 279.*]

AD AMOVENDUM VIM LAICAM DE ECCLESIA. Excellentissimo et cetera. Cum nos ecclesiam parochialem de Hakeborn' nostre diocesis vacantem contulerimus auctoritate nostra ordinaria et jure ad nos hac vice

---

[1] *In margin*, coll'.

legitime devoluto ac nonnulli viri laici eamdem ecclesiam sint ingressi vi et armis occupatam nequiter detinentes quominus ea que ad officium nostrum spirituale pertinet exercere possimus in ea, excellenciam vestram regiam attencius exoramus quatinus hujusmodi vim laicam et temerariam ob reverenciam sacrosancte ecclesie facere velitis totaliter amoveri. Valeat excellencia vestra regia in Christo Jhesu per tempora diuturna. Datum apud Sonnyngg' xij kalendas Aprilis anno domini m⁰ ccc^{mo} xxij^{vo}.

Alia directa fuit regi non facta mencione de collacione aliqua sub data predicta.

[*13 June 1322. The Archbishop's mandate, dated at Lambeth, and received 19 June, for the publication of two bulls of 5 May, for publishing sentence of excommunication against those invading the kingdom and for relaxing oaths to destroy the Despensers. The Archbishop also orders processions and prayers. The mandate, including the bulls, is printed* mutatis mandatis *and with other insignificant variations, in* Reg. Orleton (Cant. & York Soc. v), 235-7; *the bulls are printed in* Rymer, Foedera (Record Commission), ii (1), 484.]

[Fo. 139ᵛ]

Mandatum continens duas bullas, unam excommunicatoriam in invasoribus regni et aliam relaxatoriam juramenti prestiti ad destruendum dominos H. dispens', receptum apud Poterne xiij kalendas Julii. Walterus [*etc.*].

[*20 June 1322. Mandate in pursuance of the above to the archdeacon of Dorset, similar mandates being sent to the other archdeacons, who is to certify the Bishop six days before 25 July.*]

[Fo. 140]

Execucio facta iiij^{or} . . archidiaconis vel eorum officialibus. Rogerus permissione divina Sar' episcopus dilecto filio . . archidiacono Dors' vel ejus . . officiali salutem, graciam, et benediccionem. Mandatum xiij kalendas Julii recepimus continens hunc tenorem, 'Walterus', et cetera. Vobis igitur auctoritate apostolica qua fungimur in hac parte firmiter injungimus et mandamus quatinus omnia et singula suprascripta diebus et locis et prout nobis exequenda superius demandantur in archidiaconatu predicto solempniter publicetis et faciatis per alios publicari prout venerabilis patris domini archiepiscopi supradicti mandatum requirit, processiones solempnes secundum ejusdem exigenciam fieri faciendo. Quid autem feceritis et factum fuerit in premissis nos per sex dies citra festum sancti Jacobi supradictum adeo certificare curetis quod dictum dominum Cant' cerciorare possimus debite ut mandatur. Valete. Datum apud Poterne xij kalendas Julii anno domini supradicto consecracionis nostre septimo. ¹

¹ *In margin,* coll'.

[*21 July 1322. The Bishop's certificate to the Archbishop that his mandate has been obeyed.*]

CERTIFICATORIUM DOMINI . . ARCHIEPISCOPO DESTINATUM. Venerabili in Christo patri et domino reverendo domino Waltero dei gracia Cant' archiepiscopo tocius Anglie primati Rogerus ejusdem permissione Sar' episcopus obedienciam tanto patri debitam cum omni reverencia et honore. Mandatum vestrum xiij kalendas Julii recepimus continens hunc tenorem, 'Walterum', et cetera ut supra. Auctoritate igitur suprascripta nobis in hac parte commissa predicta mandata apostolica et in eis contenta diebus et locis in mandato vestro predicto conscriptis per nos et alios fecimus prout mandatum vestrum requirit adeo solempniter publicari quod in nostra diocese predicta non poterit ab aliquo ignorancia probabilis eorumdem, processiones eciam solempnes fieri fecimus et oraciones infundi pro domino nostro rege secundum vestri mandati exigenciam supradicti, aliaque omnia et singula que nobis in eodem exequenda mandantur sumus pleniter executi. Ad ecclesie sue sancte regimen et munimen paternitatem vestram reverendam diu conservet incolumem pro sua misericordia Jhesus Christus. Datum apud Poterne xij kalendas Augusti anno domini supradicto.[1]

Nuncius . . de la Crois.

[*14 June 1322. Appointment of Master Thomas, rector of 'Waldon', as guardian of the church and rector of Trowbridge, since the rector, Henry de Morlegh, is in prison at Old Salisbury.*]

[Fo. 140ᵛ]

AD CONSERVANDUM BONA ECCLESIE DE TROUBRIGG' ET RECTORIS IPSIUS INCARCERATI. Rogerus permissione divina Sar' episcopus dilecto filio magistro Thome rectori ecclesie de Waldon' nostre diocesis salutem, graciam, et benediccionem. Cum Henricus de Morlegh' rector ecclesie de Troubrigg' dicte diocesis, qui in castro Veteris Sar' a diu incarceratus extiterit et existat, ecclesiam suam vel bona ad eamdem spectancia non curaverit[2] et ministraverit nec eciam adhuc curet vel ministret per se vel aliam personam ydoneam ut deberet prout legitime nobis constat, nos eorumdem ecclesie et rectoris indempnitati paterna solicitudine ut tenemur quatenus cum deo possumus prospicere cupientes de tuaque fidelitate et circumspeccione in domino confidentes ad colligendum et conservandum fructus, proventus, obvenciones, et bona ecclesiastica ad ecclesiam de Troubrigg' et ejusdem rectorem predictos spectancia quovis modo necnon petendum, exigendum, et recipiendum quecumque debita que dictis ecclesie vel rectori debentur tibi ex causa predicta et aliis certis causis

---

[1] *In margin,* coll'.　　　　[2] *MS.* coraverit.

hoc fieri suadentibus specialem tenore presencium committimus potestatem, quousque[1] idem rector a carcerali custodia liberetur, volentes et mandantes quod bona ipsa in ecclesie predicte utilitatem et dicti rectoris sustentacionem prout et quando idem rector indiguerit convertantur ac ministris dicte ecclesie quibuscumque sua parte solvantur stipendia de eisdem quodque dicta ecclesia in divinis deserviatur laudabiliter et in cura, proviso quod inventarium ante omnia fidele conficias et testato de bonis que ibidem inveneris ut de eis reddere valeas raciocinium in eventu, contradictores et rebelles si qui fuerint in hac parte per quamcumque censuram ecclesiasticam vice nostra canonice compescendo. Vale. Datum apud Poterne xviij kalendas Julii anno domini millesimo ccc^mo vicesimo secundo et consecracionis nostre septimo.[2]

[*15 July 1322. Monition to the abbess and prioress of Shaftesbury not to admit any more nuns until the number of existing nuns has fallen to one which the income of the abbey can support fittingly and the financial hardship of the abbey has been relieved. Earlier prohibitions have been ignored; this is to be obeyed on pain of excommunication.*]

NE MONIALES IN MONASTERIO SHEFTON' ADMITTANTUR QUOUSQUE DOMUS RELEVETUR. Rogerus permissione divina Sar' episcopus dilectis filiabus . . abbatisse et priorisse monasterii Shafton' nostre diocesis salutem, graciam, et benediccionem. Monasterium vestrum auctoritate ordinaria nuperrime visitantes,[3] invenimus moniales in tam onerosa et excessiva multitudine contra sanctorum patrum inhibiciones et canonicas sancciones admissas et viventes ibidem quod bona ipsius monasterii jam ere alieno plurimum onerati eciam et depressi pro sustentacione earum congrua et aliis incumbentibus oneribus support-andis minime sufficiebant nec adhuc sufficiunt hiis diebus, super quo vos filie conventus predicti moniales predicte a nobis petebant juris remedium oportunum. Et licet vobis pluries fuisset legitime inhibitum ne plures in moniales reciperentur ibidem donec dicti monasterii status relevaretur et ipsius bona sufficerent pro sustentacione congrua earumdem, vos tamen inhibicioni hujusmodi minime paruisti[s] immo sicut fida relacione didicimus ejus contrarium illicite attemptastis et adhuc proponitis contemptibiliter attemptare in anime vestre periculum [et] dictarum monialium et dicti monasterii prejudicium manifestum. Volentes igitur paterna solicitudine pro viribus hiis mederi vos monemus primo, secundo, et tercio in virtute obediencie et firmiter injungendo mandamus ne mulierem aliquam in dicti monasterii

---

[1] *MS.* quosque.
[2] *In margin,* directum postmodum ut prothocollum.
MS. visitantis.

monialem recipere presumatis donec jam recepte ad illum veniant numerum monialium que possint de bonis ejusdem monasterii congrue sustentari statusque ipsius nimium jam depressus ut convenit relevetur, de quibus volumus quod fiat debite nobis fides, inhibentes ex causis predictis notoriis in nobis nimis cognitis ac aliis hoc racionabiliter fieri suadentibus ne hujusmodi nostre inhibicionis contrarium faciatis quod absit sub pena excommunicacionis majoris quam
Fo. 141 | eo quod culpas vestras in hac parte novimus precessisse in personas vestras extunc ferimus in hiis scriptis. Quid autem in premissis facere duxeritis nobis infra triduum recepcionem presencium inmediate sequens rescribetis per litteras vestras patentes harum recepcionis diem et seriem continentes. Valete. Datum Poterne xviij kalendas Augusti anno domini millesimo cccmo vicesimo secundo et consecracionis nostre septimo.

[*31 August 1322. Commission to the bishop of Coventry and Lichfield to do all that is necessary for the proposed exchange of benefices between Master Philip de Warleye, canon of St. Chad's, Shrewsbury, and Master Thomas de Astleye, rector of the free chapel of Eastcott, except for the induction of Master Philip into the chapel.*]

COMMISSIO IN NEGOCIO PERMUTACIONIS. Venerabili in Christo patri et domino reverendo domino Rogero dei gracia Coventr' et Lich' episcopo Rogerus ejusdem permissione Sar' episcopus salutem et fraternam in domino caritatem. Dilectis in Christo filiis magistris Philippo de Warleye canonico et prebendario in collegiata ecclesia sancti Cedde Salopie vestre diocesis et Thoma de Astleye rectore libere capelle de Escote nostre diocesis optantibus sicut dicunt sua predicta beneficia ecclesiastica ex quibusdam causis legitimis canonice permutare, Thomas de Aston' patronus capelle predicte permutacioni hujusmodi consenciens quatenus pertinuit ad eumdem prefatum magistrum Philippum ¹ad ecclesiam, et cetera,¹ ejusdem permutacionis optentu nobis canonice presentavit, nosque super hiis que in hac parte requirebantur de jure inquiri fecimus diligenter. Verum quia examinacioni et expedicioni prefati negocii intendere nequimus ad presens variis et arduis negociis impediti, paternitati vestre sub nostro sigillo copias presentacionis et inquisicionis hujusmodi transmittentes ad audiendum, examinandum, et discuciendum causas permutacionis hujusmodi faciende ac ad approbandum easdem et eidem permutacioni consenciendum et auctorizandum eamdem quatenus ad nos pertinet et de jure fuerit faciendum, necnon ad recipiendum et acceptandum resignacionem dicti magistri Thome de capella predicta racione permutacionis prefate et ad admittendum dictum magistrum Philippum

¹⁻¹ *Added in the margin with a caret.*

ad capellam predictam et rectorem instituendum canonice in eadem
per modum et ex causa permutacionis predicte, ac ad omnia et singula
facienda que ad hujusmodi permutacionis expedicionem finalem
neccessaria vel oportuna fuerint eciam si mandatum exigant speciale,
induccione in corporalem possessionem capelle predicte nobis tantummodo reservata, vestre reverende paternitati quatenus premissa nos
concernunt tenore presencium cum cohercionis canonice potestate
committimus vices nostras, rogantes quatinus onus nostre commissionis
hujusmodi si libeat admittentes nos quid in premissis feceritis oportunis
loco [et] tempore cerciorare velitis per litteras vestras patentes harum
seriem continentes. In quorum testimonium sigillum nostrum fecimus
hiis apponi. Ad ecclesie sue sancte et cetera. Datum et cetera apud
Poterne ij kalendas Septembris anno domini et cetera xxij^{do}.

[*4 September 1322. Certificate of the bishop of Coventry and Lichfield to the effect that on that
day, having agreed to the exchange and having established among other things that Eastcott
chapel was without cure of souls, he admitted Master Philip and Master Thomas to the
respective benefices.*]

CERTIFICATORIUM. Venerabili in Christo patri et domino reverendo
domino Rogero dei gracia Sar' episcopo Rogerus ejusdem permissione
Coventr' et Lich' episcopus salutem et fraterne caritatis continuum
incrementum cum reverencia et honore. Litteras vestras recepimus
tenorem qui sequitur continentes, 'Venerabili', ut supra. Auditis
igitur, examinatis, et discussis per nos diligenter causis permutacionis
hujusmodi propositis coram nobis ipsisque justis, veris, ac sufficientibus
in hac parte per nos inventis ipsas tam auctoritate vestra quam
nostra approbavimus et eidem permutacioni ex causis predictis inter
ipsos de predictis beneficiis faciende consensimus ipsamque auctoriz-
amus et eosdem magistros Phillipum et Thomam per modum et ex
causa permutacionis prefate fore censuimus transferendos. Unde nos
subsequenter resignacionibus dictorum magistrorum Thome [et]
Philippi de predictis beneficiis ex causis permutacionis faciende
in manus nostras videlicet per dictum Philippum litteratorie et per
dictum magistrum Thomam personaliter coram nobis factis, ipsisque
ex eadem causa videlicet predicti magistri Thoma vice vestra et
ipsius magistri Philippi auctoritate nostra receptis et admissis, predictum magistrum Philippum in personam Roberti de Farendon
clerici procuratoris sui potestatem sufficientem in ea parte habentis
ad dictam capellam virtute presentacionis et inquisicionis predictarum quam ab omni animarum cura et ipsius exercicio tam per
inquisicionem predictam quam per litteras vestras super institucione
ipsius magistri Thome in eadem invenimus omnino liberam et
immunem tamquam ad beneficium ecclesiasticum non curatum cum

omnibus suis juribus et pertinenciis vice vestra et ex causa predicta iiij^to die mensis Septembris anno domini supradicto admisimus et rectorem canonice instituimus in eadem, dictoque magistro Thome prefatos canonicatum et prebendam ad collacionem nostram spectantes cum suis omnibus juribus et pertinenciis ex causa permutacionis predicte eodem quarto die contulimus jure nostro. Que omnia et singula paternitati vestre tenore presencium intimamus, quam conservet altissimus ad ecclesie sue regimen salutare. In quorum omnium testimonium sigillum nostrum presentibus duximus apponendum. Datum Lond' predicto iiij^to die anno domini supradicto et consecracionis nostre primo.

[7 *September 1322. Appropriation to the warden of the choristers of Salisbury cathedral, for the maintenance of the choristers and their schoolmaster living together in houses built for them in the close by Bishop Ghent, of the church of Preshute with the chapel of St. Martin, Marlborough. The appropriation is made with the consent of the rector, Master Isweyn of Ghent, on whose death or resignation the warden is to take possession of the church, and reserves to the Bishop the right to ordain a vicarage and to nominate, on a vacancy, a new vicar for presentation by the warden.*]

[Fo. 141^v]

APPROPRIACIO ECCLESIE DE PRESCHUT' PRO SUSTENTACIONE CHORISTARUM SAR'.[1] Rogerus permissione divina Sar' episcopus dilecto filio . . custodi puerorum choristarum ecclesie nostre cathedralis[2] Sar' [3]et ipsis choristis[3] salutem in eo quem peperit uterus virginalis. Si grandi non inmerito paterne solicitudinis studio ad statum subjectarum nobis ecclesiarum et eciam personarum solertem consideracionis aciem extendere teneamur et illarum indigencie quantum cum deo possumus subvenire, decet et racio naturalis exposcit ut circa statum nostre cathedralis ecclesie sponse nostre et personarum in ea tam nocturno quam diurno tempore ad laudem dei et gloriosissime matris sue regine regni glorie in cujus honore ipsa dedicatur ecclesia ministrancium fervor nostre dileccionis extuleret, ac de ipsarum gubernacione et necessitatum subvencione juxta commissi nobis licet immeritis officii pastoralis debitum tanto cogitemus profundius quanto hujusmodi nostre possibilitatis operam ad predicte sanctissime virginis patrone nostre

---

[1] *In margin,* nota; *and at top of page,* nota eciam infra xxxmo quaterno et quaterno sequenti. *In a later hand is written in fo. 283, i.e. Fo. 264^v, where the ordination of Preshute vicarage is given. This entry is heavily corrected, words being added between the lines by the scribe of the original entry, and in the margin (possibly in a different hand; the writing is untidy and faint). Some related documents are printed in* Wilts. Arch. Mag. xlvii. 201-4.

[2] *Added between the lines.*

[3] - [3] *Added in margin.*

gloriam et honorem et suorum subvencioni ministrorum impensam
in terris filio suo unigenito fore novimus placidam in excelsis. Sane
in nostra cathedrali ecclesia supradicta certi sunt pueri [1]in certo et
perpetuo numero constituti,[1] choriste vocati, qui diurnis et nocturnis
horis juxta consuetudinem laudabilem quam ibidem usus approbavit
antiquus interesse debent perpetuo[2] ministraturi ac deo et sue precelse
genitrici servituri suo ordine in eadem, quibus de sustentacione
congrua hactenus non erat provisum, immo dum velut parvuli panem
peterent nec qui eis aliunde frangeret invenirent neccessario cogebantur
indies in hospiciis canonicorum residencium quo victitarent mendicata
querere suffragia more mendicancium hostiatim[3] in nostri et ipsorum
[4]canonicorum ac[4] ecclesie nostre scandalum manifestum, et de quo
anxiamur vehemencius et turbamur, divini obsequii et ministerii ad
quod pueri ipsi tenentur diminucionem et eorum maximum periculum
animarum dum ipsis unde victitent et magistri sui proprii informacionem non habentibus vagandi sumitur occasio et etatis sue pronitas
declinandi in culpe demum materiam multiplicem administrat, sicut
hec omnia dum in statu constituti minori in nostra dicta ecclesia
residendo experiencia didicimus nimis nota. Et licet bone memorie
Simon noster inmediatus predecessor solerti vigilancia et compassione
paterna cupiens effectualiter hiis mederi proposuisset dum vixit
eisdem sustentacionem congruam providisse suum, tamen hujusmodi
pium propositum complere nequivit ab hac lacrimarum valle in civem
celilem prout nostra tenet fiducia preassumptus, quamobrem eidem
predecessori succedens licet inmeriti in onere et honore omnia et
singula suprascripta paterne consideracionis et compassionis oculis
intuentes ac prout cure pastorali convenit in nostre mentis acie
cogitacionibus revolventes profundis et necessitate cogente notoria
de congruo in hac parte providere remedio corditer affectantes, et
de consensu unanimi et expresso dilectorum filiorum capituli ecclesie
nostre predicte propter hoc et alia in eadem ecclesia reformacionis
[*sic*] legitimam exposcencia secundum ejusdem ecclesie approbatam
consuetudinem generaliter convocati, statuimus et ordinavimus
statuendo ut in domibus infra clausum ecclesie nostre Sar' ad hoc
secundum ordinacionem piam predecessoris nostri predicti constructis
omnes pueri choriste ecclesie nostre predicte una cum magistro suo
viro honesto et in gramatica bene fundato qui eos litteris et moribus

---

[1] − [1] *Added between the lines; in margin,* in certo numero constituti.

[2] *Added between the lines; the word is also written in the margin.*

[3] in ipsorum canonicorum onus pregrande quorum distribuciones cotidiane nimis
sunt tenues et exiles pro incumbentibus sibi hiis et aliis diversis ac necessariis oneribus
supportandis *has been crossed out.*

[4] − [4] *Added between the lines.*

instruere valeat perpetuis temporibus simul vivant [1]in communi sub custodia perpetua, quam esse volumus et statuimus sine animarum cura et simplex officium non curatum, ac sub[1] deputando sibi per capitulum custode ejusdem ecclesie canonico actualiter residente alendi de certis redditibus eis assignatis licet [2]insufficientibus aliisque bonis ad eorum alimonias caritatis intuitum conferendis,[2] donec aliunde de sustentacione congrua provideatur eisdem, qui ecclesie ut tenentur ministeriis et studiis litteralibus dumtaxat intendant, quodque hujusmodi pueri extunc in choristas nostre ecclesie admittendi libere et non aliter exigentibus eorum meritis et aptitudine ac de diocesibus oriundi si inveniantur ydonei in capitulo ac per consilium et consensum capituli admittantur, ad quod dilectus filius magister Bonifacius de Saluciis juris canonici professor et ecclesie nostre predicte precentor licet non tunc canonicus propter hoc specialiter et non propter aliud in dicto capitulo personaliter constitutus deliberacione previa et eciam diligenti super hoc habito nobiscum et capitulo memoratis tractatu suum quantum in eo fiat et ad eum pertinuit adhibuit expressum consensum. Ut igitur pueri choriste predicti et eorum magister quem moribus commendandum et in arte gramaticali ut premisimus sciolum et expertum a custode dictorum choristarum qui pro tempore fuerit de consilio et consensu dicti capituli eisdem choristis volumus deputari, et eciam quando et quociens eis placuerit amoveri, in unum ut premittitur congregati consorcium simul [3]in communi[3] vivendo, mendicandi necessitate et vagandi materia aliisque predictis incommodis amputatis, honestius | conversentur

Fo. 142 ibique dicti pueri eo liberius et libencius commissis sibi in ecclesia nostra ministeriis ac morum et litterarum studiis intendere valeant quo habuerint unde congrue sustententur, virtutumque in sue flore juventutis adornati monilibus honoris et exaltacionis divina opitulante clemencia suscipiant incrementum, nos Rogerus permissione divina episcopus supradictus patris et filii et spiritus sancti nomine invocato, prehabito in hac parte cum dilectis filiis capitulo ecclesie nostre predicte propter hoc et alia ut premittitur generaliter congregato solempni, diligenti, et frequenti tractatu, de eorum ac dilecti filii magistri Iswini de Gandavo[4] nostre predicte ecclesie canonici et rectoris ecclesie parochialis de Preschut' juxta Marleberg' nostre diocesis in capitulo predicto tunc presentis unanimi, deliberato, ac expresso consilio et consensu in hac parte habitis in communi, excellentissimique principis et domini nostri domini

---

[1] - [1] *Added between the lines.*
[2] - [2] *Added between the lines.*
[3] - [3] *Added between the lines.*
[4] Gandavo *added between the lines.* *In the margin is drawn a pointing hand.*

Edwardi dei gracia regis Angl' illustris filii regis Edwardi speciali
licencia preoptenta,[1] ecclesiam predictam de Preschut' vestri patronatus
nobis inmediate subjectam cum capella sancti Martini Marlebergie
dicte nostre diocesis dependente ab ea aliisque omnibus suis juribus
et pertinenciis universis ex causis predictis notoriis et legitimis ac
aliis nos ad hoc racionabiliter inducentibus et id fieri suadentibus, de
quibus omnibus et singulis legitime nobis constat, sufficientique
cause cognicione prehabita concurrentibus eciam omnibus que in hac
parte requiruntur de jure, vobis predicto custode puerorum choristarum
predictorum in ecclesia nostra predicta[2] deserviencium et successoribus
vestris choristarum ipsorum custodibus [3]ac perpetue custodie supradicte[3] ad sustentacionem eorumdem choristarum perpetuo duraturam
auctoritate pontificali appropriamus et in usus proprios concedimus, ac
tenore presencium deputamus vobis et successoribus vestris ut predicitur futuris et perpetuis temporibus [4]in proprios usus et perpetuos[4]
canonice possidenda, [5]omnimoda cura animarum ejusdem ecclesie
de Preschut excepta, a qua quidem cura vos custodem predictum
liberum esse volumus omnino, suscipientes ipsam curam in nos et
successores nostros cedente vel decedente rectore predicto vel alio
modo legitime ecclesia predicta vacante, volentes et eciam
ordinantes totam curam predictam insolidum in ejusdem ecclesie
vicarium qui pro tempore fuerit et prout infrascribitur nominandum,
presentandum, et instituendum in ipsius institucione transferri
per ipsum vicarium et suos successores perpetuis temporibus
exercendam.[5] Volumus eciam, et ex certa sciencia nostra et dicti
capituli concedimus, quod cedente vel decedente predicte ecclesie de
Preschut' rectore [6]ipsave ecclesia alio quovis modo legitime vacante[6]
liceat vobis corporalem possessionem ipsius ecclesie ingredi, nostra vel
successorum nostrorum[7] auctoritate vel assensu minime requisitis, et
eandem in proprios usus et premittitur cum omnibus suis juribus et
pertinenciis perpetuo licite retinere. Reservamus eciam nobis
nostrisque successoribus, de predicti capituli unanimi expresso et
sufficienter deliberato consensu et vestro, specialem tenore presencium
potestatem perpetuam in dicta ecclesia appropriata vicariam quamcicius eamdem ecclesiam vacare contigerit quovismodo in quibuscumque porcionibus consistere et que eidem onera incumbere necnon ad

---

[1] *In margin*, licencia regis est in registro de brevibus. *Cf. Reg. Martival*, iii (Cant.
& York Soc. lix), p. 96.

[2] *In the margin is drawn a pointing hand.*

[3] – [3] *Added between the lines.*   [4] – [4] *Added between the lines.*

[5] – [5] *Added at foot of page, with a sign to show its position in the text. In margin*, facta
collacio cum originali.

[6] – [6] *Added between the lines.*   [7] *Added between the lines.*

quem fructus, proventus, et obvenciones ejusdem vicarie ipsius vacacionis tempore provenientes pertinere debeant ac pro ea mansum competens prout nobis vel successoribus nostris expedire visum fuerit canonice ordinandi, ac eciam nobis et successoribus nostris sede plena, et sede vacante capitulo supradicto, ad eandem vicariam quando et quociens ipsam vicariam[1] vacare contigerit nominandi vobis custodi predicto et successoribus vestris dictorum choristarum custodibus personam ydoneam infra duos menses a tempore publice noticie vacacionis hujusmodi continue numerandos per vos et successores vestros infra quatuor menses inmediate sequentes nobis et successoribus nostris sede plena et ea vacante illi ad quem hoc pertinet presentandum per nos et illos instituendum canonice perpetuum vicarium in eadem, juribus, dignitate, ac consuetudinibus nostre Saresbir' ecclesie supradicte in omnibus et singulis semper salvis. In quorum testimonium atque fidem has nostras litteras nostri impressione sigilli communiri fecimus et eciam registrari[2] ad majorem securitatem et memoriam perpetuam omnium premissorum. Datum apud Poterne vij idus Septembris anno domini millesimo ccc^mo vicesimo secundo, consecracionis vero nostre anno septimo.

[Note of the witnesses to the above appropriation.]

Dominus prescriptam appropriacionem fecit die et anno ac loco prescriptis presentibus magistro Roberto de Worth' canonico Sar', domino Hugone de Knossynton' rectore ecclesie de Gildenemorton' Linc' diocesis, magistro Vincencio de Tarenta notario publico, et Willelmo de Ayst'.

[Memorandum that on 6 December 1323 Master Isweyn of Ghent in person and Alexander of Hemingby, warden of the choristers, by his proctor, William de Ayston, appeared before the Bishop and submitted to his ordination, and that the Bishop thereupon ordained a pension of 2s. a year payable by Master Isweyn from Preshute church to the warden. William's letters of proxy, dated 5 December, and the submissions are quoted in full. At the same time Master Isweyn paid the pension to the proctor, thus giving the warden a form of possession of the church. And memorandum that on 9 December the Bishop received a letter of the same date from the dean of the liberty of Marlborough Within certifying that he had carried out the Bishop's mandate of 8 December for the induction of the warden, in virtue of the pension paid to him.]

[Fo. 142^v]

Et viij idus Decembris anno domini millesimo ccc^mo vicesimo tercio apud parcum de Remmesbur' coram domino in capella sua pro

---

[1] *Added between the lines.*

[2] *This passage originally read*: In quorum testimonium atque fidem has litteras nostras registrari et nostri impressione sigilli communiri fecimus, necnon eas volumus dupplicari quarum una penes capitulum supradictum sub sigillo vestro et alia penes vos custodem predictum sub sigillo communi ejusdem capituli sigillate remaneant . . .

tribunali sedente comparuerunt magister Iswynus de Gandavo rector
ecclesie de Preschut sue diocesis personaliter ac dominus Alexander de
Hemyngbi canonicus in ecclesia cathedrali Sar' et tunc custos puerorum
choristarum per procuratorem constitutum litteratorie sub hiis verbis,

'Universis pateat per presentes quod nos Alexander de Hemyngby
canonicus ecclesie cathedralis Sar' nunc custos choristarum ecclesie
Sar' predicte ad quorum sustentacionem ecclesia parochialis de
Preschut Sar' diocesis per venerabilem patrem dominum Rogerum dei
gracia Sar' episcopum nobis in proprios et perpetuos usus est concessa
per . . capitulum ejusdem ecclesie cathedralis legitime deputatus ad
submittendum nos ordinacioni venerabilis patris domini Rogeri dei
gracia Sar' episcopi super ecclesia parochiali de Preschut antedicta
ipsiusque ecclesie possessione secundum vim et effectum appropriacionis
predicte adipiscenda, necnon ad subeundum et acceptandum dicti
patris ordinacionem super adquisicione possessionis hujusmodi
faciendam ac eciam possessionem dicte ecclesie sic nobis appropriate
quibuscumque modis et viis legitimis actualiter mancissendum,
adquirendum, et cum effectu optinendum, in animam nostram
quodcumque juramentum calumpnie, veritatis dicende, et obediencie
prestandum, ac omnia alia et singula facienda, exercenda, et expedienda quoad jus et possessionem ecclesie predicte que in hac parte
neccessaria fuerint vel oportuna eciam si mandatum exigant speciale,
dilectum nobis in Christo Willelmum de Ayston' rectorem ecclesie de
Wotton' Ryvers dicte diocesis nostrum procuratorem legitimum
facimus, ordinamus, et constituimus per presentes, ratum habituri et
firmum quicquid dictus procurator noster nostro nomine in hac parte
duxerit faciendum. In quorum omnium testimonium atque fidem
quia sigillum nostrum pluribus est incognitum sigillum autenticum . .
officialitatis subdecanatus Sar' ad nostrum rogatum personalem
presentibus est appensum. Datum Sar' nonis Decembris anno
domini millesimo ccc^mo vicesimo tercio.'

et se hincinde submiserunt hoc modo,[1]

'Venerabili in Christo patri et domino reverendo domino Rogero
dei gracia Sar' episcopo Iswynus de Gandavo rector ecclesie de
Preschut vestre diocesis obedienciam et reverenciam debitas cum
honore. Cum nuper ecclesiam meam parochialem de Preschut
predictam . . custodi choristarum ecclesie cathedralis Sar' cujus
ecclesie parochialis de Preschut dictus custos patronus existit ad
eorumdem choristarum sustentacionem in proprios et perpetuos usus
possidendam concesseritis, meo et aliorum omnium quorum interest
interveniente assensu concurrentibusque omnibus que de jure

---

[1] *In margin,* submissio.

requiruntur in hac parte prout in appropriacionis litteris super hiis confectis plenius continetur, ego Iswynus predictus attendens hujusmodi appropriaconis negocium deo et beate Marie genitrici ejusdem ecclesie vestre Sar' predicte patrone plaudum fore laudabile et acceptum, affectansque quatenus in me est ipsius appropriacionis actum plenum effectum sortiri ut dictus custos per constitucionem annue pensionis a dicta ecclesia auctoritate vestra statuende et ab ipso custode quamdiu rector ejusdem extitero annuatim recipiende possessionem ejusdem ecclesie effectualiter et legitime valeat adipisci, et ego nomine ipsius pro tempore meo eamdem ecclesiam teneam, dictam ecclesiam meam ac me, jus, et possessionem ipsius ordinacioni vestre pure, sponte, simpliciter et absolute et ex certa sciencia submitto in hiis scriptis, ratum habiturus et firmum quicquid vos in hac parte duxeritis faciendum. In quorum omnium testimonium sigillum meum presentibus est appensum. Et quia illud pluribus est ignotum sigillum reverendi viri domini . . officialis Sar' procuravi personaliter hiis apponi ac magistrum Vincencium de Tarenta notarium publicum presentem rogavi quod super hiis omnibus publicum faceret instrumentum ad majorem certitudinem eorumdem. Datum apud parcum de Remmesbur' viij idus Decembris anno domini millesimo ccc^{mo} vicesimo tercio.'

'Venerabili[1] in Christo patri et domino reverendo domino Rogero dei gracia Sar' episcopo devotus suus Willelmus de Ayston' rector ecclesie de Wotton' Ryvers vestre diocesis procurator venerabilis viri domini Alexandri de Hemyngbi canonici ecclesie cathedralis Sar' nunc custodis choristarum ecclesie Sar' predicte ad quorum sustentacionem ecclesia parochialis de Preschut vestre diocesis per vos eidem custodi domino meo in proprios et perpetuos usus est concessa, habens ab eodem domino meo plenam et sufficientem ad infrascripta potestatem, prefatum dominum meum et ecclesiam de Preschut predictam super ipsius ecclesie possessione secundum vim et effectum appropriacionis predicte eidem domino meo quibuscumque modis et viis legitimis actualiter mancissenda, adquirenda, et cum effectu optinenda ut idem custos possessionem ejusdem ecclesie juxta effectum |

Fo. 143   appropriacionis predicte quacumque via legitima per vos ordinanda effectualiter et legitime valeat adipisci idem rector nomine ipsius custodis pro tempore suo eamdem ecclesiam tenere, ordinacioni vestre pure, sponte, simpliciter, et absolute nomine procuratorio predicto submitto in hiis scriptis, ratum habiturus et firmum nomine quo supra quicquid vos in hac parte duxeritis ordinandum.'

---

[1] *In margin,* submissio.

domino supplicantes ut submissiones hujusmodi acceptaret et de contentis in eis prout sibi ab alto inspiratum fuerit ordinaret. Qui quidem dominus submissiones ipsas admittens debite et acceptans decrevit super ordinacione in hac parte facienda deliberare plenius cum peritis, quo facto ponderandis undique ponderatis concurrentibus cciam omnibus que in premissis requirebantur de jure, vij idus Decembris sequenti loco quo prius idem dominus sedens pro tribunali sancti spiritus nomine invocato auctoritate sua pontificali taliter ordinavit:

'Universis[1] ad quorum noticiam pervenerit hec scriptura Rogerus permissione divina Sar' episcopus salutem in eo quem peperit uterus virginalis. Cum nuper ecclesiam parochialem de Preschut nostre diocesis perpetuo . . custodi choristarum ecclesie nostre cathedralis Sar' predicte ecclesie de Preschut patrono ad dictorum choristarum sustentacionem licencia regis preoptenta ac concurrentibus omnibus que de jure requiruntur in ea parte concessimus in proprios usus perpetuo possidendam, ac tam Iswynus de Gandavo rector ejusdem ecclesie de Preschut quam prefatus custos super ipsius ecclesie possessione secundum vim et effectum appropriacionis predicte eidem custodi quibuscumque modis et viis legitimis actualiter adipiscenda, adquirenda, et cum effectu optinenda ipsos et totum jus ac possessionem in ecclesia predicta pure, sponte, simpliciter, et absolute nostre ordinacioni submiserint prout in submissionis hujusmodi litteris plenius est contentum, nos invocata spiritus sancti gracia prehabita deliberacione cum fratribus nostris et aliis juris peritis unam pensionem annuam duorum solidorum dicto custodi in vigilia concepcionis beate Marie virginis per prefatum Iswynum singulis annis dum eamdem ecclesiam tenuerit nomine possessionis ipsius ecclesie fore persolvendam, ecclesiamque antedictam nomine dicti custodis per eundem magistrum Iswynum fore tenendam, ipsumque custodem per hujusmodi solute pensionis recepcionem dicte ecclesie de Preschut verum et canonicum possesorem esse constituimus et ordinamus per presentes, ad quam quidem solucionem pensionis predicto termino assignato annis singulis per dictum magistrum Iswynum dum eamdem ecclesiam tenuerit fideliter persolvende eundem magistrum Iswynum per censuram ecclesiasticam auctoritate nostra ordinaria fore decernimus compellendum. In quorum testimonium sigillum nostrum fecimus hiis apponi. Datum apud parcum de Remmesbur' vij idus Decembris anno domini millesimo ccc^mo vicesimo tercio et consecracionis nostre nono.'

Hiis sic gestis magister Iswynus rector predictus secundum vim, formam, et effectum ordinacionis hujusmodi facte canonice ibidem in

---

[1] *In margin,* ordinacio.

F

presencia domini et aliorum ad hoc vocatorum testium multitudine copiosa pensionem duorum solidorum pretactam procuratori dicti custodis nomine possessionis sue ecclesie muneravit et eciam liberavit qui eamdem recepit et habuit nomine procuratorio et possessionis pretacte. Et v idus Decembris sequenti exhabundanti mandavit dominus pro induccione dicti custodis in dicta ecclesia de Preschut de ipsius rectoris consensu expresso legitime facienda, et litteras in hac parte certificatorias has recepit:[1]

'Venerabili in Christo patri et suo domino reverendo domino Rogero dei gracia Sar' . . episcopo suus humilis et devotus . . decanus Marleberg' interioris debitam obedienciam et devotam cum omni reverencia et honore. Mandatum vestrum recepi continens hunc tenorem,

"Rogerus permissione divina Sar' episcopus dilecto filio . . decano Marleberg' interioris salutem, graciam, et benediccionem. Nuper ecclesiam parochialem de Preschut nostre diocesis . . perpetuo custodi choristarum ecclesie nostre cathedralis Sar' predicte ecclesie de Preschut patrono ad dictorum choristarum sustentacionem licencia regis preoptenta ac concurrentibus omnibus que de jure requiruntur in ea parte concessimus in proprios usus perpetuo possidendam. Et licet custos possessionem dicte ecclesie hujusmodi appropriacionis optentu per quamdam pensionem sibi per nos auctoritate nostra ordinaria rite et recte in omnibus ordinatam a magistro Iswyno tunc rectore annuatim solvendam et ab eodem rectore in presencia nostra ea occasione solutam fuerit assecutus, ut tamen solempnius et securius procedatur et eciam ad majorem negocii firmitatem devocioni tue de predicti magistri Iswyni expresso consensu firmiter injungendo committimus et exhabundanti mandamus quatinus cum idem magister Iswynus quamdam dignitatem curatam sit jam in nostra ecclesia cathedrali adeptus custodem predictum vel ipsius procuratorem in corporalem possessionem dicte ecclesie cum omnibus suis juribus, annexionibus, et pertinenciis universis auctoritate nostra inducas et defendas inductum, contradictores et rebelles per quamcumque censuram ecclesiasticam canonice compescendo, ad que omnia tibi cum cohercionis canonice potestate committimus vices nostras. Qualiter autem hoc mandatum fueris executus nobis infra triduum rescribas distincte per litteras tuas patentes harum seriem continentes. Vale. Datum apud parcum de Remmesbur' vj idus Decembris anno domini millesimo ccc^{mo} vicesimo tercio et consecracionis nostre nono."

---

[1] *In margin,* induccio.

'Cujus auctoritate mandati ad ecclesiam de Preschut supradictam personaliter accedens prefatum custodem in corporalem possessionem ecclesie de Preschut cum juribus suis, annexionibus, et pertinenciis universis induxi, mandatum vestrum ulterius exequendo in omnibus reverenter, que omnia vestre reverende paternitati et aliis quorum interest notifico per presentes quas sigillo mei officii communivi in fidem et testimonium eorumdem. Datum apud Preschut v idus Decembris anno domini prescripto.'

[*7 December 1322. Letter from the bishop of London containing the Archbishop's mandate, dated 2 December, for a convocation at Lincoln cathedral on 14 January 1323. The Archbishop says that he will not spare, as he has done in the past, those who are absent. The letter was received 18 December. The construction of the second and third sentences of the Archbishop's mandate is muddled, lacking two main verbs.*]

[Fo. 143ᵛ]

MANDATUM PRO CONGREGACIONE CLERI FACIENDA LINCOLN' IN CRASTINO SANCTI HYLLARII ANNO DOMINI Mᵒ CCCᵐᵒ XXIJᵈᵒ, receptum apud Poterne xv kalendas Januarii. Venerabili in Christo patri domino dei gracia . . Sar' episcopo . . Stephanus ejusdem permissione London' episcopus salutem et sincere dileccionis continuum incrementum. Mandatum venerabilis in Christo patris et domini domini W. dei gracia Cant' archiepiscopi tocius Angl' primatis recepimus sub hac forma:

'Walterus permissione divina Cant' archiepiscopus tocius Angl' primas venerabili fratri domino S.dei gracia episcopo London' salutem et fraternam in domino caritatem. Hostilis iniquitas sue malignitatis impulsus indesinenter exercens ecclesiam et regnum Angl' ejusque incolas hostium extrinsecorum incursionibus diucius circumcinxit et ad pejora suos conatus extendens tempestuosum turbinem jam indies nititur disserere et nisi divina mediante clemencia hiis presidio occurratur celeriter opportuno. Perfidis namque hostibus illis Scotorum gentibus cum suis complicibus insanie rabie debaccatis qui adversus dominum nostrum regem suumque regnum Angl' conspirantes diucius rebellarunt pluries et nunc actualiter cum non modico exercitu bellatorum partem maximam regionis Angl' sunt ingressi adeo quod totam fere partem illam depopulando inhumaniter devastarunt, regni eciam incolas quo reperiunt sine deletu condicionis, ordinis, sexus, aut etatis miserabiliter interficiunt, domos, villas, et castra, ecclesias atque monasteria violenter invadunt et dirripiunt ac incendiorum voragine ad areas redigunt, et crudelitates alias cotidianis aggressibus exercere non desinunt inauditas, sicut modernis temporibus patrati sceleris evidencia prochdolor manifestat. Unde pro statu ac salvacione ecclesie Anglicane atque regni[1] et incolarum ejusdem in quibus

---

[1] *MS.* regno.

proprium versatur cujuslibet interesse considerantes intime tam instantis tamque urgentis necessitatis articulos ac alia undique inventa pericula in quibus ab extrinsis invasio patet ut premisimus actualis necnon oppressiones que alias multipliciter Anglicane incessanter inferuntur ecclesie, prelatos et clerum nostre provincie Cant' in casibus consimilibus de quo dolemus et angimur sepius fatigatos precibus regis et clamore populi plurimum excitati licet anxii et inviti impellimur jam noviter convocare. Quocirca fraternitati vestre committimus et mandamus quatinus cum debita celeritate omnes et singulos coepiscopos suffraganeos nostros provincie nostre Cant' peremptorie citetis et per ipsos singulos in suis diocesibus . . decanos et priores ecclesiarum cathedralium, archidiaconos, abbates et priores alios conventus per se regentes exemptos et non exemptos ac eorum conventus, totumque clerum prout singulis subesse noscitur peremptorie faciatis citari quod dicti fratres nostri et ipsorum singuli . . decani et priores cathedralium ecclesiarum ac archidiaconi singuli personaliter, singuli vero . . abbates et priores . . conventus per se regentes exempti et non exempti ac singula capitula et conventus singuli per unum, clerusque cujuslibet diocesis per duos, procuratores, in crastino sancti Hillarii in ecclesia cathedrali Lincoln' de mane sufficienter compareant cum continuacione et prorogacione dierum tunc sequencium ad tractandum una nobiscum super premissis et aliis statum ecclesie Anglicane concernentibus pro salubri in hac parte remedio providendo, necnon consenciendum hiis omnibus que ad laudem dei et ecclesie sue sancte tuicionem ac tocius rei publice regnique sui supradicti utilitatem, divina disponente gracia, ibidem contigerit salubriter ordinari. Vos eciam quantum ad vos attinet hujusmodi nostrum mandatum fideliter observantes dictis die et loco personaliter tractaturi nobiscum intersitis. Et ut ceteri fratres coepiscopi nostri predicti personaliter sic intersint vice et auctoritate nostra districcius injungatis eisdem; absentibus vero in hujusmodi termino nec comparere curantibus parcere non intendimus sicut hactenus set quatenus de jure permittitur contra eos procedere puniendo, cum ea que omnes tangunt ab omnibus debeant approbari et jam evidens et insueta necessitas ac instans periculum omnes tangens ex omni deliberato consilio festinum remedium exigit in hoc casu. De die vero recepcionis presencium et quid feceritis in premissis nos ad dictos diem et locum distincte et aperte certificare non omitta[ti]s per litteras vestras patentes harum seriem et citatorum nomina plenarie continentes. Et ne mandatum nostrum hujusmodi arte ingenio vel negligencia deludatur, vobis ut supra injungimus ut coepiscopis suffraganeis nostris omnibus et singulis consimiliter injungatis ut singuli ipsorum de suis execucionibus plene nos certificent

quantum ad eos attinet secundum formam superius annotatam die et
loco suprascriptis. Datum apud Lincoln' iiij^{to} nonas
Fo. 144   Decembris | anno domini millesimo ccc^{mo} xxij^{do}.'

Cujus auctoritate mandati tenore presencium peremptorie vos
citamus, vobis insuper auctoritate eadem districcius injungendo
quatinus loco, die, et hora in ipso mandato contentis personaliter
intersitis, citantes nichilominus seu citari facientes personas omnes
et singulas, capitula, et conventus de quibus in mandato fit mencio
suprascripto una cum toto subjecto vobis clero ut juxta mandati
seriem sepedicti compareant tunc ibidem, eidem mandato quatenus
vos et eorum quemlibet concernit in omnibus parituri. Qualiter
autem presens mandatum fuerint executi dictum patrem reverendum
loco, die, et hora predictis distincte et aperte certificare curetis per
litteras vestras patentes harum seriem continentes. Datum apud
Hadham vij idus Decembris anno domini supradicto.

[*19 December 1322. Form of the mandate in pursuance of the above to the officials of the four
archdeacons, with a note that a mandate was also sent to the* locum tenens *of the dean of
Salisbury. The proctors of the several archdeaconries are to meet on 3 January to choose
proctors for the diocese.*]

EXECUCIO FACTA IIIJ ARCHIDIACONORUM OFFICIALIBUS. R. et cetera.
Mandatum xv kalendas recepimus infrascriptum, 'Venerabili', et
cetera ut supra. Hujus igitur auctoritate mandati peremptorie vos
citamus et per vos cum debita celeritate peremptorie citari mandamus
abbates et priores conventus per se regentes exemptos et non exemptos
ac eorum conventus ... archidiaconatus vestri quod secundum formam
mandati compareatis et compareant die et loco et hora in eodem
mandato contentis facturi omnia et singula que tenor ipsius requirit.
Clerum eciam . . archidiaconatus predicti faciatis absque more
diffugio ad certos diem et locum vocari ac unum procuratorem ab
eodem ad contenta in mandato predicto constitui qui substituendi
habeat potestatem, de sic constituto procuratore taliter disponentes
quod in nostra Sar' ecclesia cathedrali compareant [*sic*] die Lune
proxima post festum Circumcisionis domini nunc venturum sic cum
procuratoribus cleri aliorum . . archidiaconatuum nostre diocesis
quos simili modo constitui mandavimus tractaturus ibidem quod juxta
exigenciam mandati prefati idem clerus sufficienter compareat et
faciat quod mandatum exigit supradictum. De die vero recepcionis
presencium, quid in premissis factum fuerit et duxeritis faciendum
nobis una cum ... abbatum, priorum, et procuratorum cleri nominibus
propriis et cognominibus et designacione conventuum per vos citatorum
infra quatriduum dictam diem Lune inmediate sequens per litteras
vestras patentes harum seriem continentes taliter rescribatis quod

dominum . . archiepiscopum supradictum certificare possimus in omnibus ut mandatur. Valete. Datum apud Poterne xiiij kalendas Januarii anno prescripto, consecracionis vero nostre octavo.

MANDABATUR ECIAM AD CITANDUM CAPITULUM SAR' TENENTI LOCUM DECANI.

[*8 January 1323. Certificate to the Archbishop that except for the dean of Salisbury and three archdeacons, who were not in the diocese, those who are to attend the convocation on 14 January have been cited.*]

CERTIFICATORIUM . . ARCHIEPISCOPO DESTINATUM HANC VERBORUM SERIEM CONTINEBAT. Venerabili in Christo patri et domino reverendo domino Waltero die gracia Cant' archiepiscopo tocius Angl' primati Rogerus ejusdem permissione Sar' episcopus obedienciam, reverenciam, et honorem debitum tanto patri. Paternitatis vestre litteras domino S. dei gracia Lond' episcopo per vos et per eumdem nobis directas xv kalendas Januarii recepimus hanc verborum seriem continentes, 'Venerabili in Christo patri domino . . dei gracia Sar' episcopo Stephanus', et cetera ut supra. Huic igitur mandato quatenus potuimus parere cum debita reverencia cupientes, reverendo patre domino Raymundo de Fargis sancte Romane ecclesie cardinali et ecclesie nostre decano ac magistro Thoma de Hotoft' Dors' et dominis Tydone de Varesio Berk' ac Geraldo de Tilheto Wyltes' . . archidiaconis in nostra diocese personaliter non inventis quos ea occasione citari nequivimus ut mandatur, magistrum Walterum Hervi . . archidiaconum Sar' ac capitulum ecclesie nostre Sar', . . abbates eciam et priores suos conventus per se regentes exemptos et non exemptos ac eorum conventus totumque clerum nostre diocesis citari fecimus peremptorie quod ipsi in crastino sancti Hillarii in ecclesia cathedrali Lincoln' de mane sufficienter secundum predicti mandati vestri exigenciam compareant cum continuacione et prorogacione dierum tunc sequencium, facturi super omnibus et singulis in vestre paternitatis eodem mandato contentis que ipsius mandati series et effectus exigunt et requirunt. Citatorum autem nomina continet cedula hiis annexa. Ad ecclesie sue sancte regimen et munimen vitam vestram diu conservet incolumem pietas salvatoris. Datum apud Poterne vj idus Januarii anno domini prescripto.

[*Undated. Mandate to the rural dean of Whitchurch and to parish priests of the deanery to publish sentence of excommunication against those persons unknown who, at the behest of John Latimer, prevented Robert de Shirwode, official of the archdeacon of Dorset, from holding the archidiaconal chapter by locking the doors of the chapel at Dorchester where it was to be held. The dean is to cite John Latimer, anyone whom he finds to be implicated, and anyone breaking the interdict imposed by the archdeacon's official, to appear before the Bishop or his commissaries at Potterne on the first juridical day after 13 December. The entry in the register has been heavily galled and is not wholly legible.*]

[Fo. 144^v]

CONTRA IMPEDIENTES JURISDICCIONEM . . OFFICIALIS DORS'. Rogerus permissione divina Sar' episcopus dilectis filiis . . decano Albi Monasterii ac universis et singulis ejusdem decanatus rectoribus, vicariis, et presbiteris parochialibus ad quos nostrum presens mandatum pervenerit salutem, graciam, et benediccionem. Ex parte dilecti filii magistri Roberti de Schirewode domini . . archidiaconi Dors' officialis nobis graviter . . .nstrum est quod cum ipse et suum pertinens officium pro execucione jurisdiccionis ecclesiastice tam inter . . . quam eo in causis ad forum ecclesiasticum pertinentibus partibus lit. . . justiciam impendendum . . . animarum capitulum in capella de Dorchestr' archidiaconatus Dors' . . . eidem opus ad hoc subjectum capitulum celebrandum me. . .diem . . . pro . . . assignasset, quidam iniquitatis filii quorum ignorantur nomina et persone ad mandacionem domini Johannis Latemer ad . . . dicte capelle . . . ocluserunt et ipsius Johannis clavem ejusdem et clefio clauso hostio asper. . . ne dicto officiali in ea pateret ingressus ad suum capitulum ut premittitur celebrandum, ipsumque per maliciam impediverunt quominus dictum capitulum celebrare et jurisdiccionem ecclesiasticam in ea parte exercere potuit ut deberet. Hiis injuriis non contenti dictum . . officialem, rectores, vicarios, et alias ecclesiasticas personas propter dictum capitulum congregatos ibidem ea occasione attachiarunt et attachiari fecerunt ac aliis diversis injuriis et contumeliis affecerunt in libertatis ecclesiastice prejudicium, animarum suarum periculum manifestum, et aliorum in similibus perniciosum exemplum, qua racione si est ita dubium non existit malefactores ipsos latam in hac parte majoris excommunicacionis sentenciam dampnabiliter incurrisse. Volentes igitur pro animarum salute prout ad nostrum spectat officium pro viribus hiis mederi . . . quatenus ad forum pertinet ecclesiasticum justiciam impartiri, de . . . virtute obediencie et sub excommunicacionis pena injungimus et mandamus quatinus . . . premissa trans. . . quorum ignorantur ut premittitur nomina et persone in . . . recepcionem presencium immediate sequentibus in ecclesiis . . . cum major populi affuerit multitudo, cruce erecta, pulsatis campanis . . . , tu fili . . decane assumptis tecum rectoribus, vicariis, et . . . ecclesiasticis . . . sufficienti . . . pro . . . decrevens de decanatu predicto ad predictam ecclesiam personaliter accedens cum superpeliciis et crucibus pupplice deferentibus pupplice nuncies eos dictam majoris excommunicacionis sentenciam incurrisse et sic excommunicatos donec absolucionis beneficium in forma juris meruerint optinere. Et si tu . . fili decane per inquisicionem canonicam quam per te fieri in hac parte volumus et mandamus inveneritis esse reos alios vel aliquos presbiteros qui in dicta ecclesia postquam per officialem predictum occasione premissa canonice fuerat interdicta divina celebrarunt officia, ut prius illos et dictum dominum Johannem cites faciasve citari quod compareant coram nobis nostrisve commissariis proximo die juridico post festum sancte Lucie proxime jam venturum in ecclesia nostra prebendali de Poterne super premissis et ea tangentibus dicto . . officiali quatenus ad examen pertinent ecclesiasticum facturi, recepturi, ad animarum suarum correccionem quod canonicis convenit institutis, ulteriusque juri per omnia perituri. Qualiter autem hoc mandatum nostrum executi fueritis, et presertim tu fili . . decane predicte, nos cerciorare curetis citra diem juridicum supradictum per litteras patentes sigillo decanatus predicti sigillatos harum recepcionis diem, et diem facteque citacionis modum et formam, et reorum si qui per inquisicionem predictam inventi fuerint et presbiterorum post predictum interdictum in predicta ecclesia celebrancium nomina et cognomina dilucide continentes.   Valete.

[*1 August (1322 ?). Bull instructing the Archbishop to induce the King to desist from oppressing the Church and the poor, to which end the bishops are to use public prayers, sermons, and indulgences.*]

[Fo. 145][1]

BULLA AD INDUCENDUM REGEM MANUTENERE ECCLESIASTICAM LIBER- TATEM. Johannes episcopus servus servorum dei . . venerabili fratri archiepiscopo Cant' tocius Angl' primati salutem et fraternam in domino caritatem.   Ex injuncto tibi administracionis officio animarum curam teneris salubriter gerere et pro domo domini assendentibus ex adverso murum eciam expugnabilem te prebere.   Verbum domini in ore tuo alligatum esse non expedit quin loqueris in spiritu libertatis quod quietem populi, quod ecclesie libertatem, honorem deo, et libert- acionem patrie conferat et specialiter karissimum in Christo filium nostrum Edwardum regem Anglie illustrem ad viam veritatis et justicie domino inspirante reducat.   Ecce frater, aperte vides nisi forte dissimules quod ecclesia que libera esse debet sub regis predicti regimine variis exaccionibus et angariis infestis opprimitur, sicque depressus est status ejus a multo jam tempore ut evidenter ancillari cogatur, bona ejus ad que laica manus extendi non debet pro libito diripiuntur in predam, clerus vexatur indebite et habetur probroso contemptui, vixque reperitur aliquis quem sic zelus dominice domus comedat ut velit super illius concussione moveri, in regno justicia que principaliter elucere debet in principe debito cultu

---

[1] *At top of page,* Decimus nonus quaternus.

non colitur set ad injurias et oppressiones iniquas frenum multorum impune laxatur, officiales regii regalibus juribus non contenti bona et jura fidelium tirannidem exercentes occupant et usurpant. Inter hec terribilia in consiliis super filios hominum, sponse sue zelans honorem et comodum, guerrarum dispendia suscitat in quibus ecclesie thesaurus injuste direptus expenditur, non commissa ex hiis prelia prosperantur, cum numquam ecclesie spolia vel depredaciones pauperum felicem habuisse reperiantur eventum. Inter hec eciam ille qui judicat et arguit pro mansuetis terre gemitibus oppressorum pie compaciens propter injusticias hujusmodi regem et regnum humiliat eosque ab illis quibus olim consueverant imperare inmaniter affligi permittens eorum statum ignominiose conculcat. Miramur igitur si te in premissis, que ut credimus ignorare non potes, zelus domini aut ecclesie non tangit affliccio, si regis et regni compassio te non movet. Miramur si veluti canis mutus latrare non volens impietatem suam non annunciaveris impiis ne si in impietate sua mortui fuerint eorum anima de tuis manibus requiratur. Miramur si homini deferens contra domini officiales predictos avertere quantum in te fuit ab hac inhumana tirannide tenuisti. Quicquid autem sit, fraternitatem tuam monendam duximus et hortandam in domino Jhesu Christo per apostolica nichilominus scripta tibi precipiendo mandantes quatinus ad excellencie regie puritatem gratam regi regnum per quem datur regnare principibus conservandam intendens, ipsum in regno suo ejusque regnum sub ejus regimen dirigere pro viribus satagas eumque exortacionibus eficacibus solerter inducas quod ecclesias et personas ecclesiasticas regni sui semper habeat in honore, ab earum injuriis omnino desistat, suosque officiales desistere faciat, jura et libertates earum manuteneat, protegat, et defendat, ac eas favorabiliter prosequatur, expediciones bellicas non de ecclesiarum vel pauperum spoliis set de fiscali errario faciat, ut eas feliciorem exitum habere contingat, justiciam ministret et ministrari faciat talesque ministros publici juris statuat qui deum timeant, justiciam diligant, et nullum in ejus execucione formident, qui non sequantur retribuciones et munera, qui personarum graciam non acceptant, et qui de assistencium sibi favore fiduciam impunitatis aut audaciam habeant seviendi; quod eciam ipse idem interdum se pauperibus visibilem, adhibilem, et affabilem prebeat, eorum clamores et gemitus non contempnat, causa vidue ad auditorium suum introeat, oppressiones pauperum relevet, pupillo et orphano sit adjutor, conquerentes de se aut officialibus aut famularibus suis audiat pacienter, cicius quam alios illos expediat, nec conviciis affici vel comminacionibus deteriri permittat; et ut ea semper que digna sunt principi cogitet et se in illis libenter exerceat, prelatos et viros alios timoratos suo assistentes habeat lateri qui ea maturitate et honestate prefulgeant quod

in eorum presencia inordinatum aliquid agere vereatur. Speramus
etenim quod si rex ipse implere premissa curaverit, rex
Fo. 145ᵛ   regum sibi et regno | suo placabitur ejusque negocia
diriget et cum illi placuerint vie ejus inimicos ejus pia
dedignacione ad pacem convertet. Porro ut hiis cor regis ad suum
vertat arbitrium, ille in cujus manu sunt corda regum requirendum
esse credimus ad divinum auxilium, ut ipse qui supra regna hominum
dominatur regem ipsum et regnum et ejus incolas benigne respiciat,
suam eis tranquillitatem et pacem misericorditer tribuat, eosque in
beneplacito suo dirigens vias et actus eorum in sua prosperitate
disponat. Et ut quod in hac parte petimus multiplicatis intercessoribus
facilius assequamur, volumus et mandamus quatinus tu ceterique
prelati quibus super hoc scribimus per singulas subjectas nobis
ecclesias in missarum celebracionibus et oracionibus certa faciatis
suffragia fieri pro rege et regno predictis et in sermonibus publice
faciendis fideles ad implorandum pro ei patris eterni clemenciam
inducatis et faciatis induci publicaturi et publicari facturi indulgenciam,
quam per apostolicas litteras orantibus pro rege predicto nuper graciose
concessimus et nichilominus auctoritate vestra alias de quibus vobis
videtur largituri. Datum Avinion’ kalendis Augusti pontificatus
nostri anno et cetera.

[*2 February 1323. Commission by the Pope to the dean of Lincoln to redress the loss to Gilbert de
Middleton, archdeacon of Northampton, who has shown that the archdeacon’s right to one-third
of the rents and profits of the churches in his archdeaconry while they are vacant has been
infringed by the appropriation to Peterborough abbey, on papal authority, of the parish church
of Warmington.*]

PRO ARCHIDIACONO NORTHAMPTON’. Johannes episcopus servus
servorum dei dilecto filio . . decano ecclesie Lincoln’ salutem et
apostolicam benediccionem. Sua nobis Gilbertus de Middleton’
archidiaconus Northampton’ in ecclesia Lync’ peticione monstravit
quod percepcio tercie partis reddituum et proventuum omnium
ecclesiarum et earum singularum consistencium in archidiaconatu suo
de Northampton’ in eadem ecclesia quociens illas pro tempore vacare
contingit ad eundem archidiaconum de antiqua et approbata et
hactenus pacifice observata consuetudine dinoscitur pertinere, et tam
idem archidiaconus quam predecessores sui archidiaconi Northampton’
in prefata ecclesia qui extiterunt pro tempore in pacifica possessione
vel quasi jure percipiendi hujusmodi terciam partem fructuum earumdem ecclesiarum cum vacarunt fuerunt a tempore cujus contrarii
memoria non existit. Verum abbas et conventus monasterii de burgo
sancti Petri ordinis [sancti Benedicti]¹ Linc’ diocesis tacito de premissis

---

¹ *MS. has a blank space.*

parochialem ecclesiam de Wermyngton' dicte diocesis sitam in archidiaconatu predicto, de qua dictus archidiaconus et predecessores sui archidiaconi Northampton' qui fuerunt pro tempore cum eadem ecclesia vacavit pro tempore terciam partem reddituum et proventuum ipsius perceperunt de consuetudine supradicta, sibi auctoritate sedis apostolice per veri suppressionem obtentam concedi in usus proprios obtinuisse dicuntur, et pretextu concessionis hujusmodi dictam parochialem ecclesiam cum omnibus juribus et pertinenciis suis ocuparunt et detinent ocupatam, in ipsius archidiaconi et archidi-aconatus predicti prejudicium non modicum et gravamen. Quo circa discrecioni vestre per apostolica scripta mandamus quatinus vocatis qui fuerint evocandi et auditis hinc inde propositis quod canonicum fuerit appellacione remota decernas, faciens quod decreveris per censuram ecclesiasticam firmiter observari. Testes autem qui fuerint nominati si se gracia, odio, vel timore subtraxerunt censura simili appellacione cessante compellas veritati testimonium peribere. Datum Avinon' iiij idus Februarii pontificatus nostri anno septimo.

1 May 1323. Certificate to a bull, dated 13 January 1318, in which the Bishop is instructed to enforce the observance of an earlier bull in which the Pope had instructed the abbot and convent of Milton to receive John de Sydelyng into their community. The Bishop replies that the abbot and convent denied that it ought to obey, on which John asked that they should be compelled; uncertain of his authority and advised not to proceed, the Bishop forwards John's appeal and the arguments of the abbot and convent for the Pope's consideration.]

[Fo. 146]

CERTIFICATORIUM ROMANE CURIE DESTINATUM PRO J. DE SYDELYNGG' SUPER CUM OLIM. Sanctissimo in Christo patri et domino reverentis-simo domino Johanni divina providencia sacrosancte ac universalis ecclesie summo pontifici suus humilis et devotus Rogerus ejusdem permissione Sar' episcopus pedum oscula beatorum cum omni reverencia et honore. Sanctissime paternitatis vestre litteras recepimus sub forma sequenti:

'Johannes episcopus [*etc. as above, pp. 277-8, mutatis mutandis.*]¹ Datum Avinion' idus [*sic*] Januarii pontificatus nostri anno secundo.'²

Et licet religiosi predicti harum auctoritate litterarum moniti fuerint et inducti secundum exigenciam earumdem quod Johannem clericum supradictum in monachum reciperent et in fratrem, iidem tamen religiosi propositis ex parte eorum quibusdam allegacionibus quare id ut dicebant efficere non debebant, monicionibus et induccioni-

---

¹ *There are also a few minor verbal changes;* Middelton' *for* Milton'; prout ipsius clerici *for* sicut ejusdem clerici; Volentes itaque eumdem *for* Volentes igitur dictum.

² *In margin, a drawing of a man's head and shoulders.*

bus hujusmodi minime paruerunt nec eciam ut dicebant parere tenentur, unde dictus clericus peciit et instanter quod religiosos predictos ut ipsum in monachum admitterent et in fratrem auctoritate predictarum litterarum compellere per ecclesiasticas curaremus censuras. Verum quia an allegaciones religiosorum predictorum omnino racionabiles censeri debeant, et eciam quia in predictis vestre sanctissime paternitatis litteris non continetur expresse quod dictos religiosos sicut dictus clericus peciit debeam compellere, dubitans, ad compulsionem hujusmodi de peritorum consilio non processi, propter quod predictus [Johannes] in mea presencia constitu[tu]s in forma que sequitur appellavit et apostolos instanter peciit sibi dari, 'In dei nomine amen', et cetera. Unde racionibus motis predictis et attendens quod in dubio via tucior est sequenda ob vestre sanctissime paternitatis reverenciam appellacioni predicte detuli reverenter et sibi super hoc litteras presentes concessi mei sigilli munim[i]ne roboratas. Allegaciones autem religiosorum predictorum de quibus premittitur et attestaciones testium super illis quatenus in facto consistunt productorum et eciam legitime examinatorum vestre paternitati reverentissimo transmitto sub meo inclusa sigillo. Reverendam sanctissime paternitatis excellenciam pro sua misericordia conservet altissimus in eternum. Scriptum apud Sonnyngg' kalendis Maii anno domini millesimo ccc^{mo} vicesimo tercio.

[*20 August 1323. Bull instructing the Archbishop to induce the King to admit Master John Stratford as bishop of Winchester, following the death of the previous bishop at the papal court and the provision of John Stratford who was then the King's emissary to the pope; the main part of a bull of the same date addressed to the King and setting out the circumstances is quoted at length, as printed in* Rymer, Foedera (Record Commission), ii (1), 533.]

[Fo. 146ᵛ]

BULLA PRO MAGISTRO J. DE STRATFORD' EPISCOPO WYNTON'. Johannes episcopus servus servorum dei venerabili fratri W. archiepiscopo Cant' salutem et apostolicam benediccionem. Nuper karissimus in Christo filius noster E. rex Angl' illustris quasdam litteras quaram seriem interclusum presentibus tibi transmittimus nostro apostolatui destinavit que licet ex parte sua misse fuerant eas tamen et miramur et credere vix valemus de ipsius consciencia processisse. Quia tamen decet et expedit pro ecclesiarum profectibus et salute fidelium sancte Romane ecclesie prerogativam et honorificenciam illesam in omnibus conservari eidem regi post salutacionis alloquium rescribimus per nostras litteras in hec verba:

'Presentate nobis regie celsitudinis littere [*etc.*].'

[Fo. 147]

Quia igitur predictam seriem litterarum nostrarum de verbo ad verbum innotescere volumus et exponi regi predicto, fraternitatem tuam quam promptam reperimus in nostris beneplacitis exequendis duximus exhortandam eidem nichilominus in virtute sancte obediencie injungentes quatinus visis presentibus dictum filium nostrum adeas et earumdem litterarum seriem contentam presentibus eidem regi efficaci verbo perlegas et exponas, per quas licet credamus infallibiliter ejus animum disposicionibus apostolicis super omnibus contentis in illis efficaciter coaptandum tu tantum pro honorificencia sedis apostolice penes eum verbum tuum efficax interponas ut eumdem J. episcopum benigne recipiat et eum ac ecclesiam suam favoris pleni-tudine prosequatur ac ejusdem ecclesie matris sue beneplacitis in omnibus se coaptet. Rescripturus nobis quicquid super hiis duxeris faciendum. Datum Avinion' xiij kalendas Septembris pontificatus nostri anno septimo.

[*20 June 1323. An earlier bull addressed to the Archbishop enjoining his help on behalf of John Stratford as bishop elect of Winchester.*]

BULLA ALIA PRO EODEM EPISCOPO WYNTON'. Johannes et cetera, venerabili fratri . . archiepiscopo Cant' salutem et apostolicam benediccionem. Ad cumulum tue cedit salutis et fame si personas ecclesiasticas presertim pontificali dignitate preditas divine propiciaci-onis intuitu oportunii presidii et favoris gracia prosequaris. Nuper siquidem ecclesia Wynton' per obitum bone memorie Rigaldi episcopi Wynton' qui apud sedem apostolicam diem clausit extremum pastoris solacio destituta, nos attendentes quod nullus preter nos de ipsius ecclesie Wynton' provisione se ea vice intromittere poterat pro eo quod nos diu ante vacacionem hujusmodi provisiones omnium ecclesiarum tam cathedralium quam aliarum tunc apud dictam sedem vacancium et quas in antea vacare contingeret apud eam nostre disposicioni reservantes decrevimus extunc irritum et inane si secus super hiis per quoscumque quavis auctoritate scienter vel ignoranter contingeret attemptari, ac de ordinacione ipsius Wynton' ecclesie ne longe vacacionis exponeretur incomodis solicite cogitantes, et cupientes preterea talem ipsi ecclesie Wynton' pontificem presidere de quo certam haberemus noticiam quod salubriter prodesse posset eidem Wynton' ecclesie ac preesse, post deliberacionem quam cum fratribus nostris super hoc exactam habuimus ad dilectum filium Johannem electum Wynton' . . archidiaconum Lyncoln' in sacerdotem constitutum quem dono superni numinis satis preditum, elegancia morum con-spicuum, nitidum vite mundicia, conversacionis honestate decorum, in spiritualibus providum, et in temporalibus circumspectum novimus, quique dictam ecclesiam sciet et poterit utiliter regere et subtiliter gubernare, direximus oculos mentis nostri propter quod de persona sua de dictorum fratrum consilio eidem Wynt' ecclesie providimus eumque prefecimus ipsi in episcopum et pastorem, curam et administracionem ipsius sibi tam in spiritualibus quam in temporalibus plenarie committendo, firma spe fiduciaque tenentes quod

Fo. 147ᵛ　dicta Wynton' ecclesia | deo auctore per sue industrie ac circumspeccionis fructuosum studium preservabitur ab adversis et votivis proficiet prosperitatis commodis ac honoris. Quia igitur, ut idem electus in commissa sibi Wynton' ecclesie predicte cura facilius proficere valeat, tuus favor sibi esse noscatur plurimum opportunus, fraternitatem tuam rogamus et hortamur attente per apostolica tibi scripta mandantes quatinus, eumdem electum in commissam sibi ecclesiam habens pro nostra et apostolice sedis reverencia propencius commendatum,[1] in ampliandis et conservandis juribus suis sic eum tui favoris presidio prosequaris, quod ipse per tue auxilium gracie se possit in commisso sibi ejusdem ecclesie Wynton' regimine utilius exercere, tuque divinam misericordiam et dicte sedis benivolenciam valeas exinde uberius promereri. Datum Avinion xij kalendas Julii pontificatus nostri anno septimo.

[*30 November 1323. Commission from the bishop of Chichester to accept the resignation of John Foucher, rector of East Angmering, who intends to exchange benefices with John Durant, rector of Hampstead Marshall, and to admit, institute, and induct John Durant to East Angmering church.*]

COMMISSIO EPISCOPO CICESTR' IN PERMUTACIONE FACIENDA. Venerabili in Christo patri domino Rogero dei gracia Sar' episcopo suus J. ejusdem permissione Cicestr' ecclesie minister humilis sincere caritatis incrementum continuum cum salute. Ad admittendum et acceptandum resignacionem domini Johannis Foucher rectoris ecclesie de Estangemeryng' nostre diocesis quam de dicta ecclesia facere intendit ut dicitur causa permutacionis inter ipsum et Johannem Durant rectorem ecclesie de Hamstede Mareschal vestre diocesis de suis hujusmodi beneficiis faciende, necnon et dictum Johannem Durant ad prefatam ecclesiam de Estangemeryng' admittendum in forma canonice et instituendum in eadem ac in corporalem possessionem ejusdem inducendum inducive per alium faciendum, et ad omnia alia et singula faciendum que hujusmodi permutacionis negocium exigit et requirit, vobis vices nostras committimus cum canonica que in hac parte requiritur potestate, certificantes nos si placet quid vestra paternitas

---

[1] *MS.* commendatos.

fecerit in premissis. In cujus rei testimonium sigillum nostrum presentibus est appensum. Datum apud Amble ij kalendas Decembris anno domini millesimo ccc^{mo} xxiij et consecracionis nostre novodecimo.

[*10 December 1323. Letter of the bishop of London, dated at Clacton, containing the Archbishop's mandate, dated 7 December, at Lambeth, for a provincial council at St. Paul's London, on 20 January 1324; received 19 December. The mandate is printed in Reg. Orleton (Cant. & York Soc. v), 269-270.*]

[Fo. 148]

MANDATUM PRO CONGREGACIONE PRELATORUM IN OCTABIS SANCTI HYLLARII, receptum apud parcum de Remm' xiiij kalendas Januarii. Venerabili in Christo patri domino dei gracia Sar' episcopo Stephanus [*etc.*].¹

[Fo. 148ᵛ]

HOC QUIDEM MANDATUM MANDABATUR DEBITE EXECUCIONI IN CONSIMILIBUS USITATIS.

[*13 January 1324. Revocation by the Archbishop of the above mandate, because the Archbishop was told (on 8 January) that the King intends to summon a parliament at Westminster for 23 February (see below, p. 435); received 15 January. The letter is printed in Reg. Orleton (Cant. & York Soc. v.), 271.*]

Postmodum, xviij kalendas Februarii sequenti apud Sonnyngg' recepit dominus mandatum revocatorium in hec verba:

'Walterus permissione divina Cant' archiepiscopus tocius Angl' primas venerabili fratri nostro domino dei gracia episcopo Sar' salutem et fraternam in domino caritatem. Deliberacione provida [*etc.*].²

[*30 December 1323. Consent by Salisbury chapter to the Bishop's grant of a licence to Master Gilbert Lovel to settle tenements and rents in Salisbury. De Vaux college, the beneficiary, is not mentioned in the document.*]

[Fo. 149]

CONSENSUS CAPITULI SAR' CONFERENDI QUEDAM TENEMENTA SCOLARIBUS DE VALL' SAR'. Venerabili in Christo patri et domino domino Rogero

---

¹ *Apart from minor variations, for* nostre mentis (*p. 269, line 14*) *read* nostre provincie et tocius ecclesie et regni Anglie nostre mentis; *before* contumaces (*p. 270, line 21*) *add* tanquam.

² *Apart from minor variations, for* ecclesie (*p. 271, line 13*) *read* ecce; *for* paremus (*line 21*) *read* pararemus; *for* iusuper (*line 26*) *read* insuper; *after* iterum (*line 28*) *add* quasi; *after* vice (*line 32*) *add* totaliter.

dei gracia Sar' episcopo capitulum Sar' salutem cum omni reverencia et honore. Accedens ad nos reverendus vir magister Gilbertus Lovel nobis intimavit quod cum idem magister Gilbertus quedam tenementa in civitate Nove Sar' situata necnon et redditus quosdam de tenementis in ipsa civitate situatis provenientes optineat ac a vobis venerabili patre domino dicte civitatis hujusmodi tenementa et redditus feoffare licenciam sibi concedi postulaverit, vos hujusmodi licenciam eidem concedere promisistis dum tamen consensum nostrum habuerit in hac parte, unde frequentibus supplicacionibus dicti magistri Gilberti inclinati super hujusmodi licencia eidem concedenda assensum nostrum vestre paternitati reverende prebemus pariter et consensum. In cujus rei testimonium sigillum nostrum commune presentibus duximus apponendum. Datum Sar' iij kalendas Januarii anno domini millesimo ccc^{mo} vicesimo tercio.

[*7 January 1324. Licence by the Bishop for Master Gilbert Lovel to grant tenements and rents, and for Roger Foulke to grant rent, in Salisbury to the warden and scholars of De Vaux college.*]

LICENCIA DOMINI AD IDEM. Omnibus sancte matris ecclesie filiis ad quorum noticiam pervenerit hec scriptura Rogerus permissione divina Sar' episcopus salutem in domino sempiternam. Noverit universitas vestra nos quantum in nobis est pro nobis et successoribus nostris concessisse et dedisse licenciam per presentes dilectis filiis magistro Gilberto Lovel canonico ecclesie nostre Sar' et Rogero Fouke, videlicet quod idem G. illud tenementum quod habuit ex feoffamento Rogeri Moton situm in Mynstrestrete juxta portam clausi cathedralis ecclesie nostre Sar' in parte occidentali, ac eciam omnia tenementa que habet ex feoffamento dicti Rogeri Moton que idem Rogerus habuit ex feoffamento Thome le Irmanger in eodem vico juxta dictum tenementum, et eciam[1] tresdecim solidatos annui redditus de tenemento quondam Radulphi de Wycombe in eodem vico et viginti solidos annui redditus de tenemento quondam Rogeri de Elyng' in eodem vico, et unum tenementum quod habuit ex feoffamento dicti Rogeri Moton quod fuit quondam Nicholai le Lormener juxta tenementum quondam Ade le Irmangere ex parte australi et tunc tenementum Roberti de Anne ex parte boriali, et decem solidos annui redditus de tenemento quondam Willelmi le Stoerter' in Wynchestrestrete, et totum illud tenementum quod habuit ex feoffamento Johannis Baudri senioris quod quidem tenementum situatur in vico qui dicitur Tutebellestrete inter tenementum quondam Johannis de Netherhaven' ex parte australi et tenementum quondam Willelmi le Dase ex parte boriali, necnon quod predictus Rogerus Fouk' octo solidatos annui redditus

---

[1] *MS.* et et.

quos habet de tenemento quondam Walteri de Bannebur' in Mynstrestrete, dare possint et assignare dilectis filiis custodi et scolaribus de
Vallibus scolarium Sar', et eisdem custodi et scolaribus quod ipsi
predicta tenementa et redditus cum pertinenciis de predictis magistris
Gilberto et Rogero possint recipere ac eciam sibi et successoribus suis
in proprios usus imperpetuum possidere, statuto de terris et tenementis
ad manum mortuam non ponendis edito non obstante, habenda et
tenenda predicta tenementa et redditus predictis custodi et scolaribus
et eorum successoribus de capitalibus dominis feodorum illorum
imperpetuum, salvis nobis et successoribus nostris et aliis capitalibus
dominis feodorum illorum redditibus et serviciis inde debitis et eciam
consuetis, nolentes quod iidem custos et scolares per nostros vel
successorum nostrorum ballivos seu ministros aliquos super premissis
racione statuti predicti molestentur in aliquo | seu[1]
Fo. 149ᵛ   graventur.   In quorum testimonium sigillum nostrum
fecimus hiis apponi.   Datum apud parcum de Remmesbi'
septimo die Januarii anno domini millesimo vicesimo tercio et
consecracionis nostre nono.

[*14 January 1324. Letter of the bishop of London, dated at Stepney, containing the Archbishop's
mandate dated 12 January at Mortlake, which in turn contains the King's writ dated 26
December at Kenilworth, for a parliament at Westminster on 23 February; received 22
January. The mandate is printed in Reg. Orleton (Cant. & York Soc. v), 273-5, where,
however, the date in the caption is wrong.*]

[Fo. 150]

Mandatum ad citandum clerum ad parliamentum, receptum apud
Sonnyngg' xj kalendas Februarii.   Venerabili in Christo patri domino
dei gracia Sar' episcopo Stephanus [*etc.*].[2]

[*23 January 1324. Mandate in pursuance of the above to the archdeacon of Dorset, similar
mandates being sent for the other archdeaconries. The proctors of the several archdeaconries
are to meet in the cathedral on 11 February to choose proctors for the diocese. The archdeacon
is to certify the Bishop four days before 22 February.*]

[Fo. 150ᵛ]

Execucio missa iiijᵒʳ archidiaconis vel eorum officialibus mandati
prescripti hec fuit.   Rogerus permissione divina Sar' episcopus
dilecto filio . . archidiacono Dors' vel ejus officiali salutem, graciam,
et benediccionem.   Mandatum xj kalendas Februarii recepimus
continens hunc tenorem, 'Venerabili', et cetera.   Cujus auctoritate

---

[1] seu *is also written as a catchword on the recto.*
[2] *Apart from minor variations, for* operata (*p. 273, line 17*) *read* sperata; *for* profuturum
(*p. 274, line 14*) *read* proficturum.

G

mandati vos citamus quod secundum formam dictarum litterarum compareatis die et loco in litteris eisdem contentis facturus omnia et singula que earumdem tenor requirit. Clerum eciam archidiaconatus predicti faciatis ad aliquos certos diem et locum ad hoc congruos evocari ac unum procuratorem ab eodem ad contenta in dictis litteris constitui qui substituendi habeat potestatem de sic constituto procuratore, taliter disponentes quod in nostra cathedrali ecclesia compareat die Sabbati in crastino sancte Scolastice virginis nunc venturo sic cum procuratoribus cleri aliorum archidiaconatuum nostre diocesis tractaturus et dispositurus quod clerus nostre diocesis sufficienter compareat et faciat quod jus exigit in hac parte, ad quod faciendum citari volumus ipsum clerum vosque prout ad vestram personam pertinet in hiis consimiliter faciatis.[1] Quid autem in premissis actum fuerit et duxeritis faciendum una cum procuratorum cleri ac per vos citatorum nominibus et cognominibus in quadam cedula certificatorio vestro annexa conscriptis nobis per quatriduum citra festum sancti Petri in cathedra per litteras vestras patentes harum seriem continentes taliter rescribatis quod venerabilem patrem archiepiscopum supradictum certificare possimus in omnibus ut mandatur. Valete. Datum apud Sonnyngg' x kalendas Februarii anno prescripto consecracionis vero nostre anno nono.

[*12 February 1324. Certificate*[2] (*by the official of the archdeacon of Dorset?*) *stating that the archdeacon of Dorset is not to be found but has been cited, and naming two proctors for the archdeaconries of Dorset, Salisbury, and Wilts., and another for the archdeaconry of Berks.*]

Observato igitur dicti mandati tenore, magistro Thoma de Hotott' archidiacono Dors' personaliter non invento set proposito publice citacionis edicto, eumdem modis quibus potui citavi. Magistri Johannes de Tarente et Walterus de Houghton, de Berewik sancti Johannis et parva Scherston vestre diocesis ecclesiarum rectores, pro clero . . archidiaconatuum Dors', Sar', et Wyltes', et magister Johannes de Legh', rector ecclesie de Offynton' dicte diocesis, pro clero . . archidiaconatus Berk' juxta formam dicti mandati, quatenus ad contenta in eo de jure sunt astricti, sunt procuratores in hac parte constituti. Datum Sarr' ij⁰ idus Februarii anno domini supradicto.

[*21 February 1324. The Bishop's certificate to the Archbishop, in which he mentions his ill health and asks that he may be excused if he is unable to attend the parliament.*]

CERTIFICATORIUM ARCHIEPISCOPO DESTINATUM. Venerabili in Christo

---

[1] *In margin,* quod superius demandatur, *and* in omnibus quod mandatum exigit supradictum.

[2] *This entry, running on from the preceding mandate, has been crossed out and marked* vacat. *It apparently indicates that the mandate was copied into the register from the certificate, which quoted the mandate in full.*

patri ac domino reverendo domino Waltero dei gracia Cant' . .
archiepiscopo tocius Anglie primati Rogerus ejusdem permissione
Sar' . . episcopus obedienciam, reverenciam, et honorem debitis
tanto patri. Paternitatis vestre litteras venerabili patri domino S.
dei gracia London' episcopo per vos et per eumdem nobis directas
recepimus xj kalendas Februarii hanc verborum seriem continentes,
'Venerabili', et cetera ut supra. Huic igitur mandato quatenus
potuimus parentes et parere cum debita reverencia cupientes reverendo
patre domino Raymundo de Farg' sancte Romane ecclesie cardinali
et ecclesie nostre decano ac domino Geraldo de Tylheto . . archidiacono
Wyltes' in partibus transmarinis agentibus in nostra diocese personaliter
non inventis quos ea occasione citare nequivimus ut mandatur,
magistros Thomam de Hotoft Dors', Tydonem de Vares' Berk',
et Walterum Hervy Sar' . . archidiaconos ac capitulum ecclesie nostre
Sar' totumque clerum nostre diocesis citari fecimus peremptorie quod
ipsi a die Purificacionis beate Marie proximo jam effluxa in tres
septimanas sufficienter secundum predicti mandati vestri exigenciam
compareant cum continuacione et prorogacione dierum tunc sequencium facturi super omnibus et singulis vestre paternitatis in eodem
mandato contentis que ipsius mandati series et effectus exigunt et
requirunt, ecclesiasticis libertatibus semper salvis. Nos
Fo. 151   utique ad vestre paternitatis | convocacionem predictam
festinamus venire et festinabimus quatenus vires inbecillis
nostri corporis hoc permittunt facturi volente domino quod nobis
superius est mandatum; si tamen fortassis ad diem superius limitatum
legitime prepediti accedere nequeamus nos habere dignetur vestra
solita benignitas quasi excusatos. Ad ecclesie sue sancte regimen
et munimen vitam vestram diu conservet incolumem pietas salvatoris.
Datum apud Sonnyngg' nono kalendas Marcii anno prescripto.

[*20 February 1324. The Bishop's licence for Master Isweyn of Ghent to return to his church of
Preshute which he had resigned, with a protestation according to the form of the constitution
Si beneficia, on his collation to the precentorship of Salisbury, not knowing that the precentor-
ship had been reserved, and a collation made, by papal authority.*]

LICENCIA DOMINI REDEUNDI AD ECCLESIAM DE PRESCHUT SECUNDUM
FORMAM CAPITULI SI BENEFICIA. Rogerus permissione divina Sar'
episcopus dilecto filio magistro Iswyno de Gandavo canonico ecclesie
nostre Sar' salutem, graciam, et benediccionem. Ut ad ecclesiam de
Preschut nostre diocesis parochialem, cujus rector verus nuperrime
extitisti, quam racione adepcionis precentorie ecclesie nostre predicte
per nos, reservacionem et collacionem sedis apostolice de eadem factas
totaliter ignorantes, vobis collate in nostra presencia dimisistis sub

protestacione ad dictam ecclesiam redeundi secundum formam capituli *Si beneficia,* nunc de reservacione et collacione hujusmodi cerciores effecti ipsam precentoriam sublata difficultate quacumque eciam in nostra presencia dimisistis omnino, libere valeatis reverti jus vestrum pristinum in eadem pleniter assequendo, vobis secundum formam et effectum capituli supradicti in quantum de jure poterimus auctoritatem impendimus et licenciam impartimur testimonio presencium quas sigilli nostri impressione fecimus communiri. Datum apud Sonnyngg' x kalendas Marcii anno domini millesimo ccc^{mo} vicesimo tercio et consecracionis nostre nono.

[*20 February 1324. Mandate from Hugh de Angoulême, sacrist of Narbonne and papal nuncio, for the payment to him by 29 March, at his London house next to St. Edmund's church, Lombard Street, of Peter's Pence.*]

MANDATUM AD SOLVENDUM DENARIOS BEATI PETRI, RECEPTUM LOND'. Reverendo patri in Christo domino . . episcopo Sar' Hugo de Engolisma sacrista Narbon' domini nostri pape et sedis apostolice in Anglia, Scocia, Wall', et Hybn' nuncius salutem in eo qui est omnium vera salus. In virtute obediencie qua sedi apostlice tenemini auctoritate apostolica nobis in hac parte commissa de qua vobis et cuicumque cujus intersit parati sumus London' facere promptam fidem cum reverencia qua decet vobis firmiter injungendo mandamus et tenore presencium una canonica monicione premissa pro omnibus peremptorie vos monemus quatinus citra diem Jovis post dominicam qua cantatur *Letare Jerlm'* proximo nobis solvatis seu solvi faciatis nomine Romane ecclesie in domo quam inhabitamus London' juxta ecclesiam sancti Edmundi in vico de Lombardstrete denarios sancti Petri per vos debitos in diocese vestra predicta de tempore quo cessatum est in solucione ipsorum, alioquin contra vos et ecclesiam vestram predictam per censuras ecclesiasticas et alia juris remedia procedemus previa racione. De die vero recepcionis presencium et quid in premissis duxeritis faciendum nos citra dictum terminum per litteras vestras patentes harum seriem continentes reddatis cerciores. Datum London' sub sigillo nostro die xx^a mensis Februarii anno domini millesimo ccc^{mo} xxiij.[1]

[*3 September 1323. Bull enjoining the Bishop to urge the King to accept the papal provision of John Stratford to the bishopric of Winchester.*]

[Fo. 151^v]

BULLA PRO J. DE STRATFORD' EPISCOPO WYNTON, recepta Lond' v

---

[1] *At the end has been added,* Revocatum extitit hoc mandatum ut patet infra: *see below, p. 445.*

kalendas Marcii. Johannes episcopus servus servorum dei venerabili fratri episcopo Sar' salutem et apostolicam benediccionem. Dudum vacante Wynton' ecclesia per obitum bone memorie Rigaldi Wynton' episcopi apud sedem apostolicam decedentis ac per hoc provisione dicte ecclesie ad nos et sedem predictam ea vice specialiter pertinente, nos ex precipue caritatis affectu quo ad karissimum in Christo filium nostrum Edwardum regem Anglie illustrem afficimur attendentes quod venerabilis frater noster Johannes de Stratford' episcopus Wynton' tunc archidiaconus Lyncoln' ejusdem regis nuncius pro arduis et utilibus suis et regni sui negociis denuo fuerat ad nostram presenciam destinatus, intuentes insuper solicitudinis magne zelum, vigilis diligencie studium, sedulosque labores quibus fideliter, solerter, et utiliter penes nos et fratres nostros sancte Romane ecclesie cardinales regia negocia promovebat, considerantes eciam quod vir est litterarum sciencia preditus, in rebus agendis expertus, vite laudabilis et multis graciarum dotibus insignitus, et de regno Anglie oriundus, et quod per ejus conversacionem placidam et honestam quam in Romana curia nobiscum et cum eisdem fratribus nostris habuerat nobis et eisdem fratribus plurimum reddebatur acceptus, in eum direximus aciem mentis nostre firmam concipiendo fiduciam quod ejus promocio ad ecclesiam memoratam esset deo placida, ecclesie prefate perutilis et celsitudini regie que obsequentes sibi personas consuevit graciose prospicere grata plurimum et accepta, propter quod absque aliqua procuracione ipsius vel aliquorum instancium pro eodem sola id nobis divina ut credimus inspirante clemencia de ipsorum fratrum unanimi et concordi consilio ipsum eidem ecclesie in episcopum prefecimus et pastorem ac subsequenter sibi fecimus munus consecracionis impendi. Cum itaque series quarumdam litterarum quas post hec idem **rex** nostro apostolatui destinavit, quas eciam et miramur et credere vix valemus de ejus consciencia processisse, videatur innuere promocionem hujusmodi de dicto Johanne per nos factam ad ecclesiam memoratam non fuisse ipsi regi acceptam, ac propterea super hiis eidem regi prout honorificencia dicte sedis decere conspicimus speciales litteras destinemus inter alia continentes quod dicta promocio absque divine majestatis offensa et magna ejusdem sedis indecencia et derogacione honoris ipsius retractari seu eciam impediri non posset, et quod ob hoc eundem Johannem episcopum gracioso sinu regie benignitatis admittat utpote non alienigenam, non extraneum, set de regno suo ut premittitur oriundum, ejusque consiliarium, secretarium, et fidelem, fraternitatem tuam attente rogandam duximus et hortandam tibi per apostolica scripta nichilominus injungentes quatinus ob reverenciam dicte sedis et nostram pro dicto Johanne episcopo penes dictum regem partes tuas prout expedire cognoveris viriliter et efficaciter interponas ut eumdem Johannem episcopum tam preterita considerando servicia quam eciam proinde attendendo quod idem episcopus utpote verbo utilis et operibus fructuosus imposterum tanto amplius obsequiosior in factis dictorum regis et regni esse poterit quanto in majori culmine dignitatis fuerit constitutus, benigne recipiat et eum solito quinpocius ampliori favore pertractet ipsumque et ecclesiam suam favorabiliter habeat commendatos, in premissis per oportuni laboris instanciam sic te efficaciter habiturus quod idem rex in hac parte ejusdem sedis beneplacitis se coaptet nosque diligenciam tuam quam in hac parte solicitam cupimus inveniri juste commendare possimus et eam uberibus prosequi accionibus graciarum. Datum Avinion' iij nonas Septembris pontificatus nostri anno septimo.

[*29 December 1323. Bull asking the Bishop to make further efforts to induce the King to accept John Stratford as bishop of Winchester.*]

[Fo. 152]

ITEM PRO EO. Johannes episcopus servus servorum dei venerabili fratri episcopo Sar' salutem et apostolicam benediccionem. Dudum pro venerabili fratri [*sic*] nostro Johanne Wynton' episcopo fraternitati tue direxisse meminimus preces nostras ut apud karissimum in Christo filium nostrum Edwardum regem Angl' illustrem instare curares solicite quod eundem episcopum favorabiliter et graciose reciperet ac ipsum et ecclesiam suam haberet propensius commendatos. Verum cum adhuc nostris desideriis satisfactum non extiterit in hac parte quamvis dicaris super hoc fideliter laborasse, fraternitatem eandem rogamus attencius precibus iteratis quatinus sic solerter super premissis partes tue solicitudinis interponas quod inde votivi fructus episcopo prelibato proveniant, nosque tue devocionis promptitudinem commendare merito cum graciarum accionibus debeamus. Datum Avinion' iiij kalendas Januarii pontificatus nostri anno octavo.

[Fo. 152ᵛ and 153 *blank*]

[Fo. 153ᵛ]

REGISTRUM SEQUENCIUM DE ANNO DOMINI Mᵒ CCCᵒ VICESIMO QUARTO.[1]

[*17 April 1324. Confirmation by the Bishop of a chantry in the parish of Hill Deverill. Robert le Boor, lord of Hill Deverill manor, has given to the prior and convent of Longleat a house, land, and rent, for which they undertake to provide four stipendiary chaplains to celebrate in the chapel of the Holy Trinity. The licence for a grant in mortmain dated 9 January, and the agreement of the prior of Longleat, dated 13 April and embodying Robert le Boor's charter dated 12 April, are quoted in full. The new foundation appears to be an enlargement of the chantry founded in 1319; see pp. 242-5.*]

CONFIRMACIO CANTARIARUM R. LE BOR IN CAPELLA SUA DE

---

[1] *In margin*, et consec:acionis ix; *and at top of page*, anno domini mᵒ cccᵐᵒ xxiiij.

HULLEDEVEREL.[1] Universis sancte matris ecclesie filiis presentes litteras inspecturis Rogerus permissione divina Sar' episcopus salutem in eo quem peperit uterus virginalis. Frequens et assidua dilecti filii Roberti le Boor domini manerii Hulledeverel nostre diocesis exhibita nobis peticio continebat quod cum ipse dilectis fillis . . priori et conventui sancte Radegundis de la Langelete nostre predicte diocesis ad inveniendum perpetuo quatuor capellanos prout subscribitur celebraturos in capella sancte et individue trinitatis in manerio supradicto licenter erecta et in honore ejusdem canonice dedicata, terras, tenementa, et redditus dederit et assignaverit domini nostri regis licencia et aliorum quorum interest consensu prehabitis in hac parte, dictique religiosi onus inveniendi et sustentandi perpetuo capellanos hujusmodi in se susceperint et ad ea se obligaverint, prout hec in regiis et aliis super hiis confectis litteris et subscriptis eorum quorum existunt veris nobis cognitis sigillatis sigillis quas inspeximus et diligenter examinari fecimus continetur, premissa quantum in nobis est approbare et confirmare auctoritate nostra ordinaria dignaremur, quarum quidem litterarum hii in omnibus sunt tenores:

'Edwardus dei gracia rex Anglie dominus Hybn' et dux Aquit' omnibus ad quos presentes littere pervenerint salutem. Licet de communi consilio regni nostri statutum sit quod non liceat viris religiosis seu aliis ingredi feodum alicujus ita quod ad manum mortuam deveniat sine licencia nostra et capitalis domini de quo res illa inmediate tenetur, per finem tamen quem Robertus le Boor fecit nobiscum concessimus et licenciam dedimus pro nobis et heredibus nostris quantum in nobis est eidem Roberto quod ipse quatuor mesuagia, unam carucatam, et tres virgatas terre, et sexaginta et septem solidatas et quatuor denaratas redditus cum pertinenciis in Codeford', Werministr', Hulledeverel, Deverel Langebrugg', Hornyngesham, et Anestigh' dare possit et assignare dilectis nobis in Christo . . priori et conventui sancte Radegundis de la Langelete ad inveniendum quatuor capellanos divina singulis diebus in capella sancte trinitatis de Hulledeverel pro anima domini E. quondam regis Anglie patris nostri et anima predicti Roberti et animabus antecessorum et heredum ipsius Roberti ac omnium fidelium defunctorum celebraturos, habenda et tenenda eisdem . . priori et conventui [*etc.*; *cf. p. 931*]. Teste meipso apud Wygorn' nono die Januarii anno regni nostri decimo septimo.'

'Universis sancte matris ecclesie filiis ad quorum noticiam pervenerit hec scriptura Petrus . . prior sancte Radegundis de la
Fo. 154   Langelete et ejusdem | loci conventus ordinis sancti Augustini Sar' diocesis salutem illam quam sanguis

---

[1] *In margin*, nota.

exhibuit salvatoris. Noveritis [nos] cartam karissimi amici nostri Roberti le Boor suscepisse tenorem qui sequitur continentem:

"Sciant presentes et futuri quod ego Robertus le Boor excellentissimi principis domini Edwardi dei gracia regis Anglie illustris filii regis Edwardi licencia ad subscripta facienda petita ac sufficienter optenta prout in ejusdem domini regis carta super hoc confecta plenius continetur dedi, concessi, et hac presenti carta mea confirmavi religiosis viris . . priori et conventui sancte Radegundis de la Langelete quatuor mesuagia, unam carucatam, et tres virgatas terre, et sexaginta et septem solidatas et quatuor denaratas redditus cum pertinenciis in Codeford', Wermenstre, Hulledeverel, Deverellangebrugg', Hornyngesham, et Anstigh' ad inveniendum quatuor capellanos divina singulis diebus in capella sancte trinitatis de Hulledeverel pro anima predicti domini Edwardi quondam regis Anglie patris domini regis Edwardi qui nunc est et anima mea et animabus antecessorum et heredum meorum ac omnium fidelium defunctorum celebraturos, habenda et tenenda omnia predicta terras et tenementa et redditus cum omnibus suis pertinenciis eisdem . . priori et conventui et successoribus suis imperpetuum ad inveniendum capellanos predictos divina singulis diebus in capella predicta pro animabus predictis celebraturos imperpetuum ac faciendum capitalibus dominis feodorum illorum omnia alia servicia inde debita et consueta juxta tenorem carte domini regis supradicte, ita tamen quod si per culpam seu negligenciam predictorum religiosorum aut capellanorum in dicta cantaria fuerit cessatum statim extunc liceat michi et heredibus meis predicta tenementa ingredi et in eisdem distringere et districciones hujusmodi retinere quousque tot missas quot per culpam seu negligenciam hujusmodi subtracte fuerint per alios capellanos ydoneos pro animabus superius nominatis in dicta capella fecerint celebrari. Et ego predictus Robertus et heredes mei predicta mesuagia, terram, et redditum cum pertinenciis predictis priori et conventui et successoribus suis contra omnes mortales warantizabimus et pro predictis cantaria et serviciis ut premittitur faciendis acquietabimus imperpetuum. In cujus rei testimonium tam sigillum meum quam sigillum predictorum . . prioris et conventus commune presenti carte indentate alternatim sunt appensa. Hiis testibus, domino Willelmo de Wauton' milite, Matheo Owayn, Johanne de Mere, Johanne de Boleton', Roberto Swotyng', Thoma Thurstayn, Johanne de Polton' et aliis. Datum apud Hulledeverel duodecimo die Aprilis anno regni regis Edwardi filii regis Edwardi septimo decimo."

'Nos igitur cartam predictam et omnia in eadem contenta cum graciarum accione multiplici acceptantes deliberacione inter nos et tractatu eciam diligenti habitis super illos, considerantes ex hiis domui nostre et nobis utilitatem manifestam maximam proventuram cultumque non mediocriter augeri divinum ac immensa beneficia nobis et domui nostre per dictum Robertum quasi incessanter impensa temporibus retroactis intime ponderantes, de communi consensu et unanimi voluntate concedimus et promittimus pro nobis et successoribus nostris quatuor capellanos ydoneos in capella beate, benedicte, et gloriose trinitatis predicta celebraturos juxta exigenciam dicte carte futuris et perpetuis temporibus invenire et nostris sumptibus exhibere ipsisque in villa de Hulledeverel predicta mansionem ita

Fo. 154ᵛ   congruam assignare ut ad sancte | conversacionis testimonium omnes sub uno tecto honeste valeant commorari.

Capellanos vero hujusmodi qui non perpetui set annales stipendiarii esse debent annis singulis presentabimus domino . . decano Sar' vel ejus vices gerenti seu . . officiali qui pro tempore fuerit in proximo capitulo dicti loci ante festum beati Petri quod dicitur ad vincula celebrando aut, si ipsos vel eorum aliquem omiserimus, in dicto capitulo presentare dictus dominus . . decanus vel ejus vices gerens aut . . officialis qui pro tempore fuerit ante festum sancti Michaelis proximo subsequens capellanos hujusmodi defectum nostrum supplendo taliter deputabit ut in dicto festo sancti Michaelis ipsorum in capella predicta plenius numerus habeatur. Qui omnes simul cum ad capellam accesserint incedentes capis nigris et superpelliciis induti horis competentibus capellam intrabunt, ut domino laudes debitas simul solvant secundum usum matricis ecclesie nostre Sar' cum vigiliis et aliis obsequiis mortuorum horas canonicas ibidem dicendo integraliter et distincte; ad disposicionem insuper Roberti predicti dum vixerit et successorum suorum in manerio de Hulledeverel post obitum ejusdem ab ipsis quatuor quatuor misse debent cotidie celebrari, una de sacrosancta trinitate, alia de beata virgine Maria, tercia de tempore, quarta pro animarum omnium fidelium defunctorum memoria et suffragio debent esse. Tenemur eciam libros, vestimenta, et calices ac alia ornamenta quibus divinum servicium per capellanos predictos in capella debet fieri memorata et quibus prefatus Robertus eamdem capellam sufficienter in sui inicio jam ornavit nostro periculo conservare et quociens opus fuerit reparare et nova si necesse fuerit invenire. Et ad omnia et singula premissa fideliter futuris et perpetuis temporibus observanda nos et successores nostros ac domum nostram et omnia bona nostra mobilia et immobilia tenore presencium effectualiter obligamus, subicien[te]s nos et successores nostros ac domum nostram omniaque bona nostra ubicumque inventa jurisdiccioni et cohercioni domini . . decani Sar' et . . officialis sui, quod nos ad observacionem omnium et singulorum premissorum ad simplicem dicti Roberti vel alterius cujuscumque cujus intererit querelam per censuram canonicam quamcumque compellat prout melius viderit expedire et ad satisfaciendum plenarie de dampnis et expensis que quivis eorum incurrerit occasione premissa et de subtraccione qualibet si qua per culpam nostram seu successorum nostrorum aut capellanorum predictorum fieri contigerit premissorum. Volumus eciam nichilominus et expresse concedimus quod si per culpam aut negligenciam nostram vel successorum nostrorum aut capellanorum predictorum cessatum fuerit in cantaria predicta statim, extunc liceat dicto Roberto et heredibus suis tenementa nobis occasione dicte cantarie per cartam prescriptam collata ingredi et in eisdem distringere et virtute hujusmodi nostre concessionis et communis consensus districcionem hujusmodi detinere, quousque tot missas quot per culpam seu negligenciam hujusmodi subtracte fuerunt per alios capellanos ydoneos in dicta capella pro animabus predictis fecerimus celebrari prout in carta predicta plenius est contentum. In quorum omnium testimonium atque fidem impressio sigilli nostri communis presentibus est appensa. Datum apud la Langelete in capitulo nostro tercio decimo die Aprilis anno domini millesimo ccc^{mo} vicesimo quarto.'

Super hiis igitur plenius informari volentes dilecto filio . . decani ecclesie nostre Sar' . . officiali nostris dedimus litteris in mandatis ut idem . . officialis vocatis vocandis ad locum accedens predictum inquireret diligenter per viros fidedignos et juratos inquirendorum noticiam verisimiliter optinentes si rector et prebendarius ecclesie de Hulledeverel prenotata et alii quorum interest hujusmodi cantarie ut premittitur faciende suum prebuerint et prebeant jam assensum, et presertim si cui vel quibus prejudicium aliquod ex cantaria et assignacione predictis provenire valeat si forsitan concedantur. Cumque directis nobis dicti . . officialis litteris in hac parte certificatoriis sufficienter constet causas subesse nedum utiles set et neccessarias ereccionis capelle predicte et dedicacionis ejusdem ac habende cantarie ut premittitur in eadem, quodque magister Johannes de Pinibus rector et prebendarius ecclesie de Hulledeverel memorate infra cujus parochia capella erigitur supradicta et dominus Remundus de Fargis . . decanus ecclesie nostre Sar' verus patronus ejusdem ecclesie locique

Fo. 155 parochiani ipsius | capelle ereccionem et cantarie ut premittitur faciende prestiterunt et prestent consensum, ac quod tenementorum et reddituum predictorum dacioni et assignacioni dominus noster rex predictus specialem licenciam ut prefertur ac alii domini omnes et singuli feodorum predictorum inmediati et mediati consensum suum prebent, necnon quod nulli ex cantaria et assignacione predictis poterit prejudicium generari, dummodo decime et oblaciones si que allate fuerint ad capellam predictam prebendali ecclesie supradicte et ejus prebendario qui pro tempore fuerit integraliter persolvantur, nos Rogerus episcopus supradictus ponderatis ut convenit omnibus suprascriptis et aliis undique ponderandis ipsiusque Roberti devocionem laudabilem quam ad divini cultus augmentum animarumque salutem tendere cernimus in domino commendantes, cantariam predictam ac donacionem et assignacionem porcionum ejusdem juxta carte et litterarum prescriptarum tenorem quatenus juste et canonice processerunt salvo jure in omnibus predicte ecclesie prebendalis et ejusdem prebendarii et quorumcumque aliorum quorum interest vel interesse poterit in hac parte quibus in aliquo prejudicare non intendimus, salvis capitalibus dominis feodorum illorum serviciis debitis et eciam consuetis, quantum in nobis est auctoritate pontificali approbamus et tenore confirmamus presencium, hoc adjecto quod presbiteri qui cantariam celebrabunt predictam presente prebendario supradicto seu procuratore ejusdem prestent ad sacra evangelia juramentum quod oblaciones quascumque ad dictam capellam allatas prebendario ecclesie prebendalis predicte vel ipsius locum tenenti absque more dispendio debita integritate persolvent, eamque et ejusdem prebendarios quatenus ad eos et dictam cantariam attinet indempnes pro viribus conservabunt, nostre Sar' ecclesie juribus, consuetudinibus, et dignitatibus in omnibus semper salvis. In quorum omnium testimonium atque fidem fecimus has nostras litteras ad perpetuam rei memoriam registrari et nostri sigilli munimine roborari. Datum apud Poterne xv kalendas Maii anno domini millesimo ccc^mo vicesimo quarto et consecracionis nostre nono.

[*1 May 1324. Further mandate from Hugh de Angoulême deferring the date for the payment of Peter's Pence from 6 May (but cf. above p. 438) to 20 May.*]

[Fo. 155ᵛ]

PRO DENARIIS BEATI PETRI, receptum apud Poterne ij nonas Maii. Reverendo patri in Christo domino . . episcopo Sar' Hugo de Engolisma sacrista Narbon' domini nostri pape et sedis apostolice in Anglia nuncius salutem in illo que [*sic*] est omnium vera salus. Cum alias vos per nostras patentes litteras monuerimus ut denarios beati Petri per vos de diocese vestra debitos nobis nomine Romane ecclesie solveretis seu solvi faceretis infra instantem dominicam post festum Invencionis sancte crucis, nos revocantes et suspendentes monicionem predictam usque ad instantem diem dominicam ante festum Ascensionis domini ex causa vobis in virtute obediencie cum reverencia tamen qua decet firmiter injungendo mandamus ac tenore presencium una canonica monicione premissa peremptorie vos monemus quatinus infra dictum terminum nobis solvatis seu solvi faciatis nomine dicte Romane ecclesie in domo quam inhabitamus London' in vico de

Lombarstrete denarios beati Petri per vos debitos de diocese vestra predicta de tempore quo cessatum est in solucione ipsorum, alioquin vobis dicta canonica monicione premissa exnunc prout extunc in hiis scriptis ingressum ecclesie interdicimus per presentes. Et quicquid in premissis duxeritis faciendum nos citra dictum terminum per vestras patentes litteras harum seriem continentes curetis reddere cerciores. Datum London' sub sigillo quo utimur in officio nunciacionis nostre die jo mensis Maii anno domini millesimo cccmo vicesimo quarto.

[*15 May 1324. The Bishop's certificate to the above, sending £51 by the bearer.*]

CERTIFICATORIUM. Venerande discrecionis viro domino Hugoni de Engolisma sacriste Narbonens' domini nostri pape et sedis apostolice in Anglia nuncio Rogerus permissione divina Sar' episcopus salutem in eo quem peperit uterus virginalis. Litteras vestras recepimus in hec verba, 'Reverendo' et cetera, quarum pretextu litterarum quinquaginta unam libras sterlyngorum de denariis sancti Petri debitis ut premittitur vobis mittimus per presencium portitorem. Datum apud Kensyngton' idibus Maii anno domini supradicto.

Nuncio Johanne de Stepellavynton' cum domino J. de Barwe et pecunia.

[*22 May 1253. Bull of Innocent IV undertaking to limit papal provisions for aliens in England to a total yearly value of 8,000 marks; transcribed at Lambeth in 1324.*]

[Fo. 156]

BULLA INNOCENCII PROMITTENTIS MODERACIONEM PROVISIONUM IN ANGL', transcripta apud Lamehuth' tempore parliamenti facti apud Westm' anno prenotato. Innocencius episcopus servus servorum dei venerabilibus fratribus . . archiepiscopis et episcopis regni Angl' salutem et apostolicam benediccionem. Habet ecclesia Romana humeros communibus oneribus assuetos et pronos ad sullevanda gravamina singulorum, habet et animum qui caritatis necessitudine suggerente quibuslibet non affliccionis cogitet consilia, set medele quam experiuntur assidue in apostolice sedis ulteribus non deesse qui ejus inplorare coguntur in necessitate presidium diversis laboribus fatigati. Si qua igitur super hiis que ab eadem sede pro tempore inponuntur aliquorum tamquam hoc eorum gravent obedienciam querela submurmurat facile paterna compatitur pietas et succurrit que tamquam propriis afficitur incommodis proximorum. Nuper sane per communes nuncios quos ad nostram presenciam destinastis fuit ex parte vestra propositum coram nobis quod Anglicana ecclesia in beneficiorum provisionibus pro alienigenis intollerabiliter per sedem apostolicam est gravata in ejusdem grave dispendium et scandalum Anglicorum, cum eodem provisiones summam quinquaginta milium marcarum annis singulis excedere asserantur super quo provideri per apostolice sedis clemenciam iidem nuncii vestro nomine supplicarunt. Novit deus consciencie vestre testimonio quod quibuslibet ejusdem ecclesie gravaminibus ex victimis cordis nostri visceribus condolemus hiis maxime que nostris temporibus sunt adjecta, quia etsi ex merito devocionis qua Romanam ecclesiam Anglicana semper coluisse recolitur onera sibi quibuscumque temporibus ingesta nos previant ipsiusque genitus [*recte* gemitus] ex quibuscumque nobis causis expressi animam nostram amaritudine compassionis afficiant, tamen que nostris noscuntur causam habuisse temporibus gravius nos conturbant. Set malicia fratres nostrorum temporum longam futuris seculis relictura memoriam et majorem posteris qui hec acceperint illatura stuporem quam precipiat etas ista sensibus presencium exercitata malorum, necnon et inportunitas plurimorum aut temporis aut cause aut persone sine loci fulta suffragiis, nos ad multa que displicent nec habere debent consequencia interdum invictos interdum parum voluntarios impulerunt qua racione perpensa piis potest mentibus in multis saltem equanimitas paciencie suaderi. Quod autem aliquibus clericis provisionis apostolice graciam in regno Anglie prosequentibus post sumptuosos labores actis multipliciter et exhaustis paterna sumus miseracione compassi eis per aliquod proinde ordinacionis vel decisionis compendium consulendo, quod eciam quibusdam quibus provisionis nostre manus claudi non potuit pro quibus interdum non solum ipsorum verum eciam ecclesiarum in quibus eis providendum videtur interpellat utilitas a principio ne ipsi dampnosa difficilis prosecucionis dispendia paciantur per aliquam prevencionis graciam duximus precavendum. Id quidem justiorem prestare potest laudi materiam quam querele cum per hoc hominum obvietur maliciis quod non ambigitur prudentis justicie opus esse et non minus interdum ecclesiarum quam personarum incommodis occurratur quod laudabili est circumspeccionis consilio ascribendum. Compotum est enim per quot malorum incommoda, per quot difficultatum anfractus clerici hujusmodi distrahantur, quamque acceptos ipsos efficiat in gracia et judicio consequendis aut meritum proprium aut alienus favor aut reverencia mandatoris. Una igitur vestra nobis super hoc predictorum nunciorum supplicacionibus intimata in pectoris nostri secreto colligimus diligenti meditacionis examine digerenda et nobis modos per quos honeste predictis provisionum honeribus Anglicana relevari possit ecclesia revolventibus diligenter hoc remedium relevacionis occurrit, si tamen super eo cum cogitacionibus nostris conveniant, sensus vestri ut

videlicet aliquorum de clericis Ytalicis per sedem apostolicam in regno Anglie beneficia consecutis prout nobis videbitur usque ad summam octo milium marcarum in bone voluntatis paciencia provisionibus tolleratis, quin nec possumus nec debemus privare quemquam sine causa legitima jure suo, qui sumus omnibus in justicia contra injuriam defensores, cogendi ceteros quibus in eodem regno est apostolice sedis auctoritate provisum ad personalem residenciam in suis beneficiis faciendam et suscepcionem ordinum sicut beneficia ipsa requirunt ac privandi eisdem beneficiis residere aut ordinari contumaciter recusantes, eaque aliis qui hec implere velint et valeant conferendi, libera singulis vestrum in suis diocesibus a sede apostolica possibilitas, cui nulla obstet optenta vel optinenda indulg-
Fo. 156ᵛ　encia, concedatur. Nos insuper qui pluribus | hactenus annis ita cessavimus a beneficiis in regno Anglie conferendis ut fere nulli vel paucissimi debeant vel possint debere gravatos [*sic*] deinceps ab hiis, nostre potestatis plenitudinem taliter curabimus continere quod singuli benignitatem apostolicam nobis in multa honorificencia probabitis detulisse et nichilominus de predicta octo milium marcarum summa si umquam tollerabiliter fieri poterit adimemus ut caritati vestre uberius satisfiat nec volumus aut intendimus quod hujusmodi octo milium marcarum summa inposterum ad consequenciam protrahatur ut usque ad eam Anglicana ecclesia per sedem apostolicam gravari debeat in provisionibus faciendis vel manere gravata, set proposti ac desiderii nostri esse scitote ut eadem ecclesia a provisionibus factis eciam intra summam eandem in qua eas duximus equanimiter tolerandas taliter relevetur et a faciendis inposterum sic habeatur immunis quod super hiis missa eidem suppetat racione gemitus aut querele. Hoc fiet nostro tempore prout vita nobis comes fuerit et ad hoc prestiterit in rebus humanis disposicio divina favorem fiet quoque plenius successorum nostrorum deo dante temporibus prout illis dominus inspirabit et pleniorem dabit exequendi hujus propositi facultatem. Itaque si hoc quod super premissa supplicacione nostra excogitavit attencio vobis videatur acceptum id nobis per vestras communes litteras declaretis ut in effectum congruum animi nostri concepto secundum communem approbacionis nostre libitum proferatur. Et ut super hoc melius procedatur singuli vestrum clericorum nomina beneficia in suis diocesibus ex provisione predicto sedis optinencium et quam summam secundum estimacionem communem attingant beneficia singulorum nobis studeant fideliter intimare. Datum Asisii xj kalendas Junii pontificatus nostri anno decimo.

[*3 November 1253. Bull of Innocent IV to the bishop and chapter of Rochester, reciting a constitution limiting papal provisions; transcribed at Lambeth in 1324.*] *The constitution is also printed in Chron.* Majorca (Rolls Ser.), vi. 260-4, *and Ann. Mon.* (Rolls Ser.) i. 314-17.

[Fo. 157][1]

BULLA SUPER MODERACIONE PROVISIONUM APOSTOLICARUM IMPOSITARUM ECCLESIE ANGLICANE, transcripta per originalem apud Lamehuth' in parliamento anno domini m⁰ ccc^{mo} xx iiij. Innocencius episcopus servus servorum dei, venerabili fratri episcopo et dilectis filiis . . capitulo Roff' ac prelatis ecclesiarum et patronis clericis seu laicis per Roff' civitatem et diocesim constitutis salutem et apostolicam benediccionem. Editum a nobis de novo statutum de verbo ad verbum presentibus fecimus annotari cujus tenor collacio est:

'Innocencius episcopus servus servorum dei venerabilibus fratribus archiepiscopis, episcopis, ac dilectis filiis abbatibus, prioribus, prepositis, decanis, archidiaconis, et aliis ecclesiarum prelatis eorumque capitulis et conventibus seu collegiis tam exemptis quam non exemptis ac patronis clericis seu laicis presentes litteras inspecturis salutem et apostolicam benediccionem. Postquam regimini generali ecclesie nos licet immeritos divina pietas voluit presidere, cordi semper habuimus quod honestatem et ordinem in omnibus servaremus, ac in provisionibus faciendis haberemus illius providencie modum per quem ecclesiis et monasteriis sive aliis piis locis honor et comodum proveniret. Quia autem quandoque contrarium accidisse dinoscitur tam propter maliciam temporum tam propter inprobitatem nimiam petitorum sepe nobis dolore intulit cordi nostro suspira cumulant maxime cum post multa diffugia excogitate resistencie studium provisiones quasdam prorsus inviti fecerimus quas potuisse vitari cum magno et solempni gaudio diceremus. Cum itaque dudum fuerimus mente vigiles ut super hiis adhibere possemus remedium oportunum, nos pro quiete mentis nostre ac pro ecclesiarum, monasteriorum, et locorum predictorum salute duxerimus statuendum quod singuli vestrum canonias et prebendas ac beneficia seu personatus et dignitates cum cura vel sine cura redditus et eciam pensiones ad collacionem seu eleccionem aut presentacionem vestram spectancia que obtinentur a quibuscumque oriundis extra regna in quibus habentur canonicatus et prebende ac alia supradicta sive apud sedem apostolicam maneant sive alibi commorentur exnunc personis ydoneis deum habendo pre oculis conferre valeas ad illa, eligere, ac electas confirmare seu presentare et presentatas admittere, sublato cujuslibet contradiccionis et appellacionis obstaculo, valeant, et extunc persone ipse in eisdem canoniis et prebendis ac beneficiis seu dignitatibus, personatibus, redditibus, et pensionibus plenum jus et inconcussum

---

[1] *At top of page,* Vicesimus quaternus.

optineant, nec tamen de hiis priusquam vacent se aliquatenus intromittant set ea ipso jure quam cicius vacaverint assequantur et ipsa intrandi ac retinendi nullius requisito consensu liberam habeant facultatem, ita tamen quod illi qui nunc ipsa optinent ea quousque cesserint vel decesserint pleno jure pacifice habeant et quiete ac nullum omnino super hiis pretextu statuti ejusdem prejudicium paciantur. Volumus tamen quod si sub expectacione prebendarum in ecclesiis in quibus visum fuit dictis personis prius aliqui sint recepti vel si super provisione sua in eis litteras apostolicas impetrarunt sicut in recepcione vel impetracione sicut in prebendarum assecucione personis preferantur eisdem, si vero aliqua personarum ipsarum, cui obtentu ejusdem statuti provisum fuerit vel ei juxta modum inferius annotatum contigerit de nostra liberali gracia provideri, cedat interim vel decedat licitum sit vobis tam cito loco sui aliam ydoneam subrogare ac successive hoc facere in cujusvis earumdem cessione vel obitu personarum. Sub divini tamen obtestacione judicii precipimus quod persone ipse contra possessores dictorum canonicatuum, beneficiorum, ac prebendarum sive personatuum et dignitatum, reddituum, seu pensionum nullas insidias aut fraudem vel molestias sive quodcumque aliud inconveniens machinentur, alias autem ipso facto cadant ab omni jure eis super provisione hujusmodi acquisito. Cum dignum sit sicut gracia pro virtute tribuitur, ita pena pro vicio conpensetur, pro maliciis eciam cohibendis que hujusmodi forsitan occasione statuti oriri possent in mentibus perversorum, volumus[1] ut si aliquem cui subrogacio ex beneficio eidem statuti facta fuerit quod absit peti contigerit quoquomodo taliter subrogare possessionem sue provisionis non habeat nec aliquatenus apprehendat nisi prius apostolicas vel ordinarii et aliquorum religiosorum virorum deum timencium patentes litteras optinuerit quod de morte sic occisi supponit nullatenus habeatur. Ceterum quia personis eisdem in grave posset redundare tedium quod vacacionem canonicatuum et prebendarum ac aliorum predictorum per longa tempora expectarent, ad hoc vestra desudet intencio ut de canoniis et prebendis ac beneficiis seu personatibus et dignitatibus, reddituis, et pensionibus ad vestram collacionem aut eleccionem vel presentacionem spectantibus que preter hujusmodi provisionem nostram vacant ad presens seu

Fo. 157ᵛ vacare contigerit domodo nulli alii de jure competant liber | aliter ac sine mora provideatis eisdem et postmodum ipsarum loco alias personas quamcicius subrogetis. Ad hoc statutum predictum quamvis juris oppositum, quod pro causa legitima et salubri ad nullius requisicionem vel instanciam proprio motu fecimus plenam et

---

[1] *MS.* volumen.

inviolabilem firmitatem volumus optinere, set tamen ad alias collaciones et elecciones seu presentaciones quas a quocumque de cetero fieri contigerit idem statutum nullatenus extendatur nec sanccionibus canonicis propter ipsum inposterum aliquod prejudicium generetur. Preterea nulla privilegia vel indulgencie seu littere apostolice sedis vel legatorum ejus sub quacumque forma verborum dc cctcro impctranda obsistant prefato statuto cum jam plenum jus per hujusmodi collacionem aut eleccionem seu presentacionem acquiratur personis eisdem et illud eis colli non possit absque divini offensa nominis et sedis apostolice injuria manifesta. Nos enim nichilominus si aliquid super hiis contra prefatum statutum contigerit attemptari non solum irritum et inane decernimus set omnes qui contravenire presumpserint divine male-diccioni ac nostre volumus subjacere, licitumque sit vobis universis et singulis tamquam nostris in hac parte ministris seu legatorum nostrorum lacerare litteras si que statuto ipsi contrarie vobis aut alicui vestrum fuerint presentate. Canonicatuum insuper et prebendarum ac beneficiorum et aliorum predictorum possessio sicut predictum est nichilominus intretur ac retineatur libere non obstantibus litteris memoratis. Sepedictum vero statutum ad pontificatus et abbacias ac alias regulares extendi volumus dignitates.'

Vos itaque episcope ac filii capitulum et prelati seu patroni statutum ipsum prout expedire videritis auctoritate nostra diligenter et fideliter exequi studeatis. Datum Lateran' iij° nonas Novembris pontificatus nostri anno undecimo.

[*10 May 1324. Commission to the Bishop (who received it 12 May) by the Archbishop to relax an interdict, of which the Archbishop could find no record in the registers of John Pecham or Robert Winchelsey, imposed on Maidenhead chapel by one of the Archbishop's predecessors.*]

COMMISSIO ARCHIEPISCOPI AD RELAXANDUM INTERDICTUM CAPELLE DE MAIDENHUTH, recepta apud Sonnyngg' iiij idus Maii. Walterus permissione divina Cant' archiepiscopus tocius Anglie primas venerabili fratri domino Rogero dei gracia Sar' episcopo salutem et fraternam in domino caritatem. Ad requisicionem vestram nobis alias personaliter factam ac juxta continenciam litterarum vestrarum nobis super hoc specialiter directarum, recolende memorie fratris Johannis de Peccham et domini Roberti de Winchelse predecessorum nostrorum registra cum magna diligencia revolvi fecimus ac eciam perscrutari, in quibus quoad interdictum in capella de Maidenhuth' per eos vel eorum aliquem interpositum ex mero officio vel ad cujusvis partis instanciam nichil omnino poterit inveniri. Nos tamen de vestra industria circum-specta de plano confidentes vobis committimus et mandamus quatinus deum pre oculis habentes ut animarum periculum undique evitetur

H

cause cognicione que in ea parte requiritur adhibita quodcumque interdictum in dicta capella auctoritate supradictorum predecessorum nostrorum aut alicujus eorumdem interpositum possitis invenire illud auctoritate nostra propter communem animarum utilitatem in forma juris cum omni celeritate studeatis relaxare. Ad quod faciendum vobis nostras vices committimus cum cohercionis canonice potestatem. Datum apud Lamehth' vj^{to} Maii anno domini millesimo ccc^{mo} vicesimo quarto.

[*29 May 1324. Letter from the Archbishop and ten bishops of his province asking the Pope to intercede with the king of France for peace between France and England. The letter is printed in Reg. Hethe, i (Cant. & York Soc. xlviii), 339-41, where, however, the first sentence, omitting the name of the bishop of Salisbury, and the last two, including the date, contain differences.*[1]]

LITTERA PRELATORUM ANGL' MISSA PAPE PRO REMEDIO DISSENCIONIS INTER REGES FRANCIE ET ANGL'.[2] | Sanctissimo in Christo

Fo. 158 patri ac domino reverendo domino Johanni digna dei providencia sacrosancte Romane ac universalis ecclesie summo pontifici sui humiles et devoti sacerdotes Walterus Cant', S. London', J. Norwic', W. Exon', J. Bathon' et Well', R. Sar', J. Elien', R. Coventr' et Lich', H. Lincoln', J. Wynton' et Hamo Roff' ecclesiarum ministri in convocacione apud Westm' congregati cum omnimoda obediencia et reverencia devota pedum oscula

Fo. 158v beatorum. Universalis [*etc.*]. | Ad universalis ecclesie regimen et munimen in Christo Jhesu valeat et vigeat papalis dignitas pre ceteris reverenda in tranquillitate et gaudio per tempora prospera et longeva. Datum apud Westm' sub sigillis nostris . . archiepiscopi ac coepiscoporum ministrorum vestrorum omnium prescriptorum iiij kalendas Junii anno domini millesimo ccc^{mo} vicesimo quarto.[3]

[*20 July 1324. Mandate to the archdeacon of Berks. to publish the fact that although excommunication is no longer to be a sanction against scotales under the synodal constitution prohibiting them, nevertheless some who practise scotales are still liable to excommunication under other laws, and that the other parts of the constitution remain in force; and at the same time to publish a prohibition against farming churches. The archdeacon is to certify the Bishop by 29 September.*]

[Fo. 159]

NE FIANT SCOTALLA, ECCLESIE TRADANTUR AD FIRMAM, VEL FRUCTUS ECCLESIASTICI IN SOLO LAICO REPONANTUR. Rogerus permissione divina

---

[1] *Other differences include, for* salvatorem (*p. 340, line 18*) *read* salvator; *for* Et quis forsitan sorte (*line 26*) *read* Et si quis forsitan forte.
[2] *At bottom of page,* responsum hujus littere vide in ix folio sequenti; *see p. 471.*
[3] *In margin,* coll'.

Sar' episcopus dilecto filio . . archidiacono Berks' vel ejus . . officiali salutem, graciam, et benediccionem. Nostis fili et vestra discrecio noscere debet quod alma mater ecclesia nonnulla plerumque racionabiliter ordinat et consulte que suadente subjectorum utilitate postmodum consulcius et racionabilius revocat inmeliusve commutat. Sane licet statutum quoddam sinodale in nostra diocese fuisset salubriter editum per quod communes potaciones, que scotalla fuerant et sunt vulgariter nuncupate, prohibebantur expresse lata majoris excommunicacionis sentencia in contrarium facientes, quia tamen occasione hujusmodi sentencie novimus nimis note experiencia optima rerum magistra docente quamplura animarum suborta pericula variaque discrimina in nostra predicta diocese contigisse et ex preteritis graviora multipliciter formidabantur, sicut et formidari poterant verisimiliter proventura, nos pro hujusmodi periculis et discriminibus evitandis aliisque certis ex causis et legitimis id fieri suadentibus statutum predictum quoad hujusmodi dumtaxat latam in eo sentenciam sinodali approbante concilio duximus revocandam, prohibicione predicta quoad alia in dicto statuto contenta in suo robore duratura. Verum nostre intencionis numquam exstitit nec existit per hujusmodi revocacionem sentenciam excommunicacionis majoris in illos qui contra magnam cartam seu cartam de foresta in quocumque articulo earum venire ac concessas in eis libertates et liberas consuetudines violare temere presumpserint proinde fulminatam, in aliquo licet plerique minus bene sencientes contrarium opinati fuerint revocare sicuti nec de jure potuimus nec valemus utpote a sanctis patribus archiepiscopis et episcopis Anglie congregatis tunc London' solempniter dudum latam. In predicta quidem carta de foresta hec clausula continetur, ' Nullus forestarius seu bedellus de cetero faciat scotalla vel colligat garbas vel avenas vel bladum vel agnos, porcellos vel aliquam collectam.' Volentes igitur subditorum nostrorum animarum saluti prospicere et predictorum male opinancium errorem excludere pro viribus ut tenemur, devocioni vestre firmiter injungendo mandamus quatinus omnia et singula suprascripta faciatis in vestris proximis celebrandis capitulis per vos vestrosve . . commissarios ac in singulis ecclesiis et capellis parochialibus archidiaconatus predicti per earum rectores, vicarios, seu presbiteros parochiales diebus dominicis et festivis et presertim in quadragesima intra missarum solempnia cum major parochianorum affuerit multitudo curetis in lingua materna clare et adeo intelligibiliter publicare quod nostri subditi cavere valeant ne sentenciam excommunicacionis incurrant predictam per nos ut premisimus minime revocatam, et si quod absit incurrerint adiciant eo cicius sicut et appetimus ut resurgant. Ceterum diebus, locis, et cum solempnitate predictis inhibere curetis ne qui subditorum nostrorum laicis ullo modo nec[1] clericis sine nostra preoptenta licencia suas ecclesias dent ad firmam sub pena in sanctorum patrum constitucionibus contra facientes contrarium salubriter ordinata quam proculdubio ab eisdem contravenientibus effectualiter faciemus levari et nichilominus eosdem puniri veluti constitucionum hujusmodi contemptores, quodque blada sua ecclesiastica dumtamen solum habeant ecclesiasticum in laico feodo reponere non presumant sub pena majoris excommunicacionis quam in contravenientes si eorum hoc exigat protervia intendimus canonice fulminare. Has itaque nostras litteras in singulis predictarum ecclesiarum et capellarum missalibus seu libris aliis celerius quo fieri poterit comode scribi volumus per singulos rectores, vicarios, seu parochiales presbiteros earumdem qui a vobis copiam sumant harum ut sic oblivionis occasione remota premissorum publicacio facienda annis singulis recenciori memorie commendetur et effectualius peragatur, denunciantes eisdem quod super hujusmodi execucione in nostris visitacionibus faciemus diligenter inquiri ac contemptores vel in hac parte desides graviter justicia suadente puniri. Ad hec in aliquibus suspencionis, excommunicacionis, vel interdicti sentenciis ab homine vel a jure latis eciam vel ferendis seu in publicacione earum dominum nostrum regem, reginam, et eorum liberos nolumus quantum in nobis est aliqualiter comprehendi. Quid autem feceritis in premissis nobis citra festum sancti Michaelis rescribatis per litteras vestras patentes harum seriem plenius continentes. Nomina eciam et cognomina contra vestram immo verius nostram inhibicionem hujusmodi veniencium volumus quocienscumque contravenerint nobis scribi ut ulterius ad eorum punicionem taliter procedere valeamus quod eorum punicio ceteros simili subtrahat ab offensa. Valete. Datum apud Poterne xiij kalendas Augusti anno domini millesimo ccc^mo vicesimo quarto et consecracionis nostre nono.[2]

[*29 July 1324. Note of original letters of institution, dated 30 November 1264, of Stephen de la Wyle to the church of Basildon with the chapel of Ashampstead, and of Walter de Corfe to the church of Stratford Tony, on the presentation of the abbot and convent of Lyre. Cf. Reg. Martival, i (Cant. & York Soc. lv), 300n.*]

[Fo. 159ᵛ]

INSTITUCIO IN ECCLESIA DE BASTELDEN' CUM CAPELLA DE AYSSHAMSTEDE,[3] exhibita domino apud Poterne iiij kalendas Augusti anno domini millesimo ccc^mo vicesimo quarto sub sigillo bone memorie Walteri quondam Sar' episcopi, hanc verborum seriem continebat:

'Universis Christi fidelibus presentes litteras visuris vel audituris

---

[1] *MS.* nec nec.   [2] *In margin,* coll'.
[3] *In margin,* nota.

Walterus miseracione divina Sar' episcopus salutem in domino sempiternam. Noveritis nos ad presentacionem fratris Ricardi de Andreyo religiosorum virorum abbatis et conventus de Lyra procuratoris admisisse Stephanum de la Wyle clericum ad ecclesiam de Bastelden' cum capella de Aysshamsteden' et ceteris pertinenciis suis universis et magistrum Walterum de Corf' ad ecclesiam de Stratford' ipsosque rectores in eisdem instituisse, salvis imperpetuum pensionibus et decimis quas dicti religiosi percipiunt in ecclesiis et parochiis supradictis. Ad cujus rei memoriam presentibus litteris sigillum nostrum apponi fecimus. Datum apud Poterne in festo sancti Andree apostoli anno domini millesimo cc lx quarto.'

[*12 April 1300. Revocation by Ralph de Knyveton, knight, of his presentation of Master John de Wanetyng to Ashampstead chapel as though to a rectory, because examination of the muniments of the abbot and convent of Lyre has shown him that he has no right of presentation.*]

ITEM TUNC EXHIBITA FUIT REVOCACIO INFRASCRIPTA. Universis Christ. fidelibus ad quos presentes littere pervenerint Radulphus de Knyveton' miles salutem in domino sempiternam. Cum nuper ad capellam de Aysshamstede ecclesie de Bastelden' annexam tanquam ad matricem ecclesiam magistrum Johannem de Wanetyngg' clericum venerabili in Christo patri domino S. dei gracia Sar' episcopo per meas patentes litteras de facto presentassem, ad quam nullum jus presentandi aliquibus temporibus retroactis michi vel antecessoribus meis competebat nec competit in presenti prout michi per inspeccionem munimentorum abbatis et conventus de Lyra qui dicte capelle vere sunt patroni constat evidenter, sano ductus consilio dictam presentacionem de persona dicti magistri Johannis ad capellam predictam sub nomine ecclesie per errorem facti ut premittitur eidem episcopo factam expresse revoco et hoc quibuscumque interest vel intererit notifico per presentes. In cujus rei testimonium sigillum meum una cum sigillo reverendi patris domini W. dei gracia abbatis Radyngg' presentibus est appensum. Datum apud Bastelden' xij die Aprilis anno domini millesimo ccc^{mo}.

[*1 September 1267. Bishop Walter de la Wyle's ordination of the vicarage of Basildon, following the institution of Richard de Adestok as vicar on the presentation of the rector, Stephen de la Wyle.*]

ITEM INSTITUCIO ET ORDINACIO SUB HIIS VERBIS. Universis sancte matris ecclesie filiis presentes litteras visuris vel audituris Walterus miseracione divina Sarr' episcopus salutem in domino sempiternam. Presentavit nobis dilectus filius Stephanus de la Wile rector ecclesie de Bastelden' dilectum filium dominum Ricardum de Adestok' presbiterum ad vicariam ipsius ecclesie de Bastelden' per nos taxandam, vacantem, et ad suam presentacionem spectantem prout in nostra diocese publicum est et notorium, ad cujus presentacionem predictum presbiterum ad ipsam vicariam admisimus et in eadem perpetuum vicarium instituimus et de omnium quorum intererat expresso consensu ipsam taxavimus in hunc modum:

In dei nomine amen. Ordinamus,[1] statuimus, et diffinimus quod predictus Ricardus vicarius et omnes vicarii in predicta ecclesia de Bastelden' sibi successuri habeant et percipiant perpetuis temporibus mansionem ad predictam ecclesiam de Bastelden' pertinentem in qua ipsius ecclesie presbiteri in eadem villa de Bastelden' consueverant habitare et omnes oblaciones et proventus altarium et integraliter decimam lactis et lane et omnes minutas decimas cum curtilagiis tam de Bastelden' quam de Aysshamstede proventuras quocumque nomine senceantur [*sic*] excepta dumtaxat decima feni. Item de Aysshamstede totam terram ad dictam capellam pertinentem cum suis juribus et pertinenciis universis exceptis dumtaxat decimis garbarum omnium que de curtilagiis non proveniunt; ipsas enim declaramus ad rectorem debere perpetuis temporibus pertinere. Solvent autem idem vicarius et omnes vicarii sibi successuri procuracionem archidiaconi tam pro ecclesia de Bastelden' quam pro capella de Aysshamstede, item pensionem si que patronis debeatur de dictis ecclesia et capella, et omnia onera ordinaria sustinebunt, extraordinariis cum emerserint inter ipsos et rectorem pro rata dividendis. Solus vero vicarius honestos presbiteros et clericos in dictis ecclesia et capella neccessarios inveniet et exhibebit suis sumptibus et periculo sicut decet servituros. Et in omnium predictorum testimonium sigillum nostrum presentibus est appensum. Datum apud la Wile kalendis Septembris pontificatus nostri anno quinto.[2]

[*17 July 1324. Ordination by the Bishop of a chantry founded by Stephen le Cryour and Matilda his wife in the church of Fisherton Anger, embodying (1) the royal letters patent, dated 10 January 1324, allowing the grant in mortmain of houses, land and rent in New Salisbury, Bemerton, and Fisherton, and (2) the charter of Stephen and Matilda, dated 10 April 1324, which specifies in detail the way in which future chaplains are to be presented, the obligations of the chaplain, the books and ornaments of the chantry chapel, and the stock of the chaplain's estate and house.*]

[Fo. 160]

ORDINACIO CANTARIE STEPHANI LE CRIOUR IN ECCLESIA DE FISSHERTON.[3]
Universis sancte matris ecclesie filiis ad quorum noticiam pervenerit hec scriptura Rogerus permissione divina Sar' episcopus salutem in

---

[1] *In margin, in a later hand,* Ordinacio vicarie de Bastleden'.
[2] *In margin,* coll'.   [3] *In margin,* nota.

eo quem peperit uterus virginalis. Frequens et assidua dilecti filii
Stephani le Cryour nostre diocesis exhibita nobis peticio continebat
quod cum ipse et Matilda uxor sua ad inveniendum perpetuo unum
capellanum prout subscribitur celebraturum in ecclesia parochiali
sancti Clementis de Fissherton' terras, tenementa, et redditus dederint
et assignaverint, domini nostri regis licencia et aliorum quorum interest
consensu prehabitis in hac parte, prout hec in regiis et aliis super hiis
confectis litteris et subscriptis eorum quorum existunt veris sigillatis
sigillis quas inspeximus et diligenter examinari fecimus continetur,
cantariam ipsam ordinare ac eam et premissa quantum in nobis est
approbare et confirmare auctoritate nostra ordinaria dignaremur,
quarum quidem litterarum hii in omnibus sunt tenores:

'Edwardus dei gracia rex Angl' dominus Hibn' et dux Aquit'
omnibus ad quos presentes littere pervenerint salutem. Licet de
communi consilio regni nostri statutum sit quod non liceat viris
religiosis seu aliis ingredi feodum alicujus ita quod ad manum mortuam
deveniat sine licencia nostra et capitalis domini de quo res illa inmediate
tenetur, per finem tamen quem Stephanus le Cryour fecit nobiscum
concessimus et licenciam dedimus pro nobis et heredibus nostris
quantum in nobis est eidem Stephano et Matilde uxori ejus quod ipsi
quatuor mesuagia, unam virgatam terre, duas acras prati, et viginti
solidatas redditus cum pertinenciis in Nova Sar', Bymerton', et
Fissherton' Aucher juxta Novam Sar' dare possint et assignare cuidam
capellano divina singulis diebus in ecclesia parochiali sancti Clementis
de Fissherton' pro animabus ipsorum Stephani et Matilde et animabus
antecessorum suorum ac omnium fidelium defunctorum celebraturo,
habenda et tendenda eidem capellano [*etc.*; *cf. p. 391*]. Teste meipso
apud Wygorn' x die Januarii anno regni nostri decimo septimo.'

'Sciant presentes et futuri quod nos Stephanus le Criour et Matilda
uxor mea dedimus, concessimus, et hac presenti carta nostra indentata
confirmavimus domino Radulpho atte Wode capellano divina
singulis diebus in ecclesia parochiali sancti Clementis de Fissherton'
prope Sar' pro animabus nostris et animabus antecessorum nostrorum
ac omnium fidelium defunctorum celebraturo per reverendum virum
magistrum Walterum Hervy archidiaconum Sar' verum cantarie
hujusmodi patronum venerabili patri et domino domino Rogero dei
gracia Sar' episcopo presentato et per dictum patrem ad eamdem
cantariam admisso et instituto canonice in eadem, quatuor mesuagia,
unam virgatam terre, duas acras prati, et viginti solidatas redditus cum
pertinenciis in Bymertone et Fissherton' Aucher juxta Novam Sar',
habenda et tenenda eidem capellano et successoribus suis capellanis
divina singulis diebus in ecclesia predicta pro animabus predictis
celebraturis imperpetuum, facienda capitalibus dominis feodorum

lliorum omnia alia servicia inde debita et consueta imperpetuum;
hoc observato, quod archidiaconus supradictus et sui successores
qui pro tempore fuerint si sint in Angl', alioquin eorum vel cujuscumque ipsorum locum tenens, ad dictam cantariam[1] cum omnibus
suis pertinenciis quibuscumque quociens eam vacare contigerit infra
duos menses a tempore noticie vacacionis predicte continue numerandos presentent loci diocesano capellanum ydoneum jure suo;
alioquin post lapsum duorum mensium predictorum presentacio
cappellani ydonei ad dictam cantariam illa vice infra duos menses
alios proximos tunc sequentes ad dominos . . decanum et capitulum
Sar' devolvatur; et si dicti dominus . . decanus et capitulum
Fo. 160v   infra ipsos duos menses ad eam non presen|taverint ut
est dictum post lapsum eorumdem duorum mensium, ad
dominum episcopum vel ad . . officialem Sar' sede vacante qui pro
tempore fuerit ejusdem cantarie illa vice[2] collacio devolvatur, presentacione ad eamdem cantariam in vacacione proxima tunc sequente
ad dictum archidiaconum vel ejus locum tenentem modo simili
reversura; proviso eciam quod cantaria predicta quociens eam vacare
contigerit futuris temporibus quibuscumque per illum vel illos ad
quem vel quos juxta ordinacionem premissam presentacio ad dictam
cantariam seu collacio ejusdem contigerit pertinere talis capellanus
ydoneus presentetur vel tali ydoneo conferatur qui nulli officio seu
obsequio alteri cuicumque quomodolibet sit astrictus, set officio
cantarie predicte totaliter intendens,[3] in mesuagio deputato eidem
residenciam faciens personalem, vesperis et matutinis ac aliis horis
canonicis in ecclesia parochiali predicta cum capellano parochial
ejusdem loci horis competentibus presens intendat, et preter horas
canonicas supradictas singulis diebus, festis duplicibus dumtaxat
exceptis, cessante impedimento legitimo officium plene peragat
mortuorum.   Celebrabit eciam idem capellanus qui pro tempore
fuerit, extra festa duplicia supradicta ac extra quadragesimam et
adventum, diebus dominicis de Trinitate, diebusque ferialibus extra
quadragesimam feria secunda de angelis, feria tercia de beato Thoma
martire, feria quarta officium mortuorum, feria quinta de sancto
spiritu, feria sexta de sancta cruce, et Sabbato de beata Maria virgine
gloriosa; ita tamen quod si per culpam seu negligenciam predicti
Radulphi capellani aut successorum suorum capellanorum in dicta
cantaria fuerit cessatum, statim extunc, nisi idem capellanus culpam

---

[1] *In margin, in later hand,* Memorandum de presentacione.
[2] *The words immediately following* illa vice *were originally* infra duos menses collacio
devolvatur, similiter infra duos menses alios facienda jure presentacio ad eamdem . . .
[3] *In margin,* Nota hic oneribus per capellanum subeundis. *This and other marginal
notes are in a later hand.*

seu negligenciam hujusmodi excusaverit evidenter, liceat archiadiacono
Sar' predicto qui pro tempore fuerit seu ejus locum tenenti et heredibus
mei dicti Stephani simul cum eodem archidiacono seu ejus locum
tenente predicta tenementa causa dumtaxat districcionis faciende
ingredi et in eisdem distringere et districciones hujusmodi retinere,
quousque tot missas quot per culpam seu negligenciam hujusmodi
subtracte fuerint per alios capellanos ydoneos pro animabus superius
notatis fecerint celebrari.[1] Et si capellanus predictus qui pro tempore
fuerit per duos menses integros non obstante districcione predicta
missas sic subtractas non fecerit ut premittitur celebrari et post ipsos
duos menses per se dictam continuare noluerit cantariam, aut si
quodcumque beneficium aliud ecclesiasticum fuerit effectualiter
assecutus, extunc in utroque eventu dicta cantaria eo ipso perpetuo
sit privatus[2] ita quod nullum jus poterit in ea ulterius vendicare,
super quo in admissione coram domino episcopo seu in ipsius induccione
coram archidiacono Sar' vel ejus officiali qui pro tempore fuerit
corporale prestet inspectis sacrosanctis evangeliis juramentum,
districcione predicta in manibus distringentis nichilominus remanente
donec misse sic subtracte fuerint ut premittitur plenarie persolute.
Dictusque archidiaconus qui pro tempore fuerit vel ejus locum tenens
in utroque casu predicto de altero ydoneo capellano infra duos menses
a tempore vacacionis predicte provideat in forma superius annotata,
alioquin ob ipsius negligenciam jus distringendi et presentandi modo
predicto ad dominos . . decanum et capitulum Sar' post lapsum
duorum mensium predictorum, et ipsis negligentibus idem jus
distringendi et dictam cantariam conferendi post duos menses alios
ad dominum episcopum Sar' seu . . officialem Sar' sede vacante qui
pro tempore fuerit devolvatur. Si vero idem episcopus Sar' vel . .
officialis Sar' sede vacante dictam districcionem et collacionem facere
per duos menses alios omiserit, ex tunc tam districcio ipsa quam
presentacio ad dictam cantariam facienda ad dictum archidiaconum
vel ejus locum tenentem modo predicto redeat iterato. Ceterum si
capellanus predictus qui pro tempore fuerit infirmitate corporis aut
alio quocumque impedimento fuerit impeditus[3] quominus cantariam
continuare poterit antedictam, si infirmitatem vel impedimentum
hujusmodi plus quam per octo dies durare contingat, statim post
lapsum dictorum octo dierum de bonis ejusdem capellani dicte
cantarie qui pro tempore fuerit quolibet die unus denarius assumatur,
et per visum loci rectoris alteri capellano ydoneo ministretur qui in
dicta ecclesia loco ipsius capellani dicte cantarie pro animabus

---

[1] *In margin,* Nota hic si capellanus esset culpabilis non subiendo onera sibi imposita.
[2] *In margin,* Nota causas ex quibus privatur.
[3] *In margin,* Nota si capellanus sit infirmitate detentus.

superius nominatis celebret ipsa die, ad quod distringat archidiaconus qui pro tempore fuerit vel ejus locum tenens seu alius qui juxta modum et gradus predictos patronus fuerit illa vice. Liceat
Fo. 161   insuper | dicto archidiacono qui pro tempore fuerit vel ejus locum tenenti et heredibus meis dicti Stephani predictum Radulphum capellanum et succesores suos capellanos cantarie predicte per aliam quamcumque censuram in quocumque foro compellere[1] seu compelli procurare ad omnia et singula premissa in forma predicta plenarie facienda et fideliter observanda. Ad premissa vero officia prompcius exequenda nos Stephanus et Matilda predicti dicte cantarie libros et ornamenta subscripta conferimus et specialiter assignamus,[2] videlicet unum missale, unum portiforium, unum calicem, duo paria vestimentorum, duo paria corporalium, duo paria tuellarum, duo superaltaria, duo paria phiolarum, unum par candelabrorum stagneorum, unam crucem, unam tabulam depictam ante altare beate Marie virginis stantem, et unam ymaginem de predicta virgine gloriosa. Ut autem capellanus hujusmodi qui pro tempore fuerit terram et mesuagia supradicta eo magis instructa inveniat quo animalibus et ceteris ad agriculturam pertinentibus ac aliis utensilibus et suppellectilibus plenius fuerint instaurata, ne circa adquisicionem eorum in primo suo adventu cum difficultate nimia cogatur evagando cum subtraccione divini officii forsitan se vexare infructuosis laboribus et expensis, dictam cantariam nunc in ejus inicio volentes ex nostra liberalitate propria juxta vires facultatum nostrarum rebus hujusmodi neccessariis instaurare, eidem cantarie et ejus capellano predicto pro instauracione hujusmodi in eadem perpetuo optinenda bona assignamus et conferimus infrascripta, videlicet duas vaccas precii capitis decem solidorum, duos affros precii capitis decem solidorum, viginti multones precii capitis duorum solidorum, viginti oves matrices precii capitis decem et octo denariorum, unam carucam cum apparatu precii trium solidorum, unam herciam ferream precii viginti denariorum, unum lotorium cum pelvi precii viginti denariorum, unam mensam cum trestellis precii duodecim denariorum, unam ollam eream precii trium solidorum, unam patellam eream precii duodecim denariorum, volentes et quantum in nobis est tenore presencium ordinantes quod cappellanus quicumque cantarie predicte qui pro tempore fuerit de libris, ornamentis, animalibus, utensilibus, ac suppellectilibus antedictis testari non valeat quovis modo nec ea vel eorum aliquod quocumque alienacionis titulo dare vel ab ipsa cantaria quomodolibet elongare, set teneatur quilibet capellanus cantarie

---

[1] *In margin,* Item potestas compellendi ad omnia facienda.
[2] *In margin,* Nota hic per processum de implementis ordinatis pro cantaria hujusmodi.

predicte cum ipsum cedere vel decedere contigerit seu quodcumque beneficium aliud ecclesiasticum effectualiter adipisci instaurum predictum et quamlibet ejus particulam vel ipsorum precium supradictum absque contradiccione et difficultate qualibet plene et libere suo dimittere successori, et omnia et singula ornamenta supradicta capellanus ejusdem cantarie qui pro tempore fuerit sustentabit et suo periculo conservabit et ea semper cum consumpta fuerint perpetuis temporibus renovabit. Super quibus omnibus et singulis prenotatis optamus et petimus per archidiaconum Sar' qui pro tempore fuerit vel ejus locum tenentem tanquam per ipsius cantarie verum patronum in omni induccione in possessionem dicte cantarie de caucione ydonea[1] prout sibi expediens visum fuerit provideri. Et nos Stephanus et Matilda et heredes mei predicti Stephani predicta mesuagia, terram, pratum, et redditum cum pertinenciis predicto Radulpho capellano et successoribus suis capellanis ut premittitur celebraturis contra omnes mortales warantizabimus[2] et acquietabimus imperpetuum pro predicta cantaria et serviciis sicut predictum est plenarie faciendis. In quorum omnium testimonium atque fidem tam sigilla nostra quam dicti Radulphi capellani presenti carte indentate alternatim sint appensa. Hiis testibus, Roberto le Bor, Johanne de Mere, Radulpho le Gras, Johanne filio Alani de Langeford', Johanne de Wynterborn', Radulpho atte Mulle, Waltero de Shyrreveton', Ada Barthelot, Johanne Picot, Henrico Richard, Willelmo Quintyn, Johanne le Poleter et aliis. Datum apud Fisshertone predictam decimo die Aprilis anno domini millesimo cccmo vicesimo quarto anno vero regni regis Edwardi filio [*sic*] regis Edwardi decimo septimo.'

Super hiis igitur plenius informari volentes dilecto filio . . archidiacono Sar' vel ejus . . officiali nostris dedimus litteris in mandatis ut idem archidiaconus vel ejus . . officialis vocatis vocandis ad locum accedens predictum inquireret[3] diligenter per viros
Fo. 161ᵛ   fidedignos et juratos inqui | rendorum noticiam verisimiliter optinentes si rector ecclesie de Fissherton prenotate et alii quorum interest hujusmodi cantarie ut premittitur faciende suum prebuerint et prebeant jam assensum, et presertim si cui vel quibus prejudicium aliquod ex cantaria et assignacione predictis provenire valeat si petitis forsitan annuamus. Cumque directis nobis dicti . . officialis litteris in hac parte certificatoriis sufficienter constet causas subesse nedum utiles set et necessarias habende ut premittitur cantarie quodque Johannes Segyn rector ecclesie de Fissherton'

---

[1] *In margin,* Nota de caucione prestanda a capellano.
[2] *In margin,* Nota de clausula warantizacionis.
[3] *In margin,* Nota quomodo inquiri debet de veritate.

supradicta, dominus Aucherus filius Henrici Aucher dominus de Fissherton, dominus Robertus prior sancti Dionis' juxta Southampton', parochianique de Fissherton' cantarie ut predicitur faciende prestiterunt et prestent consensum, ac quod tenementorum, terrarum, et reddituum predictorum dacioni et assignacioni dominus noster rex predictus specialem licenciam ut prefertur ac alii omnes et singuli feodorum predictorum domini consensum suum prebuerunt et prebent, necnon quod nulli ex cantaria aut assignacione predictis poterit prejudicium generari dum tamen per capellanum qui cantariam hujusmodi celebrabit de indempnitate dicte ecclesie de Fissherton' in ipsius admissione sufficienter et ydonee caveatur et dominis capitalibus mesuagiorum, terrarum, et prati predictorum fiant pro ipsis servicia consueta, nos Rogerus episcopus supradictus ponderatis ut convenit omnibus suprascriptis inspectisque et diligenter examinatis litteris rectoris et dominorum predictorum super consensu eorum predicto confectis dictorumque Stephani et Matilde devocionem laudabilem quam ad divini cultus augmentum animarumque salutem tendere cernimus in domino commendantes, cantariam predictam secundum formam, modum, vim, seriem, et effectum litterarum prescriptarum auctoritate pontificali ordinamus perpetuam donacionemque et assignacionem porcionum ejusdem ac omnia alia et singula in prescriptis litteris comprehensis quatenus juste et canonice processerunt salvo jure in omnibus predicte ecclesie de Fissherton' et ejusdem rectoris et quorumcumque aliorum quorum interest vel interesse poterit in hac parte quibus in aliquo prejudicare non intendimus, salvo eciam capitalibus dominis feodorum illorum serviciis debitis et consuetis, quantum in nobis est auctoritate nostra ordinaria approbamus et tenore confirmamus presencium et ea perpetuo volumus observari, hoc adjecto quod quilibet presbiter presentatus ad cantariam hujusmodi in admissione sua ad eam de indempnitate quatenus in eo est dicte ecclesie de Fissherton' ipsiusque rectoris prestet corporaliter inspectis evangeliis juramentum quodque diebus dominicis et festivis dumtaxat missam suam incipiat post lectum evangelium magne misse nisi a rectore vel a presbitero parochiali licenciam aliam habuerit specialem, nostre Sar' ecclesie juribus [et] consuetudinibus in omnibus semper salvis. In quorum omnium testimonium atque fidem fecimus has nostras litteras ad perpetuam rei memoriam registrari et nostri sigilli munimine roborari. Datum apud Poterne xvj kalendas Augusti anno domini millesimo ccc^{mo} vicesimo quarto et consecracionis nostre nono.[1]

---

[1] *In margin,* coll'.

[*5 August 1324. Commission to Robert de Preston, vicar of Latton, to collect and hold the rectorial fruits of half the church of Hagbourne, which are in dispute between Robert de Ayleston, the rector, and the abbot and convent of Cirencester.*]

[Fo. 162]

COMMISSIO AD COLLIGENDUM MEDIETATEM FRUCTUUM MAJORUM ECCLESIE DE HAKEBORN'. Rogerus et cetera dilecto filio Roberto de Preston' perpetuo vicario ecclesie de Latton' nostre diocesis salutem, graciam, et benediccionem. Ad colligendum omnes fructus et proventus majores porcionis medietatis ecclesie de Hak' dicte diocesis instantis autumpni, quam quidem porcionem dilectus filius magister Robertus de Ayleston' rector ecclesie de Hak' predicte ejusdem ecclesie nomine collegit autumpno proximo preterito et possedit quamque religiosi viri . . abbas et conventus Cyrencestr' Wygorn' diocesis ad se pertinuisse et pertinere debere pretendunt, ipsosque fructus et proventus ita fideliter custodiendum quousque juxta factam dictorum religiosorum et rectoris in hac parte submissionem ordinaverimus ad quem vel quos de jure spectare debeant fructus hujusmodi et proventus, adeo quod in eventu ordinacionis hujusmodi ipsos libere illo vel illis possimus restituere prout ordinacio nostra dabit, tibi qui coram nobis nonis Augusti anno domini millesimo ccc^{mo} xxiiij in capella nostra apud parcum de Remmesbur' quod premissa prout superius conscribuntur faceres et fideliter observares juramentum tactis sacrosanctis ewangeliis voluntarie prestitisti committimus ad peticionem fratris Henrici Chegelewe procuratoris religiosorum virorum abbatis et conventus Cyrencestr' Wygorn' diocesis et fratris Philippi ejusdem loci prioris ac de consensu magistri Roberti rectoris predicti auctoritate nostra ordinaria et ex officii nostri debito concedimus potestatem, ipsosque fructus et proventus de expresso consensu dictorum procuratoris et . . prioris pro meliori et securiori conservacione eorumdem fructuum et proventuum aliisque certis ex causis et legitimis in tua sequestramus custodia restituendos ut premittitur in eventu, tue devocioni in obediencie et tui prestiti juramenti predicti virtute firmiter injungentes quod omnia et singula suprascripta quatenus te concernunt cures fideliter observare. Vale. Datum apud parcum supradictum die et anno prenotatis et consecracionis nostre nono.[1]

[*15 August 1324. Letter of the bishop of London, received 29 August, containing the Archbishop's mandate for preachings, prayers, and processions for peace, dated 13 August.*]

[Fo. 162v]

MANDATUM ARCHIEPISCOPI AD ORANDUM PRO PACE, receptum apud

[1] *In margin,* coll'.

Poterne iiij kalendas Septembris. Venerabili in Christo domino dei gracia Saresbiriens' episcopo Stephanus ejusdem permissione London' episcopus salutem et sincere dileccionis continuum incrementum. Mandatum reverendi in Christo patris domini Walteri dei gracia Cant' archiepiscopi tocius Anglie primatis recepimus in hec verba:

'Walterus permissione[1] divina Cant' archiepiscopus tocius Anglie primas venerabili fratri domino Stephano dei gracia London' episcopo salutem et fraternam in domino caritatem. Circumspecta paternalis providencia temporum qualitates et agendorum cum summa deliberacione animadvertit et discutit ut filiorum fidelium statui uberius prosperitatis incrementum procuret, noxia subtrahat, et molestis eventibus viam precludat. Et iccirco quamvis universi orbis ecclesie sedule, devote, et sine intermissione pro pace et tranquillitate altissimo preces fundere ipsiusque misericordiam flagitare teneantur, quo tamen perempciora patenciaque verisimiliter in proximo formidantur mentes invitas ab oracionibus continuisque convenit non relaxare. Sane inclitum Anglie regnum olim pacis amenitate affluens constipatum istis diebus pacis emulo procurante ad tantam perturbacionis oppressionem undiquaque obsedetur inpelliturque insidiis, quod pacis quietudine in ipso regno fere exulata imperpetuum tocius gentis Anglicane opprobrium et derisum insurgenciumque ex adverso gloriam et honorem lamentabiliter jactatur deduci adeo quod ipsius dissolucionem et dissipacionem terribiliter multi indies comminantur, quarum exitum formidolosum ac tremebundum evenire vehementer pertimescimus[2] nisi pacis auctor de suis[3] benigne compaciens Anglicis ab excelso eis angelicum dignetur presidium destinare. Ut igitur populus Anglie Christianus in Christo qui non vult mortem set peccatoris conversionem roboratus ad agnicionem divini nominis frugem que vite melioris salubriter coaptetur et vinias undequaque ingruentes fiducialiter in Christo spem ponens expectet, fraternitati vestre committimus et mandamus quatinus singulis coepiscopis suffraganeis[4] nostris per nostram Cant' provinciam constitutis denuncietis, eisdem districcius injungentes, ut in singulis civitatum et aliarum villarum ecclesiis suarum civitatum et diocesium diebus dominicis et festivis post harum recepcionem inmediate sequentibus per ipsarum ecclesiarum rectores et capellanos intra missarum solempnia cum major affuerint populi multitudo ipsis parochianis attente predicari faciant et exponi injuriosam emulorum regni oppugnacionem et infestacionem, ipsiusque licitam et justam resistenciam et defensionem pro pace et tranquillitate ecclesie et regni jejunio fletu et planctu, scindentes non

---

[1] *MS.* permissiones.   [2] *MS.* pertumescimus.
[3] *MS.* auctor de suis auctor.   [4] *MS.* suffrageneis.

vestimenta set corda, devotis oracionibus jugiter apud deum interced-
ant, rogantes dominum ut corripiat inquietos adversarios nostros qui
pacem nolunt consoleturque regem nostrum et regnum qui totis
viribus pacem semper affectarunt, injungendo nichilominus eisdem
in suorum remissionem peccaminum quod in processionibus quas ex
causa premissa singulis sextis feriis cum letaniis et consuetis solempnit-
atibus a tempore predicto fieri precipimus se personaliter representent,
ipsas cum omni mentis devocione usque ad consummacionem earumdem prosequendo.   Que omnia modo suprascripto vos in ecclesiis
vestrarum civitatum et diocesium observetis et diligenter faciatis
observari.   Et ut omnes et singuli in dictis processionibus presentes
et ad salutis viam preparati premiorum exhortacione ad hoc facilius
incitentur, ipsorum cuilibet xl dies de injuncta eis penitencia misericorditer in domino relaxamus, hortantes vos in domino quatinus
cum causa prelibata felicitatem contingat communem vos per
diocesim vestram predicte indulgencie nostre indulgenciam quam
decreveritis superaddatis.   Necnon et coepiscopis suffraganeis nostris
denuncietis ut ipsi in suis diocesibus consimiles indulgencias devote
superaddere non omittant prout eis divinitus fuerit inspiratum.   De
die vero recepcionis presencium et qualiter mandatum nostrum fueritis
executi nos certificare curetis tempore competenti.   Et ut alii confratres
nostri de suo facto in premissis similiter nos certificent ipsos inducatis.
Datum apud Otteford' idibus Augusti.'
    Cujus auctoritate mandati vobis premissa denunciamus firmiter
injungentes quatinus idem mandatum quatenus ministerium execucionis inportat juxta vim, formam, et effectum ejusdem in vestra civitate
et diocese absque more dispendio plene et debite fieri facientes vos
quatenus idipsam vestram paternitatem concernit eidem mandato
quo ad omnes et singulos ipsius articulos efficaciter parere modis
omnibus studeatis.   Datum apud Croudon' xviij kalendas Septembris
anno domini millesimo ccc^mo vicesimo quarto.

[*30 August 1324.   Mandate in pursuance of the above, granting 40 days' indulgence, to the
four archdeacons, who are to certify the Bishop before 29 September.   The entry begins in the
form of a certificate, embodying the Bishop's mandate, with which, however, it ends.*]

EXECUCIO FACTA QUATUOR ARCHIDIACONIS VEL EORUM OFFICIALIBUS
FUIT ISTA.   Venerabili et cetera.   Mandatum vestrum recepimus
continens huc tenorem:
    'Rogerus et cetera.   Mandatum recepimus, et cetera ut supra.
        Considerantes igitur | quod in hujusmodi execucione
Fo. 163   mandati animarum salus et publicum bonum versatur,
        devocioni vestre firmiter injungendo mandamus quatenus
omnia et singula suprascripta exequamini vice nostra in jurisdiccione

decanali et archidiaconati predicto et eciam jurisdiccione subdecanali ecclesie nostre predicte debite prout superius exequenda mandati fieri facienda secundum ejusdem mandati exigenciam, predicaciones, oraciones, et processiones solempnes pro pace et regno divina mediante clemencia celerius procuranda. Et ut subditorum nostrorum devocionem ad premissa salubriter excitemus de dei omnipotentis gracia ejusque inmensa misericordia necnon piissime matris sue patrone nostre et omnium sanctorum meritis et precibus confidentes, omnibus parochianis nostris ac aliis quorum diocesani hanc nostram indulgenciam ratam habituri et acceptam de peccatis suis vere contritis et confessis qui predictis processionibus intererint et pro pace predicta oraverint pia mente xl dies de injuncta sibi penitencia misericorditer in domino relaxamus. Qualiter autem hoc mandatum fueritis executi nobis citra festum sancti Michaelis rescribatis per litteras vestras patentes harum seriem continentes adeo quod venerabilem patrem predictum certificare possimus plenius ut mandatur. Valete. Datum apud Poterne iij kalendas Septembris anno domini supradicto, consecracionis vero nostre nono.'

[Fo. 163v *and* 164 *blank*]

[*Undated* (*1169*). *Letter of St. Thomas Becket, archbishop of Canterbury, to Henry II urging the restitution of the possessions of the see. It is printed in Materials for the History of Thomas Becket* (Rolls Series), vii. 154-8.]

[Fo. 164v]

EPISTOLA SANCTI THOME ARCHIEPISCOPI CANT' MISSA HENRICO REGI ANGL'.[1] Dilectissimo domino suo [*etc.*].[2]

[*18 November 1324. Certified copy of a demand, dated 16 November, by the papal nuncios in England and France, William, archbishop of Vienne, and Hugh, bishop of Orange, for the payment of 960 florins for their expenses for 40 days in England, at the rate of 14 florins a day for the archbishop and 10 florins for the bishop, as set out in the pope's letter of authority, dated 30 August 1324.*]

[Fo. 165]

AD SOLVENDUM PROCURACIONES NUNCIORUM APOSTOLICORUM, receptum Lond' xiiij kalendas Decembris. Datum per copiam:

'Frater Guillelmus permissione divina sancte Viennen' ecclesie archiepiscopus et Hugo eadem permissione Aurasicen' episcopus, nuncii sedis apostolice ad dominos reges Francie et Angl' illustres specialiter destinati, reverendis in Christo patribus domino . . archiepiscopo Cant' tocius Anglie primati ac dominis London', Wynton', Norwycen', Exon', Cycestr', Sar', Bathon' et Wellen', Wygorn',

---

[1] *In margin,* nota.   [2] *In margin at end,* coll'.

Lyncoln', et Roffens' episcopis vel ipsorum vicariis in spiritualibus
et temporalibus seu eorum . . officialibus aut eorum vices gerentibus
et eorum cuilibet ad quos presentes littere pervenerint salutem in
domino. Litteras sanctissimi patris et domini nostri domini Johannis
divina providencia pape xxij^{di} ejus vera bulla plumbea bullatas nos
recepisse noveritis sub hiis verbis:
"Johannes episcopus servus servorum dei venerabilibus fratribus . .
archiepiscopis et episcopis et dilectis filiis . . electis, . . abbatibus, . .
prioribus, . . decanis, . . prepositis, . . archidiaconis, . . archipresbiteris,
. . plebanis, . . officialibus, rectoribus, et aliis ecclesiarum prelatis
vel eorum vices gerentibus ac personis ecclesiasticis religiosis et
secularibus ac ecclesiarum et monasteriorum capitulis et conventibus exemptis et non exemptis Cistercien', Clunacien', Cartucien',
Premonstraten', sanctorum Benedicti et Augustini necnon magistris
et preceptoribus sancti Johannis Jerosolom' et beate Theuton' et
Calatraven' hospitalium sive domorum ad quos littere presentes
pervenerint salutem et apostolicam benediccionem. Cum nos venerabiles fratres nostros Guillelmum archiepiscopus Viennen' et Hugonem
episcopum Aurasicen' nostros et apostolice sedis nuncios ad karissimos
in Christo filios nostros Karolum Francie et Edwardum Angl' reges
illustres pro quibusdam magnis et arduis [negociis] destinemus,
universitatem vestram rogamus et hortamur attente per apostolica
vobis scripta districte precipiendo mandantes quatinus eosdem
archiepiscopum et episcopum cum per partes vestras transitum
fecerint ob reverenciam prefate sedis et nostram benigne recipientes
et honeste tractantes . . archiepiscopo in xiiij et episcopo prefatis in
x florenis auri pro suis et familiarum suarum neccessariis diebus
singulis, necnon et de securo conductu ac eveccionibus oportunis si sue
forsan in via defecerint vel alias fuerint impedite cum super hiis
ex parte nostra per eos vel eorum alterum seu eorum vel alicujus
ipsorum nuncium vel nuncios fueritis requisiti, in eundo, morando,
et redeundo liberaliter providere curetis, ita quod devocionis vestre
promptitudinem commendare merito valeamus, alioquin sentenciam
sive sentencias quam vel iidem archiepiscopus et episcopus vel eorum
alter per se vel alium seu alios rite tulerit seu tulerint in rebelles,
super quo eisdem . . archiepiscopo et episcopo et eorum cuilibet
plenam concedimus tenore presencium facultatem, ratas habebimus
et faciemus auctore domino usque ad satisfaccionem condignam
appellacione remota inviolabiliter observari, non obstantibus si
aliquibus communiter vel divisim ab eadem sede indultum existat
quod nuncius sedis ipsius procuracionem aliquam exhibere vel in
ipsa contribuere minime teneantur et ad id compelli aut quod interdici,
suspendi, vel excommunicari non possint per litteras apostolicas non

I

facientes plenam et expressam ac[1] de verbo ad verbum de indulto hujusmodi ac eorum personis, locis, ordinibus, et nominibus propriis mencionem et quibuscumque aliis privilegiis et indulgenciis quibuscumque personis, locis, vel ordinibus sub quavis forma vel expressione verborum ab eadem sede concessis de quibus quorumque totis tenoribus in presentibus specialis et expressa mencio sit habenda et que presens mandatum nostrum quomodolibet inpugnari valeat vel impediri. Datum Avinion' iij kalendas Septembris pontificatus nostri anno octavo."

'Quarum auctoritate vobis et vestrum cuilibet firmiter injungendo mandamus vos nichilominus canonice ac peremptorie commonentes quatinus pro quadraginta diebus quibus in Anglia fuimus et erimus nobis seu nunciis nostris solvatis pro porcionibus virilibus noningentos et sexaginta florenos auri nomine stipendiorum nobis per dictum dominum papam ut premittitur taxatorum una cum expensis in vecturis et aliis ex hoc factis infra sex dies | a tempore recepcionis presencium litterarum quorum duos pro primo, duos pro secundo, et reliquos duos pro tercio et peremptorio termino assignamus, alioquin in illum vel illos qui de vobis negligentes fueritis vel remissi suspensionis ab ingressu ecclesie et in vicarium et officialem ipsius et ipsorum excommunicacionis ac in ecclesias ejusdem vel illorum dicta monicione premissa interdicti sentenciam sive sentencias ferimus in hiis scriptis, vobis tenore presencium concedentes et committentes ut dictis stipendiis et expensis per vos nobis missis et solutis a ceteris episcopis Cant' provincie ac a quibuscumque aliis beneficiatis personis tocius Angl' et Wall' exemptis et non exemptis juxta litterarum apostolicarum tenorem pro rata porcionis eorumdem per vos seu per alios exigere possitis et levare et ad solvendum et contribuendum vobiscum in premissis secundum taxam per vos vobis et ipsis debite imponendam quousque per censuram ecclesiasticam compellere et alias contra rebelles in premissis procedere animadversione condigna, dantes insuper vobis dominis archiepiscopo et episcopis plenariam potestatem absolvendi excommunicatos, interdictos a vobis seu altero vestrum vel cujuslibet vestrum auctoritate predicta prout nosmet presentes facere possemus vobis et cuilibet vestrum vices nostras super hoc specialiter committentes. In cujus rei testimonium sigilla nostra presentibus duximus apponenda. Datum London' xvj kalendas Decembris anno domini millesimo ccc[mo] xxiiij.'

Fo. 165[v]

In cujus copie testimonium nos Walterus dei gracia Cant' archiepiscopus supradictus tocius Angl' primas sigillum nostrum presentibus duximus apponendum. Datum apud Lamhuth' xiiij kalendas Decembris anno domini supradicto.

[1] *MS.* ad.

[*Undated. The Bishop's mandate in pursuance of the above to the archdeacons, who are to levy a tax of a farthing in the mark—the rate agreed by the bishops of the province—on ecclesiastical benefices, and to pay the proceeds to Master Ralph de Querendon, the Bishop's sequestrator, in the cathedral within six days after 6 January.*]

Execucio facta iiij^{or} . . archidiaconis vel eorum . . officialibus. Patris igitur sanctissimi supradicti et eciam dictorum nunciorum litteris suprascriptis a venerabilibus patribus domino W. dei gracia Cantuar' archiepiscopo tocius Angl' primate predicto et a quibusdam sue Cant' provincie suffraganeis in novissima prelatorum congregacione London' per dominum nostrum regem facta presentibus de quorum numero tunc eramus recepti, iidem domini archiepiscopus et suffraganei[1] super dictorum nunciorum stipendiis, expensis, et aliis necessariis de quibus premittitur deliberacione prehabitis et tractatu condictum extitit quod pro eisdem de bonis et beneficiis ecclesiasticis quorumcumque beneficiatorum in dicta Cant' provincia exemptorum et non exemptorum juxta predictarum litterarum apostolicarum tenorem de singulis marcis singuli quadrantes cum omni festinacione leventur. Vobis igitur auctoritate apostolica qua fungimur in hac parte in virtute obediencie qua sedi apostolice tenemini firmiter injungendo committimus et mandamus quatinus canonice[2] moneatis et efficaciter inducatis quascumque personas ecclesiasticas, capitula eciam et conventus exemptos et non exemptos que et qui virtute predictarum litterarum apostolicarum ad contribuendum pro stipendiis, expensis, et aliis neccessariis venerabilium patrum apostolicorum nunciorum predictorum tenentur infra archidiaconatum predictum beneficia vel bona ecclesiastica optinentes quod de bonis et beneficiis suis ecclesiasticis hujusmodi, eciam si dignitates vel prebende aliave loca exempta existant cum apostolica auctoritate hec fiant, quadrantes predictos secundum taxacionem veri valoris hujusmodi bonorum et beneficiorum magistro Radulpho de Querendon' sequestratori nostro quem in hac parte per nostras litteras deputavimus receptorem in ecclesia nostra cathedrali Sar' persolvant infra sex dies proximos post festum Epiphanie domini proximo jam venturum, quorum duos eisdem pro primo, duos pro secundo, et reliquos duos pro tercio et peremptorie termino assignamus, alioquin in illum vel illos qui in hac parte monicionibus vestris immo verius apostolicis non parendo negligentes Fo. 166 fuerint vel remissi, et in capitula | et conventus suspensionis a divinis, excommunicacionis ac ecclesias ejusdem vel illorum dicta monicione premissa interdicti sentenciam sive sentencias auctoritate apostolica supradicta ferimus in hiis scriptis. Predictus vero receptor solvencium nomina ad memoriam in matricula quadam

---

[1] *rectius* per eosdem dominum archiepiscopum et suffraganeo s .
[2] canonice *is written twice.*

scribet quam nobis suo sigillatam sigillo transmittet quod pro solven-
cium securitate sufficere reputamus nisi forte aquietancie litteras
maluerint sumptibus suis habere. Sub hoc vero mandato nostro dilectos
filios capitulum ecclesie nostre predicte bonave eorum vel beneficia
ecclesiastica nolumus comprehendi eo quod eisdem separatim scribimus
quod dictos quadrantes quatenus eos concernunt receptori solvi
faciant memorato. Quid autem feceritis in premissis receptori
predicto dominica proxima post festum Epiphanie predictum in
ecclesia nostra predicta[1] curetis rescribere per litteras vestras patentes
harum recepcionis facteque per vos monicionis diem, modum, et
formam ac monitorum et beneficiorum suorum bonorumque et
porcionum seu pensionum pro quibus monentur nomina et cognomina
continentes. Valete. Datum et cetera.

[*Two receipts by the Archbishop for the payment due from Salisbury diocese for the nuncios'
expenses on their first visit to England, in two instalments, £16 on 19 November 1324, and
£6 4d. 6¾d. on 2 May 1325. There is also a note that £10 was paid for the expenses of
a second visit.*]

QUITANCIE PERSOLUTE PROCURACIONIS PREDICTE SIGILLATE SIGILLO
ARCHIEPISCOPI. Pateat universis quod nos Walterus permissione divina
Cant' archiepiscopus tocius Anglie primas receptor procuracionum
venerabilium patrum dominorum Guillelmi archiepiscopi Vienn' et
Hugonis Aurasicen' episcopi nunciorum sedis apostolice ad dominos
reges Anglie et Francie specialiter destinatorum recepimus a venerabili
fratre nostro Sar' . . episcopo per manus Willelmi de Ayston' clerici
sui sexdecim libras sterlingorum in partem solucionis procuracionum
dictorum nunciorum per dictum fratrem nostrum pro diocese sua
solutas, videlicet de singulis marcis quadrantem. In cujus rei testimonium sigillum nostrum fecimus hiis apponi. Datum apud Lamehuth
xiij kalendas Decembris anno domini millesimo ccc^{mo} vicesimo quarto.

Pateat universis quod nos Walterus permissione divina Cant'
archiepiscopus tocius Angl' primas recepimus a venerabili fratre
nostro domino Rogero dei gracia Sar' episcopo pro se et tota sua
diocese per manus Willelmi de Ayston' clerici sui sex libras quatuor
solidos sex denarios obolum et quadrantem in plenam solucionem
procuracionis venerabilium patrum dominorum archiepiscopi Vienn'
et episcopi Auras' sedis apostolice pro pace inter dominos reges Angl'
et Franc' reformanda in Angl' nunciorum per prelatos et clerum Cant'
provincie pro primo adventu eorum videlicet quadrantem de marcha
bonorum ecclesiasticorum concessum, testimonio presencium quas

---

[1] *The words* dominica . . . predicta *have been cancelled and replaced, presumably to suit
another occasion, by the following words in the margin,* ante vj dies proxime ante festum
beate Margarete predictum in ecclesia Marie Marie [*sic*] supradicta curetis.

nostri impressione sigilli fecimus communiri. Datum apud Wolveseye secundo die Maii anno domini millesimo ccc^mo vicesimo quinto.

Summa utriusque quitancie xxij li' iiij s' vj d' ob' q^a.

Memorandum de x libris tunc eciam solutis pro procuracione dicti episcopi Aurasic' pro secundo adventu suo in Angl'.

[*30 August 1324. The Pope's letter to the Archbishop and the bishops of the province of Canterbury urging them to dissuade the king of England from armed retaliation to the seizure by the king of France of castles and towns in Aquitaine.*]

[Fo. 166^v]

RESPONSUM PAPE LITTERIS PRELATORUM ANGL' PRO SEDANDA DISSENCIONE INTER REGES ANGL' ET FRANC'. Johannes episcopus servus servorum dei venerabilibus fratribus archiepiscopo Cant' ejusque suffraganeis salutem et apostolicam benediccionem. Ex paterne caritatis affectu quo karissimos in Christo filios nostros Karolum Francorum et Navarr' ac Edwardum Angl' reges illustres aperte diligimus et ex pie consideracionis intuitu quo pacificare utrumlibet ac in naturali et debito pacis mutue glutino vivere affectamus, ad ipsum regem Anglie sepius exhortacionis nostre manavit epistola, seriosi negocii enarratrix, ut ab infinitis nocue discordie finibus, quam occasione bastide de sancto Sacerdote et homagii debiti per ipsum regem Angl' dicto Francorum regi non prestiti inter eos prophanus et dampnatus hostis humani generis posuit, ad pacis benefice tramitem non odioso belli certamine set grata sororis mediacione justicie ac tractatus amicabilis, ad quod daremus omnem quam possemus comode operam, laudabiliter declinaret. Super quo ab ipso rege Anglie inter multas nostre scripcionis instancias utinam potuissemus, o fratres, petitum per nos et expectatum hactenus aliquod habere responsum in quo apud regalem animum missa de profundo cordis nostre hujusmodi exhortacionis eloquia juxta nostrum desiderium profecissent. Videmus prochdolor de facto contrarium, dum sicut moleste nuper audivimus idem rex Francorum potentem armatorem excercitum ad partes Vascon' miserit ad exequendum quedam arresta contra nonnullos . . officiales ipsius regis Angl' illarum parcium promulgata et occupandum castra seu loca ducatus Aquit' racione dicti homagii memorato regi Francorum non prestiti ut prefertur. Dilectus vero filius nobilis Edmundus regis Angl' prefati frater jam profectus illuc dicatur ut predictis resistere valeat se parare. Sane quamvis miremur et nos quodamodo pudeat super hiis apud deum et homines invicta racione proficius nondum fore sicut paterna opinione credidimus exauditos filialiter a rege Angl' memorato attentis tamen animarum, corporum, atque rerum periculis que formidantur ex ipsa discordia, immo ex ipsis preparacionibus bellicosis ac impedimentis perniciosis et variis que ad certum dei servicium cum predictis rex Angl' servire constringitur preparantur et dampnato posterius calamitatis exemplo quod idem rex exhibet in conjunctis omnem pro talibus admiracionem et pudorem in nobis vincit affeccio filialem, propter quod nullatenus ab inceptis in hac parte desistimus ut subducto nostris scripcionibus calamo contra nostri officii debitum eumdem quiescere permittamus donec de petitis altissimo atque nobis nec minus et demum sibi complaceat ac decori et expediencie regii culminis actore domino probabiliter acquiescat. Et quia similiter nec a vobis quibus tam confidenter incumbimus suppliciter instantibus apud nos alias pro predictis responsionem super hiis aliquam habuisse meminimus divinis ac nostris et communiter inde humanis et piis affectibus satisfacere cupientes, fraternitatem vestram eo affectuosius quo sepius rogamus et hortamur attente vos in virtute domini nostri Jhesu Christi nichilominus obsecrantes quatinus apud dictum regem Angl' cui super istis per speciales litteras scribimus interponatis cum oportuna et importuna si expedierit diligencia partes vestras quod ipse rancorem remittat et releget concepte discordie, revocet insuper et deponat assumpta bellice resistencie studia et habendam pacem cum dicto rege Francorum, cui super hoc per alias litteras nostras efficaciter scribimus, contra opinionem suorum emulorum omnium qui de ipsorum quod absit seu suarum congrediencium gencium ignominiosa confliccione gauderent hereditatem saluberrimam eligat quam ipse Christus migraturus ad patrem reliquit discipulis suis pacem ad quam tendit ipsa justicia si per ejus semitas et suaves ut expedit bone composicionis affatus necnon per bellicosos actus aut voluntarios motus et asperos quos non decet causam suam prout continue sibi et vobis aliquando scripsisse recolimus prosequatur; inter cetera insistentes quod idem rex Angl' aliquibus ad se veris pacificis convocatis eorum usus consilio orta premissa viam seu vias aliquas convenientes suaves, congruas, et honestas cogitet, perquirat, et eligat, quas et nos comode et effectualiter possimus exequi ac honeste ad quam prosecucionem offerrimus totis studiis nos paratos quodque voluntatem suam super hujusmodi nobis inde plurimum anxiis per suas litteras rescribat ad plenum, quam et vos eciam investigare ac per vestras litteras nobis solicite scribere procuretis et sic in illis denique idem rex verba vestre

Fo. 167 exhortacionis exaudiat quod spiritualis patris salutifera |
monita ulterius non contempnat. Nosque pro eo cujus inde honorem et comodum affeccione pura prosequimur preces et devotas grates deo propterea reddere teneamur. Vos vero propter retribucionis eterne premium dignis prosequamur in domino accionibus graciarum. Datum Avinon' iij kalendas Septembris pontificatus nostri anno octavo.

[*10 May 1325. Letter from the Archbishop containing a demand by the papal nuncio, Hugh, bishop of Orange, for the payment of 480 florins for his expenses for 35 days in England (cf. p. 466) and authorizing the levy of a farthing in each 40s. on ecclesiastical benefices, payable to the prior of Southwark, as receiver, within six days after 9 June.*]

[Fo. 167ᵛ]

AD SOLVENDUM PROCURACIONEM NUNCII APOSTOLICI INFRASCRIPTI.[1] Walterus permissione divina Cant' archiepiscopus tocius Anglie primas venerabili fratri nostro domino Rogero dei gracia Sar' episcopo vel . . ejus . . officiali seu . . commissario cuicumque salutem et fraternam in domino caritatem. Mandatum venerabilis patris domini Hugonis dei gracia Aurasicen' episcopi recepimus in hec verba:

'Hugo permissione divina Aurasicen' episcopus nuncius sedis apostolice ad dominos reges Francie et Angl' illustres specialiter destinatus reverendo in Christo patri domino Waltero dei gracia Cant' archiepiscopo tocius Anglie primati salutem in domino. Litteras sanctissimi patris et domini nostri domini Johannis divina providencia pape xxijᵈⁱ ejus vera bulla plumbea bullatas nos recepisse noveritis sub hiis verbis, "Johannes episcopus servus servorum dei," et cetera ut supra. Quarum auctoritate litterarum vobis firmiter injungendo mandamus vos nichilominus canonice ac peremptorie commonentes quatinus pro triginta quinque diebus quibus in Anglia fuimus et erimus nobis seu nunciis nostris solvatis iiijᶜ lxxx florenos auri[2] nomine stipendiorum [*etc. as above, p. 467, mutatis mutandis and with minor verbal variations*]. Datum London' vij idus Maii anno domini millesimo cccᵐᵒ vicesimo quinto.'

Quocirca vobis mandamus vos nichilominus canonice et peremptorie commonentes quatinus de bonis et beneficiis vestris ecclesiasticis ac tocius vestre diocesis exemptis et non exemptis de singulis xl solidis quadrantes levari et . . priori beate Marie de Suthwerk Wynton' diocesis, quem ad recipiendum hujusmodi pecuniam et de receptis acquietancias faciendas et nobis exinde satisfaciendum per suas litteras autenticas commissarium suum specialem deputavit nuncius antedictus, in ecclesia prioratus sui de Suthwerk infra sex dies proximos post octabas sancte Trinitatis proxima futuras, quorum vobis duos pro primo, duos pro secundo, et reliquos duos pro tercio et peremptorio termino assignamus absque dilacione ulteriori solvi faciatis, alioquin in vos suspensionis ab ingressu ecclesie et in illum seu illos vestre diocesis qui in solucione porcionum eos in hac parte contingencium negligentes fuerint vel remissi excommunicacionis ac in ecclesias ejusdem

---

[1] *The heading is followed by a capital letter* H, *written more faintly, which is presumably for Hugo.*

[2] *The reason for the figure is not clear. At 10 florins a day (p. 467) the bishop would have been entitled to 350 florins; his companion, at 14 florins, to 490 florins.*

vel illorum canonica monicione premissa interdicti sentenciam sive sentencias auctoritate nobis in hac parte commissa ferimus in hiis scriptis. De die vero recepcionis presencium et quid feceritis in premissis nos citra sextum diem post dictas octabas sancte Trinitatis ubicumque in civitate, diocese, seu provincia nostra Cant' tunc ferimus distincte et aperte certificetis per litteras vestras patentes harum seriem continentes. Datum apud Lameht' vj idus Maii anno domini supradicto.

[*4 June 1325. Certificate to the above mandate, which was received on 21 May, to the effect that the full sum for the diocese, £7 2⅓s. 2d. has already been paid to the Archbishop (cf. p. 471); with a note that the Bishop's sequestrator paid the sum out of the Bishop's coffers which were then reimbursed by collecting the levy.*]

CERTIFICATORIUM. Venerabili in Christo patri et domino reverendo domino Waltero dei gracia Cant' archiepiscopo tocius Angl' primati Rogerus ejusdem permissione Sar' episcopus obedienciam debitam et devotam cum omni reverencia et honore. Mandatum vestrum xij kalendas Junii recepimus continens hunc tenorem, 'Walterus', et cetera. Utique scitis pater qualiter nuper apud Wynton'

Fo. 168 ad mandatum vestrum vestris solvi fecimus | pleniter quadrantem predictum quatenus nos contingit [et] diocesim nostram totam qui se extendit ad septem libras octo solidos duos denarios et quadrantem. Placeat igitur dominacioni vestre . . priori ecclesie beate Marie de Suthwerk' receptori predicto hoc si libeat intimare et eciam demandare ut vestro mandato hujusmodi satisfiat nobis facere quietanciam de recepto. Ad ecclesie sue sancte regimen et munimen paternitatem vestram diu conservet incolumem Jhesus Christus. Datum apud parcum Rem' ij nonas Junii anno domini prenotato.

Istius procuracionis et alterius duorum nunciorum proximo prenominatorum alias deputavit dominus magistrum Radulphum de Querendon' sequestratorem suum receptorem qui domino eo quod de coffris suis procuraciones hujusmodi persolvit postmodum satisfecit pleniter de eisdem secundum taxacionem episcopatus Sar' secundum [modum quo][1] procuracio consuevit persolvi.

[Fo. 168ᵛ *blank*]

[*20 December 1324. The last part of an ordination by the Bishop of portions in the church of Hagbourne. The entry covered also four folios which have been cut out of the register; see p. 18. The Bishop ordains that a portion is to be paid to the abbot and convent of Cirencester (cf. p. 463), and the rest of the income is to go to the rector; with a note that on 5 January 1325 a copy was collated with the original delivered to the proctor of the abbot and convent.*]

---

[1] *A blot between* secundum *and* procuracio *renders any words there illegible.*

[Fo. 169¹]

... de jure aut consuetudine, privilegio, vel statuto fuerit faciendum, nostro ministerio persolvendum. Volumus eciam quod porcio predicta quam sub nomine porcionis distincte ab ecclesia separata aliquociens ut premittitur perceperunt quamque et postmodum dictus magister Robertus de jure communi percepit ut est dictum et quam nuper de illorum et magistri Roberti consensu certis ex causis duximus sequestrandam, religiosis ipsis ut preordinavimus dimittatur, sequestro nostro predicto quod relaxamus in aliquo non obstante, quodque prefatus magister Robertus rector ecclesie predicte et successores sui reliquos fructus, redditus, et proventus ad eamdem ecclesiam qualitercumque provenientes qui ad eos de jure communi pertinere noscuntur, prout ante impetracionem dictarum litterarum apostolicarum 'Ea que de bonis' et processum inchoatum per easdem predecessores et precessores sui rectores ecclesie predicte percipere consueverunt, integre percipiant universos et veri rectores ejusdem ecclesie censeantur. Et hec omnia et singula sub penis in dicta submissione contentis et in virtute juramenti in hac parte prestiti precipimus inviolabiliter observari. In quorum testimonium atque fidem sigillum ipsum fecimus hiis apponi. Datum apud Remmesbur' xiij kalendas Januarii anno domini millesimo cccᵐᵒ quarto et consecracionis nostre decimo.

Facta fuit collacio cum originale apud Remesbury tercio nonas Januarii anno domini millesimo cccᵐᵒ vicesimo quarto per magistrum Vincencium de Tarent' et Radulphum de Collushulle in presencia mei Walteri de Daunteseye notarii puplici, presentibus magistris Roberto de Worthe et Willelmo Lubbenham, Tar', Ayst', Lughteborn'. Et postea eisdem die et loco dictus episcopus prescriptam ordinacionem sub sigillo magno suo signatam manu sua propria tradidit fratri Johanni de Pureton procuratori abbatis et conventus monasterii Cyrencestr' ipsam cum instancia petenti in presencia domini Philippi prioris Cyrencestr' et omnium prescriptorum presencium in collacione facta ac domino Hugone de Knossyngton', Johanne de Stepellavynton', Willelmo de Coleshulle, Henrico de Lavynton', Roberto de Suttone, et aliis videlicet fratre Philippo de Daunteseye monacho Malmesbur'.

Facta est collacio, Tar', Lill'.²

[Fo. 169ᵛ and 170 blank]

---

¹ At top of page, Vicesimus primus quaternus. As stated above, the beginning of the quire is missing.

² These two names are copies of notarial signs, not mere abbreviations.

[24 July 1325. The Bishop's settlement of a dispute between the abbot and convent of Cirencester, as appropriators of Eisey church with Water Eaton chapel, and Adam de Bradefeld, vicar of Eisey, about a house called Rome, a croft and curtilage beside the chapel, a hide of land, and tithes in Water Eaton, which the Bishop awards to the vicar, who is to pay the abbot and convent 20 marks a year and bear all the ordinary expenses of the church and chapel and the cost of all repairs to them. Annexed are the letters of the abbot and convent appointing their proctor, dated 23 July, and of the proctor and the vicar, both dated 24 July, submitting to the Bishop's decision.]

[Fo. 170ᵛ]

ORDINACIO QUARUMDAM DECIMARUM ECCLESIE DE EYSY.[1] Universis sancte matris ecclesie filiis presentes litteras inspecturis Rogerus permissione divina Sar' episcopus salutem in eo quem peperit uterus virginalis. Dudum inter Adam de Bradefeld perpetuum vicarium ecclesie de Eysy Sar' diocesis actorem ex parte una et . . religiosos viros abbatem et conventum monasterii beate Marie Cyrencestr' Wygorn' diocesis ecclesiam de Eysy predictam cum capella de Eton' Monialium et juribus suis in proprios usus optinentes reos ex altera super quodam manso quod vulgariter Roma nuncupatur, crofto et curtilagio eidem capelle adjacentibus, et una hida terre arabilis in villa et campis de Eton' predicta situata, ac decimis majoribus infra fines et limites ecclesie parochialis de Eysy ad dictam capellam de Eton' spectantibus in villa et campis predictis provenientibus materia questionis exorta, habitis hincinde tractatibus diffusis communibus amicis intervenientibus pro bono pacis et abbreviacione licium et expensarum, considerataque utilitate evidenti utriusque partis ac monasterii et ecclesie predictorum et aliis causis necessariis et legitimis, religiosi viri predicti per fratrem Phillipum de Weston' monasterii sui predicti . . priorem procuratorem suum specialem et sufficientem in hac parte potestatem habentem et perpetuus vicarius supradictus personaliter coram nobis in capella manerii nostri de Sonnyngg' xxiiijᵗᵒ die mensis Julii videlicet ix kalendas Augusti anno domini mᵒ cccᵐᵒ xxvᵗᵒ comparentes omnibus suggestionibus, processibus, litibus, querelis, controversiis, provocacionibus, appellacionibus in premissis et premissorum quolibet seu alias qualitercumque factis habitis et interjectis pure, sponte, simpliciter et absolute ex certa sciencia renunciarunt ac nostre ordinacioni et diffinacioni se spontanee submiserunt hinc inde in formis subscriptis. Nos igitur monasterii et ecclesie predictorum utilitati parciumque quieti paterna sollicitudine quantum cum deo possumus prospicere cupientes et ab hoc submissiones hujusmodi benignius admittentes, parcium racionibus auditis, intellectis et cum cause cognicione que in hac parte requiritur sufficienter discussis, ponderatis, eciam undique

---

[1] *In margin*, nota. *There is a number of contemporary minor corrections to this entry, and some very faint pencilled marks in the margin.*

ponderandis, tractatu et deliberacione sufficientibus habitis cum
peritis ac concurrentibus omnibus et singulis que in hac parte requiruntur de jure, Christi nomine invocato, de parcium predictarum
expresso consensu auctoritate nostra ordinaria predictarum submissionum virtute ordinamus et ordinando diffinimus, jure nostro et
ecclesie nostre Sar' cui derogare non intendimus vel eam in aliquo
ledere in omnibus semper salvo, quod dictus vicarius et successores
sui pro tempore fuerint mansum et hidam terre predictos, pratum
una cum majoribus decimis garbarum et feni et cetera omnia ad
dictam ecclesiam et capellam quas dicti religiosi in usus proprios
optinent qualitercumque pertinentes, necnon communam in campis,
pratis, pasturis, mariscis, et locis aliis de Eysi ad omnia animalia sua
cujuslibet generis sicut unus virgatarius ejusdem ville melius et plenius
optinet de pascenda percipiant, habeant imperpetuum, et teneant
pacifice et quiete, ac religiosis predictis super eisdem omnibus et
singulis perpetuum silencium inponimus per presentes, quodque dictus
vicarius et successores sui predictis religiosis vel eorum procuratori
legitimo litteras acquietancie secum diferenti apud Eysi predictam
viginti marcas sterlingorum pro predictis manso, terra, pratis, et
majoribus fructibus ac ceteris ad dictam ecclesiam et
Fo. 171 | capellam et rectoriam earumdem qualitercumque
spectantibus futuris et perpetuis temporibus nomine
rectorie predicti solvant annuatim terminis infrascriptis, videlicet in
festis apostolorum Simonis et Jude quinque marcas et purificacionis
beate Marie quinque marcas ac Invencionis sancte crucis quinque
marcas et beati Petri ad vincula quinque marcas, ad quam quidem
solucionem predictis terminis vel saltem infra mensem post lapsum
cujuslibet eorumdem singulis annis fideliter faciendam prefatus
vicarius qui nunc est per se coram nobis corporale prestitit juramentum. Et volumus quod ceteri vicarii successores sui qui pro
tempore fuerint tempore institucionis eorumdem coram nobis et
successoribus nostris seu aliis a quibus eos seu eorum aliquem institui
contigerit corporale prestent similiter juramentum et prestet quilibet
eorumdem, et quod nichilominus per nos, . . successores nostros, et . .
officiales Sar' qui pro tempore fuerint compelli possint vicarius predictus
et sui successores per sequestracionem omnium bonorum ad dictam
vicariam spectancium et per quamcumque censuram ecclesiasticam
absque strepitu judicali et figura judicii summarie et de plano ad
integram solucionem dicte pecunie quocienscumque eos deficere
contigerit in eadem. Ordinamus et insuper diffinimus quod vicarius
supradictus et sui successores omnia onera ordinaria dictis ecclesie et
capelle qualitercumque incumbencia et onus reparacionis cancellorum
ecclesie et capelle predictarum ac nove construccionis earumdem cum

opus fuerit, librorum, ornamentorum et omnium aliorum ordinariorum quatenus ad rectorem pertinent subeant et agnoscant ac subeat et agnoscat eorumdem vicariorum quilibet in futurum, extraordinaria vero onera ecclesie et capelle predictarum que quidem ecclesia et capella cum vicaria ad quatuordecim marcas taxantur imposita et eciam imponenda quocumque nomine censeantur dicti religiosi et vicarii qui pro tempore fuerint subeant equaliter pro diviso. Que omnia et singula in virtute juramenti religiosorum et vicarii predictorum in hac parte coram nobis prestiti precipimus inviolabiliter conservari, procuratorque et vicarius supradicti hanc nostram ordinacionem admiserunt, acceptarunt, et eciam approbarunt expresse. Procuratorum et submissionum predictarum hii in omnibus sunt tenores:

'Pateat universis per presentes quod nos Ricardus permissione divina abbas monasterii beate Marie Cyrencestr' Wygorn' diocesis et ejusdem loci conventus ecclesiam de Eysy cum capella de Eton' Monialium Sar' diocesis eidem annexa in usus proprios optinentes, dilectum nobis in Christo dominum Philippum de Weston' priorem domus nostre procuratorem nostrum ordinamus, [*etc., appointing the prior as proctor to submit to and receive the Bishop's ordination.*] | In quorum omnium testimonium sigillum nostrum commune presentibus est appensum. Datum in domo nostra capitulari x kalendas Augusti anno domini millesimo ccc^mo vicesimo quinto.'

Fo. 171ᵛ

'Universis pateat per presentes quod ego frater Philippus de Weston' prior monasterii beate Marie Cyrencestr' Wigorn' diocesis procurator religiosorum virorum . . dominorum . . abbatis et conventus monasterii predicti [*etc., a submission of more than ordinary length and verbosity.*] | In quorum omnium testimonium atque fidem quia sigillum proprium non habeo sigillum officialis Sar' hiis apponi personaliter procuravi. Et nos . . officialis Sar' ad rogatum personale predicti domini Philippi de Weston' procuratoris predicti sigillum officii nostri presentibus apposuimus in fidem et testimonium eorumdem. Datum apud Sonnyngges ix kalendas Augusti anno domini millesimo ccc^mo vicesimo quinto.'

Fo. 172

'Universis ad quorum noticiam pervenerit hec scriptura Adam de Bradefeld perpetuus vicarius ecclesie parochialis de Eysi Sar' diocesis salutem in omnium salvatore. Cum dudum [*etc., a submission also of considerable length.*] | In quorum omnium testimonium atque fidem sigillum meum presentibus apposui. Et quia idem sigillum pluribus est incognitum sigillum officialitatis Sar' hiis apponi personaliter procuravi. Et nos . . officialis Sar' ad instanciam personalem predicti Ade vicarii ecclesie de Eysi predicte sigillum officii nostri presentibus apposuimus in fidem et

Fo. 172ᵛ

testimonium eorumdem. Datum apud Sonnyngg' ix kalendas
Augusti anno domini millesimo cccᵐᵒ vicesimo quinto.'
   Acta fuerint hec anno, die, mense et loco prefatis indiccione octava
presentibus R. de Worth', W. de Lobenham, W. de Ayschton', J. de
Lought' notario, R. de Coleshull', et aliis. Et facta est collacio de
submissionibus et ordinacione prescriptis, Tar'.¹

[*3 October 1325. Ordination by the Bishop of a chantry founded for the souls not only of the
founders and their kin but also of Edward I's queen, Margaret, by John de Mere and Eleanor
his wife in the church of Mere, embodying (1) the royal letters patent, dated 6 April 1324,
allowing the grant in mortmain of a house, land, meadow, and rent in Mere and Zeals, and
(2) the charter of John de Mere, dated 30 September 1325, which specifies in detail the way in
which future chaplains are to be presented, the obligations of the chaplain, the books and
ornaments of the chantry chapel, and the stock of the chaplain's house and estate.*]

[Fo. 173]

ORDINACIO CANTARIE AD INSTANCIAM JOHANNIS DE MERE.² Universis
sancte matris ecclesie filiis ad quorum noticiam pervenerit hec scriptura
Rogerus permissione divina Sar' episcopus salutem in eo quem peperit
uterus virginalis. Frequens et assidua dilecti filii Johannis de Mere
nostre diocesis nobis exhibita peticio continebat quod cum ipse ad
inveniendum perpetuo unum capellanum prout subscribitur celebraturum in ecclesia parochiali sancti Michaelis de Mere ad altare
in honorem annunciacionis beate Marie ibidem erectum terras, tenementa, et redditus dederit et assignaverit domini nostri regis licencia
et aliorum quorum interest consensu prehabitis in hac parte prout hec
in regiis et aliis super hiis confectis li[t]teris et subscriptis quas inspeximus et diligenter examinari fecimus continetur, cantariam ipsam
ordinare ac eam et premissa quantum in nobis est approbare et
confirmare auctoritate nostra ordinaria³ dignaremur, quarum quidem
litterarum hii in omnibus sunt tenores:
   'Edwardus dei gracia rex Anglie dominus Hybernie dux Aquit'
omnibus ad quos presentes li[t]tere pervenerint salutem. Licet de
communi concilio regni nostri statutum sit quod non liceat viris
religiosis seu aliis ingredi feodum alicujus ita quod ad manum mortuam
deveniat sine licencia nostra et capitalis domini de quo res illa inmediate
tenetur, per finem tamen quem Johannes de Mere fecit nobiscum
concessimus et licenciam dedimus pro nobis et heredibus [nostris]
quantum in nobis [est] eidem Johanni quod ipse unum mesuagium,
triginta acras terre, sex acras prati, et triginta solidatas redditus cum
pertinenciis in Mere et Seles dare possit et assignare cuidam capellano
divina pro anima Margarete quondam regine Anglie et animabus

---

¹ *A copy of a notarial sign, not a mere abbreviation.*
² *In margin*, nota.   ³ *MS.* ordinare.

predicti Johannis et Alianore uxoris ejus ac animabus patrum et matrum et antecessorum et heredum suorum et omnium fidelium defunctorum in ecclesia parochiali de Mere singulis diebus celebraturo, habendum et tenendum eidem capellano [*etc.; cf. p. 391.*] Teste meipso apud Fulmer' vj die Aprilis anno regni nostri decimo septimo.'

'Sciant presentes et futuri quod ego Johannes de Mere dedi, concessi, et hac presenti carta mea confirmavi indentata deo et beate Marie ac domino Johanni Damesone de Mere capellano divina singulis diebus in ecclesia parochiali sancti Michaelis de Mere ad altare in honore annunciacionis beate Marie in eadem ecclesia noviter erectum pro anima domine Margarete quondam regine Anglie et anima mea et Alianore uxoris mee et animabus patrum et matrum, heredum et antecessorum nostrorum ac omnium fidelium defunctorum celebraturo unum mesuagium, triginta acras terre, sex acras prati, et triginta solidatas redditus cum pertinenciis in Mere et Seles, habendum et tenendum eidem capellano et successoribus suis capellanis divina singulis diebus in ecclesia predicta pro animabus predictis celebraturis imperpetuum facienda capitalibus dominis feodorum illorum omnia alia servicia inde debita et consueta imperpetuum, hoc observato quod ad ipsam cantariam presentabitur capellanus ydoneus domino decano Sar', vel ejus locum tenenti aut ejus . . vicario seu . . officiali dicto . . decano agente in remotis, prima vice et ex tunc quociens eam vacare contigerit | per me Johannem de Mere supradictum et Alianoram uxor meam dum vixerimus, et post mortem nostram vel alterius nostrum diucius viventis Rogerus de Butesthorne et Margareta uxor ejus et heredes ipsius Rogeri in predictam Margaretam legitime procreati qui pro tempore fuerint quociens vacaverit cantaria predicta infra unius mensis spacium a tempore noticie vacacionis ejusdem ad eamdem cantariam domino . . decano predicto, vel ejus in ea parte locum tenenti, vicario, seu . . officiali ut premittitur, futuris temporibus presentabunt, prefatusque capellanus debet per dictum dominum . . decanum aut ejus vicarium vel locum tenentem seu . . officialem ad dictam cantariam admitti. Si tamen nos dicti Johannes de Mere et Alianora uxor mea dum vixerimus vel Rogerus de Butesthorne et Margareta uxor ejus post mortem nostram et heredes ipsius Rogeri in predictam Margaretam legitime procreati ut predicitur infra mensem predictum a tempore noticie vacacionis predicte ad ipsam cantariam neglexerimus seu neglexerint presentare, idem dominus . . decanus, vel ejus vicarius seu locum tenens aut . . officialis, post lapsum mensis predicti infra unum mensem alium inmediate sequentem cantariam ipsam capellano ydoneo jure suo conferet illa vice; ipso vero . . decano, vel ejus locum tenente seu vicario aut . . officiali, infra dictum mensem suum dictam

Fo. 173ᵛ

cantariam conferre similiter negligente dominus episcopus Sar' qui
pro tempore fuerit infra unum mensem ex tunc inmediate sequentem
ob negligenciam dicti domini . . decani eamdem cantariam capellano
ydoneo illa vice similiter conferet jure suo.[1] Et si infra predictum
mensem suum eam conferre neglexerit episcopus antedictus, ex tunc
collacio ejusdem cantarie ad capitulum Sar' illa vice ob negligenciam
devolvatur, jure presentandi ad eamdem cantariam in aliis vacacioni-
bus sequentibus nobis dictis Johanni de Mere et Alianore uxori mee
dum vixerimus vel dum nostrum alter vixerit et Rogero de Butesthorne
et Margarete uxori ejus et heredibus ipsius Rogeri in predictam
Margaretam legitime procreatis modo simili semper salvo. Et si
contingat predictos Rogerum de Butesthorne et Margaretam uxorem
ejus sine herede seu heredibus de corpore ejus Margarete per predictum
Rogerum legitime procreato seu procreatis decedire, ex tunc presentacio capellani ydonei ad cantariam predictam domino episcopo
supradicto qui pro tempore fuerit facienda dominis . . decano et
capitulo Sar' remaneat imperpetuum; proviso eciam quod cantaria
predicta quociens eam vacare contigerit futuris temporibus quibuscumque per illum vel illos ad quem vel quos juxta ordinacionem premissam
presentacio ad dictam cantariam seu collacio ejusdem contigerit
pertinere talis capellanus ydoneus presentetur vel clerico ydoneo
conferatur qui nulli officio seu obsequio altera cuicumque quomodolibet sit astrictus set officio cantarie predicte totaliter intendens in
mesuagio deputato eidem residenciam faciens personalem vesperis
et matutinis ac aliis horis canonicis in ecclesia parochiali predicta cum
vicario et capellanis ejusdem loci horis competentibus presens intendat,
et preter horas canonicas supradictas singulis diebus festis duplicibus
dumtaxat exceptis cessante impedimento legitimo officium plene
peragat mortuorum et antequam missam suam incipiat quolibet die
perpetuis temporibus de sancto spiritu integre dicat memoriam.
Celebrabit eciam idem capellanus qui pro tempore fuerit, ex[tra] festa
duplicia supradicta ac extra quadragesimam et adventum, diebus
dominicis de Trinitate, diebusque ferialibus extra quadragesimam
feria secunda de angelis, feria tercia de beato Thoma martire, feria
quarta officium mortuorum, feria quinta de sancta Katerina, feria
sexta de sancta cruce et Sabato de sancta Maria semper virgine
gloriosa, ita tamen quod si per culpam seu negligenciam predicti
Johannis capellani aut successorum suorum capellanorum in dicta
cantaria fuerit cessatum statim extunc nisi capellanus culpam seu
negligenciam hujusmodi excusaverit evidenter liceat nobis dictis
Johanni de Mere et Alianore uxori mee dum vixerimus et post mortem

---

[1] *In margin,* dominus confert post duos menses.

482 *Registrum Rogeri Martival* [A.D. 1325]

nostram Rogero de Butesthorne et Margarete uxori sue et
Fo. 174 heredibus | ipsius Rogeri in predictam Margaretam legitime
procreatis qui pro tempore fuerint simul cum domino . .
decano Sar', vel ejus vicario seu locum tenenti aut . . officiali, qui pro
tempore fuerit predicta tenementa causa dumtaxat districcionis
faciende ingredi et in eisdem distringere et districcionem hujusmodi
retinere, quousque tot missas quot per culpam seu negligenciam hujusmodi subtracte fuerint per alios capellanos ydoneos pro animabus
superius nominatis fecerint celebrari. Ceterum si capellanus predictus
qui pro tempore fuerit infirmitate corporis vel alio quocumque
inpedimento fuerit impeditus quominus cantariam continuare poterit
antedictam, si infirmitatem vel impedimentum hujusmodi plus quam
per octo dies durare contingat, statim post lapsum dictorum octo
dierum de bonis ejusdem capellani dicte cantarie qui pro tempore
fuerit quolibet die unus denarius assumatur et per visum loci vicarii
alteri capellano ydoneo ministretur qui in dicta ecclesia loco ipsius
capellani dicte cantarie pro animabus superius nominatis celebret
ipsa die, ad quod distringam ego Johannes de Mere seu distringat
alius superius nominatus juxta modum et gradus predictos qui pro
tempore fuerit patronus illa vice predictum Johannem et successores
suos capellanos dicte cantarie et per quamcumque censuram in
quocumque foro compellam seu compellat aut compelli procurent
seu procuret ad omnia et singula premissa in forma predicta plenarie
facienda et fideliter observanda imperpetuum. Ad premissa vero
officia promcius exequenda ego Johannes de Mere predictus dicte
cantarie libros et ornamenta postscripta confero et specialiter assigno,
videlicet unum missale, unum portiphorium, unum calicem, duo
paria vestimentorum, duo paria corporalium, duo paria tuellarum,
duo superaltaria, duo paria phiolarum, unum par candelabrorum
stagneorum, et unam ymaginem de angelo gaudium annunciante
simul cum ymagine virginis semper[1] gloriose. Ut autem capellanus
hujusmodi qui pro tempore fuerit terram et mesuagium supradicta eo
magis instructa inveniat quo animalibus et ceteris ad agriculturam
pertinentibus ac aliis utensilibus et supellectilibus plenius fuerint
instaurata, ne circa adquisicionem eorum in primo suo adventu cum
difficultate nimia cogatur evagando cum subtraccione divini officii
forsitan se vexare infructuosis laboribus et expensis, dictam cantariam
nunc in ejus inicio volens ex mea liberalitate propria juxta vires
facultatum mearum rebus hujusmodi neccessariis instaurare, eidem
cantarie et ejus capellano predicto et successoribus suis capellanis qui
pro tempore fuerint pro instauracione hujusmodi in eadem perpetuo

---

[1] *MS.* semper virginis.

optinenda bona assigno et confero infrascripta, videlicet iiij^{or} boves
precii capitis tresdecim solidorum et iiij^{or} denariorum, decem vaccas
precii capitis decem solidorum, duos affros precii capitis decem
solidorum, quinquaginta multones precii [capitis] duorum solidorum,
quinquaginta oves matrices precii capitis decem et octo denariorum,
unam carectam ferro ligatam cum toto apparatu precii decem solidorum, unam carucam cum ferris et toto apparatu precii trium solidorum, unam herciam ferream precii viginti denariorum, unum
lotorium cum pelvi precii trium solidorum, unam mensam cum trestellis
precii duodecim denariorum, duas ollas ereas precii sex solidorum et
octo denariorum, unam patellam eream precii decem et octo denariorum, unam mappam cum manitergio precii trium solidorum, volens
et quantum in me est tenore presencium ordinans quod capellanus
quicumque cantarie predicte qui pro tempore fuerit de libris, ornamentis, animalibus, utensilibus, ac supellectilibus antedictis testari non
valeat quovismodo nec ea vel eorum aliquod quocumque alienacionis
titulo dare vel ab ipsa cantaria quomodolibet elongare, set teneatur
quislibet capellanus cantarie predicte cum ipsum cedere vel decedere
contigerit seu quodcumque beneficium aliud ecclesiasticum effectu
aliter adipisci instaurum predictum et quamlibet ejus particulam vel
ipsorum precium supradictum absque contradiccione et difficultate
qualibet plene et libere suo dimittere successori, et omnia et singula
ornamenta supradicta et capellam cancello ecclesie de Mere supradicte
in parte australi contiguam in qua fieri debet cantaria memorata ad
altare annunciacionis beate virginis predictum capellanus ejusdem
cantarie qui pro tempore fuerit sustentabit et suo periculo
Fo. 174^v | conservabit et ea semper cum consumpta fuerint
perpetuis temporibus renovabit, super quibus omnibus et
singulis prenotatis in admissione sua seu in ipsius induccione capellanus
cantarie predicte qui pro tempore fuerit ydoneam prestet caucionem
et inspectis sacrosanctis ewangeliis juramentum.   Et ego Johannes de
Mere predictus et heredes mei predictum mesuagium, terram, pratum,
et redditus cum pertinenciis predicto Johanni capellano et successoribus
suis capellanis ut premittitur celebraturis contra omnes mortales
imperpetuum pro predicta cantaria facienda et serviciis et omnibus et
singulis superius contentis fideliter faciendis et observandis warantizabimus imperpetuum.   In quorum omnium testimonium atque fidem
tam sigillum meum quam sigillum dicti Johannis capellani presenti
carte indentate alternatim sunt appensa.   Hiis testibus Roberto le
Bor, Matheo Owayn, Radulpho le Gras, Johanne de Sandhulle,
Johanne Hodel, Petro de Burtone, Johanne de Pymperlegh', Rogero
de la Leghe, Nicholao de Horsyngtone, Nicholao Cleymond, Henrico
de Horsingtone, Galfrido le Frenche, Waltero de Shirrevetone,

K

Stephano le Criour, Johanne Hodel juniore, et aliis. Datum apud Mere predictam die Lune in crastino sancti Michaelis archangeli anno domini millesimo ccc^mo vicesimo quinto, anno vero regni regis Edwardi filii regis Edwardi decimo nono.'

Super hiis igitur plenius informari volentes dilecto filio . . decani ecclesie nostre Sar' . . officiali nostris dedimus litteris in mandatis ut vocatis vocandis ad ecclesiam de Mere accedens predictam inquireret diligenter per viros fidedignos et juratos inquirendorum noticiam verisimiliter optinentes si rector ecclesie supradicte et alii quorum interest hujusmodi cantarie ut premittitur faciende suum prebuerunt et prebeant tam assensum et presertim si cui vel quibus prejudicium aliquod ex cantaria et assignacione predictis provenire valeat si petitis forsitan annuamus. Cumque directis nobis dicti . . officialis litteris in hac parte certificatoriis sufficienter constet causas sufficientes subesse habende ut premittitur cantarie quodque . . rector ecclesie de Mere predicta ipsius patronus vicarie et parochiani ac alii quorum interest ipsi cantarie ut predicitur faciende suum prestiterunt atque prestent assensum ac quod mesuagii, terrarum, et redditus predictorum donacioni et assignacioni dominus noster rex predictus ac alii quorum interest consensum suum prebuerunt et prebent, necnon quod nulli ex cantaria et assignacione predictis poterit prejudicium generari dumtamen per capellanum qui cantariam hujusmodi celebrabit de indempnitate dicte ecclesie de Mere et ipsius vicarie in ipsius admissione sufficienter et ydonee caveatur, nos Rogerus episcopus supradictus ponderatis ut convenit omnibus suprascriptis inspectisque et diligencius examinatis ipsiusque Johannis devocionem laudabilem quam ad divini cultus augmentum animarumque salutem tendere cernimus in domino commendantes, cantariam predictam secundum formam, modum, vim, seriem, et effectum litterarum prescriptarum auctoritate pontificali ordinamus perpetuamque donacionem et assignacionem porcionum ejusdem ac omnia et singula prescriptis litteris compre-hensa quatenus juste et canonice processerunt salvo jure in omnibus predicte ecclesie de Mere et ipsius rectoris, vicarii, et aliorum quorum-cumque quorum interest vel interesse poterit in hac parte quibus in aliquo prejudicare non intendimus, salvo eciam capitalibus dominis feodorum illorum serviciis debitis et consuetis, quantum in nobis est auctoritate nostra ordinaria approbamus et ea confirmamus tenore presencium perpetuo et fideliter observanda, hoc adjecto quod quilibet presbiter presentatus ad cantariam hujusmodi in sua admissione ad eam vel collacione ejusdem de indempnitate quatenus in ea est ecclesie de Mere, ipsius rectoris, et vicarii prestet corporaliter inspectis ewang-eliis juramentum quodque diebus dominicis seu festivis missam suam incipiat post lectum evangelium magne misse, nisi a loci rectore seu vicario licenciam habuerit specialem, nostre Sar' ecclesie dignitate, juribus, et consuetudinibus in omnibus semper salvis. In quorum testimonium atque fidem fecimus has nostras litteras ad perpetuam rei memoriam registrari et nostro sigilli munimine roborari. Datum apud Poterne v nonas Octobris anno domini millesimo ccc^{mo} vicesimo quinto et consecracionis nostre undecimo.

[*3 October 1325. Ordination by the Bishop of a chantry in the church of St. Peter, Bulbridge, in the suburb of Wilton. Thomas le Porter, vicar of Bulbridge, has given four houses in Wilton and the suburb to the prior and hospital of St. John by Wilton, for which they are to appoint one of their number as the chantry chaplain. The ordination embodies (1) the royal letters patent, dated 11 November 1323, allowing the grant in mortmain, and (2) the charter of the prior and hospital, dated 30 September 1325, which in turn embodies the donor's charter (dated 2 September 1324 and setting out the obligations of the chantry chaplain), specifies the way in which the chaplain is to be appointed annually, and lists the books and ornaments of the chantry.*]

[Fo. 175]

ORDINACIO CANTARIE AD INSTANCIAM VICARII DE BOLEBRIGG'.[1] Universis sancte matris ecclesie filiis ad quorum noticam pervenerit hec scriptura Rogerus permissione divina Sar' episcopus salutem in eo quem peperit uterus virginalis. Frequens et assidua dilecti filii Thome perpetui vicarii ecclesie sancti Petri de Bolebrigge nostre diocesis nobis exibita peticio continebat quod cum ipse dilectis filiis . . priori et fratribus hospitalis sancti Johannis juxta Wyltone quatuor mesuagia cum pertinenciis in Wylton' et suburbio ejusdem ad inveniendum quemdam fratrem capellanum prout subscribitur celebraturum in ecclesia sancti Petri predicta dederit et assignaverit, domini nostri regis licencia et aliorum quorum interest consensu prehabitis in hac parte prout hec in regiis et aliis super hiis confectis lit[t]eris et subscriptis quas diligenter examinari fecimus continetur, cantariam hujusmodi ordinare ac eam et premissa quantum in nobis est approbare et confirmare auctoritate nostra ordinaria dignaremur, quarum quidem litterarum hii in omnibus sunt tenores:

'Edwardus dei gracia rex Angl' dominus Hibn' et dux Aquit' omnibus ad quos presentes littere pervenerint salutem. Licet de communi consilio regni nostri statutum sit quod non liceat viris religiosis seu aliis ingredi feodum alicujus ita quod ad manum mortuam deveniat sine licencia nostra et capitalis domini de quo res illa inmediate tenetur, per finem tamen quem dilectus nobis in Christo prior hospitalis sancti Johannis juxta Wilton' fecit nobiscum concessimus et licenciam

---

[1] *At top of page, a six-armed swastika, and the words,* Cantaria in ecclesia de Bulbryge exhibenda et sustinenda per priorem et fratres hospitalis sancti Johannis juxta Wilton'.

dedimus pro nobis et heredibus nostris quantum in nobis est Thome
vicario ecclesie sancti Petri de Bolebrigge quod ipse quatuor mesuagia
cum pertinenciis in Wylton' et suburbio ejusdem ville dare possit et
assignare prefato priori et fratribus ejusdem loci,[1] habenda et tenenda
sibi et successoribus suis ad inveniendum quemdam fratrem ejusdem
hospitalis capellanum divina singulis diebus in ecclesia predicta pro
animabus predictis celebraturum imperpetuum sicut predictum est
tenore presencium similiter licenciam dedimus specialem, nolentes
[*etc.; cf. p. 391*]. Teste meipso apud Notyngham xj die Novembris
anno regni nostri decimo septimo.'

'Universis sancte matris ecclesie filiis ad quorum noticiam pervenerit
hec scriptura frater Johannes de Norrugge prior hospitalis sancti
Johannis juxta Willtoneam Sar' diocesis et ejusdem loci fratres et
sorores salutem in omnium salvatore. Noveritis nos cartam dilectissimi
amici nostri Thome le Porter vicarii ecclesie sancti Petri de Bolebrigge
in suburbio de Wiltone recepisse in hec verba:

"Sciant presentes et futuri quod ego Thomas le Porter perpetuus
vicarius ecclesie sancti Petri de Bolebrigge in suburbio de Wiltone dedi,
concessi, et hac presenti carta mea confirmavi fratri Johanni de
Norrugge priori hospitalis sancti Johannis juxta Wilton', fratribus, et
sororibus dicti hospitalis quatuor mesuagia cum pertinenciis in
burgo et suburbio de Wiltone, de quibus unum mesuagium situm
est in vico de Westrete inter tenementum Petri le Bout et quamdam
placeam ubi fratres predicatores nunc apud Fisshertone juxta Sar'
commorantes manere solebant et extendit usque stagnum molendini
tunc Reginaldi Isemberd, et duo mesuagia sita sunt in vico de Suthstrete de quibus unum mesuagium fuit Johannis Goldron' ubi diem
suum clausit extremum et aliud Ricardi As quod habuit ex dono et
concessione ejus, et quartum mesuagium jacet in eodem vico de
Suthstrete et quondam fuit Roberti Chapelayn et jungit aque de
Noddre apud Bolebrigge, habendum et tenendum eidem priori,
fratribus et sororibus dicti hospitalis et successoribus suis predicta
quatuor mesuagia cum pertinenciis de capitalibus dominis feodi
illius per servicia que ad illa tenementa pertinent imperpetuum. Pro
hac autem donacione et concessione ac presentis carte confirmacione
concesserunt predicti prior, fratres, et sorores pro se et successoribus
suis ac obligant omnia terras et tenementa ac hospitale suum predictum quovismodo contingencia habita vel inposterum habenda ad
inveniendum unum fratrem capellanum ydoneum dicti hospitalis
divina singulis diebus in ecclesia sancti Petri juxta Bolebrigge predicta

---

[1] *A statement of the purpose of the grant is omitted here. In the margin is written, in a
contemporary hand,* Exhibeatur originale quia ista copia est defectiva et suspecta vacare.

in suburbio de Wiltone pro anima mea predicti Thome et animabus
      patris et matris mee, Roberti de Brudecombe et Alicie
Fo. 175ᵛ   uxoris ejus | et animabus patrum et matrum eorumdem,
      Alani capellani, Roberti Goldron et Dionisie matris ejus,
et Avicie de Faucunberge, et omnium antecessorum et heredum
nostrorum ac omnium fidelium defunctorum celebraturum imperpetuum. Predictus vero frater capellanus qui pro tempore fuerit
celebret futuris et perpetuis temporibus singulis diebus dominicis extra
quadragesimam et adventum de sancta trinitate diebusque ferialibus
predictis temporibus dumtaxat exceptis die Lune officium mortuorum,
die Martis de beato Thome martire, die Mercurii missam similiter
pro defunctis, die Jovis de sancto spiritu, die Veneris missam pro
animabus supradictis et pro omnibus fidelibus defunctis, et die Sabati
de beata Maria semper virgine gloriosa. Et ego vero predictus Thomas
et heredes mei predicta quatuor mesuagia cum pertinenciis predicto
priori, fratribus, et sororibus ejusdem et successoribus suis pro predicta
cantaria in forma prenominata imperpetuum facienda ac eciam
serviciis capitalibus dominis de predictis mesuagiis debitis et consuetis
ut premittitur faciendis contra omnes mortales warantizabimus
imperpetuum. In cujus rei testimonium presenti carte sigillum meum
apposui. Hiis testibus domino Roberto Selyman tunc senascallo
domine Marie sororis domini Edwardi regis Anglie domine burgi
Wyltonie, Waltero de Schirreveton' tenente locum dicti senascalli in
eodem burgo, Reginaldo Isemberd tunc majore dicti burgi, Nicholao le
Vyneter, Roberto Lauerantz, Petro le Bout, Nicholao Lauerans,
Johanne Wolfrich, Henrico de Netherburi, Ricardo Belejaumbe,
Johanne le Mous, Willelmo Thormond, Nicholao de Schireborne,
Willelmo le Melemonger, Petro Lettereman, Roberto Gileber', et
aliis. Datum apud Wyltone die dominica proxima post festum
nativitatis sancti Johannis baptiste anno regni regis Edwardi filii regis
Edwardi decimo octavo.''

'Nos igitur super cartam prescriptam ac omnibus et singulis contentis
in eadem deliberacione sufficienti et diligenti tractatu inter nos
habitis in communi, considerantes ex hiis domui nostre predicte et
nobis et successoribus nostris utilitatem posse manifestam et maximam
provenire et cultum quod plurimum affectamus augeri divinum
quicquid actum est per cartam antedictam quatenus nos contingit ex
certa sciencia sponte, nullo cogente improprio, approbantes, et ea
cum graciarum accione multiplici acceptantes de communi consensu
et unanimi voluntate concedimus et promittimus pro nobis et successoribus nostris juxta exigenciam carte supradicte unum fratrem
capellanum ydoneum hospitalis nostri predicti in ecclesia sancti
Petri juxta Bolebrugge in suburbio de Wyltone pro anima dicti

Thome et animabus patris et matris ipsius, Roberti de Brudecombe et Alicie uxoris ejus, et animabus patrum et matrum eorumdem, Roberti Goldron et Dionisie matris ejus, et Avicie de Faucomberge, et omnium antecessorum et heredum ipsorum ac omnium fidelium defunctorum divina singulis diebus in ecclesia predicta ad altare sancti Thome martiris celebraturum futuris et perpetuis temporibus invenire, et nostris sumptibus exhibere in sufficienti victu et vestitu juxta competenciam sui status.   Frater vero capellanus hujusmodi debet per nos domino archidiacono Sar' vel ejus . . officiali qui pro tempore fuerit aut ipsorum vel eorum alterius vices gerenti ad cantariam predictam in synodo sancti Lamberti annis singulis presentari et per dictum . . archidiaconum vel ejus . . officialem aut ipsorum vel eorum alterius vices gerentem ad eamdem cantariam admitti,[1] aut si ipsum fratrem capellanum omiserimus in dicta synodo ut premittitur presentare . . decanus cathedralis ecclesie Sar' qui pro tempore fuerit ejusve locum tenens vel . . officialis cui hospitale nostrum

Fo. 176   inmediate sub|jectum esse dinoscitur antedictum nostrum defectum in hac parte suplendo aliquem fratrem ydoneum capellanum dicti hospitalis quem ad hoc duxerit eligendum in proximo capitulo dicte Wyltone decanatus post celebratum synodum antedictum in qua ipsum fratrem capellanum non curaverimus presentare domino . . archidiacono Sar' ejusve . . officiali seu ipsorum vel eorum alterius vices gerenti predictis qui pro tempore fuerit ea vice modo simili presentabit nostris ut premissum est ita sumptibus exhibendum. Ac si per nos prius fuisset in dicta synodo presentatus capellanus autem hujusmodi sic admissus horas canonicas per singulos dies in ecclesia supradicta dicere teneatur integraliter et distincte secundum exigenciam carte prescripte una cum vigiliis mortuorum.   Ceterum cum prefatus Thomas libros et ornamenta subscripta pro dicta cantaria facienda jam de bonis suis assignaverit sufficiencia et honesta, videlicet unum missale, unum manuale, unum calicem, unum par vestimentorum, corporalia, et duo manutergia, nos exnunc tenemur et fatemur nos tenore presencium teneri omnimoda ornamenta predicta nostro periculo conservare et quociens opus fuerit reparare et nova si necesse fuerit invenire.   Ad omnia vero et singula prenotata futuris et perpetuis temporibus fideliter modis prescriptis et eciam juxta exigenciam carte prescripte observanda nos et successores nostros ac hospitale nostrum predictum et omnia bona nostra mobilia et immobilia tenore presencium efficaciter obligamus, subicientes nos et successores nostros ac hospitale nostrum nostraque bona omnia et singula ubicumque inventa jurisdiccioni et chohercioni [*sic*] domini . . decani Sar' et . .

---

[1] *In margin,* Archidiaconus vel officialis admittit.

officialis sui qui pro tempore fuerint,[1] et consencientes expresse quod
ipsi vel eorum alter nos ad querelam simplicem cujuscumque cujus
intererit compellant seu compellat quociens necesse fuerit ad observandum plenarie omnia et singula predicta per quamcumque censuram
ecclesiasticam prout ipsis vel eorum alteri visum fuerit expedire
simpliciter et de plano absque judiciali strepitu qualicumque. Volumus
eciam nichilominus et expresse concedimus quod si per culpam aut
negligenciam nostram aut fratris nostri capellani predicti qui pro
tempore fuerit cessatum fuerit in cantaria predicta, statim extunc
liceat dicto domino decano Sar' vel ejus . . officiali hoc quantumcumque summarie cognito ecclesiam hospitalis nostri ecclesiastico
supponere interdicto et eam sub interdicto hujusmodi tenere quousque
tot missas quot per culpam seu negligenciam hujusmodi subtracte
fuerint per alios capellanos ydoneos in dicta ecclesia pro animabus
supradictis fecerimus celebrari. In quorum omnium testimonium
atque fidem hiis scriptis tripartitis sigillum nostrum commune una
cum sigillo . . officialis domini . . decani Sar' est appensum simul
cum sigillis predictorum domini Thome le Porter et Roberti de
Brudecombe alternatim. Et remanet una pars penes nos in thesaura
nostra et alia pars versus predictum Thomam et tercia pars penes
Robertum de Brudecombe supradictum ad predicta omnia et singula
clarius et plenius supervidenda et declaranda. Hiis testibus Roberto
le Bor, Johanne de Mere, Roberto de Brudecombe, Radulpho atte
Mulne, Johanne Picot, Reginaldo Isemberd, Petro le Bout, Nicholao
le Vyneter, Johanne le Mous, et aliis. Datum apud Wyltone in
hospitali nostro predicto die Lune in crastino sancti Michaelis archangeli anno domini m° ccc^{mo} vicesimo quinto, anno regni regis
Edwardi filii regis Edwardi decimo nono.'

Super hiis igitur plenius informari volentes dilecto filio . . archidiacono Sar' vel ejus . . officiali nostris litteris mandavimus ut vocatis
vocandis ad ecclesiam sancti Petri predictam accedens inquireret
diligenter per viros fidedignos et juratos inquirendorum noticiam
verisimiliter optinentes si rector ecclesie supradicte et alii quorum
interest hujusmodi cantarie ut predicitur faciende suum prebuerint et
prebeant jam assensum, et presertim si cui vel quibus prejudicium
aliquod ex cantaria et assignacione predictis provenire
valeat si petitis forsitan annuamus. Cumque directis nobis
| dicti officialis lit[t]eris in hac parte certificatoriis
sufficienter constet causas sufficientes subesse habende ut premititur
cantarie quodque rector ecclesie supradicte ipsi cantarie ut predictitur
faciende suum prestiterit atque prestet assensum, ac quod mesuagiorum

Fo. 176^v

---

[1] *In margin*, nota pro decano Sar'.

cum pertinenciis predictorum donacioni et assignacioni dominus noster rex predictus, domina Maria illustris regis Anglie filia, et domina abbatissa Wylton', domini inmediati et mediati mesuagiorum hujusmodi, consensum suum prebuerunt et prebent, necnon quod nulli ex cantaria et assignacione predictis poterit prejudicium generari dumtamen per capellanum qui dictam cantariam faciet de indempnitate dicte ecclesie sancti Petri, ipsius rectoris, et vicarii sufficienter et ydonee caveatur et dominis capitalibus mesuagiorum ipsorum fiant pro ipsis servicia consueta, nos Rogerus episcopus supradictus ponderatis ut convenit omnibus suprascriptis et diligencius examinatis ipsiusque Thome vicarii devocionem laudabilem quam ad divini cultus augmentum animarumque salutem tendere cernimus in domino commendantes, cantariam predictam secundum modum, formam, vim, seriem, et effectum litterarum prescriptarum auctoritate pontificali ordinamus perpetuam donacionemque et assignacionem porcionum ejusdem ac omnia alia et singula in eisdem litteris comprehensa quatenus juste et canonice processerunt salvo jure in omnibus predicte ecclesie sancti Petri, ipsius rectoris, et vicarii ac quorumcumque aliorum quorum interest vel interesse poterit in hac parte quibus in aliquo prejudicare non intendimus, salvis eciam capitalibus dominis mesuagiorum illorum serviciis debitis et consuetis, quantum in nobis est auctoritate nostra ordinaria approbamus et ea confirmamus tenore presencium perpetuo et fideliter observanda, hoc adjecto quod quilibet presbiter presentatus ad cantariam hujusmodi in admissione sua ad eam de indempnitate quatenus in eo est ecclesie sancti Petri, ipsius rectoris, et vicarii prestet corporaliter inspectis evangeliis juramentum quodque diebus dominicis et festivis dumtaxat missam suam incipiat post lectum ewangelium magne misse nisi a loci vicario licenciam aliam habuerit specialem, nostre ecclesie Sar' dignitate, juribus, et consuetudinibus in omnibus semper salvis. In quorum testimonium atque fidem fecimus has nostras litteras ad perpetuam rei memoriam registrari et nostri sigilli munimine roborari. Datum apud Poterne v nonas Octobris anno millesimo ccc^mo vicesimo quinto et consecracionis nostre undecimo.

[*8 January 1325. Grant by the prebendary of Ramsbury to the vicar of Ramsbury, in augmentation of his vicarage, of certain small tithes that had belonged to the prebend.*]

[Fo. 177][1]

AUGMENTACIO VICARIE DE REMMESBURY.[2] Willelmus de Sancto Johanne prebendarius ecclesie prebendalis de Remmesbur' in ecclesia

---

[1] *At top of page,* Vicesimus secundus quaternus.
[2] *In margin,* nota

Sar' dilecto sibi in Christo domino Symoni de Chadeleshunte perpetuo ejusdem ecclesie vicario salutem in domino sempiternam. Proventuum vicarie tue non mediocrem exilitatem et inter cetera eidem incumbencia onera hospitalita[ti]s precipue graciam que te deo et hominibus reddet acceptum provida deliberacione attendens, ut eadem valeas facilius supportare caritatis intuitu et tue probitatis optentu ad augment-acionem vicarie prelibate tibi et per te successoribus tuis dicte prebende vicariis in futurum omnes et singulas decimas de porcellis, aucis, lino, canabo, lacte, caseo, ovis, pullis columbarum, et melle non solum pecunialiter set totaliter et integraliter de ipsis rebus ad dictam pre-bendam de cetero provenientes, insuper et decimam pro vitulis, pullis equorum, agnis, et pro feno de hameleto de Axeford' quicquid pro minutis decimis pro hujusmodi rebus in pecunia numerata tantum contigerit, omnibus autem oblacionibus ad dictam ecclesiam pre-bendalem in festis Invencionis et Exaltacionis sancte crucis et pro octabis eorumdem provenientibus michi et successoribus meis imper-petuum reservatis, oblaciones tamen que die dominica proxima post festum Exaltacionis sancte crucis singulis annis de jure et consuetudine observata in dicta ecclesia de parochianis offerri solent et deberent tibi et vicariis in eadem ecclesia perpetuo successuris quantum in me est dono et irrevocabiliter concedo litteras per presentes, ceteris conces-sionibus, donacionibus omnibus et singulis per predecessores seu precessores meos quibuscumque dicte prebende vicariis et eorum successoribus prius factis in earum robore nichilominus semper duraturis. In cujus rei testimonium presentibus sigillum meum apposui. Datum apud Sar' octavo die Januarii anno domini millesimo ccc^mo vicesimo quarto.

Confirmacionem vide ex opposito.[1]

[*16 January 1325. Letter to Hugh de Angoulême, sacrist of Narbonne and papal nuncio, whose mandate, dated 24 December 1324, for the payment of Peter's Pence for the year 1324 by 2 February is set out in full, stating that the bearer brings £17 in payment of the tax.*]

Pro Denariis beati Petri, receptum apud parcum de Remm' iiij idus Januarii. Venerande discrecionis viro domino Hugoni de Engolisma sacriste Narbonen' domini nostri pape et sedis apostolice in Anglia nuncio Rogerus permissione divina Sar' episcopus salutem in eo quem peperit uterus virginalis. Litteras vestras recepimus iiij idus Januarii in hec verba: 'Reverendo patri in Christo domino Sar' episcopo Hugo de Engolisma sacrista Narbonen' domini nostri pape et sedis apostolice in Anglia nuncius salutem in illo qui est omnium vera salus. In

---

[1] *See p. 492.*

virtute obediencie qua sedi apostolice tenemini auctoritate apostolica nobis in hac parte commissa cum reverencia tamen qua decet vobis firmiter injungendo mandamus, et tenore presencium una canonica monicione premissa pro omnibus peremptorie vos monemus, quatinus citra festum purificacionis beate Marie nobis solvatis seu solvi faciatis nomine Romane ecclesie in domo quam inhabitamus London' in vico de Lombarstrete denarios sancti Petri per vos de anno presenti debitos de diocese vestra predicta, alioquin vitare non poterimus quns contra vos et ecclesiam vestram procedamus per censuras ecclesiasticia previa racione. De die vero recepcionis presencium et quid in premissis duxeritis faciendum nos citra dictum terminum per vestras patentes litteras harum seriem continentes curetis reddere cerciores. Datum London' die xxiiij mensis Decembris anno domini millesimo ccc^mo vicesimo quarto.'

Quarum pretextu litterarum septemdecim libras sterlyngorum de denariis sancti Petri debitis pro anno domini millesimo ccc^mo vicesimo quarto vobis mittimus per presencium portitorem. Datum apud parcum [de Remmesbir'] xvij kalendas Februarii anno domini millesimo ccc^mo quarto et consecracionis nostre decimo.

Nuncius J. de Bromham.[1]

[*31 January 1325. The Bishop's confirmation of the augmentation of Ramsbury vicarage, stating nevertheless that the augumented income of the vicarage remains insufficient.*]

[Fo. 177ᵛ]

CONFIRMACIO AUGMENTACIONIS VICARIE DE REMMESBURY.[2] Universis quorum interest ad quos pervenerit hec scriptura Rogerus permissione divina Sar' episcopus salutem in eo quem peperit uterus virginalis. Litteras dilecti filii domini Willelmi de Sancto Johanne canonici ecclesie nostre Sar' et prebendarii ecclesie prebendalis de Remmesbir' in eadem nos recepisse noveritis hanc verborum seriem continentes, 'Willelmus de Sancto Johanne,' et cetera ut supra ex opposito.[3] Et licet consideratis omnibus que dicto vicario et suis successoribus predicte vicarie nomine incumbunt oneribus porciones omnes hujusmodi augmentate eciam et antique non sufficiant pro eisdem oneribus debite supportandis, quia tamen predictarum decimarum et oblacionum donacio et concessio per dictum prebendarium supra facte in utilitatem non modicam vicarie predicte et vicariorum ejusdem qui pro tempore fuerint cedere poterunt manifeste, nos ipsas donacionem et concessionem concurrentibus omnibus que in hac parte requiruntur de jure

---

[1] *Written in afterwards, and followed by four or five words that are indecipherable.*
[2] *In margin,* nota.
[3] *See p. 491.*

tenore presencium approbamus et ex certa sciencia confirmamus, salva nobis et successoribus nostris potestate vicarie predicte porciones congruis loco et tempore prout juris fuerit augmentandi. In quorum testimonium memoriamque perpetuam atque fidem sigillum nostrum fecimus hiis apponi. Datum apud parcum de Remmesbir' ij kalendas Februarii anno domini prenotato, consecracionis vero nostre anno decimo.

[Fo. 178 *blank*]

[*18 April 1325. Ordination by the Bishop of a chantry in the church of Little Langford, for the souls of John son of Alan de Langeford and Agnes his wife. John and Agnes have given houses, land, and rent in Little Langford and neighbouring places to the prior and hospital of St. John by Wilton, for which they are to appoint and maintain a chantry chaplain with a suitable house in Little Langford. The ordination embodies (1) the royal letters patent, dated 8 March 1324, allowing the grant in mortmain, and (2) the charter of the prior and hospital, dated 20 October 1324, which in turn embodies the fine conveying the property from John and Agnes, dated 6 October 1324, and sets out the way in which the chantry chaplain is to be newly appointed each year.*]

[Fo. 178^v]

ORDINACIO CANTARIE AD INSTANCIAM JOHANNIS FILII ALANI DE LANGE-FORD'.[1] Universis sancte matris ecclesie filiis ad quorum noticiam pervenerit hec scriptura Rogerus permissione divina Sar' episcopus salutem in eo quem peperit uterus virginalis. Frequens et assidua dilecti filii Johannis filii Alani de Langeford' nostre diocesis exhibita nobis peticio continebat quod cum ipse et Agnes uxor sua ad inveniendum perpetuo unum capellanum prout subscribitur celebraturum in ecclesia parochiali de Parva Langeford' dicte diocesis terras, tenementa, et redditus dederint et assignaverint, domini nostri regis licencia et aliorum quorum interest consensu prehabitis in hac parte prout hec in regiis et aliis super hiis confectis litteris et subscriptis eorum quorum existunt veris sigillatis sigillis quas inspeximus et diligenter examinari fecimus continetur, cantariam ipsam ordinare ac eam et premissa quantum in nobis est approbare et confirmare auctoritate nostra ordinaria dignaremur, quarum quidem litterarum hii in omnibus sunt tenores:

'Edwardus dei gracia rex Anglie dominus Hibn' et dux Aquit' omnibus ad quos presentes littere pervenerint salutem. Licet de communi consilio regni nostri statutum sit quod non liceat viris religiosis seu aliis ingredi feodum alicujus ita quod ad manum mortuam deveniat sine licencia nostra et capitalis domini de quo res illa inmediate

---

[1] *In margin, nota; and at top of page, in a later hand,* Cantaria fundata in ecclesia parochiali de Parva Langford sustinenda per priorem et fratres hospitalis sancti Johannis juxta Wilton'.

tenetur, per finem tamen quem Johannes filius Alani de Langeford'
fecit nobiscum concessimus et licenciam dedimus pro nobis et heredibus
nostris quantum in nobis est eidem Johanni et Agneti uxori ejus quod
ipsi duo mesuagia, unam carucatam terre, duodecim acras prati et
dimidiam, et decem et novem solidatas redditus cum pertinenciis in
Wynterborneford', Parva Langeford', Muleford', Laverkestok', et
Hurdecote juxta Erleswynterborne dare possint et assignare dilectis
nobis in Christo . . priori et fratribus hospitalis sancti Johannis juxta
Wylton' ad inveniendum quemdam capellanum divina singulis diebus
in ecclesia parochiali de Parva Langeford' pro animabus ipsorum
Johannis et Agnetis et animabus patrum et matrum et antecessorum
et heredum suorum ac omnium fidelium defunctorum celebraturum,
habenda et tenenda [*etc.; cf. p. 391.*]. Teste meipso apud Westm'
octavo die Marcii anno regni nostri decimo septimo.'

'Universis sancte matris ecclesie filiis ad quorum noticiam pervenerit
hac scriptura frater Johannes de Norrugg' prior hospitalis sancti
Johannis juxta Wylton' Sar' diocesis et ejusdem loci fratres et sorores
salutem in omnium salvatorem. Noverit universitas vestra quod nos
unam partem cujusdam finalis concordie indentatam in curia domini
regis factam inter nos . . priorem predictum ex parte una et Johannem
filium Alani de Langeford' et Agnetem uxorem ejus ex altera
suscepimus et habemus tenorem qui sequitur continentem:

"Hec est finalis concordia facta in curia domini regis apud Westm'
in octabis sancti Michaelis anno regni regis Edwardi filii regis Edwardi
decimo octavo coram Willelmo de Bereford', Johanne de Mutford',
Willelmo Herle, Johanne de Stonore, et Johanne le Busser justiciariis et
aliis domini regis fidelibus tunc ibidem presentibus, inter . . priorem
hospitalis sancti Johannis juxta Wylton' querentem et Johannem
filium Alani de Langeford' et Agnetem uxorem ejus deforciantes de
duobus mesuagiis, una carucata terre, duodecim acris prati et
dimidia, et decem et novem solidatis redditus cum pertinenciis in
Wynterborn' Forde, Parva Langeford', Muleford', Laverkestok', et
Hurdecote juxta Eurleswynterborn', unde placitum convencionis summonitum fuit inter eos in eadem curia, scilicet quod predicti Johannes
et Agnes recognoverunt predicta tenementa cum pertinenciis esse
jus ipsius prioris et ecclesie sue hospitalis sancti Johannis predicti. Et
illa ei reddiderunt in eadem curia, habenda et tenenda
Fo. 179   eidem priori et successoribus suis et ecclesie sue | predicte
de capitalibus dominis feodi illius per servicia que ad
illa tenementa pertinent imperpetuum. Et idem Johannes concessit
pro se et heredibus suis quod ipsi warantizabunt predicto . . priori
et successoribus suis predicta tenementa cum pertinenciis contra
omnes homines imperpetuum. Et pro hac recognicione, reddicione,

warancia, fine, et concordia idem prior concessit pro se et successoribus suis quod ipsi invenient singulis diebus per annum quemdam capellanum ydoneum divina celebraturum in ecclesia sancti Nicholai de Parva Langeford' imperpetuum pro animabus predictorum Johannis et Agnctis et animabus antecessorum et heredum suorum ac aliorum omnium fidelium defunctorum, ita quod si contingat predictum . . priorem vel successores suos de predicta cantaria cessare, bene liceat predictis Johanni et Agneti et heredibus ipsius Johannis distringere predictum . . priorem vel successores suos per omnia bona et catalla in predictis tenementis inventa et ea retinere donec de predicta cantaria pro toto tempore quo ipsi in eadem invenienda cessaverint predictis Johanni et Agneti et heredibus ipsius Johannis fuerit plenarie satisfactum.   Et hec concordia facta fuit per preceptum domini regis."

'Nos igitur super finali concordia supradicta et omnibus ac singulis contentis in ea deliberacione sufficienti et diligenti tractatu inter nos habitis in communi considerantes ex hiis domui nostre predicte et nobis utilitatem posse manifestam et maximam provenire et cultum quod plurimum affectamus augeri divinum, quicquid actum est per concordiam antedictam quatenus nos contingit ex certa sciencia sponte, nullo cogente imperio, approbantes et ea cum graciarum accione multiplici acceptantes, de communi consensu et unanimi voluntate concedimus et promittimus pro nobis et successoribus nostris juxta exigenciam finalis concordie supradicte unum capellanum ydoneum in ecclesia parochiali de Parva Langeford' predicta pro animabus dictorum Johannis filii Alani de Langeford' et Agnetis uxoris sue et animabus patrum et matrum et antecessorum et heredum suorum ac omnium fidelium defunctorum divina singulis diebus celebraturum futuris temporibus invenire et nostris sumptibus exhibere in sufficienti victu et vestitu juxta competenciam sui status sibique in villa de Parva Langeford' predicta mansionem congruam assignare.   Capellanus vero hujusmodi qui non erit perpetuus set annalis debet per nos domino . . archidiacono Sar' vel ejus . . officiali qui pro tempore fuerit aut ipsorum vel eorum alterius vices gerenti ad cantariam predictam in synodo sancti Lamberti annis singulis presentari et per dictum . . archidiaconum vel ejus . . officialem aut ipsorum vel eorum alterius vices gerentem ad eamdem cantariam admitti,[1] aut si ipsum capellanum omiserimus in dicta synodo ut premittitur presentare decanus cathedralis ecclesie Sar' qui pro tempore fuerit ejusve locum tenens vel . . officialis cui hospitale nostrum inmediate esse subjectum

---

[1] *In margin*, Archidiaconus vel officialis ejus admittit.

dinoscitur[1] antedictum nostrum defectum in ea parte suplendo capellanum aliquem ydoneum quem ad hoc duxerit eligendum in proximo capitulo decanatus de Wyly post celebratam synodum antedictam in qua ipsum capellanum non curaverimus presentare domino . . archidiacono ejusve . . officiali seu ipsorum vel eorum alterius vices gerenti predictis qui pro tempore fuerint ea vice modo simili presentabit, nostris ut premissum est ita sumptibus exhibendum ac si per nos prius fuisset in dicta synodo presentatus. Capellanus autem hujusmodi sic admissus horas canonicas per singulos dies in ecclesia supradicta dicere teneatur integraliter et distincte una cum vigiliis et aliis obsequiis defunctorum. Ceterum cum prefatus Johannes de Langeford' libros, vestimenta, et ornamenta alia pro dicta cantaria facienda sufficiencia de bonis suis jam assignaverit et honesta nos exnunc tenemur et fatemur tenore presencium nos teneri libros, calicem, et alia omnimoda ornamenta hujusmodi nostro periculo conservare et quociens opus fuerit reparare et nova si necesse fuerit invenire. Ad omnia vero et singula prenotata quatenus nos concernunt futuris et perpetuis temporibus fideliter modis prescriptis et eciam juxta exigenciam | dicte finalis concordie observanda nos et successores nostros ac hospitale nostrum predictum et omnia bona nostra mobilia et immobilia tenore presencium efficaciter obligamus, subicientes nos et successores nostros ac hospitale nostrum nostraque bona omnia et singula supradicta ubicumque inventa jurisdiccioni et cohercioni domini . . decani Sar' et . . officialis sui qui pro tempore fuerint, et consencientes expresse quod ipsi vel eorum alter nos ad querelam simplicem cujuscumque cujus intererant compellant seu compellat quociens necesse fuerit ad observandum plenarie omnia et singula predicta per quamcumque censuram ecclesiasticam prout melius ipsis vel eorum alteri visum fuerit expedire simpliciter et de plano absque judiciali strepitu qualicumque. Volumus eciam nichilominus et expresse concedimus quod si per culpam aut negligenciam nostram vel successorum nostrorum aut capellani predicti cessatum fuerit in cantaria predicta, statim extunc liceat dicto domino . . decano Sar' vel ejus . . officiali hoc quantumcumque summarie cognito ecclesiam hospitalis nostri predicti ecclesiastico supponere interdicto et eam sub interdicto hujusmodi sic tenere quousque tot missas quot per culpam seu negligenciam hujusmodi subtracte fuerint per alios capellanos ydoneos in dicta ecclesia de Parva Langeford' pro animabus predictis fecerimus celebrari. In quorum omnium testimonium atque fidem impressio sigilli nostri

Fo. 179[v]

---

[1] *In margin*, nota hospitale sancti Johannis juxta Wilton' subicitur decano Sar' immediate.

communis una cum sigillo officialis domini . . decani Sar' presentibus est appensa. Datum in hospitali nostro predicto vicesimo die Octobris anno domini millesimo ccc^{mo} vicesimo quarto, anno vero regni regis Edwardi filii regis Edwardi decimo octavo.'

Super hiis igitur plenius informari volentes dilecto filio . . archidiacono Sar' vel ejus . . officiali nostris dedimus litteris in mandatis ut idem . . archidiaconus vel ejus . . officialis vocatis vocandis ad ecclesiam de Langeford' accedens predictam inquireret diligenter per viros fidedignos et juratos inquirendorum noticiam verisimiliter optinentes si rector ecclesie supradicte et alii quorum interest hujusmodi cantarie ut premittitur faciende suum prebuerint et prebeant jam assensum, et presertim si cui vel quibus prejudicium aliquod ex cantaria et assignacione predictis provenire valeat si petitis forsitan annuamus. Cumque directis nobis dicti . . officialis litteris in hac parte certificatoriis sufficienter constet causas sufficientes subesse habende ut premittitur cantarie quodque rector ecclesie de Parva Langeford' predicte ipsi cantarie ut predicitur faciende suum prestiterit atque prestet assensum ac quod tenementorum, terrarum, et reddituum predictorum donacioni et assignacioni dominus noster rex predictus, Gilbertus de Wodefold', et Johannes de Grymstede specialem licenciam, ac alii omnes et singuli feodorum predictorum domini consensum suum prebuerunt et prebent, necnon quod nulli ex cantaria et assignacione predictis poterit prejudicium generari, dumtamen per capellanum qui cantariam hujusmodi celebrabit de indempnitate dicte ecclesie de Parva Langeford' in ipsius admissione sufficienter et ydonee caveatur et dominis capitalibus mesuagiorum, terrarum, et prati predictorum fiant pro ipsis servicia consueta, nos[1] Rogerus episcopus supradictus ponderatis ut convenit omnibus suprascriptis inspectisque et diligencius examinatis dictorumque Johannis filii Alani et Agnetis uxoris sue devocionem laudabilem quam ad divini cultus augmentum animarumque salutem tendere cernimus in domino commendantes, cantariam predictam secundum formam, modum, vim, seriem, et effectum litterarum prescriptarum auctoritate pontificali ordinamus perpetuam donacionemque et assignacionem porcionum ejusdem ac omnia alia et singula in prescriptis litteris comprehensa quatenus juste et canonice processerunt, salvo jure in omnibus predicte ecclesie de Prava Langeford' et ejusdem rectoris et quorumcumque aliorum quorum interest vel interesse poterit in hac parte quibus in aliquo prejudicare non intendimus, salvis eciam capitalibus dominis feodorum illorum serviciis debitis et consuetis, quantum in nobis est auctoritate nostra ordinaria approbamus et

---

[1] *In margin*, verba approbatoria per episcopum.

ea confirmamus tenore presencium perpetuo et fideliter observanda, hoc
adjecto quod quilibet presbiter presentatus ad cantariam hujusmodi
in admissione sua ad eam de indempnitate quatenus in eo est dicte
ecclesie de Parva Langeford' ipsiusque rectoris prestet
Fo. 180   corporaliter inspectis | evvangelis juramentum quodque
diebus dominicis et festivis dumtaxat missam suam incipiat
post lectum evvangelium magne misse nisi a loci rectore vel eo absente
presbitero parochiali licenciam aliam habuerit specialem, nostre Sar'
ecclesie dignitate, juribus, et consuetudinibus in omnibus semper
salvis.   In quorum testimonium atque fidem fecimus has nostras
litteras ad perpetuam rei memoriam registrari et nostri sigilli munimine roborari.   Datum apud parcum Remmesbur' xiiij kalendas
Maii anno domini millesimo ccc^{mo} vicesimo quinto et consecracionis
nostre decimo.

[*20 June 1325.   Letter to the vicars of Cookham and Bray setting out the Bishop's temporary
arrangements for Maidenhead chapel, by which the interdict imposed by Bishops Wickhampton
and Scammel and confirmed by the Archbishop (? Kilwardby) is removed and the parishioners
of Cookham and Bray living in Maidenhead may, at their own expense and saving the interests
of the two parish churches, have mass said in the chapel by a priest to be chosen in alternate
years by the two vicars.   A more permanent arrangement was made on 14 July 1325; cf.
Fo. 335.*]

[Fo. 180v]

MAIDENHETH' capella.[1] Rogerus permissione divina Sar' episcopus
dilectis filiis de Braye et Cokham nostre diocesis ecclesiarum . . perpetuis vicariis salutem, graciam, et benediccionem. Nuper in ecclesia
parochiali de Sonnyngg', videlicet[2] vij kalendas Julii anno domini
millesimo ccc^{mo} vicesimo quarto, in negocio quamdam capellam in
villa de Southelyngton' que Maydenhuth' vulgariter appellatur infra
parochias ut dicitur de Cokham et Braye erectam et cantariam ordinandi
in ea tangente nobis pro tribunali personaliter sedentibus, ac vobis . .
vicariis videlicet de Cokham personaliter et de Braye per magistrum
Willelmum de Braye procuratorem suum . . religiosisque viris . .
abbate et . . conventu Cyrencestr' quibus dicte ecclesie appropriate
dicuntur dictarum vicariarum patronis per eumdem magistrum
Willelmum procuratorem suum et earumdem ecclesiarum in Maidenhuth'[3] parochianis per Willelmum Rokele et Willelmo Housebonde
procuratores suos coram nostris in hac parte commissariis prius
legitime constitutis comparentibus coram nobis die et loco predictis,

---

[1] *In margin, nota.*
[2] videlicet *added between the line apparently at the same time and for the same reasons as the
alterations in note* [1] *on p. 499.*
[3] in Maidenhuth' *added between the lines apparently at the same time and for the same reasons
as the alterations in note* [1] *on p. 499.*

cum constaret nobis legitime tam per confessionem vestram et procuratorum predictorum quam alias sufficienter vos . . vicarios
personaliter ac . . religiosos et parochianos prefatos per procuratores
suos predictos se nostre in hac parte ordinacioni quando et prout nobis
placuerit et animarum saluti expedire viderimus faciende totaliter
submississe juramento nichilominus inspectis per vos et per dictos
procuratores tactis sacrosanctis evangeliis a vobis et eis prestito quod
faciendam nostram hujusmodi ordinacionem fideliter observabitis et
observabunt, legi fecimus et pupplice recitari litteras bone memorie
domini Roberti quondam Cant' archiepsicopi per quas confirmasse
videbatur quoddam interdictum in dictam capellam per recolende
memorie dominos R. et W. predecessores nostros episcopos quondam
Sar' interpositum certis causis.   Et quia in decanatu Radyngg'
visitacionis officium auctoritate ordinaria excercentes comperimus
manifeste insinuacione dictorum parochianorum frequenti et pupplice
attestante dicti interdicti pretextu grande et notorium animarum
periculum multipliciter iminere, cui paterna solicitudine pro viribus
obviare tenemur, prefatum interdictum et quascumque inhibiciones
ac sentencias subsecutas ex eo vel ob id de consensu vestro et procuratorum predictorum expresso et tam auctoritate venerabilis patris
domini W. dei gracia Cant' archiepiscopi tocius Anglie primatis nobis
specialiter in hac parte commissa quam nostra ordinaria causeque
cognicione que in hiis requiritur prehabita duximus ex causis predictis
et aliis id fieri suadentibus relaxanda et eciam revocanda, concedentes
et auctoritate nostra ordinaria nostram in hac parte ordinacionem
quatenus tunc varia permisit occupacio inchoando de vestro et
dictorum procuratorum expresso consensu nichilominus ordinantes
quod parochiani predicte ville de Maydenhuth' in omnibus eorumdem
sumptibus absque prejudicio quolibet ecclesiarum matricium predictarum in dicta capella sibi et extraneis per dictam villam transeunti-
bus divina videlicet missam tantum per ydoneum presbiterum per
dictos . . vicarios alternis annis eligendum facere valeant celebrari
donec ordinaverimus finaliter in hac parte, inhibentes[1] de expresso
assensu predicto quod in ipsa capella nulla cuiquam sacramenta vel
sacramentalia ministrentur et presertim ne purificaciones fiant alique
mulieri vel parvuli baptizentur ibidem, quodque dicti parochiani in
eadem capella nullas omnino oblaciones offerant vel dicti . . vicarii
vel presbiteri eas recipiant set ipsas tam debitas et consuetas quam ex
devocione dumtaxat faciendas in suis faciant ecclesiis matricibus

---

[1] *The words* per dictos . . vicarios alternis annis eligendum, *and from* inhibentes *to
the end of the sentence have been marked* vacat *between the lines and in the margin, presumably
to make the entry serve as a model for, or agree with, that on* Fo. 335, *where the Bishop's final
decision is given.*

L

antedictis, et si forte aliqua a dictis parochianis contra inhibicionem nostram hujusmodi vel ab exteris forsitan offerantur ibidem, oblata hujusmodi ne perirent duximus sequestranda ipsiusque sequestri custodiam loci presbitero ut premittitur electo et Willelmo Housebonde procuratori prefato de consensu committentes predicto donec de illis et futuris quid fieri debeat auctoritate nostra ordinaria predicta virtute submissionis ordinaverimus antedicte.   Ordinavimus insuper quod presbiter quilibet qui in capella celebrabit predicta

Fo. 181 | juramentum corporale prestet in iniciis vobis vicariis antedictis de indempnitate vicariarum vestrarum et ecclesiarum quantum in eo est in omnibus predictarum, dicteque ville parochiani majoribus solempnitatibus ac diebus oblacionum et maxime dedicacionis sancte Trinitatis sanctique Michaelis suas visitent matrices ecclesias supradictas in eis divinum audituri officium ac sacramenta ut tenentur et sacramentalia recepturi omniaque nichilominus onera debita et consueta tam in reparacionibus earumdem ecclesiarum et aliis prestacionibus eos concernentibus quam in oblacionibus et aliis de jure vel consuetudine inibi facienda ut convenit subituri.   Injunximus[1] eciam vobis . . vicariis supradictis et eciam dicte ville de Maydenhuth' parochianis in virtute prestiti de quo premittitur juramenti quod omnia premissa et singula quantum vos et eos concernunt curetis et curent fideliter observare donec super premissis et ea tangentibus juxta submissionem predictam auctoritate nostra ordinaria plenius ordinaverimus sicut et ordinare proponimus cum festinacione comoda qua valemus.   Hec igitur vobis conjunctim et divisim, et ea mandamus quod in ecclesiis et capella predictis diebus dominicis seu festivis per vos vel alios pupplicari [faciatis] ut tam vestre quam parochianorum predictorum memorie commendata nequaquam infirmentur set tanto firmius observentur et melius quanto vestris et eorum auribus frequencius inculcantur.   Valete. Datum apud Sonnyngg' xij kalendas Julii anno domini millesimo cccmo vicesimo quinto et consecracionis nostre decimo.[2]

[Fo. 181ᵛ *and* 182 *blank*]

[*12 March 1325.   Letter from the bishop of London, dated at Orsett, containing the Archbishop's mandate, dated 9 March at Dover, for prayers on the departure of Queen Isabella for France. The letter is printed in Reg. Hethe, i (Cant. & York Soc. xlviii), 343-5.*]

[Fo. 182ᵛ]

AD ORANDUM PRO REGINA IN FRANCIAM DESTINATA, receptum apud Remm' iij kalendas Aprilis.   Venerabili in Christo patri domino dei gracia Sar' episcopo Stephanus [*etc.*].

----

[1] *The words from here to the end are marked* vacat; *see preceding note.*
[2] *At the end, in a later hand,* completa est hec ordinacio idibus Julii 1335 [recte 1325]: vide paginam [i.e. Fo.] 335.

[*Undated. Beginning of the execution of the above mandate.*]
[Fo. 183]
EXECUCIO. R. et cetera iiij^or archidiaconis vel eorum officialibus et tenenti locum decani Sar' et ipsius officiali. Cum igitur . . .[1]

[*3 October 1325. Letter from the bishop of London, dated at Stepney, containing the Archbishop's mandate, dated 22 September at Charing, for prayers on the departure for France of the King's son, with a grant of 40 days' indulgence for those saying such prayers. The letter is printed, with minor variations, in Reg. Hethe, i (Cant. & York Soc. xlviii), 356-8. At the end is a note that the mandate had been executed before its receipt.*]

[Fo. 183^v]
AD ORANDUM PRO REGINA ET FILIO REGIS IN FRANCIAM DESTINATIS.
Venerabili in Christo patri domino . . dei gracia Sar' episcopo [*etc.*].
[Fo. 184]
Dominus istud mandatum in effectu ante ipsius recepcionem est auctoritate sua pleniter executus.

[*1 January 1326. Mandate from the Archbishop, dated at Otford and received on 20 January, for sermons, prayers, special masses, fastings, and processions for the avoidance of war between the kings of England and France, with grants of 40 and 30 days' indulgence. Similar mandates are printed in Reg. Hethe, i (Cant. & York Soc. xlviii), 363-5, and Reg. Orleton (Cant. & York Soc. v), 340-1.*]

AD ORANDUM ET PROCESSIONES FACIENDUM PRO PACE, receptum apud Poterne xiij kalendas Februarii. Walterus [*etc.*].

[*30 January 1326. Certificate to the above mandate.*]
[Fo. 184^v]
CERTIFICATORIUM. Venerabili in Christo patri et domino reverendo domino Waltero dei gracia Cant' archiepiscopo tocius Anglie primati Rogerus ejusdem permissione Sar' episcopus obedienciam debitam et devotam cum omni reverencia et honore. Mandatum vestrum xiij kalendas Februarii recepimus continens seriem hanc verborum, 'Walterus', et cetera ut supra. Huic igitur mandato in omnibus suis articulis paruimus secundum ipsius exigenciam reverenter. Ad ecclesie sue sancte regimen et munimen paternitatem vestram diu conservet incolumem Jhesus Christus. Datum apud Poterne iij kalendas Februarii anno domini supradicto.

[*List of churches in the diocese dedicated in 1326 on the Bishop's authority by Robert Petit, bishop of Annadown.*]
[Fo. 185]

INFRANOMINATAS ECCLESIAS DEDICAVIT AUCTORITATE DOMINI FRATER ROBERTUS PETYT ENACHDUNIENS' EPISCOPUS IN ANNO DOMINI CCC^o

---

[1] *The entry breaks off here, and the words* Cum igitur *have been crossed out.*

VICESIMO SEXTO. Hec sunt nomina ecclesiarum dedicatarum per dominum Robertum Petyt Enachdun' episcopum auctoritate domini R. dei gracia Sarr' episcopi: Schaldeborn', ecclesia de Chute, ecclesia de Wynterborn' Daunteseye, ecclesia de Stratford' juxta Sar', ecclesia de Stepellangeford', ecclesia de Anestygh, ecclesia de Wymborn' sancti Egidii, ecclesia de Hortone, ecclesia de Edmundesham, ecclesia de Wynterborn' Vyfhach', ecclesia de Wynterborn' Thomaston', ecclesia de Cheselborne, ecclesia de Pudele Teners, ecclesia de Muleborn' de scola de Vall' Sar', ecclesia de Ryngestede, ecclesia de Pokeswelle, ecclesia de Waye Nichol', ecclesia de Wynterborn' Abbatis, ecclesia de Wynterborn' Stupelton', ecclesia de Lytelbryde, ecclesia de Tynham, ecclesia de Shalvedon' Boys, ecclesia de Hamme juxta Stourmenstre, ecclesia de Cheselborn', ecclesia de Stoke Cosyn, ecclesia de Fyfhyde, ecclesia de Staforde, ecclesia de Bencombe, ecclesia de Stoure Prewes, ecclesia omnium sanctorum Dorcestr', ecclesia de Frome Wytefeld', ecclesia de Chelesbur', ecclesia sancti Johannis de Schaftebur', ecclesia sancte Trinitatis de Schaftebur', ecclesia de Morton', ecclesia de Poleyneston', ecclesia de Mynterne, ecclesia de Opcerne, ecclesia de Batecombe, ecclesia de Yethmenstr', ecclesia de Rime, ecclesia de Everschete, ecclesia de Stoke Wode vel nominata Poyns, ecclesia de Polham, ecclesia de Caudel Episcopi, ecclesia de Caudel Hadden', ecclesia de Fyfyde abbatis de Tarent', ecclesia de Stourwake, ecclesia de Stourewestovere, ecclesia de Gyllyngham, ecclesia de Caudel Purs, ecclesia de Ramesham.

[*Lists of friars admitted at various dates by the Bishop to hear confessions according to the constitution* Super cathedram.[1] *The friars' names are arranged in their various orders; the names of their houses are written in the margin. In four instances the date and place given conflict with the known whereabouts of the Bishop.*]

[Fo. 185ᵛ]

FRATRES ADMISSI PER DOMINUM SECUNDUM CONSTITUCIONEM SUPER CATHEDRAM.

PREDICATORES. Frater Johannes de Schapwyk', frater Johannes de Warham, frater Johannes de Castre, frater Engramus Leverat, frater Walterus de Wynterborn', frater Robertus de Tarent', frater Willelmus de Helmerton', frater Johannes Melan, frater Ricardus Dru, frater Ricardus de Henle, frater Gylbertus de Malmesbir', frater Edmundus Perers, frater Nicholaus de Walton', frater Johannes de Sar'. Item Walterus admissus per dominum apud Schirborn'.

[1] *Decretal. Clement.* lib. iii, tit. vii, c. 2 (*Corpus Iuris Canonici*, ed. E. Friedberg, ii, 1161-4).

Sar': Item v kalendas Marcii anno domini millesimo ccc^{mo} vicesimo apud Wodeford' frater Johannes de Aledon' prior predicatorum Sar', Willelmus de Deverel'. Item Willelmus de Ambresbir' subrogatus loco fratris Willelmi de Helmerton'.

Guldeford': Item apud Sonnyngg' ij die Junii anno domini millesimo ccc^{mo} vicesimo primo frater Ricardus de Herberfeld' prior Guldeford' subrogatus loco fratris Edmundi de Perers.

Item frater Thomas de Wanetyng'; Philippus de Bannebur' subrogatus loco fratris Ricardi Dru.

Sar': Item frater Rogerus Mounz de conventu Sar' subrogatus loco fratris Johannis de Castr'.

Item ij idus Octobris anno domini millesimo ccc^{mo} xxij apud Poterne dominus fratrem Willelmum de Ebrighton' sacre scripture [doctorem] secundum formam constitucionis *Super cathedram* admisit.

Sar': Item v idus Octobris sequentis [? *rectius* precedentis] apud Poterne Hyldebrandus Bordon' prior predicatorum Sar' extitit per dominum admissus ad audiendum confessiones in forma predicta.

Item xij kalendas Februarii sequentis apud Shaldeford' dominus fratrem Walterum de Modelynton' subrogavit loco fratris Philippi de Bannebur'.

Item apud parcum de Remmesbir' circiter et ante primam die[m] Octobris anno domini millesimo ccc^{mo} vicesimo secundo [? *rectius* tercio] dominus fratrem Willelmum de Grutelynton' subrogavit loco fratris Willelmi de Ebriton'.

Item apud parcum de Remmesbir' vij kalendas Februarii dominus fratrem Johannem de Neubur' subrogavit loco fratris Thome de Oxon' anno videlicet domini millesimo ccc^{mo} xxiiij.

Item ibidem dominus fratrem Robertum Page subrogavit loco fratris Hyldebrandi Bordoun'.

Sar': Item decimo kalendas Januarii apud Poterne dominus ad instanciam fratris Nicholai Tryvet' admisit fratrem Johannem de Shirborn' in forma predicta ordinis predicatorum.

Item apud parcum Remmesbir' xvj kalendas Decembris anno domini m^o ccc^{mo} xxvj [? *rectius* xxvij] dominus fratrem Johannem de Durynton' loco fratris Rogeri Munz et fratrem Ricardum de Colyngborn' loco fratris Ricardi de Cotes secundum constitucionem *Super cathedram* subrogavit, et Willelmum Bugaleys sacre scripture doctorem admisit de novo.

Item iij idus Julii anno domini m^o ccc^{mo} xxviij apud Wodeford' dominus subrogavit fratres Willelmum de Stone et Radulphum de Bosco ordinis predicatorum Sar' loco fratrum Ricardi de Colyngborn' et Johannis de Duryngton'.

Guldeford': Item xv kalendas Aprilis anno domini m^o ccc^o xxviij apud Sonnyngg' dominus fratrem Thomam de Ledrede ordinis predicatorum Guldeford' loco fratris Ricardi Herberfeld' subrogavit.

Wynton': Item viij idus Aprilis anno domini m⁰ ccc^mo xxix apud parcum Remmesbir' dominus fratrem Johannem de Yvelcestria priorem Wynton' secundum formam constitucionis *Super cathedram* admisit.

Frater Ricardus de Henleye extitit per magistrum P. de Peryton' auctoritate domini in forma predicta olim admissus.

Item Robertus de Deverel subrogatus loco fratris Walteri de Wynterborn' apud Wodeford' nonis Octobris.

Item v idus Marcii apud Poterne frater Henricus de Domerham admissus de novo.

[Fo. 186 *blank*]

[Fo. 186ᵛ]

MINORES. Sar': Robertus de Lamborn', Johannes de Schepton', Walterus de Sancto Germano, Reginaldus de Lamborn', Thomas de Stanton', Thomas Palmere, Willelmus de Patrichirche, Johannes de Glouernia, Thomas le Bret', Johannes de Chemestria, Willelmus de Southbrok', Ricardus de Wanetyng', Henricus de Olney, Ricardus Maundewile, Willelmus Gowys, Adam de Crekelad'; isti duo ultimo nominati fuerunt admissi per dominum apud Poterne iiij^to nonas Marcii anno domini millesimo ccc^mo xviij. Item subrogatur loco unius superius nominati Robertus de Blockeswirth' gardianus Dors' loco alterius gardiani.

Radyng': Nomina fratrum Minorum conventus Radyng' admissorum per dominum de gracia speciali ad audiendum confessiones et cetera, videlicet Willelmus de Sottesbrok', Willelmus de Ayschewelle, Ricardus de Wanetyng', Willelmus de Ocham, Willelmus de Clere, et Thomas de Stok'. Item frater Warnerus gardianus admissus apud Sonnyngg' nonis Novembris anno xx^mo.

Sar': Item iiij kalendas Marcii anno domini millesimo ccc^mo xx^mo apud Wodeford' dominus de ordine fratrum Minorum Sar' fratres istos admisit, videlicet Ricardum de Wollop, Thomam de Kyngeston', et Robertum de Stratford' secundum formam constitucionis *Super cathedram*. Item xiij kalendas Marcii anno domini millesimo ccc^mo xxj apud Poterne dominus fratres Thomam de Nebbeleye et Walterum de Scrivenham loco fratrum Willelmi de Patrichirche et Ade de Crekelad' subrogavit. Item eisdem die et anno concessit dominus Willelmo Goviz fratri ejusdem ordinis alias per dominum admisso in forma *Super cathedram* licenciam audiendi confessiones ultra subrogacionem fratrum de gracia speciali. xv kalendas Junii [? *rectius* Januarii] anno domini m⁰ cc^mo xxij apud Poterne dominus fratrem

Johannem de Cotes loco fratris Walteri de Sancto Germano subrogavit.

Bristoll', Dorcestr': Item ij kalendas Octobris sequentis fratres Johannem Asseleth' de conventu Bristoll' et Ricardum de Haidon conventus Dorcestr' loco fratrum Walteri de Shrivenham et Willelmi de Anne dominus subrogavit et Johannem de Franceis seniorem de novo secundum formam constitucionis *Super cathedram* admisit.

[Sar']: iiij die Januarii anno predicto apud Poterne dominus fratrem Alanum de Sutton' et Johannem de Suthamton' loco fratrum Roberti de Stratford' et Thome de Kyngeston' subrogavit, fratremque Johannem Bandeht gardianum Sar' de novo admisit.

Radyng': Item apud Sonnyngg' ij nonas Februarii dominus fratres Philippum de Wydewere et Johannem de Grove loco fratrum Willelmi de Aysschewelle et Thome Stoke subrogavit. Item decimo kalendas Marcii apud Sonnyngg' frater Robertus de Leghton' extitit admissus per dominum.

Sar': Item xiiij kalendas Novembris apud Remmesbir' anno domini millesimo ccc^{mo} xxiij dominus fratrem Gilbertum de Domerham admisit in forma predicta.

Radyng': Fratres Willelmus de Norhamton', Johannes de Mussenden' admissi viij kalendas Junii apud Sonnyngg' anno domini millesimo ccc^{mo} vicesimo quarto, Nicholaus de Berkele admissus xvj kalendas Augusti apud Poterne, et ulterius pro domino R. Pavely et Alicia uxore sua quasi casibus domino reservatis.

Dorcestr': Item xij kalendas Octobris anno domini millesimo ccc^{mo} xxiiij apud Poterne admisit dominus fratrem J. Franceis ordinis Minorum Dorcestr' loco fratris Ricardi de Haidon' ejusdem ordinis.

Bristoll': Item vj kalendas Octobris apud Poterne anno domini m^o ccc^{mo} xxiiij dominus subrogavit fratrem Thomam Gordman ordinis fratrum Minorum Bristoll' loco fratris Johannis Franceis senioris admissi.

Sar': iij kalendas Novembris apud Poterne anno domini m^o ccc^{mo} xxv dominus subrogavit fratrem Willelmum de Chitterne loco fratris Alani de Sutton'.

Sar': Item v kalendas Novembris anno domini millesimo ccc^{mo} xxvj dominus subrogavit loco fratris Thome Palmere fratrem Johannem Candevere et fratris Gilberti Domerham fratrem Robertum Perpont, fratris Willelmi de Chitterne fratrem Willelmum de Overton', et fratris Reginaldi de Lamborn' fratrem Paulum de London'. Item tunc admisit dominus fratres Adam de Arundel et Rogerum de Oxon'.

[Fo. 187]

Sar': Item ij kalendas Decembris apud parcum Remmesbir' anno domini m^{o}ccc^{mo} vicesimo septimo dominus fratrem Willelmum de

Sutton' ordinis Minorum Sar' loco fratris Roberti Pyrepound et fratrem Thomam de Kyngeston' loco fratris Pauli de Lond', fratrem Johannem de Chitterne loco fratris Ade de Arundel subrogavit. Item tunc dominus fratres Stephanum Sorel et Johannem Pyk' ejusdem ordinis de novo admisit.

Bristoll': Item frater Willelmus Rauf' gardianus fratrum Minorum Bristoll' vj idus Januarii anno domini m⁰ ccc^mo xxvij apud parcum Remmesbir' extitit per dominum admissus in forma constitucionis.

Radyng': Item vj idus Marcii anno domini m⁰ ccc^mo xxvij apud Wodeford' dominus fratres Willelmum de Weldon' et Thomam de Langham ordinis Minorum Radyngg' loco fratrum Ricardi de Wanetyngg' et Johannis de Grove subrogavit. Item tunc frater Robertus de Brithwell' ejusdem ordinis admissus extitit pro monasterio de Bromhale ad audiendum confessiones et cetera.

Dorcestr': Item xviij kalendas Aprilis anno domini m⁰ ccc^mo xxvij⁰ apud Brodesydelyngg' dominus fratres Johannem Colwayn gardianum ordinis Minorum Dorcestr' et Johannem Gys loco fratrum Roberti de Blokkesworth' et Willelmi de Patricherche¹ in forma constitucionis *Super cathedram* subrogavit. Item tunc dominus de novo admisit fratrem Johannem de Grymston' in forma predicta ordinis Minorum Dorc'. Item v idus Aprilis proximo tunc sequenti apud Wynterborn' Stykelane dominus fratrem Philippum de Corf' ordinis Minorum Dorcestr' de novo admisit ad audiendum confessiones secundum formam constitucionis *Super cathedram*.

Radyng': Item xvj kalendas Septembris anno domini m⁰ ccc^mo xxviij apud Sonnyngg' dominus fratrem Johannem de Bledelawe ordinis Minorum Radyngg' loco fratris Willelmi de Okam subrogavit et cetera.

Sar': Item iij kalendas Septembris anno domini m⁰ ccc^mo xxviij apud Sonnyngg' dominus fratres Ricardum Podemor, Adam de Arundel, Lucam de Born', et Willelmum Michel ordinis Minorum Sar' loco fratrum Stephani Sorel, Johannis Pyk', Rogeri de Oxon', et Johannis de Chitterne secundum formam constitucionis *Super cathedram* subrogavit.

Bristoll': Item frater Johannes de Bathon' ordinis Minorum Bristoll' admissus de novo xv kalendas Februarii anno domini m⁰ ccc^mo xxviij et frater Nicholaus de Berkele loco fratris Thome Trillek' subrogatus apud parcum Remmesbir'.

Radyngg': Item xiij kalendas Aprilis anno domini m⁰ ccc^mo xxviij dominus fratres Willelmum Fraunceis loco fratris Johannis de Bledelawe, Willelmum de Lusteshull' loco fratris Willelmi de Weldon',

---

¹ *Apparently a mistake, for this William had already been replaced. The list contains several corrected mistakes among the names.*

Elyam de Eylesbury loco fratris Thome de Langham apud Sonnyngg' subrogavit. Item x kalendas Aprilis anno proximo prescripto apud Sonnyngg' dominus fratrem Philippum de Wydwere ordinis Minorum Radyngg' loco fratris Rogeri Inghram subrogavit (alias fuit admissus ut supra patet).

Sar': Item iiij kalendas Decembris apud parcum Remm' anno domini m⁰ ccc^mo xxix dominus fratres Radulphum Pigus loco Rogeri Denemed, Willelmum de Sutton' loco Willelmi de Oeverton', Johannem de Edenbrigg' loco Ade de Arundel, et Nicholaum de[1] Grofham loco Luce de Bourne secundum formam constitucionis *Super cathedram* subrogavit.

Dorchestr': xv kalendas Februarii sequentis apud Poterne dominus fratrem Thomam de Ivelcestr' lectorem de novo admisit. Item tunc fratres Willelmum de Bemenstr', Willelmum de Athelynton', Ricardum de Shirborn', Johannem Abraham loco fratrum Philippi Corf', J. Franceis, Ricardi de Hanyndon', et Willelmi Govis dominus subrogavit.

Bristoll': Item iij kalendas Februarii sequenti apud Poterne dominus fratres Thomam de Kermerdin' et Johannem de Well' ordinis Bristoll' loco fratrum Johannis de Bathon' et Johannis Asselot' subrogavit.

Oxon', Radyng': Item iiij idus Februarii anno prescripto apud Poterne subrogavit dominus fratres Johannem de Mouseleye et Johannem de Missynden' ordinis Minorum Oxon' et Radyngg' loco fratrum Willelmi de Norhampton et Willelmi de Sottesbrok' secundum formam constitucionis *Super cathedram* et cetera.

Sar': Item idibus Februarii apud Poterne dominus fratres Johannem de Forsham et Henricum Spicer ordinis Minorum Sar' admisit secundum formam constitucionis *Super cathedram*.

[Fo. 187ᵛ]

HEREMITE. Nomina fratrum heremitarum sancti Augustini admissorum: Hugo de Bampton', Willelmo de Wodestok', Johannes de Pulton', Hugo de Grafton', Johannes de Wygorn', Johannes de Deversech', et Johannes de Cancia.

ix kalendas Octobris anno domini millesimo ccc^mo xxj apud Socton' dominus subrogavit loco fratris Johannis de Kancia fratrem Johannem de Dunstaple, fratris Johannis de Pulton' fratrem Johannem de Helham, et fratris Willelmi de Wodestok' fratrem Simonem de Grimele.

iiij kalendas Februarii anno domini millesimo ccc^mo xxv dominus subrogavit loco fratris Willelmi de Wodestok' fratrem Johannem de Coueleston' de conventu Bristoll'.

---

[1] *MS.* de de.

Item xij kalendas Marcii anno domini millesimo ccc^mo xxv apud Poterne dominus subrogavit loco fratris Elye de Luton' fratrem Johannem de Bapchild' et loco fratris Henrici de Werenton' fratrem Robertum de Lond' ac loco fratris Nicholai de Morton' prioris Wynton' fratrem Simonem de Skaldeby tunc priorem.

Item xvj kalendas Marcii anno domini millesimo ccc^mo xxviij apud Sonnyngg' fratrem Galfridum de Craunfeld' admisit de novo et fratrem Johannem de Pontefracto subrogavit loco fratris Hugonis de Grafton', ordinis Oxon'.

Item iiij idus Maii anno domini m° ccc^mo xxix apud parcum Remm' dominus fratrem Johannem de Polton' loco fratris Johannis de Elham conventus Oxon' subrogavit.

Item iij kalendas Januarii sequentis apud Poterne dominus fratrem Johannem de Dors' loco fratris Johannis de Pontefracto etc. subrogavit.

Item vij kal' Februarii sequentis apud Poterne dominus fratrem Ricardum le Bourf' Bristoll' loco fratris Johannis de Couelest' subrogavit.

[Fo. 188]

CARMELITE. Nomina fratrum de Monte Carmeli admissorum per dominum: Johannes de Prestebur', Willelmus Skycia, Willelmus de Malmesbur', Johannes de Alemann', Galfridus Bal, Nicholaus de Wyleby.

Item admissi apud Remmesbir' iij kalendas Marcii anno domini millesimo ccc^mo vicesimo primo fratres Matheus de Gloucestr' et Robertus de Abyndon' ordinis Carmel'.

[Fo. 188^v *blank*][1]

[*23 October 1325. Appropriation of the church of Rodbourne Cheney to Hailes abbey, with reservation of the portions customarily paid to the vicar and of a pension of 3s. to the archdeacon of Wilts.*]

[Fo. 189][2]

APPROPRIACIO ECCLESIE DE RODBOURN' MONASTERIO DE HAYLES.[3] Rogerus permissione divina Sar' episcopus dilectis filiis . . abbati et conventui monasterii de Hayles Wygorn' diocesis ordinis Cistercien' salutem in eo quem peperit uterus virginalis. Etsi commissum nobis

---

[1] *It was left blank but across the middle has* Registrum domini Rogeri Mortivall *in large letters, perhaps to indicate the contents of the quire, of which this is the last page, before it was bound. There are also two words written obliquely, apparently unconnected though in the same hand:* domini *and* (?) hereml . . .

[2] *At top of page,* Vicesimus tercius quaternus.

[3] *In margin,* nota; *and above the heading and to the right,* Rodbourn' Mon'. *The whole entry is faint, and parts have been re-inked.*

licet immeritis officii debitum pastorale exposcat ut ecclesiis et personis presertim ecclesiasticis paterno prout nobis ex alto permittitur subvenire curemus affectu, illorum tamen precipue indigencie et quieti tenemur prospicere qui regularem observanciam profitentes se divino obsequio diurno et nocturno tempore sub arto professionis vinculo ad laudem Christi sueque genitricis gloriosissime virginis impendendo perpetuo devoverunt et caritatis operibus jugiter insistentes deo et hominibus se merito commendabiles reddiderunt.   Sane licet celebris memorie Ricardus dudum rex Aleman' et comes Cornub' et nobilis vir Edmundus quondam comes Cornub' filius et heres ejusdem monasterium vestrum predictum pia mentis devocione fundassent certumque numerum monachorum et fratrum conversorum ordinassent pro suis suorumque progenitorum et omnium fidelium defunctorum animabus celebraturum in eo hospitalitatisque et alia multiplicia onera et diversa caritatis subsidia vobis et dicto monasterio imposuissent perpetuo subeunda, certosque proventus, redditus, et possessiones pro vestra sustentacione et premissorum onerum supportacione perpetua providisse, ordinasse, et assignasse ex magne devocionis promisissent affectu eciam et vovissent, ipsi tamen fundatores, ante voti sui complecionem hujusmodi ab hac lacrimarum valle prout altissimo placebat subtracti, suum hujusmodi salubre propositum complere nequibant, et vos nichilominus numerum monachorum et fratrum in fundacione vestri monasterii ut premittitur ordinatum et alia incumbencia vobis onera maxima subivistis eciam et subitis, et ipsorum pretextu estis vos et vestrum monasterium ere alieno multipliciter obligati, adeo quod ad ipsius solucionem et ad omnia onera vobis et vestro monasterio pro neccessario incumbencia, que plus solito hiis creverunt diebus et sine gravibus sumptibus et expensis supportari non poterunt, absque ulteriori presidio vestre non suppetunt facultates.   Nos predictorum fundatorum laudabile propositum in domino commendantes, vestramque celebrem oppunionem ac regularis observanciam discipline, necnon manifeste paupertatis onera quibus estis absque vestra culpa notorie jam oppressi pensantes, ac premissa omnia et singula et multa alia legitima nos in hac parte racionabiliter movencia de quibus legitime nobis fidem fecistis propensius ut convenit ponderantes, precipue vestre paupertati hujusmodi pie compacientes affectu, patris et filii et spiritus sancti nomine invocato, deliberacione et tractatu qui in hac parte requiruntur de jure prehabitis diligenter, excellentissimique principis et domini nostri domini E. dei gracia regis Anglie illustris filii regis Edwardi speciali licencia preoptenta, ecclesiam parochialem de Rodborn' nostre diocesis vestri patronatus nobis inmediate subjectam per liberam, puram, et absolutam resignacionem Laurencii Britton' ultimi rectoris ejusdem in presencia nostra factam et canonice

per nos admissam vacantem, quam cum hujusmodi patronatus jure
et juribus suis omnibus et pertinenciis universis in ipsius
Fo. 189ᵛ   juris patronatus pacifica possessione vel quasi | notorie
existentes nostre ordinacioni quantum in vobis est pure,
sponte, absolute, et simpliciter submisistis, submissionem hujusmodi
acceptantes, vobis et monasterio vestro predicto cum suis juribus et
pertinenciis universis ex causis predictis notoriis et legitimis ac aliis
nos ad hoc racionabiliter inducentibus et id fieri suadentibus de
quibuscumque et singulis legitime nobis constat sufficientique cause
cognicione prehibita, concurrentibus eciam omnibus que in hac parte
requiruntur de jure, in usus proprios concedimus, ordinamus, appropriamus, et auctoritate pontificali tenore presencium assignamus vobis
et successoribus vestris in dicto monasterio futuris et perpetuis temporibus canonice possidendam, juribus, dignitate, et consuetudinibus
ecclesie nostre Sar' et archidiaconi Wiltes' ac porcionibus quas dicte
ecclesie vicarii abolim consueverunt percipere, semper salvis, et
specialiter trium solidorum annua pensione,[1] quam in recompensacionem emolumentorum que idem archidiaconus et sui successores
possent in eventu percipere racione vacacionum dicte ecclesie si
appropriata non esset, eidem . . archidiacono et suis successoribus de
vestre unanimi et expresso consensu presentibus ordinamus, loci . .
archidiacono qui pro tempore fuerit vel ejus locum . . tenenti vel
alii ad eam recipiendum potestatem habenti annuatim in ecclesia de
Mynty dicte diocesis futuris et perpetuis temporibus persolvendam,
prout in confectis super ordinacione porcionum dicte vicarie nostris
litteris plenius est contentum.   Reservamus eciam nobis et nostris
successoribus specialem potestatem augmentandi porciones perpetui
vicarii ecclesie de Rodborn' predicte de bonis ejusdem ecclesie sicut
et ipsius et per eum supportanda onera volumus augmentare.   Ad
quam quidem vicariam quociens et quando vacaverit legitime per vos
et successores vestros nobis et successoribus nostris personam ydoneam
volumus presentari, per nos et successores eosdem instituendam
canonice in eadem.   In quorum testimonium atque fidem has nostras
patentes litteras fecimus dupplicari et nostri sigilli impressione muniri,
quarum una penes vos et altera penes dilectos filios . . decanum et
capitulum ecclesie nostre predicte sigillate remaneant ad majorem
securitatem et memoriam premissorum.   Datum apud Poterne x
kalendas Novembris anno domini mᵒ cccᵐᵒ xxv et consecracionis nostre
undecimo.[2]

---

[1] *In margin,* Nota qualiter episcopus assignat pensionem archidiacono, et sibi nichil
reservat.

[2] *At the end is the note,* vide in proximo folio.

[*23 October 1325. Augmentation of the vicarage of Rodbourne Cheney with an annual pension of £5, to compensate for the extra obligations that fall on the vicar as the result of the appropriation of the rectory to Hailes abbey. The former portions and financial obligations of the vicar are set out together with the future obligations of the vicar and the abbey respectively. There follows the form of consent to the augmentation of the abbot and convent, dated 25 October.*]

[Fo. 190]

AUGMENTACIO VICARIE ECCLESIE DE RODBOURN'. Universis sancte matris ecclesie filiis ad quorum noticiam pervenerit hec scriptura Rogerus permissione divina Sar' episcopus salutem in eo quem peperit uterus virginalis. Cum nuper ecclesiam parochialem de Rodborn' nostre diocesis nobis inmediate subjectam vacantem cum suis juribus et pertinenciis universis dilectis in Christo filiis . . abbati et . . conventui de Hayles Wygorn' diocesis ordinis Cysterciens' certis et legitimis ex causis, concurrentibus omnibus que in hac parte requiruntur de jure, concesserimus, assignaverimus, et ordinaverimus in usus proprios futuris et perpetuis temporibus canonice possidendam, salvis juribus, dignitate, et consuetudinibus ecclesie nostre Sar' et . . archidiaconi Wyltes' ac porcionibus quas dicte ecclesie vicarii abolim consueverunt percipere in eadem, reservata nichilominus nobis et successoribus nostris speciali potestate porciones perpetui vicarii ejusdem ecclesie de bonis ipsius ecclesie certis ex causis et legitimis augmentandi, prout in confectis super hujusmodi appropriacione nostris litteris plenius est contentum, nos, ad augmentacionem porcionum hujusmodi eo quod loci vicarius racione appropriacionis predicte plus solito multipliciter onerabitur procedere cupientes, porciones quas predicte ecclesie vicarii consueverunt sicut legitime nobis constat percipere, oneraque agnoscere, ab antiquo presentibus ut sequitur specialiter designamus, et ab augmentandis per nos porcionibus et oneribus distingui valeant et cognosci.

Consistebant utique dicte vicarie porciones abolim in uno manso sine curtilagio et in herba cimiterii, in novem acris et una roda terre arrabilis, in decima garbarum et feni de toto dominico . . rectoris ecclesie de Rodbourn' predicta, in decima feni cujusdam prati protendentis ab eadem ecclesia usque ad pontem de Aylford' ex utraque parte rivi, in decima agnorum et lane, porcellorum et aucarum, in mortuariis et decima duorum molendinorum aquaticorum, in oblacionibus et omnibus minutis decimis tocius parochie ad ecclesiam de Rodbourn' spectantibus antedictam. Onera vero que dicto vicario incumbebant abolim sunt ista, videlicet duos cereos processionales in dicta ecclesia invenire, item tres solidos et decem denarios pro sinodalibus . . archidiaconi solvere annuatim. Cum igitur dicte ecclesie vicarius et sui successores, dum ejusdem ecclesie rectoris qui ad residenciam tenebatur carent adjutorio, dicte appropriacionis pretextu

ad hospitalitatem majorem et ad alia varia et presertim subscripta
subeunda onera multipliciter ut premisimus teneantur, et per consequens racioni conveniat ut sicut onus augetur emolumentum
augeatur eorum, vicariam predictam et porciones ejusdem in una
pensione annua centum solidorum eisdem vicario et successoribus
suis de fructibus et proventibus dicte ecclesie ad . . religiosos predictos
spectantibus de eorum expresso consensu specialiter augmentamus et
eciam ordinamus solvenda annis singulis per . . religiosos predictos
in domibus vicarie predicte apud Rodbourne terminis infrascriptis,
videlicet primo die Octobris viginti quinque solidos et primo die
Januarii viginti quinque solidos et primo die Aprilis viginti quinque
solidos ac primo die Julii viginti quinque solidos. Et quia emolumentum amplectens onus subire tenetur sicut ipsius vicarii
Fo. 190ᵛ   et successorum suorum augmentavimus | porciones ita et
eorum onera augmentando, de predicti vicarii expresso
consensu presentibus ordinamus quod idem vicarius et sui successores
qui pro tempore fuerint de predictis centum solidis solvere teneantur
. . archidiacono Wyltes' qui pro tempore fuerit vel ipsius locum . .
tenenti seu alii ad illos recipiendos potestatem habenti in ecclesia
de Mynti nostre diocesis predicte in tribus solvendorum reddituum
synodalium terminis annuatim tres solidos de quibus plenior sit mencio
in nostris litteris super appropriacione predicta confectis, necnon ad
procurandum suis sumptibus dominum . . archidiaconum quando et
quociens procuracio ipsa debetur. Religiosos vero predictos ad
edificacionem et reparacionem cancelli ecclesie supradicte quociens
opus fuerit volumus obligari et imperpetuum ordinamus teneri, et
eciam ad inveniendum prima et una vice secundum consideracionem
. . officialis Wiltes' sufficientes libros, vestimenta, et alia ornamenta
pro ecclesia predicta neccessaria quatenus ad loci rectorem antiquitus
pertinebant, quorum librorum et ornamentorum sustentacionem et
extunc invencionem una cum omnibus aliis oneribus ordinariis
quocumque censeantur nomine, cancello predicto dumtaxat excepto,
subeant imperpetuum vicarii memorati ita plene sicut ad rectorem
dicte ecclesie consueverunt quomodolibet ullis temporibus pertinere.
Religioso quidem predicti extraordinaria onera quecumque pro rata
taxacionis ecclesie predicte que in viginti marcis et vicarius predictus et
successores sui pro rata taxacionis vicarie ejusdem ecclesie que in sex
marcis et dimidia sunt taxate imperpetuum subeant et agnoscant. Si
vero religiosos predictos in solucione dicte pensionis centum solidorum
in aliquibus terminis superius limitatis quod absit deficere contigerit,
volumus et ordinando statuimus de ipsorum religiosorum expresso
consensu quod omnes fructus et proventus ecclesie supradicte ad
eosdem . . religiosos predicte appropriacionis pretextu qualitercumque

spectantes a tempore defectus cujuslibet solucionis hujusmodi terminorum eo ipso tociens sequestrati existant quociens in ipsa solucione
defecerint et sic maneant sequestrati donec solverint integre quod
debetur pro terminis sic effluxis; quam quidem interposicionem
sequestri volumus et precipimus in ecclesia de Rodborn' predicta
solempniter pupplicari, quodque violantes si qui sint quod absit
hujusmodi sequestri penam eo ipso incurrant contra violatores hujusmodi in nostro synodali statuto canonice fulminatam; reservata nobis
et successoribus nostris potestate obscura si que in premissis vel ea
tangentibus fortassis appareant interpretandi et eciam declarandi,
juribus eciam, dignitate, et consuetudinibus nostre Sar' ecclesie
semper salvis.   Hanc autem nostram ordinacionem predictam in
forma superius annotata injungimus imperpetuum fideliter observari.
Et ut premissa meliori in futurum memorie commendentur ac
efficacius et fidelius observentur, presentes litteras volumus tripplicari
et tam nostro quam dictorum . . abbatis et . . conventus sigillis muniri
earumque unam in thesauro ecclesie nostre Sar', aliam penes dictos
religiosos, et terciam penes . . vicarium supradictum et suos successores
imperpetuum remanere. In quorum testimonium atque fidem sigillum
nostrum ad perpetuam dei memoriam fecimus hiis apponi.   Datum
          apud Poterne x kalendas Novembris anno domini m⁰ ccc^mo
Fo. 191   vicesimo quinto | et consecracionis nostre undecimo.

    Et nos abbas et . . conventus predicti ponderatis in hac
parte undique ponderandis conspicientes omnia et singula per venerabilem patrem predictum superius ordinata ad nostram nostrique
monasterii et ecclesie de Rodborn' predicte utilitatem et comodum esse
facta, diligenti tractatu et sufficienti deliberacione prehabitis in hac
parte eisdem pure, sponte, et absolute ex certa sciencia monasterii
nostri nomine consentimus et ea quatenus in nobis est perpetuo
volumus esse firma.   In quorum testimonium atque fidem sigilla
nostra presentibus apposuimus ad perpetuam memoriam premissorum.
Datum quoad nos . . abbatem et . . conventum predictos apud Hayles
in capitulo nostro viij kalendas Novembris anno prescripto.

[*17 March 1326.   The Bishop's declaration that the vicar of Rodbourne Cheney is responsibl
for strawing the church.*]

XVJ kalendas Aprilis anno domini millesimo ccc^mo xxv apud Poterne
declarando prescriptam augmentacionem decrevit dominus quod onus
strammandi ecclesiam de Rodbourn' predictam ad loci vicarium
imperpetuum pertinebit cum aliis oneribus ordinariis prout superius
annotatur.   Presentibus Worth', Selton', Lubb', Knossyngton', Tar',
Lught', et Ayston'.

[*1 February 1326. The Bishop's decision in a dispute between the prior of St. John's hospital, Devizes, and the rector of Devizes, to which the parties had submitted rather than continue with a hearing before a papal delegate. The dispute concerns the prior's claim that the chapel of the hospital was independent of the parish church, and that he could celebrate mass there, wearing special vestments, and receive offerings and other gifts. The Bishop declares the hospital to be subject to the parish church, denies the prior special vestments, and limits the prior's right to say mass and to receive offerings and gifts.*]

[Fo. 191ᵛ]

ORDINACIO DOMINI PRO . . RECTORE ET . . PRIORE DE DEVYS'.[1] Universis sancte matris ecclesie filiis ad quorum noticiam pervenerit hec scriptura Rogerus permissione divina Sar' episcopus salutem in filio virginis gloriose. Universitas vestra sciat quod cum Willelmus dictus Trappere . . prior sancti Johannis de Devyses nostre diocesis virtute quorumdam rescriptorum apostolicorum sub nomine prioris et fratrum hospitalis sancti Johannis de Devyses impetratorum ac . . priori de Bradenestok ejusdem diocesis a sede apostolica judici unico in hac parte delegato, unius videlicet sub ea forma quod ea que de bonis predicti hospitalis alienata inveniret illicite vel districta ad jus et proprietatem ejusdem debite revocaret, et alterius sub hac forma quod super eo quod Thomas rector ecclesie de Devyses dicte diocesis super terris, debitis, possessionibus, et rebus aliis prout ex parte . . prioris et fratrum predictorum conquestum fuit injuriabatur, eisdem partibus convocatis causam audiret et sine debito decideret, in forma communi directorum, prefatum rectorem coram prefato . . priore et abbate de Stanlegh' commissario suo seu subdelegato in hac parte cui idem . . prior comiserat non insolidum vices suas dudum traxisset in causam, et quandam proposicionem in scriptis redactam modo subscripto in effectu proposuisset in figura judicii contra eum, videlicet quod cum tam dictus . . prior quam predecessores et precessores ejusdem qui pro tempore fuerint in pacifica possessione certum gestandi habitum nigrum cruce signatum ac eciam omnimodas oblaciones et obvenciones die nativitatis sancti Johannis Baptiste ad cappellam domus sue predicte undecumque provenientes, una cum oblacionibus ad terciam missam in mortuorum funeracione eorumque anniversariis in ecclesia parochiali dicti . . rectoris per eos licite celebratam sibi qualitercumque oblatis, recipiendi eciam et habendi, necnon in capella predicta tanquam libera et nulli matrici ecclesie singulis diebus feriatis libere celebrandi, immunitatisque sive libertatis decimas de curtilagiis domus sue predicte non prestandi, ac prefatum . . rectorem ab injuria et molestia sibi super hiis ut asseruit factis cessare compelli ac pro jure suo pronunciari eidemque in omnibus justiciam exhiberi pecierit cum effectu, dictusque rector, asserens premissa sibi et ecclesie sue matrici, infra cujus parochiam hospitale predictum aut domus sancti Johannis

---

[1] *In margin,* nota.

predicta notorie situantur [*sic*], prejudicialia et jure communi fore
contraria et ideo de jure fieri non debere verisimiliter et cum effectu,
restitisset eidem; tandem post diversas altercaciones[1] et graves
dissenciones occasione premissorum multipliciter sussitatas dictus . .
prior litis cupiens vitare dispendia et amfractus, et sui ordinarii ut
asseruit examen subire, productis litteris apostolicis et liti scu instancic
hujusmodi ac proposicioni et peticioni predictis et cuicumque processui
secuto ex eis qualitercumque vel ob eas necnon effectu toti et pro-
secucioni earumdem pure, simpliciter, et absolute et ex certa et
deliberata sciencia renunciavit, simpliciter et expresse, et statim
postea tam idem . . prior quam . . rector predicti bonum pacis corditer
affectantes se et ecclesiam ac domum predictas super premissis et ea
quoquomodo tangentibus ordinacioni et diffinicioni nostre alte
submiserunt et basse, et de observando quicquid per nos in hac parte
fuerit ordinatum seu eciam diffinitum juramentum prestiterunt ad
sacrosancta dei ewangelia corporale.

Nos igitur pro bono pacis et perpetua quiete parcium predictarum
submissiones litteratorie auctoritate nostra ordinaria[2] admittentes
sufficientique deliberacione et eciam cause cognicione prehabitis in
hac parte communicato peritorum consilio de parcium earumdem
coram nobis personaliter comparencium expresso consensu, auctoritate
predicta et predictarum submissionum virtute in hiis
Fo. 192   scriptis taliter ordinamus et eciam | sentencialiter diffini-
mus, videlicet quod dictus dominus Willelmus prior
memoratus nullum habitum certum regularem cum cruce aliqua
publice superinpressa tanquam religiosus, cum aliquam regulam de
religionibus approbatis professus non fuerit nec eciam observaverit,
sibi propria auctoritate assumat seu deferat quovis modo set vestibus
communibus ad modum secularium presbiterorum decentibus et
honestis contentus religiose licet non modo regulari in domo sua
predicta vivat pariter honeste, omnimodasque decimas majores et
minores de terris suis, ortis, et curtilagiis infra parochiam predictam
existentes prout ceteri parochiani ejusdem ecclesie cum integritate
predicto . . rectori persolvat. Ipse vero prior, quoad sepulturam tantum
si eam alibi vivens non elegerit, ceterique omnes tam familiares quam
alii in domo predicta commorantes et degentes in omnibus jura
parochialia tangentibus vere parochiani ejusdem ecclesie de Devys'
perpetuo censeantur. Aliquos autem parochianos dicte ecclesie ad
audiendum officium divinum in domo predicta diebus dominicis et
majoribus festivis inferius declaratis quibus in ecclesia parochiali

---

[1] *MS*. alternaciones.

[2] ordinaria *written twice.*

M

illud audire tenentur non admittat scienter, nec eis[1] sacramenta aut sacramentalia nisi de licencia dicti . . rectoris aut presbiteri sui parochiali[s] vel in mortis periculo constitutis contra formam subscriptam ministret, nec eisdem diebus missam publice celebret nec campanas pulset, set privatim si velit celebret postquam officia divina in ecclesia parochiali peraguntur vel saltem post elevacionem corporis Christi factam in magna missa ecclesie parochialis et non prius nisi de licencia rectoris predicti vel ex causis et in forma subscriptis. Nullum panem vel aquam benedictam dictis parochianis nisi devillaturis vel extraneis ut infra scribitur ibidem missam audientibus aut pro se ac infirmis[2] in eadem domo degentibus conficiat et tunc dumtaxat privatim. Nullas omnino oblaciones quocumque nomine censeantur a parochianis seu aliis nisi in forma subscripta alicubi in parochia predicta recipiat extra medietate oblacionum quarumcumque ad domum predictam die nativitatis sancti Johannis Baptiste proveniencium tam a parochianis quam ab extraneis ex devocione ibidem offerre volentibus quas idem . . prior prius percipere consueverat ut asseruit universas, quam quidem medietatem licite ex nunc percipiat et reliquam medietatem . . rectori restituat supradicto. Et in recompensacionem medietatis oblacionis hujusmodi taliter restitutarum pro utilitate ecclesie parochialis et domus predictarum et quiete parcium earumdem volumus quod in funeracionibus sive sepulturis ac anniversariis quibuscumque defunctorum postquam idem . . rector et presbiter suus parochialis suas missas inchoaverint pro defunctis et corporibus presentibus seu anniversariis hujusmodi, liceat eidem . . priori post lectum ewangelium et oblaciones factas in missis predictis terciam missam in parochiali ecclesia celebrare et medietatem oblacionum ad eamdem missam sine fraude et procuracione sua a quibuscumque eidem oblatarum percipere et habere. Denarios vero sancti spiritus aut requestas seu pecuniam aliquam pro missis peculiaribus videlicet in honorem alicujus sancti vel pro vivis aliquibus aut defunctis seu aliis officiis divinis ab eo celebrandis vel per eum que in ecclesiis parochialibus fieri debent et ad . . rectorem et presbiterum parochialem spectant de jure communi seu que pro decimis debentur et prestari solebant nomine earumdem nullo modo per viam donacionis aut legati seu alio modo sub quovis recipiat colore, nisi forsitan eodem die quo hujusmodi denarii sibi offeruntur pro missis et officiis hujusmodi celebrandis . . rector aut presbiter suus parochialis pro consimilibus missis celebrandis eodem die prius recepit, de quo prefato

Fo. 192[v]   . . priori ante celebracionem | suam hujusmodi facta fuerit plena fides, quo casu ipsi . . priori dumtaxat hoc licebit

---

[1] *MS.* eos.   [2] *MS.* in formis.

cum absque prejudicio ecclesie matricis hoc fieri poterit ut prefertur, super quibus, an videlicet denarios vel oblaciones hujusmodi prius receperit dictus . . rector vel presbiter suus parochialis, prefatum . . priorem bona fide cerciora[1] cum fuerint requisiti. In diebus autem profestis, ferialibus, et festis simplicibus aliisque omnibus preter quam subscriptis de quibus supra fit mencio liceat[2] dicto . . priori per se vel alium in domo sua predicta divina celebrare officia seu facere celebrari et campanas suas debite pulsare absque tamen prejudicio ecclesie matricis, ita vero quod oblaciones quascumque sibi vel alii celebranti talibus diebus in domo sua ex devocione audiencium missas hujusmodi dum tamen a parochianis predicte ecclesie qualitercumque in missis hujusmodi ex inopinato oblatas rectori ecclesie parochialis predicte restituat cum effectu, quem . . rector predictus de restitutis oblacionibus hujusmodi pro labore suo congrue sicut decet respicere teneatur, quibus quidem diebus quicumque ibidem ex devocione accedere volentes ad audiendum officium divinum vel orandum absque prejudicio ecclesie parochialis ut premittitur libere admittantur. Oblaciones vero si que fiant eisdem diebus videlicet ferialibus, [festis] simplicibus, et profestis ab advenis seu extraneis itinerantibus in missis hujusmodi restituat predicto . . rectori set eas eidem . . priori statim teneatur reddere idem . . rector. Et si quisquam domui predicte ipsive . . priori aut infirmis seu aliis in eadem domo degentibus intuitu caritatis vel per modum elemosine quicquam largiri voluerint seu conferre aut in ultima voluntate sua legare pro sustentacione domus predicte et sua, dum tamen dolus vel fraus non fiat in hac parte ut videlicet sub specie pietatis hujusmodi oblaciones ecclesie parochialis pro decimis ut premittitur debite et consuete vel jura parochialia minime conferantur eciam vel legentur, licebit . . priori salva prescripta ordinacione largita collata vel legata hujusmodi recipere et habere ac pro omnibus benefactoribus domus predicte et fundatoribus cotidie in missa sua sub generali commemoracione vel eciam orare specialiter ut tenetur. Quod si forsitan diebus dominicis vel majoribus festivitati-bus infrascriptis de quibus eciam supra fit mencio constabularii aut aliqui burgenses forsan devillaturi ante egressum suum vel eciam extranei itinerantes et transeuntes per locum illum missam in domo predicta audire voluerint, eis vel alicui illorum dumtaxat mane magnis campanis non pulsatis set cum sola pulsacione tintinabuli in elevacione corporis Christi submissa voce celebrare poterit requisitus ac eis panem cum aqua benedicta conferre dum tamen parochianos alios non abfuturos non admittat scienter ac oblaciones si que tunc fiant cum effectu restituat vel reaccipiat secundum distinccionem superius

---

[1] *rectius* cerciorare debent.   [2] *MS.* liciat.

annodatam, hoc tamen adjecto quod si dominus rex vel domina regina seu eorum liberi aut familiares sive milites vel quicumque alii extranei in parochia predicta moram fecerint perhendinatoriam die alia communicari voluerint, oblaciones per eos aut aliquem eorum tempore more communicacionis hujusmodi tanquam a parochianis ecclesie predicte factas restituantur cum effectu rectori predicto. Dies vero festivos quibus . . prior ante elevacionem ut premittitur minime celebrabit nisi in casibus superius exceptis ne qui hujusmodi dies fuerint lis oriatur forsitan in futurum eos hic duximus inserendos: Natalis, Circumcisionis, et Epiphanie domini, Purificacionis et Annunciacionis beate Marie, Pasche, Assencionis, Pentecostes, Assumpcionis et Nativitatis beate Marie, ac Omnium Sanctorum, necnon sancte Trinitatis, Corporis Christi et dominico in Ramis Fo. 193 | Palmarum, una cum ceteris diebus dominicis tocius anni et aliis diebus si que sint quibus parochiani dicte ecclesie racione sponsaliorum, dedicacionis ecclesie, seu alia quacumque offere debent de consuetudine vel de jure seu alias cum solempnes processiones, congregaciones, seu sermones fiant in ecclesia parochiali supradicta de quibus quidem sponsalibus, congregacionibus, processionibus, et sermonibus prefatus . . rector aut presbiter suus parochialis predictum . . priorem die precedente faciet debite premuniri ne incertus de eisdem celebret sicut prius. Et hec omnia et singula suprascripta, parcium predictarum hec fieri petencium confessiones secuti, precipimus inperpetuum et inviolabiliter observari, ipsasque partes ad ea auctoritate nostra predicta judicialiter condempnantes. Et ad premissa in singulis suis articulis plene et fideliter futuris et perpetuis temporibus observandis tam rector quam . . prior predicti juramentum prestiterunt ad sacrosancta dei ewangelia corporale. In quorum omnium testimonium atque fidem sigillum nostrum hiis duximus apponendum. Data apud Poterne kalendis Februarii anno domini millesimo ccc^{mo} vicesimo quinto et consecracionis nostre undecimo.

Facta fuit prescripta ordinacio per venerabilem patrem dominum R. dei gracia Sar' episcopum primo die Februarii anno domini supradicto, acta in capella de Poterne die et anno prescriptis presentibus R. de Worth', W. de Lobenham, J. de Lought', W. de Ayscheton' ordinacionem hujusmodi vice dicti patris recitante quam quidem ordinacionem tam . . rector quam . . prior sancti Johannis de Devys' expresse acceptarunt et jurarunt in forma prenotata.

[*10 March 1326. The Bishop's ordination and confirmation of a chantry founded by Robert Druweys in the newly built chapel of St. John the Baptist in the church of Easton Royal. The chantry is to be maintained by the Trinitarian friars of Easton, to whom Robert has given two marks rent from two messuages and two yardlands in Easton during the life of the tenant, and thereafter the messuages and land themselves. Quoted in full are the royal letters patent dated 7 June 1324, Robert's charter, and the priory's undertaking to maintain the chantry dated 9 May 1322.*]

[Fo. 193ᵛ]

ORDINACIO CANTARIE PRO R. DRUWEYS APUD ESTON'.[1] Universis sancte matris ecclesie filiis ad quorum noticiam pervenerit hec scriptura Rogerus permissione divina Sar' episcopus salutem in eo quem peperit uterus virginalis. Frequens et assidua dilecti filii Roberti Druweys de Eston' nostre diocesis nobis exhibita peticio continebat quod cum ipse religiosis viris ministro et fratribus domus sancte Trinitatis de Eston' predicta terras, mesuagia, et redditus ad inveniendum quemdam fratrem capellanum prout subscribitur celebraturum in capella sancti Johannis Baptiste ecclesie parochiali de Eston' contigua quam in ejusdem sancti Johannis honore fecit construi jam de novo dederit et assignaverit, domini nostri regis licencia, dictorum ministri et fratrum obligacione, ac aliorum quorum interest consensu prehabitis in hac parte prout hec in regiis et aliis super hiis confectis litteris et subscriptis quas diligenter examinari fecimus continetur, cantariam hujusmodi ordinare ac eciam et premissa quantum in nobis est approbare, confirmare nostra auctoritate ordinaria dignaremur, quarum quidem litterarum hii in omnibus sunt tenores:

'Edwardus dei gracia rex Angl' dominus Hybn' et dux Aquitann' omnibus ad quos presentes littere pervenerint salutem. Sciatis quod cum per litteras nostras patentes concesserimus et licenciam dederimus pro nobis et heredibus nostris quantum in nobis est dilectis nobis in Christo . . priori et conventui sancte trinitatis de Eston' juxta Burbach' quod ipsi terras, tenementa, et redditus usque ad valorem decem librarum per annum juxta verum valorem eorumdem tam de feodo suo proprio quam alieno exceptis terris, tenementis, et redditibus que de nobis tenentur in capite adquirere possint, habenda et tenenda sibi et successoribus suis inperpetuum, statuto de terris et tenementis ad manum mortuam non ponendis edito non obstante, prout in litteris nostris predictis plenius continetur, nos concessionem nostram predictam effectui debito volentes mancipari concessimus et licenciam dedimus pro nobis et heredibus nostris quantum in nobis est Roberto de Drueys de Eston' quod ipse duo mesuagia et duas virgatas terre cum pertinenciis in Eston' in comitatu Wyltes' que de nobis non tenentur in capite, sicut per inquisicionem inde per dilectum clericum nostrum magistrum Johannem Walewayn nuper escaetorem nostrum

---

[1] *In margin*, nota.

citra Trentam de mandato nostro factam et in cancellaria nostra retornatam est compertum, dare possit et assignare prefatis . . priori et conventui habenda et tenenda sibi et successoribus suis imperpetuum in valorem quadraginta solidorum in partem satisfaccionis decem libratarum terrarum, tenementorum, et reddituum predictarum. Et eisdem . . priori et conventui [*etc.; cf. p. 391.*]. Teste meipso apud Westm' septimo die Junii anno regni nostri decimo septimo.'

'Sciant presentes et futuri quod ego Robertus Drueys de Eston' dedi, concessi, et hac presenti carta mea confirmavi fratri Johanni ministro domus ordinis sancte Trinitatis de Eston' et confratribus ejusdem loci ac eorum successoribus duas marcas annui redditus percipiendas de Johanne atte Hulle ad quatuor anni terminos, videlicet ad festum Annunciacionis beate Marie, ad festum nativitatis sancti Johannis Baptiste, ad festum sancti Michaelis archangeli, et ad festum sancti Andree apostoli, pro equalibus porcionibus una cum sectis et omnibus aliis serviciis in quibus idem Johannes michi tenebatur de

Fo. 194   duobus mesuagiis | et duabus virgatas terre cum suis pertinenciis, que et quas idem Johannes de me tenet in villa de Eston' predicta ad terminum vite sue pro reddonibus et serviciis pre-dictis. Concessi eciam pro me et heredibus meis quod dicta mesuagia et dicte due virgate terre cum pertinenciis, que dictus Johannes atte Hulle tenet ad terminum vite sue et que post mortem dicti Johannis michi et heredibus meis reverti deberent, predictis Johanni ministro et successoribus suis remaneant imperpetuum, habendum et tenendum predictas duas marcas annui redditus cum sectis et serviciis predictis, et predicta duo mesuagia et predictas duas virgatas terre cum acciderint, cum omnibus suis pertinenciis predictis fratri Johanni ac confratribus et successoribus suis de capitalibus dominis feodi per servicia inde debita et consueta imperpetuum. Et ego vero predictus Robertus et heredes mei seu assignati predictas duas marcas annui redditus cum serviciis predictis per totum terminum vite ipsius Johannis atte Hulle ac predicta duo mesuagia et predictas duas virgatas terre cum omnibus prenominatis suis et suis pertinenciis cum acciderint predictis fratri Johanni ac confratribus et successoribus suis contra omnes mortales warentizabimus et defendemus inperpetuum. In cujus rei testimonium hanc presentem cartam sigilli mei inpressione roboravi. Hiis testibus dominis Willelmo de Hareden', Nicholao de Kyngeston', et Willelmo de Lileborn militibus, Henrico Stourmi, Rogero de Hareden', Petro de Forstebir', Henrico de Burn', Willelmo de Wike, Roberto Homeden, Petro de Forstebir' de Westgraston', Stephano de Walynton', Edmundo clerico de Bourbach', et aliis. Datum apud . . .'[1]

[1] *No date or place is given, and* apud *is followed on the same line, without a gap, by the first words of the agreement.*

'Omnibus Christi fidelibus presens scriptum visuris vel audituris frater Johannes minister domus sancte Trinitatis de Eston' Sar' diocesis et ejusdem loci confratres salutem in eo quem peperit uterus virginalis. Noveritis nos concessisse sufficienti deliberacione et unanimi consensu nostro pro nobis et successoribus nostris firmiter teneri et merito obligari dilecto nobis in Christo Roberto Druweys de Eston' filio domini Stephani Druweys militis pro beneficiis suis nobis et domui nostri predicte collatis et in utilitatem ejusdem domus conversis ad inveniendum et sustendandum sumptibus nostris et domus nostre predicte unum fratrem ordinis nostri presbiterum ad celebrandum divina modo debito cotidie pro voluntate dicti Roberti quoad vixerit in ecclesia parochiali de Eston' predicta ad altare sancti Johannis Baptiste in quadam capella quam dictus Robertus construere fecit contiguam parti boriali ecclesie supradicte, et post decessum dicti Roberti ad celebrandum ibidem pro anima dicti Roberti, domini Stephani patris sui, domine Matilde matris sue, Galfridi et Felicie, et animabus omnium fidelium defunctorum imperpetuum, necnon ad solempnizandum anniversarium predicti Roberti semel annuatim post ipsius decessum cum solempnitate qua decet cum accideret per nos et successores nostros in ecclesia et capella predictis. Et si contingat nos vel successores nostros a celebracione et solempnizacione predictis cessare vel de eisdem desistere quoquo modo, quod absit,[1] volumus et concedimus pro nobis et successoribus nostris quod quilibet judex ecclesiasticus, quem[2] heredes, assignati, vel executores dicti Roberti duxerint eligendum, possit nos et successores nostros visis presentibus canonica monicione premissa absque summarie et de plano strepitu judiciali quocumque per sentencias interdicti in ecclesiam nostram, suspencionis et excommunicacionis in nos et successores nostros per sequestracionem omnium bonorum nostrorum ecclesiasticorum | indies compellere, necnon quilibet judex secularis nos et successores nostros per terras et tenementa nostra ac bona mobilia et inmobilia distringere et districciones hujusmodi retinere, usque ad satisfaccionem debitam de omissis hujusmodi et eciam omnium et singulorum observacionem plenariam premissorum, omni juris remedio nobis in contrarium competenti vel competituro quomodolibet renunciantes totaliter et expresse. Et ad majorem securitatem de prescriptis inviolabiliter observandis, ego frater Johannes minister predictus ac nos confratres predicti singuli per eundem ministrum cui ad hoc sufficientem dedimus potestatem juravimus ad sancta dei ewangelia ipsis inspectis et tactis omnia et singula prenotata quatenus ad nos pertinet futuris et perpetuis temporibus

Fo. 194^v

---

[1] *MS.* alio.			[2] *MS.* omnes.

pleniter observare, volentes et tenore presencium obligantes successores
nostros teneri ad prestandum simile juramentum semel quando hoc
facere per dictum Robertum, heredes, assignatos, vel executores suos
fuerint congrue premuniti.   In quorum testimonium atque fidem
sigillum nostrum commune presentibus est appensum.   Hiis testibus
dominis Willelmo de Hareden', Nicholao de Kyngeston', Willelmo de
Lillebon' militibus, Henrico Stourmi, Rogero de Hareden', Petro de
Forstebur', Henrico de Bourn', Willelmo de Whike, Roberto Homeden,
Petro de Forstebur' de Westgraston', Stephano de Walynton', Edmundo
de Borebach', et aliis.   Datum apud Eston' die dominica proximo post
festum sancti Johannis ante portam Latinam anno domini millesimo
ccc^{mo} vicesimo secundo.'

Super hiis igitur plenius informari volentes dilecto filio . . archidiaconi Wyltes' . . officiali nostris litteris mandavimus ut vocatis
vocandis ad ecclesiam parochialem predictam accedens inquiret
diligenter per viros fidedingnos et juratos inquirendorum noticiam
verisimiliter optinentes si rector ecclesie supradicte et alii quorum
interest ereccione capelle predicte et cantarie ut predicitur faciende
in ea suum prebuerint et prebeant jam assensum, et presertim si cui
vel quibus prejudicium aliquod ex ereccione, cantaria, et assignacione
predictis provenire valeat si petitis forsitan annuamus.   Cumque
directis nobis dicti . . officialis litteris in hac parte certificatoriis
sufficienter constet sufficientes causas subesse ereccionis capelle
predicte et in ea habende ut premittitur cantarie, quodque rector
ecclesie supradicte ipsi cantarie ut predicitur faciende suum prestiterit atque prestet assensum, ac quod terre, mesuagiorum et reddituum predictorum cum pertinenciis donacioni et assignacioni
dominus noster rex predictus et alii quorum interest consensum suum
prebuerunt et prebent, necnon quod pro sustentacione dicte capelle
et luminarii in ea dictus Robertus parochianis ecclesie de Eston'
predicta duodecim solidos annui redditus dederit et concesserit,
quodque nulli ex cantaria et assignacione predictis poterit prejudicium
generari, nos Rogerus episcopus supradictus ponderatis ut convenit
omnibus suprascriptis et diligencius examinatis, ipsiusque Roberti
devocionem laudabilem quam ad divini cultus augmentum tendere
cernimus, ac quod dictis parochianis ducentos bidentes pro sustentacione dicte capelle luminarii et ornamentorum ejusdem eciam sicut
accepimus imperpetuum concesserit in domino commendantes,
            cantariam predictam secundum modum et formam, vim,
Fo. 195   seriem, et effectum litterarum | prescriptarum auctoritate
            pontificali ordinamus perpetuam, donacionemque et
assignacionem porcionum ejusdem ac omnia alia et singula in eisdem
litteris comprehensa quatenus juste et canonice processerunt salvo jure

predicte ecclesie de Eston', ipsius rectoris, ac aliorum quorum interest vel interesse poterit in hac parte quibus in aliquo prejudicare non intendimus, salvis eciam pro dictis terris, mesuagiis, et redditibus serviciis consuetis et debitis, quantum in nobis est auctoritate nostra ordinaria approbamus et ea confirmamus tenore presencium perpetuo inviolabiliter observanda. Inhibemus insuper certis causis ne presbiter ipsam faciens cantariam diebus dominicis vel festivis missam suam incipiat ante lectum evangelium magne misse nisi aliam specialem licenciam in hac parte habuerit a . . rectore, nostre Sar' ecclesie dignitate juribus et consuetudinibus in omnibus semper salvis. In quorum testimonium atque fidem fecimus has nostras litteras ad perpetuam rei memoriam registrari et nostri sigilli munimine roborari. Datum apud Poterne vj idus Marcii anno domini millesimo ccc vicesimo quinto et consecracionis nostre undecimo.

[*9 April 1326. Ordination of the vicarage of Rowde, assigning a house, offerings, and tithes to the vicar.*]

[Fo. 195ᵛ]

ORDINACIO VICARIE ECCLESIE DE ROUDE.[1] Universis Christi fidelibus presentes litteras inspexturis [*sic*] Rogerus permissione divina Sar' episcopus salutem in eo quem peperit uterus virginalis. Cum perpetua vicaria ecclesie parochialis de Roude nostre diocesis non fuerit sicut legitime nobis constat juxta sacrorum exigenciam canonum ordinata, nos ex officii nostri pastoralis debito auctoritate nostra ordinaria ad ejusdem vicarie ordinacionem ut tenemur procedere cupientes eandem perpetuam vicariam et in quibus porcionibus consistere ac que onera ejusdem vicarii subire debeant, ad peticionem dilectorum filiorum Willelmi de Hereford' dicte ecclesie nunc rectoris et Johannis de Merston' ejusdem ecclesie perpetui vicarii et de ipsorum expresso consensu sufficienti deliberacione prehabitis et tractatu ac concurrentibus omnibus que in hac parte requiruntur de jure, auctoritate pontificali ut sequitur ordinamus et tenore presencium declaramus; videlicet quod dictus Johannes de Merston' predicte ecclesie nunc vicarius et sui in eadem vicaria successores habeant inperpetuum unum mansum et mesuagium cum curtilagio juxta ecclesiam supradictam pro loci vicario antiquitus assignatum, totum eciam altilagium et omnes oblaciones ejusdem ecclesie cum trecinalibus [*i.e.* trigentalibus] et requestis et aliis obvencionibus in eadem, necnon omnes decimas agnorum, lane, vitulorum, pullanorum, porcellorum, aucarum, omnium molendinorum, casei, lactis, ac eciam lini, canabi, curtillagiorum, et omnes alias minutas decimas ad dictam ecclesiam pertinentes

---

[1] *In margin*, nota.

quocumque nomine censeantur, item eciam decimas de dominico rectorie ecclesie memorate una cum decimis quatuor crofftarum apud la Clyve que olim fuerunt curtilagia set nunc sunt de novo ad agriculturam redacta, herbam eciam totam cimiterii ecclesie memorate; subibunt eciam vicarius supradictus et sui successores onera dumtaxat infrascripta, videlicet redditum ecclesie que annuatim ad iij solidos et duos denarios se extendunt, et invenient duos cereos processionales in ecclesia antedicta. Reliqua vero onera ordinaria omnia tam in libris, ornamentis, et cancello dicte ecclesie ac procuracionibus archidiaconi quam alia onera extraordinaria integraliter agnoscent et subibunt inperpetuum . . rector predicte ecclesie et sui successores rectores in ea. In quorum omnium testimonium atque fidem has nostras patentes litteras nostri inpressione sigilli ad perpetuam rei memoriam fecimus communiri et eciam dupplicari, quarum unam penes dicte ecclesie rectorem qui pro tempore fuerit et aliam penes dictum vicarium et suos successores in ea pro securitate majori volumus remanere. Datum apud Poterne v idus Aprilis anno domini millesimo ccc^mo xxvj et consecracionis nostre undecimo.

[Fo. 196 *blank*]¹

[*9 June 1326. Formal record of appeal to the Papal Curia by the Bishop and those exercising jurisdiction under him against the Archbishop's claim to probate jurisdiction over the goods of those dying possessed of goods in various dioceses. It is followed by the formal notification to the Archbishop, 23 June, of the appointment dated 15 June of William de Ayston as the proctor of the Bishop and his subjects in the appeal.*]

[Fo. 196^v]

PROVOCACIO PRO INSINUACIONE TESTAMENTORUM, nota domino archiepiscopo Cant'. Nono die Junii videlicet v idus ejusdem die Lune in festo translacionis sancti Edmundi archiepiscopi anno domini millesimo ccc^mo vicesimo sexto indiccione nona pontificatus domini Johannis pape xxij^di anno decimo, dominus provocacionem sive appellacionem subscriptam per Willelmum de Ayston' registratorem suum ad hoc per eum specialiter constitutum palam et pupplice in cimiterio ecclesie prebendalis de Hungerford' sue Sar' diocesis interposuit et legi fecit in presencia venerabilium virorum dominorum et magistrorum² Roberti de Bluntesdon' canonici et tenentis locum decani Sar', Gilberti Lovel et Roberti de Worth' canonicorum ac procuratorum capituli Sar', Thome de Bocton' subdecani Sar', Thome de Hotoft Dors', Tydonis de Vares' Berk', Walteri Hervy Sar' archidiaconorum, Johannis de Tarenta, Johannis de Legh', Willelmi de Lubbenham,

¹ *Except for the words* vide folium proximum.
² *In margin*, et cetera.

Hugonis de Knossyngton', Willelmi de Selton', Radulphi de Querendon', Vincencii de Tarent', et Johannis de Lughteburgh' publicorum
auctoritate apostolica notariorum ac multitudinis populi astantis
seriosius sub hiis verbis:

'In dei nomine amen. Licet examinacio omnimoda, cognicio,
et insinuacio testamentorum quorumcumque tam clericorum quam
laicorum in civitate et diocese Sar' decedencium et eciam si alibi
testati decesserint in civitate vel diocese bona quecumque ecclesiastica vel mundana optinencium, ipsorum testamentorum approbacio
ac commissio administracionis bonorum omnium hujusmodi decedencium in civitate et diocese supradictis eorum mortis tempore
existencium si testati et si forsitan intestati ubicumque ipsorum
bonorum in predictis civitate et diocese ut premittitur consistencium,
distribucio sive administracio et quecumque alia legitima disposicio,
necnon inquisicio et punicio excessuum quorumcumque in predictis
civitate et diocese bona hujusmodi decedencium, occupancium, seu
eciam detinencium minus juste ac occupatorum et detentorum
bonorum hujusmodi omnimoda cognicio et canonica cohercio et
eciam ab hujusmodi bonorum administratoribus sue administracionis
hujusmodi raciociniorum recepcioni causarumque bona et testamenta
hujusmodi quatenus ad forum pertinent ecclesiasticum qualitercumque
tangencia undecumque cognicio ad venerabilem patrem dominum
dei gracia Sar' episcopum qui pro tempore fuerit ac ecclesiam suam
cathedralem Sar' de jure, necnon tam ad eundem patrem episcopali
sede plena quam eciam ad venerabiles viros predicte ecclesie cathedralis
capitulum reverendosque patres dominos Reymundum de Farges
sancte Marie nove et Arnaldum de Via divina providencia sancti
Eustachii sacrosancte Romane ecclesie cardinales . . decanum et
tesaurarium in ecclesia cathedrali predicta ac in eadem ecclesia . .
precentorem, . . archidiaconos, subdecanum, et canonicos in eadem
ecclesia infra predictas civitatem et diocesim prebendatos et alios in
eisdem civitate et diocese beneficiatos jurisdiccionem inferiorem in
certis locis suis dignitatibus, personatibus, officiis, et prebendis canonice
annexis infra civitatem et diocesim supradictas distincte et particulariter optinentes qui pro tempore fuerint, quatenus in eorum inmediatis
jurisdiccionibus singulis hujusmodi testatos vel intestatos
Fo. 197   decedere vel bona ad ipsos seu testamenta predicta spec | tan-
cia ut premittitur existere vel reperiri contingerit et non
ad alios de antiqua approbata hactenus pacifice observata consuetudine, aliasque sufficienti jure particulariter et divisim ab antiquo
pertinuerint et pertinere noscantur, fueritque et sit venerabilis pater
dominus Rogerus dei gracia Sar' episcopus qui nunc est suo et predicte
ecclesie sue nomine pro toto tempore suo ac eciam predecessores et

precessores sui qui pro tempore fuerunt . . episcopi in eadem necnon
venerabiles viri . . domini decanus, capitulum, . . precentor, . .
tesaurarius, . . archidiaconi, subdecanus, canonici, prebendarii et alii
supradicti jurisdiccionem hujusmodi inferiorem ut premittitur optinentes quorum jura et jurisdiccionis venerabilis patris . . episcopi
domini mei supradicti multipliciter et notorie interest integras et
illibatas [*sic*] servari fuerint et sint, ac predecessores et precessores
eorumdem fuerint temporibus suis in possessione vel quasi juris omnimodas examinaciones, cogniciones, insinuaciones, administracionum
commissiones et bonorum disposiciones, inquisiciones, puniciones, ac
coherciones hujusmodi quatenus ad forum pertinent ecclesiasticum
canonice audiendi, excercendi, expediendi, faciendi, et recipiendi
prout ad eorum singulos divisim pertinent et pertinuerunt a tempore
et per tempus cujus contrarii memoria non existit quibuscumque aliis
extra possessionem hujusmodi totaliter existentibus; audito tamen et
noviter rumore perlato ac eciam verisimiliter et plenius intellecto
quod venerabilis pater dominus Walterus dei gracia Cant' archiepiscopus tocius Angl' primas dicte ecclesie cathedralis Sar' metropolitanus insinuacionem, examinacionem, et cognicionem testamentorum
quorumcumque sue provincie Cant' bona in diversis diocesibus
ejusdem tempore mortis sue optinencium ex quibusdam causis pretensis
ad ipsum de prerogativa ecclesie Cant' nimis voluntarie asserens
pertinere, cum in veritate non pertineant, dictum patrem et dominos . .
decanum et capitulum ac alios superius nominatos jurisdiccionem
inferiorem in predictis civitate et diocese ut premittitur optinentes
super hujusmodi jure et possessione in premissis omnibus et singulis et
circa molestare, inquietare, seu perturbare predictorumque patris
subditorum suorum predictorum jurisdiccionem hujusmodi inferiorem
in eisdem civitate et diocese ut predicitur optinentes subditos infra
easdem civitatem et diocesim commorantes super detencione, con-
celacione, occupacione bonorum testamenta predicta et defunctos
predictos contingencium et in predictis civitate et diocese existencium,
in eisdem civitate et diocese detentorum, concelatorum, sive occupatorum trahere extra predictas civitatem et diocesim Sar' ad ipsius
examen invitos et sua auctoritate ad judicium evocare intendit, cum
in dictos subditos nulla in hac parte sibi competat jurisdiccio nec
ad eum sit in premissis vel ea tangentibus aliqualiter legitime devoluta,
et eciam se premissa facturum et attemptaturum ut premittitur sit
publice comminatus, ego procurator venerabilis patris domini R. dei
gracia Sar' episcopi predicti inveniens ex causis et comminacionibus
predictis necnon ex aliis causis probabilibus et verisimilibus conjecturis
posse eidem patri et ecclesie sue predicte venerabilibusque viris . . decano
et . . capitulo ac aliis suprascriptis inferiorem jurisdiccionem hujusmodi

ut premittitur in dictis civitate et diocese optinentibus circa jus et
possessionem suam in premissis et ea tangentibus grave generari
prejudicium infuturum, ne dictus venerabilis pater dominus Walterus
dei gracia Cant' archiepiscopus predicte Sar' ecclesie
Fo. 197ᵛ   metropolitanus predictus | suive successores . . archiepiscopi
Cant' seu quivis alius ipsius ipsorum nomine vice auctoritate vel mandato in dicti venerabilis patris domini mei seu ecclesie sue
Sar' predicte dominorumve . . decani et capituli et aliorum prescriptorum hujusmodi jurisdiccionem inferiorem in eisdem civitate et
diocese ut premittitur optinencium aliorumve subditorum suorum
seu eisdem et eorum singulis adherencium seu adherere volencium
prejudicium seu gravamen attemptent seu faciant aliqualiter attemptari,
predictum patrem dominum meum seu venerabiles viros . . decanum
et . . capitulum ac alios superius nominatos aliosve subditos civitatis
et diocesis predictarum seu ipsis et eorum singulis in hac parte
adherentes vel adherere volentes circa jus et possessionem eorumdem
in premissis vel eorum aliquo molestando, inquietando, perturbando,
seu dictarum civitatis et diocesis subditos super rebus contractibus vel
excessibus infra easdem civitatem et diocesim existentibus, factis, seu
commissis trahendo, evocando, vel sua auctoritate vocari faciendo,
monendo, citando, decernendo, interloquendo, suspendendo, excom-
municando, interdicendo, in judicio vel extra gravando, statuendo,
vel quicquam aliud sibi vel ecclesie sue Sar' predicte seu . . decano et
capitulo vel aliis superius nominatis seu eis et eorum aliquibus adher-
entibus seu adherere volentibus ipsorumve subditis prejudiciale
quomodolibet attemptando, sacrosanctam sedem apostolicam dicti
patris nomine et ecclesie sue predicte ac quorumcumque quorum
interest seu interesse poterit in hac parte provoco et appello in hiis
scriptis et apostolos instanter instancius et instantissime peto quatenus
petendi sunt in hoc casu. Protestor insuper ego procurator predictus
pro dicto domino meo aliisque omnibus et singulis superius nominatis
me velle provocacionem seu appellacionem hujusmodi sub hac forma
vel alia competenciori prout eidem domino meo et aliis superius
nominatis videbitur expedire omnibus quorum interest legitime
notificare et in eventu futuri quod absit gravaminis infra tempus
legitimum cum de illis constiterit appellare et apostolos petere prout
petendi sunt de jure et eciam appellacionem prosequi hujusmodi cum
effectu, subiciens eciam et eciam supponens dictum dominum meum
et ecclesiam suam predictam et omnes alios et singulos superius
nominatos et eorum subditos sibique adherentes et adherere volentes
in hac parte, jura, bona, et possessiones suas et singulorum ipsorum
tuicioni et proteccioni sacrasancti Romani pontificis et sedis apostolice
supradicte, offerensque dictum dominum meum pro se et ecclesia sua

predicta omnesque et singulos superius nominatos eorumque subditos et sibi adherentes in hac parte coram dicto summo pontifice super premissis et eorum singulis et quibuscumque ea tangentibus paratum [*sic*] in omnibus stare juri et juxta juris exigenciam facere que incumbunt, juris beneficio addendi, mutandi, declarandi, corrigendi dicto domino meo et aliis omnibus superius nominatis ac omnibus quorum interest in omnibus semper salvo. Cui quidem provocacioni subdecanus, archidiaconi, canonici, locum tenens, et procuratores prenotati ac alii jurisdiccionem in diocese Sar' optinentes tunc presentes adherebant expresse.'

Et ix kalendas Julii anno domini m⁰ ccc^{mo} vicesimo sexto apud Octeford' in aula venerabilis patris domini Walteri dei gracia Cant' archiepiscopi tocius Angl' primatis eidem tunc presenti notificata fuit dicta provocacio debite per Willelmum de Ayston' predictum procuratorem domini constitutum hoc modo:

'Universis pateat per presentes[1] quod nos Rogerus permissione divina Sar' episcopus | facimus, ordinamus, et constituimus
Fo. 198   dilectum nobis in Christo Willelmum de Ayston' clericum nostrum procuratorem sive nuncium specialem ad intimandum, insinuandum, sive notificandum venerabili patri domino W. dei gracia Cant' archiepiscopo tocius Anglie primati nostroque metropolitano ac omnibus aliis et singulis quorum interest vel interesse poterit in hac parte quandam appellacionem sive provocacionem, pro nobis et . . decano et . . capitulo ecclesie nostre Sar' predicte ac nostro nomine aliorumque subditorum nostrorum jurisdiccionem inferiorem in nostra diocese optinencium ac omnium aliorum quorum interest ex quibusdam verisimilibus causis et proba[bi]libus ab eodem metropolitano, super eo quod idem metropolitanus insinuacionem, examinacionem, et cognicionem testamentorum quorumcumque sue provincie Cant' bona in diversis diocesibus ejusdem tempore mortis sue optinencium ex quibusdam causis per eum pretensis nimis voluntarie vendicare satagit et proponit ac se ea excercere et attemptare velle tam in diocese Sar' predicta quam in singulis aliis diocesibus provincie predicte publice comminatur, dudum racionabiliter et legitime interpositam prout in ejusdem appellacionis sive provocacionis forma seu tenore plenius continetur et in eventu inferendi quod absit gravaminis in hac parte ab eodem cum effectu legitime appellandum et aposotolos petendum alium vel alios procuratorem vel procuratores loco suo substituendum, necnon omnia alia et singula faciendum et expediendum que in premissis et ea quoquo modo tangentibus necessaria fuerint vel oportuna eciam si mandatum exigant speciale

----

[1] *In margin,* procuratorium.

quantumcumque, promittentes nos ratum et gratum habituros quicquid per dictum procuratorem nostrum aut ipsius substitutum in hac parte actum seu procuratum fuerit vel eciam expeditum, testimonio presencium quas sigilli nostri impressione fecimus communiri. Datum apud Remmesbur' xvij kalendas Julii anno domini millesimo cccᵐᵒ vicesimo sexto et consecracionis nostre undecimo.'

[Fo. 198ᵛ *blank*]¹

[*20 December 1326. Letter from the bishop of London containing the Archbishop's mandate for a convocation on 16 January at St. Paul's, London, to hear among other things the publication of a papal mandate (below, p. 532). With minor verbal variations, the Archbishop's mandate is the same, even to the date, as that of 20 July 1326, dated at Lambeth, for a convocation on 13 October, as printed in Reg.* Orleton (Cant. & York Soc. v), *368-9, except for the date of the convocation,* die Veneris proximo post festum sancti Hillarii. *The reason for the confusion is not clear.*]

[Fo. 199]²

MANDATUM AD CONVOCANDUM CLERUM LOND', receptum apud Sonnyngg' kalendis Januarii. Venerabili in Christo patri domino dei gracia Sar' episcopo Stephanus [*etc.*].

Cujus auctoritate mandati tenore presencium peremptorie vos citamus et per vos . . decanos et capitula, . . archidiaconos, . . abbates,
Fo. 199ᵛ   . . priores et clerum hujusmodi vestre diocesis citari
           mandamus | peremptorie ut est dictum, quod vos videlicet
           dictis die et loco paternitatis presenciam exhibere curetis
et ipsi . . decani et ceteri supradicti suas exhibeant presencias tunc ibidem publicacionem hujusmodi audituri ac vos et ipsi ulterius facturi quod hujusmodi mandati tenore exigit et requirit. Datum apud Wikham xiij kalendas Januarii anno domini supradicto.

[*1 January 1327. The Bishop's mandate in pursuance of the above to the archdeacon of Berks. The proctors for the clergy of the diocese are to be chosen on 10 January, and the archdeacon is to certify the Bishop by 15 January.*]

EXECUCIO. Rogerus et cetera. Cujus auctoritate mandati peremptorie vos citamus ac omnes et singulos exemptos et non exemptos archidiaconatus Berks' quos illud citari exigit peremptorie citari mandamus quod die et loco in eodem contentis compareatis et compareant facturi in omnibus et singulis quod mandatum requirit predictum. Clerum eciam archidiaconatus predicti faciatis ad aliquos certos diem et locum ad hoc congruos evocari ac unum procuratorem ab eodem ad contenta in dictis litteris constitui qui substituendi habeat potestatem de sic constituto procuratore taliter disponentes quod in nostra

---

¹ *Except for the note* hic deficit xxiiijtᵘˢ quaternus.
² *At top of page,* Vicesimus quintus quaternus.

ecclesia cathedrali compareat die Sabbati proximo post festum
Epiphanie domini nunc venturum sic cum procuratoribus cleri
aliorum archidiaconatuum nostre diocesis tractaturus et dispositurus
quod clerus ejusdem diocesis sufficienter compareat et faciat quod
mandatum exigit supradictum. Ad quod faciendum citari volumus
ipsum clerum vosque prout ad vestram personam pertinet in hiis
consimiliter faciatis. Quid autem in premissis actum fuerit et duxeritis
faciendum una cum procuratoribus [*sic*] cleri ac per vos citatorum
nominibus et cognominibus quique ut premittitur plebes, ecclesias,
seu capellas non exemptas [habeant] nobis per biduum citra diem
Veneris supradictum per litteras vestras patentes harum seriem
continentes adeo dilucide rescribatis quod venerabilem patrem
dominum archiepiscopum supradictum certificare possimus in omnibus
ut mandatur. Valete. Datum apud Sonnyngg' kalendis Januarii anno
domini supradicto et consecracionis nostre duodecimo.

[*15 January 1327. The Bishop's certificate to the Archbishop, with the list (arranged in
tabular form in the MS.) of those cited to attend the convocation.*]

CERTIFICATORIUM. Venerabili et cetera. Hoc igitur mandatum cui
parebimus reverenter sumus secundum sui [*sic*] exigenciam pleniter
executi, ac citatorum nomina in cedula presentibus annexa vestre
paternitati mittimus reverende, quam ad ecclesie sue sancte regimen
conservet pro sua misericordia Jhesus Christus. Datum London'
xviij kalendas Februarii anno domini supradicto.

Capitulum ecclesie nostre Sar'.

Monasteriorum abbates cum suis conventibus: fratres Johannes de
Abendon', Nicholaus de Radyng', Robertus de Shyrborn', Robertus
de Middleton', Ricardus de Cernel', Willelmus de Abbotesbur', Adam
de Malmesbur' (exemptus), . . de Stanlegh'.

Priores cum suis conventibus: Johannes de Bradenestoke; . . de
Hurle, . . de Walyngford', . . de Farlegh', exempti ut pretendunt.

Archdiaconi: magistri Thomas Dors', Tydo Berks', Walterus Sar',
Robertus Wyltes'.

Procuratores cleri: magistri Johannes de Legh', Johannes de
Tarent'.

[*12 December 1326. Letter from the bishop of London containing the Archbishop's mandate
dated 11 December, which in turn contains the King's writ dated 4 December for warning the
cathedral and diocesan clergy of the prorogation of parliament summoned for 14 December to
7 January 1327. The King's writ, without all of the* praemunientes *clause, is printed
in* Parliamentary Writs *(Record Commission), ii (2), 352.*]

[Fo. 200]

PROROGACIO PARLIAMENTI. Venerabili in Christo patri domino dei gracia Sar' episcopo Stephanus ejusdem permissione London' episcopus salutem et sincere dileccionis continuum incrementum. Mandatum reverendi in Christo patris domini W. dei gracia Cant' archiepiscopi tocius Angl' primatis recepimus sub hac forma:

'Walterus permissione divina Cant' archiepiscopus tocius Angl' primas venerabili fratri nostro domino S. dei gracia London' episcopo salutem et fraternam in domino caritatem. Breve domini regis recepimus in hec verba:

"Edwardus [*etc.*], . . . nolentes tamen negocia nostra predicta pro defectu premunicionum predictarum si forsan minus rite facte fuerunt aliqualiter retardari, vobis mandamus firmiter injungentes quod premuniri faciatis priores, decanos, et capitula ecclesiarum cathedralium ac eciam archidiaconos et clerum vestre provincie quod iidem . . priores, decani, et archidiaconi in propriis personis suis et quodlibet capitulorum illorum per unum clerusque cujuslibet diocesis per duos procuratores sufficientem potestatem ab ipsis capitulis et clero habentes sint in dicto crastino apud dictum locum ad consenciendum hiis que tunc ibidem de communi consilio regni nostri ordinari contigerit ut est dictum. Et hoc nullatenus omittatis. Teste meipso apud Ledebur' iiij^to die Decembris anno regni nostri vicesimo."

' Quocirca vestre fraternitati committimus et mandamus quatinus cum debita celeritate confratribus et coepiscopis nostre Cant' provincie suffraganeis vice et auctoritate nostra injungatis quatinus singuli eorumdem in suis diocesibus de hujusmodi prorogacione sic ut premittitur facta priores, decanos, et capitula ecclesiarum suarum cathedralium ac eciam archidiaconos et clerum suarum diocesium premuniri faciant citando eosdem priores, decanos, et archidiaconos quod in propriis personis suis et capitula per unum clerusque cujuslibet diocesis per duos procuratores sufficientem potestatem ab ipsis capitulis et clero habentes dictis die et loco sint et compareant juxta formam dicti brevis una nobiscum tractaturi et ordinaturi prout utilitati ecclesie et animarum saluti visum fuerit expedire et hiis que domino disponente ibidem salubriter contigerit ordinari nos prout decet consensus adhibituri. Et qualiter hoc presens mandatum nostrum fueritis executi nos eisdem die et loco cum tenore presencium legitime certificetis. Datum apud Otteford' iij idus Decembris anno domini millesimo ccc^mo vicesimo sexto.'

Quod mandatum quatenus personas predictas vobis subditas et clerum vestre diocesis concernit paternitati vestre auctoritate ejusdem patris absque more dispendio mittimus exequendum. Datum apud Croudon' ij^e idus Decembris anno domini supradicto.

[Fo. 200^v *blank*]

[*22 December 1326. The Archbishop's mandate to put under an interdict the places in Canterbury province through which the archbishop of York passes with his cross carried before him contrary to the liberty of the province; the object of the interdict is that the people should not seek the archbishop of York's blessing. The body of the mandate is the same as that printed in Wilkins, Concilia, ii, 525, with insignificant verbal variations.*]

[Fo. 201]

AD INTERDICENDUM LOCA PER QUE ARCHIEPISCOPUS EBOR' TRANSIVERIT. Walterus permissione divina Cant' archiepiscopus tocius Angl' primas venerabili fratri nostro domino Rogero dei gracia Sar' episcopo salutem et fraternam in domino caritatem. Inter cuntas [*etc.*]. Diem vero recepcionis presencium et formam execucionis omnium premissorum ac eciam de nominibus rebellium in hac parte si vobis de eisdem constiterit nobis citra festum purificacionis beate Marie virginis proximo futurum rescribere non tardetis per litteras vestras patentes harum seriem continentes. Datum apud Redingg' xj kalendas Januarii anno domini millesimo ccc^{mo} vicesimo sexto.

[*20 December 1326. Another copy of the letter from the bishop of London as on p. 529, with the same confusion in the dates.*]

[Fo. 201^v]

MANDATUM ARCHIEPISCOPI PRO CONVOCACIONE ET CETERA. Venerabili [*etc.*].

[*28 September 1326. Papal mandate for the publication of twenty days' indulgence granted to those praying for peace between the kings of England and France, for the inclusion in sermons of exhortations to prayer, and for the saying of Psalm 122 and certain versicles and responses during the celebration of mass.*]

[Fo. 202]

INDULGENCIA CONCESSA PER PAPAM ORANTIBUS PRO PACE INTER REGES ANGL' ET FRANC'. Johannes episcopus servus servorum dei venerabilibus fratribus archiepiscopo Cant' ejusque suffraganeis ac dilectis filiis . . abbatibus, prioribus, decanis, prepositis, archidiaconis, archipresbiteris, plebanis, et aliis ecclesiarum prelatis et rectoribus ipsorumque vices gerentibus, conventubus quoque, capitulis, ceterisque personis ecclesiasticis religiosis et secularibus exemptis et non exemptis in civitate et diocese et provincie Cant' constitutis ad quos littere presentes pervenerint salutem et apostolicam benediccionem. Dudum quod hostis pacis omniumque malorum incentor inter karissimos in Christo filios nostros Carolum Franc' et Navarr' ac Edwardum Angl' reges illustres gravis dissensionis susscitasset materiam ad nostram noticiam infausta nunciacione perducto, nos quam magnis onusta dispendiis quamque variis plena foret periculis quantaque discrimina secum traheret prefata discordia considerantes attente vigilanti

studio, ne perniciosam coalesceret in segetem set pocius suo pre-
focaretur in ortu,[1] cum fratribus nostris deliberacione diligenti prehabita duximus occurrendum, quorum votis pater animarum annuens
ipso efficiente, cooperanteque solercia venerabilium fratrum nostrorum
Guillelmi Viennen' archiepiscopi et Hugonis Aurasicen' episcopi
quos propterea ad dictorum regum destinaverimus presenciam ac
karissime in Christo filie nostre Ysabellis regine Angl' illustris que
premissorum causa ad partes se transtulit Francie pax inter dictos
reges certis modis adjectis et juramentis hincinde prefatis reformata
extitit et firmata. Sane quia hostis predicti non cessavit malicia set
contra pacem hujusmodi per illam suis perversis desideriis se frustrari
senciens vehemencius excandescens ad inter prefatos reges discordiam
resuscitandam extinctam spargere curavit zizanniorum semina que
jam pululare periculose nimis incipiunt et coalescere periculosius
nisi occurratur ocius probabiliter formidantur. Quamquam autem
ad occurrendum predictis nostra non tepescit vigilancia set ad hoc
sedule sit intenta, quia tamen non tam de solicitudine humana
quacumque confidimus quam de humili supplicacione speramus pro
tante tempestatis turbine sopiendo, ad illum qui mari
Fo. 202ᵛ   et | ventis imperat et per quem sit de turbacione tran-
quillitas, cum fratribus nostris predictis deliberavimus
recurrendum ac apud ipsum in cujus manu sunt omnium potestates
et jura regnorum quique corda regum inclinare potest quo voluerit
humilibus supplicacionibus insistendum ut benignius reges prefatos
aliosque ortodoxos principes eorumque principatus et regna respiciat
ac ab illis dissenciones ammoveat dissidencium, corda in concordie
unitate conciliet, tranquillitatem tribuat, ipsosque in ipsius soliditate
consolidet et confirmet, sicque ipsos preesse ut prosint tribuat eorumque
regimen sic regat et dirigat ut cedat tam ipsius quam eorum subditis
ad salutem et perpetuam quietem ac pacem, nobisque ipse cujus
providencia in sui disposicione non fallitur modos et vias aperiat per
quos hec ut in votis gerimus efficaciter promovere possimus. Ut
autem hec multiplicatis intercessoribus prompcius assequamur
universitatem vestram, cujus suffragia supponimus multipliciter
oportuna, monemus, rogamus, et hortamur attente, quatinus nostris
desideriis in hac parte conformantes et vestra diebus singulis ex totis
precordiis in excelsa preces humiles porrigentes devotas oraciones
fundatis ad dominum, ut ipse cujus est ita pacis profecta concessio
quod ipso eamdem concedente non sit qui condempnet judicio,
potestate deterreat, vel terrore perturbet, inter memoratos principes
sue pacis et concordie fluenta diffundat seipsum veram pacem que

---

[1] *MS.* orta.

omnem sensum exuperat in eorum animos influat ipsosque faciat sua pietate concordes. Cuntis preterea Christianis principibus ecclesie dei sancte devotis et aliis ejusdem fidei Christiane cultoribus statum pacificum sua omnipotenti virtute concedat. Et ut predicta per salutaris retribucionis exinde optinende premium prompcius exequi studeant ortodoxi, nos de omnipotentis dei misericordia, beatorum quoque apostolorum Petri et Pauli auctoritate confisi et illa quam ipse nobis dei filius ligandi atque solvendi tribuit potestatem, omnibus vere penitentibus et confessis singulis diebus quibus usque annum postquam eis innotuerit computandum devote pro premissis oraverint viginti dies de injunctis sibi penitenciis relaxamus. Quocirca universitatem vestram monemus, rogamus, et hortamur attente quatinus presentes nostras litteras per vestras dioceses solempniter per vos vel alios in locis de quibus expedire videritis pupplicantes earum tenorem ut plenius intelligantur ab omnibus in wlgari per vos vel alios ad hoc ydoneos exponatis, ac nichilominus in omnibus vestris sermonibus ut pro eorumdem regum pace, aliorum principum, tocius Christianitatis, devotorum sancte dei ecclesie statu pacificio suppliciter oretur ad dominum exhortaciones accommodas juxta vobis ex alto concessam graciam adicere studeatis. Et quia in missarum solempniis ad eum consueverint preces fundi devocius, ordinamus quod in singulis missarum celebracionibus post dictum a celebrante *Pater noster* responsioneque secuta antequam in missa ulterius procedatur illud canticum, 'Letatus sum in hiis que dicta sunt mihi', cum *Gloria patri* a religiosis clericis et aliis litteratis presentibus cum devocione dicatur, et post dicantur 'Kyrie eleison, Christe eleison, Kyrie eleison', et post isti versuli subsequantur: Domine salvos fac reges; et respondeatur, Et exaudi nos in die qua invocaverimus te; V: Salvum fac populum tuum domine et benedic hereditati tue; R: Et rege eos et excolle illos usque ineternum; V: Fiat pax in virtute tua; R: Et habundancia in turribus tuis; V: Domine exaudi oracionem meam; R: Et clamor meus ad te veniat; Oracio: Largire domine fidelibus tuis indulgenciam placatus et pacem ut pariter ab omnibus mundentur offensis et secura tibi mente deserviant, et cetera. Datum Avinion' iiij kalendas Octobris pontificatus nostri anno undecimo.

[*1 March 1326. Papal letter to the nuncios in England telling them to explain the needs of the Roman church in Italy to the English clergy, whose aid is requested in the separate letter that forms the succeeding entry.*]

[Fo. 203]

Ad inducenum pro subvencione facienda ecclesie Romane contra adversarios. Johannes episcopus servus servorum dei venerabilibus fratribus Guillelmo archiepiscopo Viennen' et Hugoni episcopo Aurasicen' ac dilecto filio magistro Hugoni de Engolisma archidiacono Cant' apostolice sedis nunciis salutem et apostolicam benediccionem. Quia sicut vestra prudencia bene novit hereticorum atque infidelium et rebellium perfidorum adversus deum et Romanam matrem ecclesiam presumptuosa superbia hiis presertim temporibus unanimiter et crudeliter in Italie partibus seviente ipsa ecclesia multipliciter anxiatur, nos venerabilibus fratribus nostris archiepiscopis et episcopis ac dilectis filiis . . electis [*etc.*] per regnum Angl' constitutis necessitates innumeras ex premissis eidem ecclesie incumbentes, ad quas supportandas pro se non sufficit, per alias nostras litteras quas inde sibi dirigimus exponentes eos, quos ad hoc promptos et liberales reperire confidimus, ad subveniendum eidem matri ecclesie in hiis necessitatibus per exhibicionem oportuni subsidii, providimus attencius exhortandos. De vestra igitur circumspeccione provida fiduciam gerentes in domino specialem, devocioni vestre per apostolica scripta committimus et mandamus quatinus vos vel duo aut unus vestrum, eisdem . . archiepiscopis et . . episcopis aliisque personis predictis ecclesiasticis necessitates easdem, quarum vos habere credimus noticiam pleniorem juxta datam a deo vobis prudenciam, seriosius explicantes, ipsos ad subveniendum eidem matrici ecclesie solerter et efficaciter sicut expedire cognoveritis indicatis. Datum Avinion' kalendis Marcii pontificatus nostri anno x^{mo}.

[*1 March 1326. Papal letter to the English clergy requesting their aid against rebels and heretics in Italy.*]

[Fo. 203^v]

AD SUBVENIENDUM ECCLESIAM ROMANAM CONTRA HERETICOS. Johannes episcopus servus servorum dei venerabilibus fratribus . . archiepiscopis et episcopis ac dilectis filiis . . electis [*etc.*] per regnum Angl' constitutis salutem et apostolicam benediccionem. Quam graviter quamque innaniter a perfidis hereticis ac infidelibus ac rebellibus ecclesia Romana mater fidelium omnium et magistra in Italie partibus hereticorum et infidelium ipsorum adversus deum et fidem catholicam intumescente superbia et ad ejusdem fidei subversionem nequiter aspirante hiis presertim temporibus molestetur ad vestram et aliorum fidelium noticiam credimus pervenisse. Nos igitur attencius cogitantes quod nedum ipsius ecclesie set res vestra super hiis agitur ejusdem necessitates ecclesie ad quas supportandas per se non sufficit vobis fiducialiter providimus exponendas, sperantes indubie quod velut devoti et grati filii eidem matri compassionis et pietatis aperietis viscera ad predictorum hereticorum et infidelium infidelitatis et superbie contra matrem ipsam erecta cornua conterenda de oportuno maturabitis subsidio subvenire maxime, quia sicut nostis toto tempore nostro vitavimus in postulandis subsidiis cum hoc primum esse credamus quod per nos a vobis postulatum extiterit vos gravare. Quocirca universitatem vestram monemus, rogamus, et hortamur attencius quatinus premissis in examine recte consideracionis adductis ad reprimendum tam presumptuosos tamque periculosos hereticales excessus ac supportandum gravium sarcinam onerum incumbencium ex predictis, sic manus vestras adjutrices prompte velitis extendere quod auxiliante domino tanta conteratur temeritas, fides in partibus illis, in quibus jam periclitari noscitur, solideatur catholica et, hereticorum prostrata continuata superbia, votiva suscipiat fidelium incrementa, vosque dictam ac nostram et apostolice sedis graciam ulterius acquiratis. Super predictis autem venerabilibus fratribus nostris[1] Guillelmo archiepiscopo Viennen' et Hugoni episcopo Aurasicen' ac dilecto filio magistro Hugoni de Engolisma archidiacono Cant' apostolice sedis predicte nunciis et eorum cuilibet quibus negocium hujusmodi specialiter inposuimus curetis efficaciter intendere et fidem indubiam adhibere. Datum Avinion' kalendis Marcii pontificatus nostri anno decimo.

[*Undated. Letter from the Roman people to the Pope urging him to go to Rome. It is printed in Reg. Hethe, i (Cant. & York Soc. xlviii), 370-1, and with the Pope's answer in Reg. Grandisson, ed. F. C. Hingeston-Randolph, i. 90.*]

[Fo. 204]

DOMINO PAPE PER POPULUM ROMANUM UT AD ROMAM VENIAT. Sanctissimo [*etc.*].

[*4 February 1327. Letter from the bishop of London containing the Archbishop's summons of 29 January to the consecration of James Berkeley as bishop of Exeter at Canterbury on 22 March.*]

[Fo. 204ᵛ]

AD INTERESSENDUM CONSECRACIONI JACOBI ELECTI EXON'. Venerabili in Christo patri domino . . dei gracia Sar' episcopo Stephanus ejusdem permissione London' episcopus salutem et sincere dileccionis continuum incrementum. Litteras reverendi in Christo patris domini Walteri dei gracia Cant' archiepiscopi tocius Angl' primatis recepimus tenorem qui sequitur continentes:

'Walterus permissione divina Cant' archiepiscopus tocius Angl' primas venerabili fratri nostro domino Stephano dei gracia London'

---

[1] *MS.* nostris nostris.

episcopo salutem et fraternam in domino caritatem. Quia die dominica qua cantatur officium *Letare Jerlm'* proximo futura venerabilem virum magistrum Jacobum de Berkelegh' sacre theologie doctorem canonicum ecclesie Exon' in episcopum Exon' [*etc.; cf. above p. 142*]. Datum apud Lameht' iiij kalendas Februarii anno domini millesimo ccc^{mo} xxvj^{to}.'

Quarum auctoritate litterarum tenore presencium vos monemus ut mandato dicti patris in eisdem contento quatenus vos concernit efficaciter pareatis. Datum apud Fulham ij nonas Februarii anno domini supradicto.

[Fo. 205]

REGISTRUM DE ANNO ET CETERA XXVIJ INCIPIT.

[*12 May 1327. Letter from the bishop of London, dated at Southminster, containing the Archbishop's mandate dated 5 May at Otford to publish the fact that the Queen had intended to join her husband the King, and to repress rumours of her infidelity. The Archbishop also asks that the bishops should follow him in granting an indulgence to those praying for the young King, for the Queen, and for peace. A similar letter is printed in Reg. Hethe, i (Cant. & York Soc. xlviii), 371-3, where, however, it is differently dated.*]

AD PUPPLICANDUM VOLUNTATEM REGINE ADEUNDI DOMINUM SUUM. Venerabili [*etc.*].

[*1 May 1327. Papal mandate to the archbishop of Canterbury and the bishops of his province for the publication of the process, dated 3 April at Avignon, of excommunication and deprivation promulgated against Lewis of Bavaria, King of the Romans. The process is printed, with minor verbal variations, in Monumenta Germaniae Historica: Legum, sectio iv, tom. vi (1), 178-84. The date by which publication is to be certified is 1 October.*]

[Fo. 206]

AD PUPPLICANDUM IMPERATOREM EXCOMMUNICATUM ET CETERA, receptum apud Poterne iij idus Septembris. Johannes episcopus servus servorum dei venerabilibus fratribus . . archiepiscopo Cant' ejusque suffraganeis salutem et apostolicam benediccionem. Pridem apud Ludovicum de Bavaria excommunicatum dei et ecclesie sancte sue fideique catholice rebellem manifestum et hostem de fratrum nostrorum consilio certum processum habuimus cujus

Fo. 209^v   tenor sequitur sub hac forma: 'Johannes episcopus [*etc.*].' |

Et licet neccessarium non existeret processum eumdem sic sollempniter presente multitudine copiosa fidelium habituali ut in eo continetur ostiis ecclesie Avinionen' affixum alibi quam apud sedem apostolicam publicari, nos tamen ex superhabundanti ut cunctis clarius earum parcium fidelibus innotescat illum ad vos vestrasque civitates et dioceses providimus serie presencium destinandum, fraternitati vestre in virtute sancte obediencie per apostolica scripta mandantes quatinus vos et singuli vestrum in locis vestrarum civitatum et diocesium quibus fuerit expediens per vos et alios religiosos et seculares de quibus vobis videbitur quos ad hoc auctoritate nostra appellacione postposita compellere valeatis, exempcionis et quibusvis aliis dicte sedis privilegiis quibuscumque locis seu personis sub quacumque forma vel concepcione verborum concessis eciam si de illis esset specialis et expressa ac de verbo ad verbum in presentibus mencio facienda que quoad hoc in nullo volumus suffragari nequaquam obstantibus, dictum processum et contenta in eo eciam in vulgari ubi multitudo populi fuerit et alias expedierit publicetis et faciatis solempniter publicari, nos reddituri de publicacione hujusmodi per vestras litteras vel instrumenta publica principium et finem presencium continencia infra prefixum in eodem processu terminum cerciores. Datum Avinion' kalendis Maii pontificatus nostri anno undecimo.

[*17 September 1327. The Bishop's mandate in pursuance of the above to the dean of Salisbury and the archdeacons, who are to copy the papal mandate and publish it in the churches of their jurisdictions.*]

EXECUCIO FUIT ISTA. Rogerus permissione divina Sar' episcopus dilectis filiis tenenti locum . . decani ecclesie nostre Sar' ac universis et singulis . . archidiaconis vel eorum . . officialibus per nostram diocesim constitutis ad quos presentes littere pervenerint salutem et mandatis apostolicis filialiter obedire. Litteras sanctissimi patris et domini domini Johannis divina providencia pape xxij^{di} suscepimus continens per omnia seriem hanc verborum, 'Johannes episcopus servus servorum dei venerabilibus fratribus archiepiscopo Cant' ejusque suffraganiis' et cetera. IN FINE: Auctoritate igitur apostolica supradicta qua fungimur in hac parte vobis firmiter injungendo committimus et mandamus quatinus vestrum quilibet qui predictum mandatum receperit ipsius mandati cum celeritate possibili copiam sibi faciat et contenta in eo secundum ipsius exigencia, videlicet vos fili . . tenens locum . . decani in nostra ecclesia cathedrali et singulis ecclesiis | civitatis nostre Sar', ac vos filii . . archidiaconii in singulis ecclesiis tam collegiatis conventualibus quam aliis exemptis et non exemptis vestrorum archidiaconatuum debite publicetis seu faciatis solempniter publicari, vestrum eciam quilibet qui premissa fuerit executus de hujusmodi execucione adeo tempestive per suas litteras patentes apostolici et nostri mandati predicti principium continentes et finem certificet quod sanctissimum patrum predictum ut mandatus superius certificare possimus. Valete. Datum Poterne xv kalendas Octobris anno domini millesimo ccc^{mo} vicesimo septimo et consecracionis nostre duodecimo.

Fo. 210

[*20 September 1327. Certificate of the publication of the papal mandate, which the Bishop had received on 11 September.*]

CERTIFICATORIUM. Sanctissimo in Christo patri et domino suo reverentissimo domino Johanni divina providencia sacrosancte Romane ac universalis ecclesie summo pontifici suus filius humilis et devotus Rogerus ejusdem permissione ecclesie Sar' minister cum omni subjeccione et reverencia pedum oscula beatorum. Sanctissime paternitatis vestre litteras que sic incipiunt, 'Johannes episcopus servus servorum dei venerabilibus fratribus . . archiepiscopo Cant' ejusque suffraganeis salutem et apostolicam benediccionem. Pridem apud Ludovicum de Bavaria excommunicatum dei et ecclesie sancte sue fideique catholice rebellem manifestum et hostem,' et cetera, et sic terminantur, 'Datum Avinion' kalendis Maii pontificatus nostri anno undecimo,' cum debita reverencia suscepi iij idus Septembris anno domini millesimo ccc^{mo} vicesimo septimo. Quarum auctoritate litterarum totum processum et omnia alia in vestre sanctitatis litteris supradictis contenta in civitate et diocese Sar' publicavi et publicari[1] feci solempniter in vulgari secundum earumdem exigenciam litterarum. Reverendam vestram sanctissime paternitatis excellenciam pro sua misericordia conservet altissimus in eternum. Scriptum apud Poterne xij kalendas Octobris anno domini supradicto.

Hoc certificatorium vij kalendas Octobris [*25 September*] nuncius domini curie domini . . archiepiscopi Cant' portavit Romane curie deferendum.

[*9 October 1327. The Bishop's declaration that in describing John de Kymerich as rector of St. James's, Shaftesbury, he did not mean to express an opinion on whether John was rector or vicar, a question that was in dispute between John and the abbess and convent of Shaftesbury in the papal court.*]

[Fo. 210^v]

CONTRA RECTOREM ECCLESIE SANCTI JACOBI SHEFTON' VEL VICARIUM. Universis pateat per presentes quod licet nos Rogerus permissione divina Sar' episcopus Johanni[2] de Kymerich' qui se dicit rectorem ecclesie sancti Jacobi Shaston' nostre diocesis litteras nostras patentes per inconsideracionem concesserimus et fieri fecimus, in quibus ipsum Johannem rectorem predicte ecclesie nominaverimus vel eciam quod in eadem tamquam rector resideat moneri mandaverimus monicioneve hujusmodi revocaverimus, ipsum rectorem dicte ecclesie nominando seu de eo vel ejus statu tamquam de rectore aliqualiter disponendo, intencionis tamen nostre non extitit nec existit an dictus Johannes rector seu vicarius dicte ecclesie de jure censeri debeat innuere vel

---

[1] *MS.* publicare.   [2] *MS.* Johannem.

per eas probare. Religiosis vero mulieribus abbatisse et conventui Shafton' nostre diocesis prejudicium aliquod per litteras nostras predictas inferre [nolumus], inter quas et predictum Johannem que dicte ecclesie se pretendit rectorem an rector vel . . vicarius ecclesie ipsius esse debeat lis dicitur in sacrosancta curia Romana pendere, quod nostrarum concesssarum litterarum predictarum tempore nostre memorie non occurrit, et presertim cum idem Johannes in dicta ecclesia per nos vel predecessores nostros, set per alios nostra auctoritate, non fuerit institutus, immo dictas nostras litteras ad illum finem dumtaxat eidem fecimus quod lite pendente predicta excusari posset super non residencia in ecclesia supradicta. In quorum testimonium sigillum nostrum fecimus hiis apponi. Datum apud Poterne vij idus Octobris anno domini millesimo ccc^{mo} vicesimo septimo et conse-cracionis nostre terciodecimo. Tar'.[1]

[*2 September 1327. Letter from the bishop of London containing the Archbishop's mandate, dated 29 August and received 1 September, which in turn contains the King's writ, dated 7 August and received 27 August, summoning the bishops and clergy to the parliament at Lincoln on 15 September.*]

[Fo. 211][2]

MANDATUM DOMINI ARCHIEPISCOPI DE VENIENDO LINCOLN'. Venerabili in Christo patri domino dei gracia Sar' episcopo Stephanus ejusdem permissione London' episcopus salutem et sinceram in domino caritatem. Mandatum reverendi in Christo patris domini W. dei gracia Cant' archiepiscopi tocius Angl' primatis kalendis Septembris recepimus sub hac forma:

'Walterus permissione divina Cant' archiepiscopus tocius Angl' primas venerabili fratri nostro domino S. ejusdem miseracione episcopo London' salutem et fraternam in domino caritatem. Breve domini regis die Sabbati in festo decollacionis sancti Johannis Baptiste circa horam nonam in manerio nostro de Slindon' recepimus in hec verba:

"Edwardus dei gracia rex Angl' dominus Hybn' et dux Aquit' venerabili in Christo patri W. eadem gracia archiepiscopo Cant' tocius Angl' primati salutem. Qualiter Scoti nostri et regni nostri inimici pacis tractatum cum nostris solempnibus nunciis quos nuper ea de causa ad partes marchie Scocie destinavimus inire contemptibiliter recusarunt, et ruptis prodicionaliter treugarum vinculis tempore domini E. nuper regis Angl' patris nostri inter populos Angl' et Scocie initis et juramento firmatis, congregato magno excercitu regnum nostrum hostiliter pluries sunt ingressi, homicidia, depredaciones,

---

[1] *Written with a flourish, as a notarial signature.*
[2] *At top of page*, Vicesimus sextus quaternus.

incendia, et alia mala innumera perpetrando, qualiter eciam ad refrenandum ipsorum audaciam ad partes marchie Scocie predicte congregato magno excercitu declinavimus, ipsosque inimicos potenter et viriliter prosequebamur vobis incognitum non existit. Et quia dicti inimici dum per nos et excercitum nostrum in parco de Stanhop' quatenus fieri poterat circumdati fuissent, noctanter et latanter ut devicti de parco predicto evaserunt et ad partes suas sunt regressi nonnullis illorum per quosdam de nostro excercitu insecutis et interfectis, et ut nobis relatum est iterato se congregare et regnum nostrum ingredi proponunt ad mala perpetranda que poterunt, propter quod tam super defensione et custodia regni nostri contra aggressus dictorum inimicorum quam super aliis arduis negociis nos et statum regni nostri tangentibus, vobiscum et cum ceteris prelatis, magnatibus, et proceribus regni nostri apud Lyncoln' in crastino Exaltacionis sancte crucis proximo futuro colloquium haberi ordinamus et tractatum, vobis mandamus in fide et dileccione quibus nobis tenemini firmiter injungentes quod omnibus aliis pretermissis dictis die et loco personaliter intersitis nobiscum si interesse possim, seu interveniente impedimento deputando a nobis, super defensione et custodia ac aliis negociis supradictis tractaturi vestrumque consilium inpensuri. Et

Fo. 211ᵛ   licet [*etc.*]. Et hoc nullatenus omittatis. | Teste meipso apud Stanhop' vij die Augusti anno regni nostri primo.''

Quocirca vobis tenore presencium injungimus et mandamus quatinus premuniri et citari faciatis priores, decanos, [*etc.*]. Datum in manerio nostro supradicto iiij kalendas Septembris anno domini millesimo cccᵐᵒ vicesimo septimo.'

Quod quidem mandatum quoad premunicionem et citacionem faciendas personis superius expressis et toti clero vestre diocesis juxta ejusdem seriem et effectum vobis auctoritate dicti patris committimus exequendum. Datum apud Claketon' iiij nonas Septembris anno domini supradicto.

[*13 September 1327. Certificate to the above mandate, drawing attention to the fact that the Bishop has only three days for its execution.*]

CERTIFICATORIUM. Venerabili in Christo patri et domino reverendo domino Waltero et cetera. Cum igitur inter diem percepcionis mandati predicti et diem comparicionis in eodem prefixum pro ejusdem execucione mandati haberemus dumtaxat tres dies, illud propter temporis brevitatem exequi nequivimus sicut cum exacta fecissemus diligencia si possemus. Et licet, pater reverende, in attento predicti mandati tenore minime videamur ad vos certificandos artati, ne tamen vos qui dictam temporis brevitatem forsitan ignoratis circa dictam execucionem negligenciam aliquam nobis imponere valeatis, quod absit, vos certificare decrevimus per presentes. Ad ecclesie sue sancte regimen et munimen paternitatem vestram diu conservet incolumem Jhesus Christus. Datum apud Poterne idibus Septembris anno prescripto.

[*1 October 1327. Letter from the bishop of London containing the Archbishop's mandate, dated 29 September, for a convocation on 4 November at Leicester abbey, in response to the King's summons of 28 September. Most of the mandate is printed in* Wilkins, Concilia, ii. *538, with minor verbal variations.*][1]

[Fo. 212]

MANDATUM . . ARCHIEPISCOPI PRO CONVOCACIONE LEYCESTR'. Venerabili in Christo patri domino dei gracia Sar' episcopo Stephanus permissione divina Lond' episcopus salutem et sincere dileccionis[2] continuum incrementum. Mandatum reverendi in Christo patris domini W. dei gracia Cant' archiepiscopi tocius Angl' primatis recepimus sub hac forma:

Fo. 212ᵛ 'Walterus permissione divina [*etc.*]. | Vos eciam tenore presencium peremptorie citamus quod dictis die et loco coram nobis compareatis ac citacionem hujusmodi sub forma consimili quoad vestros subditos et alios vestre diocesis et civitatis quod dictis die et loco compareant faciatis, denunciantes dictis coepiscopis nostris et per ipsos suis subditis sic evocandis denunciari demandetis quod absentes citatos in termino prenotato nisi evidens impedimentum sufficienter prebetur tamquam inobedientes graviter puniemus.[3] De die vero recepcionis presencium et quid feceritis in premissis nos predictis die et loco una cum nominibus citatorum quatenus ad vos attinet in quadam cedula vestro certificatorio annexa certificare curetis. Et ceteris coepiscopis nostris ut nos similiter tunc de suo facto sub eadem forma ydonee certificent districcius injungatis per patentes litteras harum seriem continentes. Datum apud Otteford' iij kalendas Octobris anno domini millesimo cccᵐᵒ vicesimo septimo.'

Quod quidem mandatum quatenus vos et vobis subditos concernit juxta ipsius seriem et effectum paternitati vestre mittimus exequendum. Datum apud Wykham kalendis Octobris anno domini supradicto.

[*13 October 1327. The Bishop's mandate to an archdeacon in pursuance of the above. The proctors for the clergy of the diocese are to be chosen on 23 October, and the archdeacon is to certify the Bishop by 1 November.*]

[1] *Where Wilkins has* Northumbrorum, Londie *Martival has* Northumburlond' *and in the next line adds* in feodum.

[2] dileccionis *written twice.*   [3] *In margin, a pointing hand.*

EXECUCIO.[1] Hujus igitur auctoritate mandati peremptorie vos citamus et per vos cum celeritate possibili peremptorie citari mandamus . . abbates et priores alios suos conventus per se regentes exemptos et non exemptos ac eorum conventus archidiaconatus vestri quod secundum formam mandati predicti compareatis vos, fili archidiacone, et compareant die et loco in mandato contentis facturi omnia et singula que tenor ipsius requirit. Clerus eciam archidiaconatus predicti faciatis absque more diffugio ad certos diem et locum vocari ac unum procuratorem ab eodem ad contenta in mandato predicto constitui qui substituendi habeat potestatem, de sic constituto procuratore taliter disponentes quod in nostra cathedrali ecclesia Sar' compareat die Veneris proxima post festum sancti Luce proximo jam venturum sic procuratoribus cleri aliorum archidiaconatuum nostre diocesis tractaturus quod juxta exigenciam mandati prefati idem clerus sufficienter compareat et faciat quod ipsius effectus exigit et requirit. Vosque archidiacone supradicte prout ad vestram personam attinet in hiis consimiliter faciatis. Vobis insuper denunciamus et

Fo. 213   per vos | hujusmodi citandis personis denunciari volumus ac ipsos ydonee nichilominus premunire quod si mandato non pareatis et pareant supradicto venerabilis pater dominus archiepiscopus supradictus graviter puniet non parentes. De die vero recepcionis presencium et quid in premissis actum fuerit et duxeritis faciendum nobis una cum . . abbatum, . . priorum, et procuratorum cleri per vos citatorum nominibus propriis in quadam cedula vestro certificatorio annexa conscriptis citra festum Omnium Sanctorum proximo jam venturum per litteras vestras patentes harum seriem continentes taliter rescribatis quod dictum archiepiscopum supradictum certificare possimus in omnibus ut mandatur. Valete. Datum apud Poterne ij idus Octobris anno domini supradicto et consecracionis nostre terciodecimo.

[*29 October 1327. The Bishop's certificate to the Archbishop, with the list (arranged in tabular form in the MS.) of those cited to attend the convocation.*]

CERTIFICATORUM. Huic igitur mandato quatenus potuimus parentes, reverendo patre domino Reymundo de Farges sancte Romane ecclesie cardinali et ecclesie nostre decano ac Tydone de Varesio archidiacono Berk' in partibus transmarinis agentibus in nostra diocese personaliter non inventis quos ea occasione citare nequivimus ut mandatur, . . abbates, . . priores, conventus, . . capitula et clerum nostre diocesis citari fecimus, quod in convocacione vestra predicta secundum predicti mandati exigenciam compareant facturi in omnibus

---

[1] *At foot of page, in left-hand margin,* Assecu . . .

quod ipsius tenor exigit et requirit. Nomina hujusmodi citatorum continet cedula hiis annexa. Ad sue sancte ecclesie regimen et honorem paternitatem vestram diu conservet incolumem Jhesus Christus. Datum apud parcum Remmesbur' iiij kalendas Novembris anno prescripto.

Capitulum ecclesie nostre Sar'.

Monasteriorum abbates cum suis conventibus: fratres Johannes de Abendon', Nicholaus de Radyng', Robertus de Shyrborn', Robertus de Middleton', Ricardus de Cernelio, Willelmus de Abbotsbur'; exempti: Adam de Malmesbur'; Johannes de Bynedon, Johannes de Stanlegh', ordinis Cistercien'.

Priores cum suis conventibus: Johannes de Bradenestok'; . . de Hurle, . . de Walyngford', . . de Farlegh', exempti ut pretendunt.

Archidiaconi: magistri Thomas Dors', Walterus Sar', Robertus Wyltes'.

Procuratores cleri nostre diocesis: Radulphus de Querendon', Johannes de Legh'.

[*9 October 1324. The Bishop's ordination of a lamp in honour of Corpus Christi in the chancel of the prebendal church of West Lavington; the lamp is to be maintained by the vicar, whose living is augmented by the remission of the rent formerly paid on his houses near the church, by the grant of tithes of cheese throughout the parish and of crofts (which are listed, with the names of their tenants and their measurements), and by the substitution of the tithes of the whole of Fiddington (in Market Lavington) for certain demesne tithes payable to the vicar.*]

[Fo. 213ᵛ]

ORDINACIO DOMINI SUPER LAMPADE IN ECCLESIA LAVYNTON'.[1] Universis sancte matris ecclesie filiis ad quos presentes littere pervenerint Rogerus permissione divina Sar' episcopus salutem in eo quem peperit uterus virginalis. Alma mater militans ecclesia corpora sanctorum in terris quiescencia solet reverenter in cuntis mundi partibus luminaribus accensis die ac nocte ardentibus honorare. Hoc revera dignum et justum arbitramur nam ipsi sancti dum vivebant velut clara in mundo luminaria micuerunt, fueruntque eorum corpora non solum suorum organa meritorum per que regni celestis introitum meruerunt verum eciam spiritus sancti templa et scrinia donorum sacri septenuaria ab ipso sancto spiritu celitus largitorum; digne siquidem et juste eis magna reverencia exhibetur, set si magna sit magnis major est majoribus reverencia exhibenda. Hoc ideo dicimus quia numquam alicujus sancti corpus fuit aut erit tanto honoris cumulo ˙attollendum quanto corpus illius qui cuntos condidit sanctos qui est omnium sanctorum gloria et corona, candor lucis eterne et speculum sine macula, lux lucis, et fons luminis, corpus

---

[1] *In margin,* nota; *and above, in a later hand,* vide in tertio folio sequenti. *See p. 552.*

videlicet domini nostri Jhesu Christi dei et hominis, qui sua passione
et morte nobis aperuit januam regni vite, qui per sacramentalem
ejus communionem semper presens est nobiscum in ecclesia sponsa
sua, in propria vero substancia sub alia tamen forma. Ascensurus
enim in celum dixit apostolis et eorum sequacibus, 'Ecce ego vobiscum
sum omnibus diebus usque ad consummacionem seculi,' benigna
ipsa promissione confortans quod remaneret et esset cum[1] eis et nobis
eorum sequacibus presencia corporali. Considerantes igitur quod hoc
corpus est vere excellentissimum et vere summe adorandum, vener-
andum, colendum, glorificandum, precipuis magnificandum laudibus,
dignis preconiis exaltandum, et cunctis studiis pre cunctis sanctorum
corporibus honorandum, volentesque[2] illud in ecclesia prebendali de
Lavynton' Episcopi pro nostro modulo venerari sufficienti deliberacione, diligenti, solempni, et frequenti tractatu cum dilectis filiis
ecclesie nostre Sar' capitulo consensuque unanimi et expresso ipsorum
et dilecti filii Willelmi de Lavynton' perpetui vicarii predicte ecclesie
prebendalis de Lavynton' prehabitis super omnibus et singulis inferius
ordinandis, concurrentibus eciam omnibus que in hac parte requiruntur,
de jure duximus ordinandum videlicet quod idem vicarius et sui
successores in eadem ecclesia vicarii teneantur unam lampadem in
medio cancelli ejusdem ecclesie pendente et continue nisi repente seu
per ignoranciam non tamen affectatam forsitan extinguatur ardentem
suis sumptibus perpetuis temporibus invenire et eciam sustentare ad
laudem, gloriam, et honorem redemptoris nostri gloriosissimi corporis
memorati, quodque pro hujusmodi lampadis sustentacione ut premittitur perpetuo facienda necnon et pro aliquali augmentacione
priorum porcionum vicarie predicte quas[3] ex causa predicta et aliis
certis causis et legitimis nos ad hoc racionabiliter inducentibus et
id fieri suadentibus de quibus legitime nobis constat, volumus et
               eciam ordinamus quod . . vicarius supradictus et sui
Fo. 214   succes|sores vicarii de Lavynton' a solucione duorum
               solidorum annui redditus quod idem vicarius suo tempore
ac predecessores sui suis temporibus, pro area et domibus ex parte
orientali ex opposito cimiterii et cancelli dicte ecclesie de Lavynton'
situatis quas dictus vicarius jam inhabitat et sui predecessores inhabit-
are solebant, nobis et quibusdam predecessoribus nostris solvere
consueverunt ab omnibus serviciis, consuetudinibus, et demandis
secularibus que pro eisdem area, domibus, sive mesuagio quomodolibet
a nobis et successoribus nostris exigi poterunt perpetuo sint liberi
et immunes, quodque decimam casei tocius parochie de

---

[1] esset cum *written twice.*   [2] *In margin,* Hic nota de dotacione vicarie.
[3] quas *is superfluous.*

Lavynton' supradicta[1] et eciam decimas omnium croftarum, ortorum, et curtilagiorum ejusdem parochie de quocumque genere bladi et cujuscumque alterius seminis ac plantarum, arborum, feni, et herbe in eisdem crescencium quomodolibet provenientes quocumque censeantur nomine dictus vicarius et sui successores libere percipiant et eisdem perpetuo gaudeant pacifice et quiete. Et ne super croftis hujusmodi que, quot, et quorum fuerint futuris temporibus forsitan dubitetur eas duximus ut subscribitur designandas, videlicet de crofta quam Agnes la Longe tenet in Lavynton' que continet in longitudine undecim perticas et in latitudine tres, de crofta[2] quam Willelmus Iggar de Lavynton' tenet que nunc jacet inculta que continet in longitudine quinque perticas in latitudine sex, de crofta Matillidis Davy que continet in longitudine sex perticas in latitudine duas, de crofta Stephani Pypere que continet in longitudine septem perticas in latitudine quinque, de crofta Matillide Heyward' que continet in longitudine septem perticas in latitudine sex, de crofta Johannis Dun que continet in longitudine septem perticas in latitudine quinque, de crofta Johannis Hendy que continet in longitudine quinque perticas in latitudine quinque, de crofta Johannis le Shepehurde que continet in longitudine sex perticas in latitudine sex, de crofta Willelmi Gilbe que jacet inculta que continet in longitudine quatuor perticas in latitudine tres, de crofta Johannis Chaunceler que continet unam acram, de crofta Alicie Rolvere que continet unam acram, de crofta Johannis Urysshe que continet in longitudine duodecim perticas in latitudine novem, de crofta Radulphi Lovote que continet in longitudine undecim perticas in latitudine quatuor perticas et dimidiam, de crofta Willelmi Loveman que continet in longitudine unam perticam in latitudine unam perticam et dimidiam, de crofta Isabelle Lyflomb' que continet in longitudine duodecim perticas in latitudine duas, de crofta Johannis Gilbes que continet in longitudine quindecim perticas in latitudine tres, de crofta Radulphi Sothers que continet in longitudine sex perticas in latitudine tres, de crofta Johannis Veysyn' et Thome le Somenour que continet in longitudine decem perticas in latitudine sex perticas et dimidiam, de crofta Willelmi le Frend' que continet in longitudine novem perticas in latitudine quatuor, de crofta Johannis Syger que continet in longitudine tresdecim perticas in latitudine sex, de crofta Lucie Hackere que continet in longitudine tresdecim perticas in latitudine octo, de crofta Willelmi de Lavynton', Thome Sterk', Johannis Lovelaz, et Willelmi Adekyn que continet in longitudine decem perticas in latitudine tres, de crofta Ricardi Stulbe que continet in longitudine octo perticas in latitudine tres, de crofta Johannis

---

[1] *In margin, a pointing hand drawn in pencil.*
[2] *MS.* croftam.

Bolestrang' que continet in longitudine octo perticas,[1] de crofta Elote
Tubby que continet in longitudine octo perticas in latitudine quatuor,
de crofta Thome Roggiers que continet in longitudine duodecim
perticas in latitudine duas, de crofta[2] Laurencii Godman que continet
in longitudine novem perticas in latitudine octo, de crofta Thome
Somenour que continet in longitudine sex perticas in latitudine unam,
de crofta Thome Hendy que continet in longitudine
Fo. 214ᵛ   quinque perticas in latitudine duas, | de crofta Willelmi
Paumpelet que continet tres rodas, de crofta Simonis de
Remmesbur' que continet tres rodas, de crofta Willelmi Syger que
continet dimidiam acram, de crofta Simonis Husihet que continet
dimidiam acram, de crofta Radulphi Monte que continet tres rodas, de
crofta Thome Fayreye que continet dimidiam acram, de crofta
Willelmi Gunnyng' que continet unam acram et unam rodam, de
crofta Thome in la Hyle que continet unam acram, de crofta Simonis
Fyke que continet unam rodam, de crofta Thome le Lange que
continet unam rodam, de crofta Rogeri Saunteleye que continet
unam rodam, de crofta Johannis Rotur que continet in longitudine
quatuor perticas in latitudine duas, de crofta Roberti Perham que
continet dimidiam acram, de crofta Thome Dreng' que continet unam
rodam, de crofta Johannis in la Hyle que continet unam rodam, de
crofta Walteri Laurenz que continet in longitudine undecim perticas
in latitudine duas, de crofta Thome Michel que continet in longitudine
octo perticas in latitudine quinque, de crofta Thome Red que continet
in longitudine novem perticas in latitudine tres, de crofta Galfridi
Multon' que continet in longitudine septem perticas in latitudine sex,
de crofta Simonis de Remmesbur' que continet in longitudine sex
perticas in latitudine tres, de crofta Alicie Wenelyng' que continet in
longitudine tres perticas in latitudine tres, de crofta Ricardi Mannyng'
que continet in longitudine quinque perticas in latitudine duas, de
crofta Simonis Spendur que continet in longitudine quinque perticas
in latitudine tres, de crofta Alicie Shuppestr' que continet in longitudine
tres perticas in latitudine unam, de crofta Mariote Sone que continet
in longitudine decem perticas in latitudine duas, de crofta Willelmi
Naturel que continet in longitudine duodecim perticas in latitudine
duas, de crofta Hugonis Muleward que continet in longitudine
undecim perticas in latitudine duas, de crofta Walteri Bole que continet
in longitudine undecim perticas in latitudine duas, de crofta Alicie
Golfyng,[3] de crofta Thome Sprakelyng' que continet in longitudine
undecim perticas in latitudine duas, de crofta Roberti le Frye que

---

[1] *sc.* in latitudine (?) tres.   [2] de crofta *written twice.*
[3] *No measurement is given.*   O

continet unam acram, de crofta Johannis Perham que continet in longitudine undecim perticas in latitudine decem, de crofta Thome Chapman que continet in longitudine septem perticas in latitudine quatuor, de crofta Thome Attelese que continet in longitudine novem perticas in latitudine quinque, de crofta Nicholai atte Watere que continet in longitudine undecim perticas in latitudine duas, de crofta Willelmi Muleward' que continet in longitudine quinque perticas in latitudine quatuor, de crofta Henrici Much' que continet dimidiam rodam, de crofta Christiane Mannyng' que continet dimidiam rodam, de crofta Thome Sorel que continet in longitudine duas perticas in latitudine duas, de crofta Johannis de la Grave de Litelton' que continet quatuor acras, de crofta Thome Haydur' que continet unam acram, de crofta Radulphi Lobory que continet duas acras, de crofta Thome Wode-brigg' que continet tres rodas, de crofta . . domini que continet quinque acras, de crofta Hugonis atte Watere que continet dimidiam acram, de crofta Simonis Godgrom que continet unam rodam, de crofta Roberti Bunt que continet in longitudine quatuor perticas in latitudine quatuor, de crofta Thome Chapman que continet in longitudine quatuor perticas in latitudine quatuor perticas. Ceterum quia legitime nobis constat quod recolende memorie Simon predecessor noster immediatus certis ex causis et legitimis de predicti consensu capituli ordinavit quod vicarii ecclesie supradicte qui essent pro tempore loco omnium majorum decimarum que de curia prebendarii de Lavynton' supradicta et eciam omnium majorum decimarum feodorum videlicet de la Folie et de feodo quondam Willelmi Nigelli ac quarumdam decimarum minorum, lane videlicet et agnorum, eorumdem feodorum quas dicte ecclesie de Lavynton' Fo. 215 vicarii percipere ab antiquo solebant | perciperent dumtaxat omnes decimas tam majores quam minores in quadam parte separata que dicitur Fiffhide Verdon' in Stepellavynton' qualitercumque provenientes, nos commutacionem hujusmodi comperientes rite, recte, et utiliter tam pro dicta ecclesia de Lavynton' quam loci vicariis esse factam tenore presencium et ex certa sciencia approbamus eamdem ac eciam ordinamus et volumus perpetualiter observari. In quorum omnium testimonium atque fidem has litteras nostras patentes sigilli nostri inpressione fecimus communiri. Datum apud Poterne vij idus Octobris anno domini millesimo ccc^mo vicesimo quarto et consecracionis nostre decimo.

[*21 March 1327. The Bishop's letter to the Pope complaining that the large number of papal provisions to benefices has prevented and will prevent the preferment of the Bishop's own clerks, and asking that a small number of his clerks might be given benefices before the outstanding provisions are effected. A schedule follows setting out the provisions to cathedral benefices made by Clement V, those made by John XXII, and those made by John which have yet to take effect.*]

SUPPLICATORIA PAPE UT PROVISIONES IN ECCLESIA SAR' MODERETUR ET GRACIAM CONCEDAT PRO CLERICIS DOMINI. Sanctissimo in Christo patri et suo domino reverentissimo domino Johanni divina providencia sacrosancte Romane ac universalis ecclesie summo pontifici suus humillimus et devotissimus Rogerus dei et vestra permissione ecclesie Sar' minister cum omni subjeccione, reverencia, et honore pedum oscula beatorum. Pater sanctissime, si apostolice sedis sublimitas ad cujus regimen vos divina sapiencia preelegit in ecclesia vestra cathedrali Sar' de sue liberalitatis affluencia precibus nonnumquam excitata nobilium extraneis providet et ignotis, intrepidus vestre sancte clemencie porrigo preces pias pro communibus ejusdem ecclesie et meis servitoribus promovendis in ea, quos obsequiorum devocio et virtutum multiplicium comendacio reddunt notos. Sane pater clementissime, ad onus et regimen cure pastoralis ecclesie vestre cath-edralis predicte dei et vestra permissione quamquam indignus assumptus quosdam clericos morum honestate preclaros, litterarum sciencia multimodisque virtutibus insignitos in partem mee sollicitudinis hujusmodi cum solus non sufficeremur preelegi, quibus, licet in dicte ecclesie et meo[1] fuerint et adhuc sint obsequio pro nostris communibus prosequendis negociis pervigili studio fideliter laborantes, meisque incumbencia[2] humeris onera pregrandia laboriose mecum indefessis sollicitudinibus supportantes, eisdem tamen quantumcumque bene-meritis de prebendis[3] in eadem ecclesia, quod non absque cordis amaritudine refero, de toto meo tempore providere nequivi nec adhuc valeo in presenti, propter apostolicarum provisionum multi-tudinem in ipsa ecclesia per inportunitatem petencium plerumque fortassis concessarum, quarum multas quando et quociens se facultas optulit ob apostolice sedis reverenciam velut obediencie filiis prompt-issime quantum ad me pertinuit expedivi, et alique sub expectacione beneficiorum vacaturorum jam pendent, prout tam expeditorum quam expectancium nomina cedula commemorat presentibus involuta, cum vestre clemencie placuerit intuenda, de quibus, etsi concesse sibi apostolice sedis gracie effectum fuerint assecuti beneficiorumque suorum fructus multum uberes et proventus per procuratores suos percipiant, vix tamen tres eorum resident in predicta vestra ecclesia cathedrali, que inter Anglicanas ecclesias consuevit personarum in ea residencium presencia decorari[4] in suisque ex regum et nobilium largicione ac fidelium devocione collatis juribus et libertatibus

---

[1] *After* meo, *in square brackets, as though to be omitted*, a comisse michi dicte cure primordio.

[2] *MS.* incumbentibus.

[3] *After* prebendis, *in square brackets*, vel beneficiis aliis.

[4] tamen tres . . . decorari *is underlined*.

aliisque suis arduis negociis potenter et viriliter defensari, set jam prochdolor de ea flebiliter dici potest, 'Omnes amici ejus spreverunt eam, nec est qui consoletur eam,' dum tot filiorum absencium presidio relinquitur desolata. Cum igitur, pater piissime,

Fo. 215ᵛ | juri conveniat et caritas vera suadeat ut predictis clericis qui fidelia et grata ecclesie vestre cathedrali predicte et in ipsius et meo ministerio sua inpenderunt ut premittitur et inpendunt obsequia graciose remuneracionis inpendia rependantur in ea per que ipsorum clarescat devocio serviendique libencius dilectetur affectus, vestre sanctissime paternitatis eminencie pedibus humiliter provolutus supplicat vester servulus cum singultuosis affectibus et suspiriis lacrimosis exorat quatinus ad premissa clementissime vestre consideracionis et conpassionis oculos erigentes, eaque si placet paterna benivolencia ponderantes provisiones in vestra predicta ecclesia cathedrali de cetero concedendas de benignitate solita dignemini moderari intuitu Jhesu Christi cujus locum in terris eo disponente tenetis, michique ecclesie vestre cathedralis predicte licet indigno ministro apostolicis litteris indulgere ut quibusdam meis familiaribus clericis et benemeritis de quibus premisi quos ad hoc juxta eorum meritis preelegero ad numerum pro vestre pietatis arbitrio utinam saltem pro ij,[1] pro quatuor vel quinque si placeat limitandum de proximis in eadem[2] ecclesia vacantibus ad presens seu vacaturis prebendis de apostolice sedis speciali gracia et certa sciencia valeam providere, eo non obstante quod uterque eorum unam habeat ecclesiam curatam, non obstantibus eciam[3] provisionibus apostolicis in eadem ecclesia jam pendentibus que postquam dictis clericis meis provisum fuerit prout vestre celsitudini placuerit effectum debitum sorciantur. Reverendam vestre sanctissime paternitatis excellenciam pro sua misericordia conservet altissimus per tempora feliciter duratura. Scriptum apud Remmesbur' xij kalendas Aprilis anno domini millesimo cccᵐᵒ vicesimo sexto.

CEDULA INVOLUTA IN DICTIS LITTERIS CONTINEBAT SERIEM HANC VERBORUM. Pater sanctissime, in ecclesia vestra cathedrali Sar' spectant ad collacionem episcopi dumtaxat quadraginta una prebende. Sunt eciam in eadem quatuor personatus et quatuor archidiaconatus et unus subdecanus, de quibus facte sunt gracie apostolice subscriptis plenius que assecute sunt optentu graciorum hujusmodi beneficia infrascripta videlicet per predecessores vestros: Dominus Reymundus de Farges decanatum Sar' cum prebenda annexa; Dominus Tydo de Varesio archidiaconatum Berks' cum prebenda separata; Dominus

---

[1] saltem pro ij *inserted in margin.*   [2] in eadem *written twice.*

[3] eo non obstante . . . eciam *inserted in margin to replace* non obstantibus.

Georgius de Saluciis prebendam de Bere et Chiermynstr'; Dominus Ricardus de Haveryng' prebendam de Bisshopeston'; Dominus Franciscus Gaytam prebendam de Netherbur'; Dominus Franciscus de sancto Alberto prebendam de Preston'; Dominus Pandulphus de Sabello prebendam de Farendon'; Dominus Jacobus de Ispanya prebendam de Lym.

Item per vos pater sancte: Dominus Arnaldus de Via thesauriam Sar' cum prebenda annexa; Dominus Nicholaus de la Wyle precentoriam Sar' cum prebenda separata; Dominus Thomas de Hotoft archidiaconatum Dors' cum prebenda separata; Dominus Willelmus de Grandissone prebendam de Remmesbur'; Dominus Walterus de London' prebendam de Heyworth'; Dominus Willelmus de Frisepanis prebendam de Writelynton'; Dominus Vitalis de Testa prebendam de Torleton'; Dominus Innocencius de Flisco prebendam de Netherhaven'; | Dominus Paulus Testa prebendam de Rothefen; Dominus Robertus de Baldok' prebendam de Radeclive; Dominus Johannes de Abbodesbur' prebendam de Wermynstr'; Dominus Raterius de Miramonte prebendam de Cherdestok'; Dominus Thomas de Bek' prebendam de Roscomp; Dominus Petrus de Credonio prebendam de Yatesbur'; Dominus Bernardus de Cucinato prebendam de Stratton'; Item magister Johannes[1] de Sarr' ecclesiam sancti[2] Thome Sar' curatam; Dominus Manuel de Flisco ecclesiam de Paulesholte curatam; Dominus Willelmus de Codeforde ecclesiam de Boscombe curatam; Dominus Hugo de Cholseye vicariam ecclesie de Bremele; Dominus Johannes Hounle vicariam ecclesie de Stratton'.

Fo. 216

Item subscripti habentes graciam vestram in ecclesia vestra predicta adhuc sunt expectantes videlicet:[3] Dominus Robertus Milys ad canonicatum et prebendam, sub dato vj idus Januarii anno pontificatus nono (iij); Dominus Petrus de Vernone ad canonicatum et prebendam, sub dato iij nonas Decembris anno pontificatus octavo (j); Dominus Guillelmus Raymundi de Benqueto ad canonicatum et prebendam, sub dato xj kalendas Februarii anno pontificatus x° (iiij); Dominus Petrus de Credonio ad prebendam, sub dato idibus Marcii anno pontificatus x° (vj); Dominus Stephanus Criketot ad canonicatum et

---

[1] *Apparently written over* Thomas; *this part of the folio is faded and badly galled.*

[2] *MS.* sancte.

[3] *In each of the six following entries the date (of the papal licence) has been written in later, in a different ink and probably a different hand. The seventh and eighth entries are written wholly in the ink and hand of the added dates. The number following the date appears to be meant to indicate the chronological order of the licences;* octavo *in the second entry has an unexplained descender on the left of the initial* o *and may have been misread as* primo; *but it is not clear why the seventh entry is followed by* vj, *which looks as though it should have the same significance as the other numbers.*

prebendam, sub dato vij kalendas Marcii anno pontificatus x⁰ (v);
Dominus Johannes filius Willelmi Honwade ad beneficium sine cura,
sub dato kalendis Septembris anno pontificatus vij⁰ (ij); Item¹ dominus
Robertus de Luffenham ad canonicatum et prebendam, sub dato
xiiij kalendas Maii anno pontificatus xj⁰ (vj); Item Poncius de
Tornamira ad canonicatum et prebendam, sub dato xij kalendas
Februarii anno pontificatus x.

Memorandum quod dominus Manuel de Flisco habet prebendam de
Netherhaven' virtute gracie apostolice.

[*6 May 1326. The Bishop's ordination of a lamp in honour of Corpus Christi in the chancel
of the prebendal church of Potterne; except for the names of the parish (Potterne) and the vicar
(Willelmus de Aston) the first part of the entry is the same as that on p. 544. The vicar
is freed from paying tithes on the land given by William de Domerham for services in the
chapel which he built in the churchyard.*]

[Fo. 216ᵛ]

ORDINACIO DOMINI SUPER LAMPADE IN ECCLESIA DE POTERNE. Universis
[*etc.*] . . . quodque pro hujusmodi lampadis sustentacione ut premittitur perpetuo facienda vicarius supradictus et successores sui
vicarii de Poterne predicta a solucione omnimodarum decimarum
proveniencium imperpetuum de terris et pratis que Willelmus de
Domerham quondam perpetuus vicarius ecclesie prebendalis de
Poterne concessit et dedit² eidem ecclesie de Poterna in usum omnium
. . vicariorum qui pro tempore fuerint in eadem ad cele-
[Fo. 217]   brandum divina singulis diebus in capella quam | dictus
vicarius in cimiterio de Poterne construxit prout in carta
sua super hoc confecta plenius vidimus contineri perpetuo sint liberi
et immunes. In quorum omnium testimonium atque fidem has
nostras litteras patentes sigilli nostri inpressione fecimus comuniri.
Datum apud Poterne ij nonas Maii anno domini millesimo cccᵐᵒ
vicesimo sexto et consecracionis nostre undecimo.

[*1 July 1326. The chapter's confirmation of the above ordination.*]

CONFIRMACIONE CAPITULI SAR' SUPER DICTA ORDINACIONE. Universis
Christi fidelibus presentes litteras inspecturis vel audituris tenens
locum venerabilis viri domini decani ecclesie beate Marie Sar' et
ejusdem loci capitulum salutem in eo qui est omnium vera salus.
Noverit universitas vestra quod nos litteras venerabilis patris et domini

---

¹ *The remaining lines were added later (see preceding note), and in the margin is* non scripti
pape, *and below it* exp' (? *i.e.* expectantes).

² *At foot of page in a later hand,* littera episcopi Walteri et confirmatoria capituli
super dacione istarum terrarum in registro cartarum capitulo 399. *This appears to
have been written over an erasure.*

domini Rogeri dei gracia Sar' episcopi recepimus et inspeximus tenorem qui sequitur continentes, 'Universis sancte matris ecclesie filiis,' et cetera ut supra. Nos itaque tenens locum et capitulum supra-dicti litteras sancti patris et ordinacionem in eis contentam et quicquid per eumdem patrem circa ea factum est ut superius est expressum sufficienti in hac parti deliberacione prehabitis et tractatu expressius approbantes ea[1] omnia et singula in dictis litteris comprehensa quantum ad nos pertinet unanimiter ratificamus et tenore presencium confirmamus. In cujus rei testimonium sigillum nostrum commune presentibus apposuimus. Datum Sar' kalendis Julii anno domini millesimo ccc^{mo} vicesimo sexto.

[*7 January 1328. Letter from the bishop of London, containing the mandate of the prior and chapter of Christ Church, Canterbury (the archbishopric being vacant), dated 3 January and received 5 January, which in turn contains the King's writ, dated 10 December and received 1 January, for a parliament at York on 7 February.*]

[Fo. 217^v]

MANDATUM PRO PARLIAMENTO APUD EBOR'. Venerabili in Christo patri domino . . dei gracia Sar' episcopo Stephanus ejusdem permissione London' episcopus salutem et sincere dileccionis continuum incre-mentum. Litteras religiosorum virorum . . prioris ecclesie Christi Cant' et ejusdem loci capituli nonis Januarii recepimus tenorem qui sequitur continentes:

'Henricus permissione divina prior ecclesie Christi Cant' et ejusdem loci capitulum venerabili in Christo patri domino S. de gracia London' episcopo salutem et sinceram in domino caritatem. Breve domini regis kalendis Januarii recepimus in hec verba:

"Edwardus dei gracia rex Angl' dominus Hibn' et dux Aquit' custodi spiritualitatis archiepiscopatus Cant' sede vacante salutem. Cum nuper super reformacione pacis et concordie inter nos et nostros subjectos ex parte una et Robertum de Brus ac magnates et alios de Scocia ex altera certis nunciis ex utraque parte missis nuper apud Novum Castrum super Tynam habitus fuisset tractatus, ac in eodem tractatui certi articuli sint expositi reformacionem predictam con-tingentes, super quibus et aliis coronam nostram tangentibus parlia-mentum nostrum apud Ebor' die dominica proxima post festum purificacionis beate Marie virginis proximo futurum tenere ac vobiscum et cum ceteris prelatis, magnatibus, et proceribus regni nostri colloquium et deliberacionem habere volumus et tractatum, vobis mandamus in fide et dileccione quibus nobis tenemini firmiter injungentes quod omnibus aliis pretermissis dictis die et loco person-

---

[1] *MS.* et ea.

aliter intersitis nobiscum et cum ceteris prelatis et proceribus regni nostri super premissis tractaturi vestrumque consilium inpensuri. Et licet [*etc.*]. Et hoc nullatenus omittatis. Teste meipso apud Coventr' x die Decembris anno regni nostri primo."

'Quocirca propter desiderabile pacis commodum votis regiis in quantum possimus adquiescere cupientes, vobis auctoritate ecclesie nostre metropolitice qua fungimur in hac parte injungimus et mandamus quatinus dictum breve regium ad noticiam omnium et singulorum coepiscoporum vestrorum Cant' provincie deducentes per ipsos auctoritate predicta premuniri faciatis . . priores, . . decanos, et capitula ecclesiarum cathedralium ac eciam archidiaconos totumque clerum Cant' provincie quod iidem . . priores, . . decani

Fo. 218 et archidiaconi in propriis | personis suis, singula capitula per unum clerus vero cujuslibet diocesis per duos procuratores sufficientem potestatem ab ipsis habentes, dictis die et loco sint et compareant juxta formam dicti brevis ad consenciendum hiis que tunc ibidem de consilio regni contigerit ordinari. Vos eciam quatenus dictum mandatum vos, ecclesiam, civitatem, et diocesim vestras ac personas earumdem concernit premissa in brevi contenta execucioni plenarie demandetis. Quid autem super premissis facere decreveritis nos quamcicius commode poteritis per vestras litteras certificetis. Datum in capitulo nostro iij nonas Januarii anno domini millesimo ccc^{mo} vicesimo septimo.'

Quem quidem tenorem ad vestre paternitatis noticiam tenore presencium deducentes ipsum juxta ejusdem seriem et effectum vobis mittimus exequenda. Datum apud Croudon' vij idus Januarii anno domini supradicto.

[*23 February 1328. Mandate from Hugh de Angoulême, archdeacon of Canterbury and papal nuncio, for the payment of Peter's Pence in London by 17 April.*]

[Fo. 218^v]

PRO DENARIIS SANCTI PETRI, receptum apud Wodeford' viij idus Marcii. Reverendo in Christo patri domino episcopo Sar' Hugo de Engolisma archidiaconus Cant' domini nostri pape et sedis apostolice in Angl' nuncius salutem in eo qui est omnium vera salus. In virtute obediencie qua sedi apostolice tenemini auctoritate apostolica nobis in hac parte commissa cum reverencia qua decet vobis firmiter injungendo mandamus et tenore presencium una canonica monicione premissa pro omnibus peremptorie vos monemus quatinus citra xv^{am} Pasche proxime futuram nobis solvatis vel solvi faciatis nomine Romane ecclesie in domo qua inhabitamur London' ex opposito bracine sancti Pauli denarios sancti Petri per vos debitos in diocese vestra predicta de tempore quo cessatum est in solucione ipsorum, alioquin contra vos et ecclesiam vestram per censuras ecclesiasticas procedemus prima racione. De die vero recepcionis presencium et quid in premissis duxeritis faciendum nos citra dictum festum per vestras litteras patentes harum seriem continentes curetis reddere cerciores. Datum London' sub sigillo quo utimur in officio nunciacionis nostre predicte die xxiijᵃ mensis Februarii anno domini mᵒ cccᵐᵒ xxvij.

[*26 March 1328. Certificate to the above mandate, which was received 8 March, to the effect that the Bishop is sending by the bearer £17 for 1326 and £17 for 1327.*]

CERTIFICATORIUM. Venerande discrecionis viro domino Hugoni de Engolisma . . archidiacono Cant' domini nostri pape et sedis apostolice in Angl' nuncio Rogerus permissione divina Sar' episcopus salutem, obedienciam, et reverenciam cum honore. Litteras viij idus Marcii recepimus infrascriptas, 'Reverendo in Christo patri'.¹ Denarios igitur sancti Petri in diocese nostra debitos videlicet per anno domini mᵒ cccᵒ xxvj septemdecim libras et pro anno domini millesimo cccᵐᵒ xxvijᵒ xvij libras vobis mittimus secundum prescriptarum exigenciam litterarum per presencium portitorem. Datum apud Cherdestok' vij kalendas Aprilis anno domini millesimo cccᵐᵒ vicesimo octavo.

Nuncio Willelmo de Preston' cum pecunia, et remanet quitancia penes dominum Hugonem de Knossyngt'.

[*21 October 1327. Letter to the archbishop of York telling of violent incendiary attacks on the property and on the church and conventual buildings of Abingdon abbey, and requesting publication of sentence of excommunication against the offenders, most of whom are thought to be dwelling in the city and diocese of York.*]

[Fo. 219]

AD DENUNCIANDUM MUTUE VICISSITUDINIS OPTENTU RYFFLATORES MONASTERII ABENDON' EXCOMMUNICATOS. Venerabili in Christo patri et domino reverendo domino Willelmo dei gracia Ebor' archiepiscopo Anglie primati Rogerus ejusdem permissione Sar' episcopus sincere caritatis incrementum continuum cum reverencia et honore debitis tanto patri. Novit vestra paternitas reverenda quod in episcopali divinitate prediti tanquam viri apostolici et in ipsorum locum apostolorum divina disponente providencia subrogati speciali quodam vinculo, sicut racio suadet et instituta docent canonica, adeo colligantur ut quod a filiis Belial contra ecclesiastice nervum discipline in unius eorum diocese in ecclesias ecclesiasticasque personas et libertates earum nepharie committitur, in omnium sencetur contumeliam et injuriam irrogatum. Sane pater reverende, quod dolentes referimus,

¹ *sc.* et cetera.

ex parte dilectorum filiorum . . abbatis et conventus Abendon' nostre diocesis nobis est lacrimosa conquestione monstratum quod quidam iniquitatis filii in magna armatorum multitudine, sue salutis inmemores, diversarum diocesium confederati ymmo verius spiritu diabolico conspirati quorum ignorantur nomina et persone, ad maneria dicti monasterii videlicet Berton' et Northcote in dicta diocese situata nocturno tempore non est diu illicite accedentes quamplures domos eorumdem maneriorum, quamplura blada et bona alia, ad non modicam summam se extendencia, spiritu vecti diabolico incenderunt. Et subsequenter injurias adicientcs injuriis, hostia ecclesie sancti Nicholai dicto monasterio contigue igne supposito dirrumpentes et per medium ejusdem ecclesie monasterium ingredientes, combustis duabus ejusdem monasterii portis, valvas ipsius ecclesie conventuales cum maxima violencia confringentes, in loci monachos, presbiteros, et alios inhumaniter irruentes, ipsorum aliquos usque ad sanguinis effusionem violenter, scienter, temere, et attrociter wulnerarunt et alios male tractarunt, ipsam sic ecclesiam, cujus pretextu diucius in ea divina cessarunt organa, facto tam dampnabili polluentes. Quibus non contenti calices, libros, vestimenta, et ornamenta alia ab eadem, et eciam a camera loci . . abbatis ejusdem monasterii, thesauraria, dormitorio, refectorio, et claustro pecuniam numeratam, vasa argentea, et diversa jocalia, de lardaria carnes et pisces et interiori stauro, ac de celari vina et cervisiam asportarunt, equos diversos et preciosos de stabulis abduxerunt, domos eciam in eodem monasterio nonnullas non absque grandi sumptu constructas combusserunt, et de quo dolendum est amplius quamplura ipsius monasterii munimenta in eadem thesauraria et locis aliis inventa ceperunt ac in favillam et cinerem reduxerunt, ac bona predicta ab ecclesia et locis sacris predictis ipsis religiosis eorumque ministris et bonorum suorum hujusmodi custodibus invitis temeritate propria contractarunt et eciam asportarunt, aliaque enormia, que propter malefactorum multitudinem et impetum sciri non poterant, intulerunt, jura et libertates ecclesie maliciose et contra justiciam infringentes, multiplices in hac parte latas excommunicacionis sentencias dampnabiliter incurrentes, in divine magestatis offensam, dictorum religiosorum et monasterii prejudicium, animarum grande periculum perniciosumque exemplum, et scandalum vehemens plurimorum; nobis Fo. 219ᵛ humiliter supplicantes | religiosi predicti ut vestre paternitati pro subscriptis mutua vicissitudine scribere curaremus. Cum igitur expediat nephandos hujusmodi presumptores et eorum facinora detestanda que nimis sunt notoria modis quibus fieri poterit ad presens et predictas excommunicacionis quas ipso facto dampnabiliter incurrerunt sentencias se in locis quibus conversari putantur

solempniter publicari, ut hujusmodi sentenciarum publicacionis
solempnitatem quam layci precipue plusquam ipsas sentencias
timere assolent aborrentes, saltem rubore confusi, ad debite consideracionis graciam et reconciliacionis effectum conversi adiciant eo cicius
ut resurgant, vestram paternitatem reverendam mutue vicissitudinis
optentu et in juris subsidium requirimus et rogamus quatinus premissa
pie compassionis affectu et sincere caritatis visceribus si libeat amplectentes quantaque deo contumelia sueque sancte religioni et religiosis
personis irrogata sit injuria si libeat ponderantes, ea in ecclesiis vestre
civitatis et diocesis in quibus plerique de nephandissimis presumptori-
bus antedictis morari dicuntur intra missarum solempnia cruce erecta,
candelis accensis et ut moris est extinctis, pulsatisque campanis, in
lingua materna si placet exponi presumptoresque eosdem cum sibi
communicantibus in crimine nisi forsitan absolucionis beneficium in
forma juris optinuerunt sic excommunicatos ipso facto fuisse et esse
in generale mandare dignemini cum solempnitate predicta et effectualiter ad dei et ecclesie universalis honorem ipsorumque perversorum
et aliorum similium in similibus presumptuosam audaciam divino
mediante presidio reprimendam solempniter et publice nunciari,
donec iidem excommunicati ad sancte matris ecclesie gremium
redeuntes absolucionis beneficium in forma juris meruerint optinere.
Nos quoque parati sumus et erimus vestre reverende paternitati animo
libentissimo pro viribus rependere vicem gratam. Ad ecclesie sue
sancte regimen vitam vestram conservet incolumem pro sua misericordia Jhesus Christus. Datum apud Poterne xij kalendas Novembris
anno domini millesimo ccc^mo vicesimo septimo et consecracionis nostre
terciodecimo.

[*22 March 1328. The Bishop's mandate to the chapter, in pursuance of a decree made in chapter
4 March at the request of the late King, enjoining the use of grey capes lined with miniver, from
the eve (21 May) of Whitsun.*]

[Fo. 220]

QUOD CANONICI SAR' UTANTUR ALMUCIIS DE GRISEO. Rogerus et
cetera dilectis filiis . . tenenti locum . . decani ecclesie nostre Sar'
et ejusdem loci capitulo salutem cum benediccione redemptoris et
nostra. Cum per nos de vestro consensu unanimi et assensu super
delacione almuciarum in ecclesia nostra predicta, clare memorie
Edwardo quondam rege Angl' patre excellentissimi principis domini
Edwardi dei gracia nunc regnantis instancius hoc rogante sub ex-
primendo ad hoc tempore per eumdem et solummodo hac de causa
ut predicte ecclesie nostre canonici ceteris ecclesiarum cathedralium
regni Angl' canonicis sint in almuciarum delacione conformes,

canonice sit statutum[1] quod in dicte expressionis eventu persone et canonici dumtaxat ecclesie nostre predicte almucias de minuto vario interius et exterius de griseo assumant et gerant perpetuo in eadem prout in dicto statuto plenius continetur, fuerimus eciam subsequentur per eumdem regem dum vixit expresse ad hoc per ipsum tempore jam transacto pro hujusmodi almuciarum delacione frequencius requisiti, nos dictum statutum ut tenemur effectum debito mancipari volentes iiij die mensis Marcii anno domini infrascripto propter hec et quedam alia predicte ecclesie nostre domum capitularem intrantes[2] et ibidem solito more sedentes ac super hiis et aliis ipsius ecclesie negociis vobiscum tractatum habentes, de vestro expresso consensu exhabundanti adhibito decrevimus quod ecclesie nostre predicte persone et canonici almucias deferant et ut subscribitur deferre incipiant antedictas. Quamobrem devocioni vestre firmiter injungendo mandamus quatinus ad laudem dei et gloriosissime dei genitricis sue patrone nostre predicteque ecclesie ac nostri et vestri communis honoris augmentum de hujusmodi almuciis vobis taliter providere curetis quod vestrum singuli ejusdem ecclesie persone et canonici illas in vigilia Pentecostes proxima jam ventura et extunc imperpetuum gestare valeant in eadem, et vos fili . . tenens locum predictum personas et canonicos supradictos ad id si oporteat canonice compellatis. In quorum testimonium sigillum nostrum fecimus hiis apponi. In votive prosperitatis incremento continuo semper in Christo vigeat et floreat salus vestra. Scripta apud Cherdestoke xj kalendas Aprilis anno domini millesimo cccm⁰ xxvij et consecracionis nostre xiij^mo.

[Fo. 220^v *blank*]

[*20 May 1326. Bull of John XXII requesting financial aid from Salisbury diocese against the Pope's enemies in Italy.*]

[Fo. 221]

Bulla pro subsidio ecclesie Romane contra Italicos, recepta apud Sonnyngg' nonis Junii. Johannes episcopus servus servorum dei venerabili fratri episcopo Sar' et dilectis filiis . . abbatibus, prioribus, decanis, archidiaconis, archipresbiteris, plebanis, et aliis ecclesiarum prelatis et rectoribus, capitulis quoque collegiis et conventibus Cistercien', Cluniacen', sanctorum Benedicti et Augustini, Cartusien', Grandimonten', et aliorum ordinum, ceterisque personis ecclesiasticis tam secularibus quam regularibus exemptis et non exemptis, necnon domorum hospitalis sancti Johannis Jeros', sancte Marie Theutoni-

---

[1] *Statutes and Customs of Salisbury Cathedral*, ed. Wordsworth and Macleane, 146-50.
[2] *Added in margin.*

corum ac Calatraven' magistris, prepositis, et preceptoribus, eorumque loca tenentibus per civitatem et diocesim Sar' constitutis salutem et apostoliciam benediccionem. Si uni membro pacienti compaciantur alia profecto pacienti capiti est a membris compaciendum forcius et eidem subsidium prompcius ministrandum. Sane credimus vestram prudenciam non latere quam dure quamque inmaniter ab hereticis et infidelibus plurimis sacrosancta Romana ecclesia mater nostra que aliarum ecclesiarum capud esse dinoscitur in Italie partibus molestetur. Ideoque nos attencius cogitantes quod res nostra dum sua tractatur agitur necessitates ipsius ad quas supportandas per se non sufficit vobis fiducialiter providimus exponendas, sperantes indubie quod velud devoti et grati filii eidem matri compassionis et pietatis aperietis viscera et ad tante superbie ac infidelitatis cornua quanta prefati heretici et infideles contra ipsam erigunt conterenda ipsi ecclesie de oportuno subsidio maturabitis subvenire, presertim qui sicut nostis toto tempore nostro vitavimus in postulandis subsidiis cum hoc primum esse credamus quod per nos a nobis postulatum extiterit vos gravare. Quo circa universitatem vestram monemus, rogamus, et hortamur attencius quatinus premissis in scrutinio recte consider-acionis adductis ad reprimendum tam presumptuosos ausus tamque periculosos hereticales excessus ac supportancium gravium sarcinam onerum incumbencium ex premissis sic manus vestras adjutrices prompte velitis extendere quod auxiliante domino tanta conteratur temeritas, fides in partibus illis in quibus jam periclitari noscit solidetur catholica, et hereticorum prostrata continuata superbia votiva suscipiat fidelium incrementa, vosque nostram et apostolice sedis graciam propter hoc ulterius[1] acquiratis. Super predictis autem dilecto filio magistro Hugoni de Engolisma archidiacono Cant' apostolice sedis nuncio vel illi seu illis quos ipse ad hoc deputaverit curetis intendere et fidem indubiam adhibere. Datum Avinion' xiij kalendas Junii pontificatus nostri anno decimo.

[*Note that the original of the above bull was sent back on 10 June 1328 at the request of the papal nuncio.*]

Originale bulle prescripte retraditum extitit magistro Emerico de Leylaco notario publico latori ejusdem, prout per dictum dominum Hugonem de Engolisma extitit domino litteratorie supplicatum iiij idus Junii anno domini millesimo ccc^{mo} xxviij apud Sonnynggg' in camera dicti domini de precepto suo per magistrum R. de Worth', presentibus . . Lubbenham, . . Norton', . . R. Coleshull', Henton', Lughteburgh' notario publico, et Ayst'.

---

[1] *In margin,* alias uberius.

[*20 May 1326. The Pope's private letter to the Bishop in support of the above bull of the same date.*]

[Fo. 221ᵛ]

BULLA PRIVATA AD IDEM, recepta die quo supra. Johannes episcopus servus servorum dei venerabili fratri . . episcopo Sar' salutem et apostolicam benediccionem. Seviente, crudeliter in partibus Italie adversus deum et fidem catholicam hereticorum et infidelium presumptuosa superbia et sua venena nequicie, circumquaque non absque gravibus periculis omni humanitate postposita diffundente pro repressione hereticorum et infidelium ipsorum et ejusdem defensione fidei ecclesia Romana que multis inevitabilibus oppressa necessitatibus ad supportandum sarcinam onerum incumbencium ex predictis per se non sufficit, tuum frater et aliorum fidelium cogitur subsidium fiducialiter inplorare. Quocirca fraternitatem tuam rogamus et hortamur attencius quatinus nostras patentes litteras quas tibi tuoque clero super premissis dirigimus reverenter suscipiens et benigne sic una cum eodem clero te taliter per exhibicionem liberalem oportuni subsidii gerere studeas in hac parte dilecto filio magistro Hugoni de Engolisma archidiacono Cantuarien' apostolice sedis nuncio vel illi seu illis quos ipse ad hoc deputaverit intendendo et fidem indubiam nichilominus super hiis adhibendo quod dictorum hereticorum et infidelium presumptuosa temeritas utilius divina cooperante dextera conprimatur, tuque preter boni perennis premium quod inde consequeris nostram et apostolice sedis graciam uberius merearis. Datum Avinion' xiij kalendas Junii pontificatus nostri anno decimo.

[*12 November 1327. The Pope's further request to the Bishop for financial aid against his enemies in Italy.*]

ITEM AD IDEM, recepta ut supra. Johannes episcopus servus servorum dei venerabili fratri episcopo Sar' salutem et apostolicam benediccionem. Iminentibus ecclesie Romane propter hereticorum et rebellium multorum parcium Italie deum et ipsam ecclesiam fidem catholicam crudeliter persequencium seviciam necessitatibus variis et inportabilibus incumbentibus oneribus expensarum dudum te frater et clerum tuarum civitatis et diocesis ad subveniendum eidem ecclesie super necessitatibus hujusmodi per nostras certi tenoris litteras duximus exhortandos. Sane quia rebellium et hereticorum predictorum rabies insanire durius solito non desistit, fraternitatem tuam rogamus attencius et hortamur quatinus quanta predictorum hereticorum et rebellium obstinata malicia ecclesie dei et ortodoxe fidei dispendiosa comminatur pericula nisi viriliter obsistatur a fidelibus consideranter attendens, manus tuas una cum clero predicto sic prompte ac devote juxta predictarum litterarum continenciam festines porrigere super tantis neccessitatibus liberaliter adjutrices quod inde mercedis in celo premium ac nostram et apostolice sedis graciam uberius consequaris, dilecto filio magistro Hugoni de Engolisma archidiacono Cantuar' apostolice sedis nuncio intendens super hiis et assistens. Datum Avinion' iiij idus Novembris pontificatus nostri anno duodecimo.

[*20 May 1326. Letter in nearly the same words as the private letter of the same date given above, but referring to letters patent sent not to the Bishop and his clergy but to the Archbishop and his suffragans and the clergy of the province.*]

[Fo. 222]

ITEM AD IDEM, receptum ut supra. Johannes [*etc.*].

[*6 January 1328. The King's letter to the Pope in support of the election of Simon Mepham, canon of Chichester, as archbishop of Canterbury. The letter is printed in* Wilkins, Concilia, ii. 539-40, *and* Rymer, Foedera (Record Commission), *ii.* 727.]

[Fo. 222ᵛ]

SUPPLICACIO REGIS PAPE PRO S. ELECTO CANTUAR'. Sanctissimo [*etc.*].

[*21 March 1269. Letter from bishop Walter de la Wyle to the dean and chapter of Salisbury enjoining them, in accordance with the constitutions of Ottobono, not to allow assemblies gf knights in the close, and if knights nevertheless assemble there to punish them and those admittino them and to place the cathedral church and churches within five miles under interdict until the knights go away. Cf. perhaps Councils and Synods, ed. Powicke and Cheney, ii (2), 751-2, but more relevant and perhaps intended is ibid. ii (1), 581.*]

[Fo. 223]¹

INHIBICIO W. EPISCOPI SAR' NE HOMINES CUM ARMIS HOSPITENTUR IN CLAUSO SAR'. Walterus miseracione divina Sar' episcopus venerabilibus viris dilectis in Christo filiis dominis . . decano et capitulo Sar' salutem, graciam, et benediccionem. Clamore valido famaque communi nostris et multorum auribus intonnate factisque nephandis et reprehensione dignissimis sepe subsecutis intelleximus quod ingruentibus aliquociens temporibus inquietis comitiva nobilium ad claustrum vestrum Sar' sepe cum armis declinancium rapinas ibidem ceteraque flagicia committens et sub velamine prerogative militaris honestatem nobilitati debitam deprimens, non omnino sine quorumdam de nobis connivencia qui maliciis hujusmodi quibus occurrisse debuissent et possent hactenus occurrere non curarunt, officium divinum nonnumquam impedivit set ecclesie ministros sepissime fastidivit et molestavit in anime sue periculum et scandalum plurimorum ecclesiasticas libertates ausu sacrilego pluries infringendo. Ut igitur

---

¹ *At top of page,* Vicesimus septimus quaternus.

hujusmodi maliciis sicut et tenemur obviantes diu dilati remedii,
quod venerabilis pater dominus Octobonus dei gracia sancti Adriani
diaconus cardinalis nuper apostolice sedis legatus nobisque ceteris viris
ecclesiasticis super hiis diligenti labore constituit, felicem suscitemus
effectum, affeccione paterna devocioni vestri consulimus vobis omnibus
et singulis et singulis vestrum specialiter injungentes et in virtute
obediencie districte mandantes quatinus predicti patris statuta super
hiis salubriter edita de cetero reverenter observetis, milites si qui
causa tyrocinii vel alterius cujuscumque congressionis quocumque
nomine censeatur ad clausum vestrum supradictum de cetero de-
clinaverint nullatenus hospitari permittentes ibidem vel admitti.
Speramus enim et intendimus quod dominos [fore] sicut et in hoc casu
decet exclusos, familia conjuntabitur,[1] aberitque per consequens
malicia comitive. Qui si forsan ibidem de cetero quod absit admissi
fuerint vel ipsum clausum violenter invaserint admittentes simul et
admissos et eciam invadentes monicione premissa per censuram
ecclesiasticam canonice punientes ecclesiam nostram cathedralem et
omnes nostre civitatis et diocesis ecclesias infra quinque miliaria
circumstantes ecclesiastico supponatis vel vice nostra supponi faciatis
interdicto donec abinde recendentes super ibidem commissis satisfecerint competenter. Datum Sar' xij kalendas Aprilis anno gracie
millesimo cc^{mo} lxviij^o pontificatus nostri anno sexto.

[*7 November 1305. Letters patent of Edward I forbidding the earls, barons, knights, and others
going to the tourney at Salisbury to take lodgings or food within the close against the canons'
will.*]

INHIBICIO REGIS AD IDEM. Edwardus dei gracia [rex] Angl' dominus
Hibern' et dux Aquit' comitibus, baronibus, militibus, et omnibus
fidelibus suis ad turneandum apud Novam Sar' de cetero conventuris
salutem. Tranquillitati et quieti canonicorum cathedralis ecclesie
beate Marie Sar' infra clausum ejusdem ecclesie commorancium ut
eo commodius et quiecius divinis possint obsequiis intendere prospicere
cupientes, vobis omnibus et singulis mandamus firmiter injungentes
ne aliquod hospicium infra clausum predictum seu victualia
Fo. 223^v　　aut aliqua alia necessaria ad dictos canonicos | seu eorum
aliquem spectancia contra voluntatem eorumdem canonicorum aut ballivorum suorum ibidem ipsis absentibus hac vice vel
alias, cum vos vel aliquem vestrum ex causa hujusmodi ad civitatem
predictam contigerit declinare, capiatis seu capi faciatis, set in adventu
vestro ibidem vos taliter habeatis quod dicti canonici seu alii ministri
ecclesie predicte non impediantur per vos seu vestros quominus

---

[1] *This reading is not satisfactory, but a better one has not been found.*

divinis obsequiis more solito, quiete, et pacifice intendere valeant
sicut decet. In cujus rei testimonium has litteras nostras fieri fecimus
patentes. Teste meipso apud Westm' septimo die Novembris anno
regni nostri tricesimo tercio.

[*20 November 1305. Bishop Simon of Ghent's mandate to the dean and chapter of Salisbury
for the observance of the constitution of Ottobono and the foregoing injunction of Bishop Walter
de la Wyle.*]

EXECUCIO SIMONIS EPISCOPI SAR' SUPER INHIBICIONIBUS PRENOTATIS.
S. permissione divina Sar' episcopus dilectis filiis . . decano ecclesie
nostre Sar' vel ejus locum tenenti ac aliis quibuscumque in ipsa ecclesia
personatus, dignitates, et officia optinentibus totique capitulo dicti
loci salutem, graciam, et benediccionem. Cum dudum felicis
recordacionis dominus Octobonus sancti Adriani diaconus cardinalis
in Angl' sedis apostolice legatus inter cetera salubriter statuendo illos
qui de domibus, maneriis, grangiis, vel aliis locis ad archiepiscopos,
episcopos, vel alias personas ecclesiasticas vel ad ipsas ecclesias
pertinentibus in quiciquam preter voluntatem aut permissionem
dominorum aut eorum qui sunt hujusmodi rerum custodiis deputati
consumere vel auferre aut contractare presumpserint ipso facto excommunicacionis sentencia duxerit involvendos, et bone memorie W.
predecessor noster sollicitudine pastorali concernens nonnullos
quandoque ad clausum ecclesie nostre Sar' cum armis nichilominus
accedentes et hujusmodi statutum multipliciter infringentes, vobis . .
decano et capitulo predictis suis dederit litteris in mandatis ut statuta
dicti legati firmiter observantes illos quos causa tyrocinii vel cujuscumque alterius congressionis quocumque nomine censeretur extunc
ad clausum hujusmodi contingeret declinare nullatenus ibidem
permitteretis hospitari, quinpocius clausum jam dictum violenter
invadentes occasione premissa per censuram ecclesiasticam puniri
canonice faceretis ecclesiamque nostram cathedralem ac omnes
nostre civitatis et diocesis ecclesias infra quinque miliaria circumstantes ecclesiastico supponi interdicto donec invasores hujusmodi
abinde recedentes super ibidem commissis satisfecerint competenter,
et jam diebus istis excellentissimus princeps et dominus noster dominus
Edwardus dei gracia rex Angl' illustris prefate ecclesie nostre Sar'
patronus et protector ac defensor in suis adversitatibus specialis ex
affeccione intima quam benedictus altissimus habere dinoscitur ad
eamdem tranquillitati vestre prospicere cupiens et quieti, ut eo
comodius et quiecius divinis possetis intendere obsequiis comitibus,
baronibus, militibus, et omnibus fidelibus suis ad turneandum apud
Novam Sar' de cetero conventuris patentibus litteris regiis duxerit
demandandum ne aliquod hospicium infra clausum predictum seu

victualia aut aliqua neccessaria ad vos seu vestrum aliquem spectancia contra voluntatem vestram aut ballivorum vestrorum ibidem vobis absentibus ea vice vel alias cum eos vel eorum aliquem ex causa hujusmodi ad civitatem predictam contigerit declinare caperent seu capi facerent seu in eorum adventu ibidem taliter se

Fo. 224   haberent quod vos seu alii ministri ecclesie supradicte |
non impedirentur per eos seu alios quominus divinis obsequiis more solito, quiete, et pacifice possent intendere sicut decet, vos monemus, rogamus, et exhortamur in Christo vobisque nichilominus conjunctim et divisim in virtute obediencie firmiter injungendo mandamus quatinus hec omnia publicantes et facientes solempniter publicari tam dicti legati statutum quam eciam predecessoris nostri predicti mandatum premissum locis et temporibus oportunis in omnibus et singulis suis articulis observetis et faciatis a vestris subditis firmiter observari. Et ne simplicitatem vel ignoranciam forsitan affectatam se valeat quod absit in hac parte celebrans inmo verius prophanans quispiam excusare denuncietis palam et publice capellanis omnibus et singulis tam in civitate predicta quam infra quinque miliaria prenotata constituta ac eciam illis qui in comitiva hujusmodi advenient forsitan armatorum quod non tantum subjectas nobis parochiales ecclesias et capellas seu oratoria quecumque infra limitacionem predictam existencia set et subjectum nobis locum quemcumque intra eamdem inclusum interdictum de quo premisimus comprehendit, quodque illud servare contempnes irregularitatis notam quam ipso facto incurret quocumque ierit non poterit evitare. Bene valeatis. Datum apud Poterne xij kalendas Decembris anno domini millesimo ccc^mo quinto et consecracionis nostre nono.

[*Undated. Publication of general sentence of excommunication and interdict by the dean and chapter in pursuance of the above.*]

SENTENCIA EXCOMMUNICACIONIS ET INTERDICTI LATA PER CAPITULUM SAR', virtutis execucionis prescripte. In dei nomine amen. Quia contra statutum domini Octoboni apostolice sedis legati et provisionem bone memorie Walteri de la Wyle quondam episcopi Sar' sufficienter publicatam[1] sunt domus episcopales, canonicorum, et vicariorum in ecclesia Sar' contra eorum voluntatem per concursum multitudinis armatorum violenter ocupate, porte, serure rupte, res invase notorie et contrectate, nos capitulum Sar' statutum et provisionem hujusmodi venerabili patri domino nostro S. dei gracia nunc episcopo mandante exequentes invasores ipsos sentenciam excommunicacionis in dicto statuto latam denunciamus generaliter incidisse

---

[1] *MS.* publicati.

ecclesiamque Sar' cathedralem ac civitatis aliorumque locorum quorumcumque infra quinque miliaria vicinorum ecclesiastico supponimus interdicto donec invasores hujusmodi ab hinc recesserint et de commissis satisfecerint duraturo.

[*2 July 1328. Bishop Martival's letter to the dean and chapter for the observance of the constitution of Ottobono.*]

EXECUCIO DOMINI SUPER INHIBICIONIBUS SUPRASCRIPTIS. R. et cetera dilectis filiis . . decano ecclesie nostre Sar' vel ipsius locum tenenti ac aliis quibuscumque in eadem ecclesia personatus, dignitates, vel officia optinentibus totique dicti loci capitulo salutem, graciam, et benediccionem.   Litteras recolende memorie Simonis inmediati predecessoris nostri inspeximus hanc verborum seriem continentes, 'Simon' et cetera.   Predictorum igitur predecessorum nostrorum vestigiis inherentes, considerantes quod ea que in predictis litteris continentur dei et sue gloriosissime genetricis ecclesie nostre patrone concernunt honorem ac in eam tam nocturno quam diurno tempore ad divini cultus augmentum devote ministrancium inducunt quietem et eciam animarum procurant salutem, devocionem

Fo. 224ᵛ   vestram monemus et hortamur in Christo vobis[1] | conjunctim et divisim nichilominus firmiter injungentes quatinus omnia et singula in predictis litteris comprehensa et presertim predictam excommunicacionis sentenciam per dominum legatum in contravenientes ut predicitur proinde fulminatam ne pretendi valeat ignorancia probabilis eorumdem congruis loco et tempore solempniter publicantes ea curetis quantum in vobis est in omnibus observare et a vestris eciam subditis viis et modis quibus poteritis legitimis facere districcius observari.   In Christo Jhesu feliciter valeatis.   Datum apud Wodeford' vj nonas Julii anno domini millesimo cccᵐᵒ vicesimo octavo et consecracionis nostre terciodecimo.

[Fo. 225 *and* Fo. 225ᵛ *blank*]

[*18 October 1327. Ordination by the Bishop of a chantry of St. Mary and All Saints in the church of Donhead St. Andrew.   The church was given lands, tenements, and rents before 1279 for the maintenance of the chantry, which, however, has not been regularly kept; now the rector, Master Vincent de Tarent, has further endowed the rectory with live and dead stock so that the regular maintenance of the chantry should be an ordinary obligation on successive rectors.   The ordination, which is unusually long, specifies in detail the former and recent endowments, the safeguards for the preservation of the stock, the prayers to be said in the chantry, and the method of appointing and replacing the chantry priest, who is to hold office from year to year and whom the rector is to support either at his own board or otherwise.*]

[1] vobis *is repeated on the verso of the folio.*

[Fo. 226]

ORDINACIO CANTARIE BEATE MARIE IN ECCLESIA DE DOUNHEVED'.
Universis sancte matris ecclesie filiis ad quorum noticiam pervenerit
hec scriptura Rogerus permissione divina Sar' episcopus salutem in
eo quem peperit uterus virginalis. Supplicavit nobis dilectus filius
magister Vincencius de Tarenta rector ecclesie sancti Andree de
Donhevede nostre diocesis quod cum terre, tenementa, et redditus
(videlicet unum mesuagium cum curtilagio situatum juxta aquam de
Donhevede quod tenuit Editha atte Dene reddendo per annum duos
solidos, aliud mesuagium cum curtilagio quod quondam Walterus
Gratour tenuit reddendo per annum quatuor solidos, ac unus obolus
annui redditus de tenemento quod tenuit Johannes Turges in villa
de Donhevede, et octo acre terre arabilis in campo de Eston' quas
Henricus Wylles tenuit ad firmam pro decem solidis annuatim, et
duodecim acre in campis de Donhevede quarum novem simul jacent
in una placea hayis inclusa subtus Ferne que crofta beate Marie
vulgariter nominatur, et una acra jacet in parte orientali de
Russeleghshegge, et alia in loco qui vocatur Eldemarle, et tercia jacet
in cultura que vocatur la Breche in parte australi de la Horwode, ac
eciam una acra in campo de Gussich' quam Johannes le Englissche
quondam tenuit ad firmam pro duodecim denariis per annum)
olim ante quoddam statutum de terris et tenementis ad manum
mortuam non ponendis editum in puram et perpetuam elemosinam
deo et beate Marie et ecclesie sancti Andree predicte pia fidelium
devocione donata et collata in subsidium divini officii in honore dei
et gloriosissime virginis Marie genitricis ejusdem et omnium sanctorum
in predicta ecclesia faciendi, prout in cartis inde confectis, idem
Vincencius asserit contineri non suffecissent nec sufficiant ad sustentacionem cantarie hujusmodi continue singulis annis et diebus faciende,
cujus insufficiencie pretextu cantaria ipsa temporibus predecessorum
suorum per tempora discontinua quandoque videlicet tercio anno
et quandoque alternis annis solummodo facta fuit et alternis annis
omnino cessavit, idemque magister Vincencius, pro salute anime
sue et animarum parentum, consanguineorum, parochianorum,
benefactorum, et successorum suorum ac pro salute vivorum et
requie omnium fidelium defunctorum divinum officium ad beatissime
virginis predicte specialem veneracionem omniumque sanctorum
laudem cupiens pro viribus ampliari et cantariam sic cessantem et
discontinuam facere et fundare continuam et perpetuam, certum
instaurum vivum et mortuum ecclesie sue predicte pro terra predicta
et aliis terris ad eandem ecclesiam pertinentibus utile et necessarium
(videlicet octo boves cum caruca, hercia, et toto apparatu eorumdem

precii viij marcarum, iiij^{or} vaccas precii xl solidorum, iij affros precii
xl solidorum, xxx oves matrices precii xlv solidorum, unum aprum et
iiij^{or} sues precii xij solidorum et vj denariorum, unam carectam ferro
ligatam cum cella carecte, corda, tractibus, et toto alio apparatu pro
iij affris predictis precii xv solidorum, unum plaustrum ferro ligatum
cum toto suo apparatu neccessario precii xx solidorum, et unam
pelvim cum lavatorio precii iij solidorum) jam pridem ut asserit
donaverit et contulerit ac eciam jam exhabundanti coram nobis
nomine ecclesie predicte assignacionem, collacionem, et donacionem
hujusmodi acceptantibus cum effectu assignaverit, contulerit pariter
et donaverit deo et beate Marie matri sue et omnibus sanctis ac
ecclesie sue predicte in supplementum sustentacionis cantarie predicte
futuris et perpetuis temporibus continue faciende, ita videlicet quod
per nos auctoritate nostra ordinaria secure et sufficienter ordinetur
quod pro dictorum terrarum, tenementorum, reddituum, et instaur-
acionis proficuis, usibus, et exitibus cantaria predicta
Fo. 226^v sumptibus et oneribus ecclesie predicte de fructibus | et
proventibus ejusdem per se et successores suos tanquam
onus ordinarium et reale predicte ecclesie neccessario incumbens
inperpetuum sustentetur et continue fiat quocumque tempore et
eventu in futurum, quodque predictum instaurum perpetuum implementum sit et remaneat ecclesie predicte in numero et estimacione
predictis per ipsum rectorem et singulos successores suos post quamcumque cessionem vel mortem suam singulis suis successoribus in
quolibet eventu suo et eorum cujuslibet particulo dimittendum in
supplementum oneris cantarie predicte, super quibus omnibus et
singulis et ea quoquomodo tangentibus per nos canonice ordinandis
idem magister Vincencius ecclesiam suam predictam cum capella
de Eston' dependente notorie ab eadem et omnibus suis juribus,
fructibus, proventibus, obvencionibus, reddituibus, et pertinenciis
universis presentibus et futuris pro se et successoribus suis ac
seipsum nomine ecclesie predicte et omnia bona sua mobilia et
inmobilia, de expresso consensu religiosarum mulierum dominarum . .
abbatisse et conventus Shefton' nostre diocesis verarum patronarum
ecclesie supradicte de quo legitime nobis constat, concurrentibus eciam
omnibus que in hac parte requiruntur de jure, nostre disposicioni et
ordinacioni in hac parte faciende alte et basse, pure, simpliciter et
absolute, sufficienter et legitime submisit cantariam predictam
perpetuam, continuam, et realem dictumque implementum perpetuum
et reale statuere, ordinare, et disponere ac ordinata hujusmodi realiter
et perpetuo confirmare necnon ordinacionem hujusmodi sufficientibus
penis, censuris, et districcionibus ecclesiasticis vel spiritualibus cum
effectu vallare, ac se et successores suos et ecclesiam predictam precise

et effectualiter artare, onerare, et obligare ad inveniendum et sustentandum inperpetuum cantariam predictam de fructibus et proventibus ecclesie predicte in quibuscumque casibus et eventibus quantumcumque fortuitis seu inopinatis tanquam onus ut premittitur ordinarium et reale juxta dictorum submissionis et consensus exigenciam et effectum nostra auctoritate ordinaria dignaremur.

Quia igitur cultum divinum cum magno favore semper augere studuerunt omnes deo devoti Christiani et ad hoc specialiter tenentur speculatores super domum domini constituti, nos Rogerus episcopus supradictus volentes ut tenemur ex officio Christi obsequium ad ipsius et gloriosissime[1] semperque virginis Marie patrone nostre et omnium sanctorum laudem et honorem cunctorumque fidelium vivorum et defunctorum salutem et requiem ut premittitur ampliare, pensatoque ex altera parte quanta processu temporis per ampliacionem hujusmodi agi valent divina officia que animas deo sua cooperante gracia lucrificare poterunt in futurum, et ob hoc piam devocionem et laudabilem propositum dicti magistri Vincencii in hac parte in domino commendantes prehabita sufficienti deliberacione cum peritis et ponderatis undique ponderandis submissionem predictam et premissa omnia et singula auctoritate ordinaria acceptamus, approbamus, ratificamus, et expresse confirmamus, accepta, rata, et confirmata expresse habemus ex certa et deliberata sciencia per presentes. Virtute quorum submissionis et consensus cantariam predictam in forma prescripta continue faciendam auctoritate predicta statuimus, ordinamus, et disponimus consimiliter et realem. Ad quam quidem cantariam dictus rector et successores sui presbiterum ydoneum . . archidiacono Sar' vel ipsius in hac parte vices gerenti[2] singulis annis in congregacione sancti Lamberti Wylton' more presbiterorum conducticiorum ibidem presentandorum per se vel pro-

Fo. 227   curatorem | suum ad hoc speciale mandatum habentes presentare teneantur, quem quidem capellanum sic admissum dictus rector et successores sui in hospicio competenti et aliis neccessariis suis sumptibus honorifice et sufficienter exhibebit [*sic*] vel in certa pecunia inter eos conventa sive ad mensam suam pro sue utriusque libito voluntatis. Ipsum vero presbiterum nullatenus perpetuum set tantum temporalem esse volumus pro disposicione rectoris loci quamdiu idem rector voluerit dumtaxat moraturum; ipsum tamen semel admissum ante finem anni, absque manifesta causa coram dicto . . archidiacono vel ejus . . officiale vel ipsius locum tenente summarie et legitime detecta, per eumdem presentantem aut

---

[1] *MS.* gloriossime.

[2] *In margin, in a later hand,* Nota quod capellanus est archidiacono vel ipsius vicem gerenti presentandus.

successorem suum vel alium quemcumque nolumus amoveri. Dictus autem presbiter beate Marie nulli alteri officio seu obsequio sit ligatus vel astrictus nec de cura parochie vel ecclesie se intromittat in impedimentum cantarie predicte, set eidem assidue intendat et personaliter ministrabit in eadem, et ut cultui divino et officio suo hujusmodi liberius insistere valeat ad ordinariorum capitula generalia seu alias convocaciones synodales, visitacione seu convocacione superiorum nostrorum et congregacione sancti Lamberti predicta dumtaxat exceptis, nullatenus comparere teneatur. Dicto vero presbitero ante finem anni morbo vel impedimento alio detento quominus officium suum peragere valeat ut tenetur si morbus incurabilis seu impedimentum hujusmodi perpetuum reputentur, statim quamcicius comode fieri poterit alium capellanum provideri volumus et precipimus loco suo in proximo loci capitulo postquam provisus fuerit presentandum et per presidentem ipsi capitulo admittendum in forma predicta. Si autem capellanus hujusmodi ante finem anni diem suum clauserit extremum vel ab officio suo ex causa amotus fuerit seu beneficium ecclesiasticum quod personalem residenciam vel personale requirit ministerium assecutus et ipsius pacificam possessionem adeptus hoc idem statuimus observandum. Et si hujusmodi residenciam vel ministerium non requirat personale, tunc usque ad finem ejusdem anni in officio remaneat antedicto. Quocumque autem morbo curabili sive impedimento perpetuo vel temporali fuerit impeditus vel detentus interim, tunc sumptibus ejusdem missa et officium predicta per alium capellanum ydoneum in hac parte conducendum statuimus fore continue celebranda, provideatque rector loci quantum in ipso est quod cantaria et officium beate Marie modo subscripto fiant continue singulis diebus sub penis inferius annotatis. Sane, dictus presbiter[1] ante missam parochialem vel post hora competenti pro disposicione rectoris ad altare beate Marie missam de eadem in ecclesia predicta cotidie celebrabit cum quinque collectis subscriptis, quarum primam de dicta virgine officio misse convenientem, et secundam de omnibus sanctis in quorum honore cantarie hujusmodi est fundata, terciam pro disposicione dicti magistri Vincencii dum vivit et post obitum ejusdem hanc collectam specialem pro anima ejusdem videlicet, ' Adjuva nos domine deus noster et beatissime dei genitricis semper virginis Marie precibus exoratus animam famuli tui N. in beatudine sempiterne lucis constitue per,' et cetera, quam pro anima sua dici preelegit, quartam pro animabus donatorum terre, tenementorum, et reddituum predictorum, progenitorum, heredum, et successorum dicti magistri Vincencii hanc videlicet, 'Concede, quesumus, domine deus noster ut

---

[1] presbiter *is in margin for* pater, *which is expunctuated; it seems that the scribe was unconsciously reacting to the word* sane.

anime famulorum,' et cetera, et quintam generalem tam pro omnibus predictis parochianis ecclesie predicte et benefactoribus cantarie hujusmodi quam omnibus Christi fidelibus vivis et defunctis videlicet, 'Omnipotens sempiterne deus qui vivorum dominaris simul et mortuorum,' et cetera, esse disponimus et eciam ordinamus. Si vero festum duplex aut novem leccionum occurrat tunc secundam collectam faciet de eodem ceteris suo ordine postmodum prescriptum nichilominus | observandis et septimam tunc ultimo loco adiciet pro suo libito competentem et sub generali commemoracione misse sue de omnibus suprascriptis vivis ac defunctis habebit memoriam specialem. Ordinamus eciam quod idem presbiter beate Marie et loci presbiter parochialis quem ad hoc per loci rectorem onerari precipimus et mandamus horas canonicas et preter eas septem psalmos penitenciales, cum letania pro viventibus ac 'placebo' et 'dirige', et commendaciones solitas pro defunctis secundum usum ecclesie nostre Sar' in ecclesia predicta cotidie simul dicant. Et preter hec dictus presbiter beate Marie secreto et per se centum et quinquaginta salutaciones Anglicas cum singulis oracionibus dominicis antiphonis et oracionibus ad singulas denas salutaciones hujusmodi ordinatas cotidie eciam dicet in honore gloriose virginis supradicte. Et in festis majoribus duplicibus ac singulis festis virginis predicte et in Sabbato sancto cum nota celebrabit et adjuvandum in missis hujusmodi rectorem loci cum presens fuerit et quoscumque presbiteros et clericos in dicta ecclesia celebrantes in ministrantes sub pena canonica precipimus interesse. In fine vero cujuslibet misse beate Marie hujusmodi dicet cum genufleccione hanc antiphonam, 'Gaude virgo mater Christi', et cetera, cum hiis oracionibus, 'Deus qui beatem virginem Mariam in contemptu et partu', et cetera, et, 'Omnipotens sempiterne deus qui divina Gabrielis salutacione', et cetera, olim per bone memorie Nicholaum predecessorem nostrum in hac parte salubriter ordinatis. Ordinamus insuper et disponimus auctoritate predicta ut onus cantarie hujusmodi continue ut premittitur faciende perpetuum et reale et tanquam ordinarium ecclesie predicte ac rectoribus ejusdem seu quocumque titulo fructus percipient ab eadem neccessario incumbens et realiter annexum inperpetuum censeatur et existat. Ut autem successores dicti magistri Vincencii onus hujusmodi libencius agnoscant, statuimus et ordinamus ut idem magister post cessionem vel mortem suam tantum instaurum et ut premittitur cujuscumque generis et sexus ecclesie predicte ad usum successorum suorum cum effectu dimittat, quodque dictum instaurum per eum sic dimissum perpetuum sit implementum per singulos successores suos singulis suis successoribus consimiliter dimittendum et ecclesie predicte remaneat semper salvum, quod quidem implementum

Fo. 227ᵛ

ne casu aliquo dilapidetur seu voluntarie alienetur auctoritate presencium sequestramus et sub sequestro perpetuo per archidiaconum
Sar' vel . . officialem ejusdem seu ipsorum locum tenentem arcius
custodiri precipimus et mandamus, ita quod quociens aliqua animalia
vel bona implementi predicti casu aliquo pereant usuve consumantur
seu ex causa vetustatis vel debilitatis aut alia justa et neccessaria per
dictum . . archidiaconum aut ipsius officialem seu locum tenentem
approbanda alienari vel immutari oportuerit alia loco eorumdem
quamcicius fieri poterit subrogentur. Ordinamus insuper quod
statim dicto magistro Vincencio et quocumque ipsius successore
qualitercumque cedente vel decedente omnia bona sua ubicumque
in diocese Sar' tunc existencia auctoritate hujusmodi ordinacionis
ipso facto maneant sequestra et ea eciam tenore presencium sequestramus et nichilominus auctoritate archidiaconi vel . .
Fo. 228 officialis predicti exhabundanti sequestrari et sub arto
sequestro | modo premisso custodiri mandamus, ita quod
administracio bonorum hujusmodi nullatenus comittatur executoribus
seu aliis quibuscumque donec implementum predictum plenarie et
integraliter fuerit dimissum in forma prenotata, quod quidem implementum pre ceteris aliis debitis et expensis statuimus et ordinamus
fore deducendum in casibus predictis. Si vero quisquam rector futurus
ecclesie predicte implementum hujusmodi dimissum extra casus
predictos alienare seu dilapidare presumpserit quovis modo, statim
cum hoc attemptare inchoaverit fructus et proventus ecclesie predicte
ac eciam omnia bona ejusdem dilapidantis in diocese predicta tunc
existencia per prefatum archidiaconum seu officialem suum aut
ipsius locum tenentem quamcicius ipsis vel eorum alicui innotuerit
quovis modo sequestranda esse et sub arto custodienda sequestro
statuimus et tenore presencium sequestramus, decernentes alienantem
et dilapidantem hujusmodi tanquam violatorem sequestri in implemento predicto ut premittitur interpositi excommunicatum publice
nunciandum donec implementum hujusmodi dilapidatum seu illicite
alienatum restauraverit et reintegraverit ac de ipsum integre dimittendo
in forma prescripta caucionem invenerit competentem. Statuimus
eciam et ordinamus quod licet instaurum predictum tempore dimis-
sionis minoris estimacionis existat vel majoris quam superius appreciatur,
nichilominus tamen per successorem recipientem minime refutetur
si saltem competens et pro ecclesia predicta sufficiens judicio parochianorum tunc existat, ita videlicet quod precium suppleatur quod
deest et quod excesserit resolvatur dimittenti. Et ne fraus re ipsa vel
eventu fiat in hac parte statuimus quod nullus rector ecclesie predicte
ipsam ad firmam tradat, aut fructus ejusdem ante ipsorum plenam
percepcionem alienet nec ipsos in laico feodo set in solo ecclesiastico

ejusdem reponat seu reponi faciat quovis modo; ipsos eciam fructus integre collectos et perceptos alienari insolidum aut cessionem vel permutacionem rectoris loci de ecclesia predicta fieri aut concedi expresse prohibemus donec de conservacione et dimissione implementi predicti prestita fuerit caucio in forma predicta. Ordinamus insuper et disponimus de expresso consensu patronarum et rectoris predicti quod licet instaurum predictum pro implemento ut premittitur semel dimissum et receptum per infortunum quod absit subito pereat vel redditus predicti detineantur vel non solvantur quovis modo seu terre predicte steriles jacuerint vel inculte, nichilominus cantaria hujusmodi de ceteris fructibus et proventibus ecclesie predicte quos ut loci ordinarius ad hoc sufficere notorie et sufficere posse novimus veri-similiter in futurum congrue sustentabitur et continue fiet et durabit in forma predicta cum onus ordinarium ac perpetuum et reale ecclesie predicte necessario ut premittitur incumbens existat et annexum. Et si implementum hujusmodi ab aliquo successore dicti magistri Vincencii non fuerit in forma pretacta plene dimissum, hoc idem fore decernimus observandum ne cantaria hujusmodi deo placida per aliquas excogitatas adinvenciones discontinuetur vel impediatur quovis modo, precipue cum ad recuperandum redditus hujusmodi detentos et implementum predictum juris remedium sit paratum et

Fo. 228ᵛ   provisum sufficienter in hac parte. Quod si ad | nos vel successores nostros seu quoscumque alios fructus ecclesie predicte majores vel minores pertinuerint in totum vel in parte de privilegio, composicione, vel statuto vel alias qualitercumque de consuetudine vel de jure, concedimus pro nobis et successoribus nostris ac ex certa et deliberata sciencia statuimus et ordinamus quod dictus presbiter beate Marie eo modo quo de presbitero parochiali in tali casu in diocese Sar' hactenus existit usitatum de fructibus predictis pro rata temporis percepcionis eorumdem secundum providenciam sequestratoris loci diocesani qui pro tempore fuerit neccessaria percipiet competenter. Si vero dicto die sancti Lamberti nullus presbiter hujusmodi beate Marie presentatus fuerit seu ipsa ecclesia forsan vacaverit ipso die tunc archidiaconus predictus vel ipsius tunc vices gerens presbiterum ydoneum ad cantariam predictam deputabit statim eodem die, alioquin officialis ejusdem ante festum sancti Michaelis proximo tunc sequens hoc idem facere poterit et debebit. Et si ultra festum predictum facere distulerit tunc per nos vel successores nostros sede plena vel per capitulum ecclesie nostre Sar' sede vacante ad simplicem querimoniam parochianorum vel aliorum quorum interest presbiter ydoneus ad cantariam predictam preficietur et sic proficiendum esse statuimus et eciam ordinamus, eidemque capellano sit prefecto vel deputato de fructibus ecclesie predicte neccessaria ut

premittitur ministrandis secundum consideracionem archidiaconi aut officialis sui supradicti ac per quamcumque censuram ecclesiasticam per ipsos et eorum quemlibet rectorem loci qui pro tempore fuerit debite compellendum ad observacionem premissorum. Ordinamus insuper pro securitate majori quod tam dictus magister Vincencius statim coram nobis quam eciam quilibet exnunc rector in eadem ecclesia instituendus seu is cui ipsa ecclesia seu commendata fuerit aut de ea provisum qualitercumque in futurum mox in ipsa institucione, collacione, provisione, seu commenda corporale prestet et prestent juramentum quod hanc nostram ordinacionem in singulis articulis ipsos et eorum quemlibet concernentibus fideliter observabunt et facient fideliter observari, quodque juramentum ipsum in litteris institucionis, collacionis, et commende ac execucionis seu induccioni faciende consequenter in hac parte de juramento hujusmodi prestito mencio habeatur expressa, et eciam nichilominus registretur et in execucione seu induccione hujusmodi idem juramentum sollempniter publicetur ut ad parochianorum noticiam valeat verisimiliter pervenire. Quod si omisso juramento hujusmodi quisquam per inconsideracionem seu nimiam preoccupacionem vel forsitan ignoranciam seu oblivacionem ordinacionis hujusmodi in ecclesia predicta fuerit quacumque auctoritate institutus seu quocumque titulo alio eamdem assecutus vel adeptus, nisi postquam sibi de ordinacione hujusmodi per premunicionem parochianorum vel alias qualitercumque innotuerit coram nobis vel successoribus nostris si presentes in diocese fuerimus aut . . officiale Sar' nobis in remotis agentibus sede plena, vel . . officiale spiritualitatis Sar' sede vacante, si presens in diocese Sar' fuerit alioquin coram presidente capitulo ecclesie nostre Sar' infra xv dies a tempore noticie vel premunicionis hujusmodi cum effectu se offerat juramentum hujusmodi per se si in regno Angl' fuerit vel ipso extra regnum agente seu legitime impedito per procuratorem habentem ad hoc speciale mandatum in forma predicta prestiturus, statim extunc post lapsum quindecim dierum omnes fructus et proventus ecclesie predicte tunc presentes et futuros fore decernimus et statuimus eo ipso sequestratos et ipsos exnunc in eventu illo tenore presencium sequestramus ac per archidiaconum aut officialem suum
Fo. 229　　　predictum | sub arto custodiendos sequestro quousque juramentum hujusmodi ut premittitur prestitum fuerit in hac parte, quo quidem juramento sic ut premittitur prestito sequestrum hujusmodi relaxatum esse et pro relaxato haberi volumus eo ipso. Predictus vero magister Vincencius, premissa omnia et singula quatenus ipsum contingunt gratanter acceptans, juramentum coram nobis prestitit in forma predicta. Ordinamus insuper quod quilibet presbiter beate Marie qui pro tempore fuerit in sua admissione vel saltem

coram loci rectore quatenus premissa ipsum concernunt consimile prestet juramentum. In singulis autem dimissionibus et recepcionibus implementi predicti indentura fiet tripartita quarum una pars penes dimittentem, alia penes recipientem, et tercia penes parochianos remanebit, et hoc idem de ornamentis ad cantariam hujusmodi spectantibus volumus observari.

Nos Rogerus episcopus supradictus premissa omnia et singula cum plena cause cognicione et ex certa et deliberata sciencia auctoritate pontificali plenissime confirmamus et decernimus, statuimus, et ordinamus futuris et perpetuis temporibus fore inviolabiliter observanda, decernentes irritum et inane si secus a quoquam contigerit aliqualiter attemptari, juribus, dignitate, et consuetudinibus ecclesie nostre Sar' in omnibus semper salvis. In quorum omnium testimonium atque fidem presentes litteras fecimus registrari et eciam triplicari quarum unam penes capitulum ecclesie nostre Sar', aliam pene[s] abbatissam et conventum predictas, et terciam penes ecclesiam de Donheved' predictam nostro signatas sigillo volumus et ordinamus inperpetuum remanere. Datum in manerio de Poterne xv kalendas Novembris anno domini m⁰ ccc^{mo} xxvij et consecracionis nostre xiij^{mo}.

[Fo. 229^v *and* 230 *blank*]¹

[*16 September 1326. Letter of the abbess and convent of Shaftesbury, in answer to the Bishop's mandate of 30 March, which is recited in full, certifying that the income of the abbey is not able to support more than 120 nuns, but that the income should be enough in future for that number.*]

[Fo. 230^v]

CERTIFICATORIUM NUMERI MONIALIUM SHEFTON'.² Venerabili in Christo patri et domino domino Rogero dei gracia Sar' episcopo sue humiles et devote in Christo filie Margareta permissione divina abbatissa Shafton' et ejusdem loci conventus obedienciam, reverenciam tanto patri debitam cum honore. Mandatum vestre paternitatis reverende tercio idus Aprilis suscepimus in hec verba:

'Rogerus permissione divina Sar' episcopus dilectis filiabus abbatisse Shafton' nostre diocesis et ejusdem loci conventui salutem, graciam, et benediccionem. Monasterium vestrum auctoritate ordinaria nuperrime visitantes invenimus moniales in tam numerosa et excessiva multitudine contra sanctorum patrum inhibiciones et canonicas sancciones admissas et viventes ibidem quod bona ipsius monasterii

---

¹ *A folio between folios 229 and 230 has been cut out, apparently before binding.*
² *In margin*, nota.

jam ere alieno plurimum onerati eciam et depressi pro sustentacione
vestra congrua et aliis incumbentibus oneribus supportandis minime
sufficiebant, nec sicut legitime nobis constat sufficiunt hiis diebus,
immo quod deterius est quamplures in dicto monasterio in moniales
admisse eciam et velate nichil pro earum sustentacione de bonis
ipsius monasterii receperunt nec unde victitarent habebant nisi
quatenus de suis parentibus et amicis petebant notorie suffragia
mendicata, in vestrum dictique monasterii multimodum prejudicium
et scandalum inde interius et exterius suscitatum, ac de quo plus
dolemus periculum multiplex animarum. Volentes igitur prout
officium pastorale nos urget paterna sollicitudine pro viribus hiis
mederi, devocioni vestre mandamus quatinus vestrum tam in spiritualibus quam in temporalibus consilium quatenus et quamcicius
poteritis commode convocantes injungatis eisdem quod diligenter
tractare, considerare, et deliberare curent quot moniales, attentis
singulis vobis et monasterio vestro incumbentibus oneribus undequaque
ac ponderatis aliis ponderandis, possint de vestris monasterii vestri bonis
et annis communibus congrue sustentari. Quid autem feceritis et
consilium vestrum fecerit et invenerit in premissis una cum numero
monialium hujusmodi cum festinacione qua poteritis commode nos
per litteras vestras patentes et clausas harum recepcionis diem et
seriem continentes adeo dilucide cerciorare curetis quod ad dei
honorem, animarum salutem, et monasterii vestri utilitatem pro
quibus ut tenemur paterno zelamus affectu possimus ulterius exequi
et facere in hac parte quod ad nostrum pertinet officium et canonicis
convenit institutis. Datum apud Poterne iij kalendas Aprilis anno
domini millesimo ccc^{mo} vicesimo sexto et consecracionis nostre
undecimo.'

Convocato igitur hujusmodi auctoritate mandati nostro tam in
spiritualibus quam temporalibus consilio et habitis inter nos et consilium nostrum predictum tractatu diligenti et deliberacione sufficienti
super premissis, consideratisque omnibus facultatibus monasterii nostri
predicti et oneribus nobis et eidem monasterio nostro necessario
incumbentibus plus solito hiis diebus, ponderatis in hac parte undique
ponderandis inter nos et consilium nostrum predictum,
Fo. 231   invenimus quod de | bonis monasterii nostri predicti ultra
centum et viginti numero monialium annis communibus
non poterunt congrue sustentari, set ad sustentacionem tot monialium
speramus bona monasterii nostri predicti cum bono regimine posse
sufficere in futurum. Illum igitur numerum in nostro monasterio
predicto ad honorem dei et salvacionem status monasterii nostri
predicti placeat vestre sancte paternitati taliter ordinare et statuere
quod futuris et temporibus inviolabiliter conservetur. Rex virginum

ad honorem ecclesie sue sancte diu conservet incolumem vitam vestram.[1] In quorum testimonium sigilla nostra presentibus sunt appensa. Datum in capitulo nostro Shafton' xvj kalendas Octobris anno domini supradicto.

[*6 August 1328. The Bishop's ordination of the number of nuns at Shaftesbury at not more than 120. The relevant part of the Constitutions of Oxford is recited.*]

ORDINACIO NUMERI MONIALIUM SHEFTON'. Rogerus permissione divina Sar' episcopus dilectis in Christo filiabus . . abbatisse et conventui Shafton' nostre diocesis salutem, graciam, et benediccionem. Monasterium vestrum tam in capite quam in membris auctoritate nostra ordinaria repetitis vicibus nuperrime visitantes invenimus manifeste moniales in tam onorosa et excessiva multitudine contra sanctorum patrum inhibiciones[2] et canonicas sancciones admissas et viventes ibidem quod bona ipsius monasterii pro sustentactione vestra congrua et aliis vobis et monasterio vestro incumbentibus oneribus supportandis non sufficiebant nec adhuc sufficiunt sicut legitime nobis constat, immo quod deterius est quamplures in dicto monasterio in moniales admisse eciam et velate nichil pro earum sustentacione de bonis ejusdem monasterii receperunt nec unde victitarent habebant nisi quatenus de suis parentibus et amicis secularibus petebant suffragia mendicata in vestrum dictique monasterii grave prejudicium et scandalum ex hoc interius et exterius suscitatum ac de quo plus dolemus periculum multiplex animarum, super quibus a nobis petivistis instanter et sepius juris remedium oportunum. Affectantes igitur prout officium pastorale nos urget paterna sollicitudine pro viribus hiis mederi, et eciam attendentes quod sanctorum patrum constitucionibus episcopis est specialiter injunctum quod providere curent quot moniales in omnibus necessariis possint competenter de bonis monasteriorum suarum diocesium sustentari nec permittant aliquam ultra numerum illum admitti vel recipi quousque redacte fuerint ad numerum sic provisum, volentesque dictis parere constitucionibus et institutis canonicis in hac parte, vobis mandavimus quatinus vestro tam in spiritualibus quam in temporalibus consilio convocato tractaretis, consideraretis, et deliberaretis diligencius cum eodem quot moniales attentis singulis vobis et monasterio vestro incumbentibus oneribus undequaque ac ponderatis omnibus aliis ponderandis possint de vestris et monasterii vestri facultatibus annis communibus congrue sustentari, quoque super inventis in hac parte nos redderetis vestris litteris dilucide cerciores. Cumque per directas nobis super hiis

---

[1] *MS.* vestram diu conservet incolumem vitam vestram.

[2] *MS.* constituciones, *crossed out; there is a caret, but no substitute word.*

vestras certificatorias litteras et alias legitime nobis constet quod
consideratis omnibus vestris et monasterii vestri predicti facultatibus
ac oneribus vobis eidem monasterio neccessario incumbenti-
Fo. 231ᵛ bus | ut convenit ponderatis una cum aliis in hac parte
ponderandis, centum et viginti moniales de bonis monasterii
vestri predicti congrue sustentari poterunt annis communibus et non
plures quodque nobis eisdem litteris supplicastis ut illum numerum
centum et viginti monialium in vestro monasterio predicto statuere
curaremus perpetuis temporibus inviolabiliter observandum, nos
considerantes peticionem vestram predictam veritatem et justiciam
continere ad dei honorem, animarum salutem, et monasterii vestri
utilitatem pro quibus ut tenemur paterno zelamus affectu ponderatis
undique ponderandis, concurrentibus eciam omnibus que in hac
parte requiruntur de jure tenore presencium statuimus, providemus,
et eciam ordinavimus quod hujusmodi centum et viginti dumtaxat
monialium numerus sit exnunc et observetur in vestro monasterio
supradicto, vobis omnibus et singulis inhibentes ne aliquam in dicti
monasterii monialem deinceps admittere vel recipere presumatis
contra nostram ordinacionem hujusmodi et canonicas sancciones sub
pena in concilio Oxon' contra facientes in hac parte contrarium
salubriter ordinata, quam ne quod absit per ignoranciam incurratur
duximus de verbo ad verbum presentibus inserendam, salvo jure
sanctissimi patris domini summi pontificis, domini regis, et aliorum
si qui sint forsitan qui jus habeant moniales habendi in vestro predicto
monasterio de consuetudine vel de jure, quibus prejudicare non
intendimus sicuti nec possimus aliqualiter per premissa. Constitucio
vero penalis in concilio Oxon' edita de qua premisimus serio continet
hunc tenorem:
'Provideant eciam episcopi quot moniales in omnibus neccessariis
competenter possint de bonis monasterii sustentari nec sustineant
ultra numerum illum aliquam admitti nec eciam recipiatur aliqua
quousque redacte fuerint ad numerum illum et hoc firmiter statuimus
auctoritate concilii. Si autem de cetero contra hanc formam aliquam
contingat admitti tam . . abbatissa quam . . priorissa deponatur. Idem
de magistris et . . prioribus moniales custodientibus si contra hanc
formam aliquam admiserint duximus statuendum. Confiteantur
autem moniales sacerdotibus ab . . episcopo sibi deputatis.'[1]
Volumus insuper et in virtute obediencie vobis injungimus quod
presentes litteras in vestro martilogio ad memoriam quamcicius
poteritis commode faciatis conscribi et semel saltem in anno in capitulo
vestro legi per aliquem de clericis vestris sciolum et in lingua materna

---

[1] *Cf. Councils and Synods*, ed. Powicke and Cheney, ii (1), 123.

vel Gallica prout malueritis intelligibiliter et patenter exponi. In quorum omnium testimonium atque fidem sigillum nostrum fecimus hiis apponi. Datum apud Sonnyngg' viij idus Augusti anno domini millesimo ccc^{mo} vicesimo octavo et consecracionis nostre terciodecimo.

[*25 September 1328. Letter from the bishop of London containing the Archbishop's mandate dated 22 September which in turn contains the King's writ dated 20 September for a parliament at Salisbury beginning on 16 October.*]

[Fo. 232]

PRO PARLIAMENTO APUD SAR', receptum apud Everle xvj die Octobris. Venerabili in Christo patri domino . . dei gracia Sar' episcopo Stephanus ejusdem permissione London' episcopus salutem et sincere dileccionis continuum incrementum. Mandatum reverendi in Christo patris domini S. dei gracia Cant' archiepiscopi tocius Anglie primatis nuper recepimus sub hac forma:

'Simon permissione divina Cant' archiepiscopus tocius Anglie primas venerabili in Christo fratri domino Stephano dei gracia London' episcopo salutem et fraternam in domino caritatem. Breve domini regis recepimus in hec verba:

"Edwardus dei gracia rex Angl' dominus Hybn' et dux Aquit' venerabili in Christo patri S. eadem gracia Cant' archiepiscopo tocius Angl' primati salutem. Cum nuper post parliamentum quod apud Northampton' ultimo tenuimus quedam magna et ardua negocia emersissent que statum nostrum et eciam statum regni nostri intime contingere dinoscuntur super quibus apud Ebor' permodum tractatum habuimus, set propter absenciam quorumdam prelatorum, magnatum, et procerum non potuerunt tunc dicta negocia non sine gravi nostro dispendio discuti et terminari, propter quod ordinavimus parliamentum apud Novam Sar' die dominica proximo post quindenam sancti Michaelis proximo futuram teneri et vobiscum et cum ceteris prelatis, magnatibus, et proceribus dicti regni super dictis negociis et aliis que noviter emerserunt colloquium habere et tractatum, vobis mandamus in fide et dileccione quibus nobis tenemini firmiter injungentes quod omni excusacione postposita sitis personaliter apud Novam Sar' dicto die nobiscum et cum ceteris prelatis, magnatibus, et proceribus predictis super dictis negociis tractaturi vestrumque consilium impensuri. Et licet [*etc.*]. Et hoc nullatenus omittatis. Teste meipso apud Walsinham xx^{mo} die Septembris anno regni nostri secundo."

'Quocirca vobis tenore presencium injungimus et mandamus quatinus prefatos priores, decanos, et capitula ecclesiarum cathedralium ac eciam archidiaconos et clerum predictum nostre Cant' provincie premuniri faciatis quod dictis die et loco sint et compareant juxta formam ejusdem brevis una nobiscum tractaturi et ordinaturi super premissis prout utilitati ecclesie et animarum saluti visum fuerit expedire et hiis que domino disponente ibidem salubriter contigerint ordinari suum prout decet consensum adhibituri. Et qualiter hoc presens mandatum nostrum fueritis executi nos eisdem die et loco certificetis per litteras vestras patentes harum seriem continentes. Datum apud Chelmersford' x° kalendas Octobris anno domini millesimo ccc^mo xx° octavo et consecracionis nostre primo.'

Quod quidem mandatum quatenus vos et vobis subditos concernit juxta ipsius seriem et effectum paternitati vestre mittimus exequendum. Datum apud Oresete vij° kalendas Octobris anno domini supradicto.

[*Note that because the above mandate arrived too late the Bishop could not execute it properly.*]

[Fo. 232^v]

Et quia mandatum prescriptum domino fuit primo exhibitum in crastino dominice ad quam parliamentum summonitum extitit illud non potuit exequi debite sicut vellet si tempore oportuno venisset. Verumptamen statim quatenus potuit exequabatur mandatum hujusmodi diligenter.

[*31 October 1328. Letter from the Archbishop telling of the abduction of the abbot of Bury St. Edmunds and enjoining the Bishop to publish sentence of excommunication against the offenders. (Cf. Memorials of St. Edmund's Abbey (Rolls Ser.), ii. 327-54; Dugdale, Monasticon, iii. 108-9, where the abbot's name is erroneously given as Thomas de Draghton).*]

AD DENUNCIANDUM EXCOMMUNICATOS INVADENTES MONASTERIUM SANCTI EDMUNDI. Simon permissione divina Cant' archiepiscopus tocius Anglie primas venerabili fratri nostro domino Rogero dei gracia Sar' episcopo salutem et fraternam in domino caritatem. In inmensum extollitur inpunita temeritas et licencia legibus non artata nec timore repressa semper justicie reluctatur; probat hoc quorumdam reproborum effrenata presumpcio et obstinata rebellio qui viros religiosos et in sacris ordinibus constitutos, quorum patrocinium sibi deberent beneficiis et obsequiis comparare ut apud dominum allegarent precibus causam suam in sue fame ac salutis dispendium, crudeliter impetunt et injuriis gravioribus inquietant. Sane gravis et enormis excessus in partibus sancti Edmundi Norwycen' diocesis perpetratus adeo graviter nostra et fratrum nostrorum et multorum regni optimatum et procerum in parliamento apud Sar' congregatorum viscera pupigit et commovit quod illum non possumus nec debemus aliquatenus sub dissimulacione transire quin ad tante castigacionem offense partes nostre solicitudinis ex offiicii nostri debito apponere studeamus

Q

excitante sacre eloquio, 'Fili hominis, speculatorem dedi te domui
Israel ut audias de ore meo verbum, et anunciabis eis ex me, si dicente
me ad impium morte morieris et non annunciaveris ei neque locutus
fueris ut avertatur a via sua impia et vivat, ipse impius in iniquitate
sua morietur, tu autem animam tuam liberasti.'[1] Intelleximus
siquidem communi fama referente et multorum fide digna relacione
concurrente quod nonnulli malediccionis alumpni et perdicionis
nepharie filii post multas et graves injurias monasterio sancti Edmundi
et monachis ibidem deo servientibus irrogatas in manerium de
Chevyngton' Norwycen' diocesis ad ipsum monasterium pertinens
hostiliter irruentes et in Christianum dominum videlicet fratrem
Ricardum de Draghton' ejusdem monasterii patrem et abbatem
manus sacrilegas extendentes, ipsum in noctis silencio non sunt veriti
capere ac in contemptum dominionis nudatum indumentis et equis
ac rebus aliis spoliatum multisque probris et contumeliis affectum et
alios turpiter dehonestatum presumpserunt miserabiliter captum
ducere et adhuc presumunt captivatum dei timore postposito in locis
abditis detinere, majoris excommunicacionis sentencias contra
hujusmodi facinorosos a sanctis patribus promulgatas dampnabiliter
incurrendo.   In quibusdam partibus Angl' modernis temporibus
consimilis malignitatis pleraque jam incipiunt germina pullulare,
jam enim nomen sacerdocii quod in terra Angl' reverencie fuerat et
honoris in causam scandali versum est et contemptum,
Fo. 233   dum malignorum | perversitas adversus sacerdotes et
clericos adeo insolescit ut licet inmanius et execrabilius
maleficium nequeat inveniri quam grassari in Christianos domini et in
gentem sanctam ac populum adquisicionis libera impunitatis licencia
gladium excercere, ipsos tamen domini sacerdotes quos per prophetam
velud Christianos suos tangi prohibet non formidant quod sine dolore
referre non possumus nec debemus crudeliter trucidare.   Ne igitur
tantum facinus inpune transeat et prebeat aliquam delinquendi
materiam aliis per exemplum huic publice pesti dum in suo cursu est
maturiore consilio decrevimus occurrendum, ideoque per aspersionem
sanguinis domini nostri Jhesu Christi vos monemus et in Christo
hortamur quatinus prefatos maleficos ac omnes alios dantes eis in
premissis auxilium, consilium, vel favorem, publice vel occulte,
tanquam sacrilegos in generale denuncietis seu denunciari publice
faciatis in singulis ecclesiis vestre diocesis et aliis locis ubi expedire
videretis singulis diebus dominicis et festivis erecta cruce, pulsatis
campanis, candelis accensis et extinctis, sentencia excommunicacionis
majoris astrictos donec de absolucione ipsorum vobis fuerit facta fides,

---

[1] *Ezek.* iii. 17-19.

vobis nichilominus districcius injungentes ut de dictorum sacrilegorum nominibus per vos vel alios cum debita diligencia inquiratis. Et si quos in vestra diocese inveneritis de premissis aut alias hujusmodi horrendis sceleribus esse notatos, contra eos procedatis in quantum poteritis secundum canonicas sancciones. Moneatis insuper et efficaciter inducatis seu moneri faciatis et induci prefati sceleris patratores ut eundem abbatem cum suis equis, rebus, et ceteris bonis ablatis in capcione predicta libere sine mora et difficultate qualibet restituant pristine libertati, certificantes nos citra festum natalis domini proximo secuturum quid feceritis in premissis. Datum apud Sar' ij^e kalendas Novembris anno domini millesimo trecentesimo vicesimo octavo et consecracionis nostre primo.

Prescriptum mandatum dominus demandavit debite exequi in diocese sua tota per ipsius archidiaconos vel eorum officiales.[1]

[*31 December 1328. The Bishop's charter granting to Serlo de Thorp, for the term of his life, messuages, land, and pasture, formerly held for life by William de Wyke, in West Lavington and Potterne.*]

[Fo. 233^v]

CARTA DOMINI FACTA SERLONI DE THORP.[2] Sciant presentes et futuri quod nos Rogerus permissione divina Sar' episcopus dedimus, concessimus, et hac presenti carta nostra confirmavimus Serloni de Thorp unum mesuagium cum omnibus pertinenciis suis in villa de Lavynton episcopi, quod quidem mesuagium Willelmus de Wyke de nobis tenuit ad terminum vite sue, habendum et tenendum predictum mesuagium predicto Serloni de Thorp ad terminum vite sue cum domibus, terris arabilibus, pratis et cum pastura sex boum super la Frithe pascendorum et sexaginta ovium in communi pascendorum ad dictum tenementum pertinentibus, reddendo inde annuatim nobis et successoribus nostris viginti duos solidos argenti ad quatuor anni terminos usuales pro omni servicio, salva nobis curie nostre secta. Dedimus eciam et concessimus eidem ad terminum vite sue pasturam ad quaterviginti oves pascendos in campis et pastura ubi alii liberi tenentes nostri depascunt in eadem villa, reddendo inde annuatim nobis et successoribus nostris septem solidos et quatuor denarios ad terminos supradictos. Dedimus eciam eidem et concessimus unum mesuagium et placeam terre fossatam inclusam una cum prato adjacente in Poterne quod vocatur Ennokeslond' et septem acras terre arabilis apud la Breche juxta Poterne Wode que vocantur Cheplond, que quidem mesuagia, placea et terra predictus Willelmus de Wyke de

---

[1] *In margin,* Lubb' quia non fuit certificatus.
[2] *In margin, nota.*

nobis tenuit ad terminum vite sue, habenda et tenenda predicto Serloni de Thorp' ad terminum vite sue de nobis et successoribus nostris, reddendo inde annuatim nobis et successoribus nostris quinque solidos pro omni servicio et demanda. In cujus rei testimonium sigillum nostrum fecimus hiis apponi. Datum apud parcum Remmesbir' ij kalendas Januarii anno domini millesimo ccc^{mo} vicesimo octavo et consecracionis nostre xiiij^{mo}. Hiis testibus magistro Roberto de Worth' canonico ecclesie nostre Sar' cancellario nostro, Johanne de Benham senescallo nostro, domino Ricardo le Blund milite, Johanne de Ildesle ballivo nostro de Poterne, Johanne de Perham, Galfrido le Clerk', Ricardo de Ryngeborn', et aliis.

Et tunc mandavit dominus ballivo suo de Poterne ut dictum Serlonem vel suum attornatum possessionem et seysinam habere faceret omnium prescriptorum cum pertinenciis in forma superius annotata.

[*20 May 1328. Mandate from Bertrand, cardinal deacon of St. Mary in Aquiro, addressed to the Archbishop and the bishops of Salisbury and Worcester, to cite the chancellor, masters, and proctors of Oxford University and various others to appear before him in the suit brought against them by Gaillard de la Motte, cardinal deacon of St. Lucia in Silice and archdeacon of Oxford, which has been committed to him from the papal court, his former mandate to the Archbishop (cf. Wilkins, Concilia, ii. 526-7) having been improperly executed. The mandate is followed by the notarial subscription of Magolottus Tancoberdus.*]

[Fo. 234][1]

MANDATUM AD CITANDUM UNIVERSITATEM OXONIE. Venerabilibus in Christo patribus dominis dei gracia archiepiscopo Cant' et Sar' ac Wygornien' episcopis Bertrandus miseracione divina sancte Marie in Aquiro diaconus cardinalis salutem in domino. Dudum sanctissimus pater et dominus noster dominus Johannes divina providencia papa xxij (exposito sibi per reverendum patrem dominum Galhardum dei gracia sancte Lucie in Silice diaconum cardinalem archidiaconum Oxon' in ecclesia Lyncoln' quod cancellarius et universitas magistrorum Oxon' et procuratores et magistri et nonnulli alii dicte universitatis super juribus et jurisdiccionibus dicti sui archidiaconatus Oxon' injuriabantur eidem, sibique suis gentibus multa gravamina et impedimenta intulerant et inferebant multipliciter super eis, eumque quominus jura et jurisdicciones hujusmodi possidere pacifice et libere excercere posset multipliciter perturbando et eadem jura et jurisdicciones indebite usurpando, ac supplicato eidem domino nostro per eumdem quod causam seu causas quam vel quas habebat seu habere sperabat cum cancellario, procuratoribus, magistris, et aliis de universitate supradictis super juribus et jurisdiccionibus memoratis cum

[1] *At top of page*, Vicesimus octavus quaternus.

emergentibus, dependentibus, contingentibus, et connexis alicui de reverendis patribus dominis cardinalibus committere dignaretur audiendas et fine debito terminandas cum potestate citandi extra curiam et ad partes cancellarium, magistros, procuratores, et alios suprascriptos et quoscumque alios de universitate predicta quamvis de sui natura causa seu cause hujusmodi non essent in Romana curia tractande, non obstante privilegio quod Anglie regi et Anglicis dicitur esse concessum, videlicet quod ipse vel Anglici citra mare Anglicanum ad judicium non trahantur, eciam si ipsius privilegii tenor de verbo ad verbum esset in predictis vel citacione facienda de eis specialiter inserendus et eo non inserto predictorum effectus posset aliqualiter impediri) mandavit et commisit nobis oraculo vive vocis quod causam seu causas hujusmodi cum dictis emergentibus, dependentibus, contingentibus, et annexis audiremus et referremus eidem licet de sui natura non essent in curia Romana tractande vel eciam finende cum dicta potestate citandi extra curiam et ad partes universitatem, cancellarium, magistros, procuratores predictos, et alios suprascriptos et quoslibet alios quos hujusmodi tangit negocium vel tangere poterit in futurum, dicto privilegio prout per eumdem dominum cardinalem archidiaconum non obstare in supplicacione predicta supplicatum extitit non obstante. Et deinde pro parte ipsius domini cardinalis et archidiaconi fuimus cum instancia requisiti quod cum licet tam ipse quam predecessores sui qui fuerunt pro tempore ipsius archidiaconatus archidiaconi a tanto tempore quod de illius inicio memoria hominum non existit fuerint in possessione et quasi excercendi probacionem et insinuacionem testamentorum ecclesiarum ville Oxon' rectorum et vicariorum, scriptorum et illuminatorum, barbitonsorum et aliorum tam clericorum quam laycorum existencium seu se precedencium de universitate ville predicte et quoquomodo degencium in eadem, scolaribus causa studendi ibidem venientibus dumtaxat exceptis, necnon excercendi cognicionem, correccionem, et punicionem tam in scolares quam in alios ville et universitatis predictorum clericos et alios universos super fornicacione, adulterio, vel incestu et quovis alio peccato carnis, diffamatos, delatos, sive suspectos, et ad ipsum archidiaconum pertineat per se seu . . officialem suum insolidum excercere premissa tam de jure quam de consuetudine laudabili in archidiaconatu et villa predictis eorumque pertinenciis introducta legitime prescripta et hactenus pacifice observata, et tam ipse dominus cardinalis archidiaconus quam dicti predecessores ipsius ea sic consueverunt excercere a tanto tempore quod incontrarium memoria hominum non habetur, et cancellarius, magistri, procuratores, et nonnulli alii de universitate predicta eumdem dominum cardinalem archidiaconum . . officialemque suum in premissis impediverint et

impediant premissorum excercicium sibi usurpare et
appropriare nitendo ac faciendo quominus | idem cardinalis ejusque . . officialis valea[n]t excercere premissa et alias multipliciter molestando contra justiciam et de facto ad citacionem ipsorum cancellarii, magistrorum, procuratorum, et aliorum omnium et singulorum de universitate predicta quos hujusmodi negocium tangit vel posset tangere quomodolibet in futurum et ad dictarum cause seu causarum examen procedere deberemus, nos igitur Bertrandus cardinalis commissarius memoratus juxta commissionem et mandatum apostolicum ut premittitur nobis facta causam seu causas easdem audire et in ipsarum negocio procedere intendentes alias dicta commissione per nos recepta vobis domino . . archiepiscopo supradicto per nostras certi tenoris litteras mandavimus ut aliquos nominatim et generaliter omnes et singulos de universitate predicta quos hujusmodi tangebat negocium et qui sua quoquomodo interesse crederent citaretis, set vos nostris immo verius apostolicis mandatis parere non curantes nobis rescripsistis quod de . . Oseneye et de . . Loco Regali monasteriorum abbatibus comiseratis ut predictos citarent, et quod ipse abbas de Loco Regali vobis retulerat se citasse omnes et singulos de universitate predicta in quodam sermone generali nulla nobis de commissione per vos ipsi . . abbati super hoc facta nec de ipsius citacione jam dicta aliter fide facta, propter que procedere in dictis causis omisimus, non sine magno dicti domini Galhardi cardinalis et archidiaconi prejudicio et sedis apostolice contemptu resultantibus ex negligencia per vos in hac parte commissa. Quare iterato auctoritate apostolica qua fungimur in hac parte vobis dominis [tam] archiepiscopo quam . . episcopis supradictis et vestrum cuilibet presencium tenore committimus et mandamus quatinus vos et quivis vestrum pro parte dicti domini cardinalis et archidiaconi requisitus extiterit in hac parte alio seu aliis ad hec exequenda minime expectatis infra xij dierum spacium postquam ad hoc pro parte dicti domini cardinalis et archidiaconi fueritis requisiti continue computandum[1] quorum quatuor pro primo, quatuor pro secundo, et reliquos quatuor pro tercio et peremptorio termino vobis ad hoc et vestrum singulis specialiter assignamus, suprascriptos cancellarium, magistros, procuratores, ac magistros Willelmum de Alberwyk precentorem Ebor', Willelmum de Shelton', Thomam de Wradewardyn, Willelmum Lovet', Simonem de Iftele, Mattheum Trewan, et Ricardum de Dodeford', necnon alios omnes et singulos de universitate predicta quos hujusmodi tangit negocium vel tangere poterit in futurum et qui sua crediderint interesse quique pro parte dicte domini cardinalis archidiaconi vobis fuerint

---

[1] *MS.* computandos.

nominati et eamdem universitatem ex parte nostra immo verius
apostolica per vos vel alium seu alios peremptorie citare curetis ut
infra sexaginta dierum spacium post citacionem hujusmodi de ipsis
factam continue computandum quos ex nunc pro primo, secundo,
tercio et peremptorio termino eis et eorum quilibet tenore presencium
assignamus et ex parte nostra vos eciam per vos vel alium seu alios
assignetis in causa seu causis hujusmodi et singulis actibus necessariis
ad easdem et ad totam causam non obstantibus suprascripto privilegio
et aliis que prefatus dominus noster papa in subscripta commissione
voluit non obstare compareant cum omnibus actis, juribus, et muni-
mentis ad dictam totam causam facientibus in judicio in curia Romana
coram nobis legitime, supradicto domino cardinali archidiacono super
predictis omnibus et singulis prout de jure fuerit et justicia responsuri
et alias in causa seu causis eisdem processuri prout dictaverit ordo
juris, facturi eciam in predictis et recepturi justicie complementum,
prefatis notificando citatis quod si ipsi premissis loco et termino non
comparuerint ut prefertur nos in causa seu causis eisdem prout de
jure fuerit procedemus ipsorum citatorum absencia vel contumacia
non obstante. Diem vero hujusmodi citacionis et formam

Fo. 235 et quicquid inde fa|ciendum duxeritis in premissis et alii
quibus commiseritis fecerint per vestras patentes litteras
aut publicum instrumentum seriem vel designacionem presencium
continentes seu continens, remissis presentibus et data de ipsis copia
citatis predictam si eam voluerint eorum sumptibus et expensis nobis
fideliter intimare curetis et alii curent taliter, in predictis vos habentes
quod dictus dominus Galhardus cardinalis et archidiaconus et nos non
habeamus materiam dicto domino nostro conquerendi de vobis. Quod
si premissa vel aliquod premissorum contumaciter neglexeritis
adimplere vel alii quibus commiseritis premissa neglexerint, vobis et
vestrum cuilibet quibus ob reverenciam pontificalem dignitatis antequam vos ad excommunicacionis sentenciam procedamus volumus
sic deferre ingressum ecclesie ex nunc interdicimus in hiis scriptis, et si
interdictum hujusmodi per tres dies supradictos xij inmediate sequentes
sustinueritis vos in hiis scriptis suspendimus a divinis, set si suspen-
sionem eamdem per alios tres dies post dictos quindecim proximo
secuturos animo sustinueritis indurato quod absit ex nunc canonica
monicione premissa in hiis scriptis in vos et vestrum quemlibet et
alios qui et prout negligentes fueritis seu fuerint in premissis excommunicacionis sentenciam promulgamus. Has autem litteras ad
cautelam fecimus registrari de quarum presentacionem vobis facta et
de aliis que incumbent latori earum jurato nostro dabimus plenam
fidem. In quorum omnium testimonium atque fidem presentes
litteras scribi et per infrascriptum notarium subscribi mandavimus et

nostri sigilli appensione muniri. Datum et actum Avinion' presentibus testibus discretis viris Guillelmo Boychea de Podio Nauterii et Bertrando de monasterio de sancto Cosma rectoribus ecclesiarum Carcassonen' et Ruthenen' diocesium ac Magoloto nostro notario infrascripto, anno a nativitate domini m⁰ ccc^mo vicesimo octavo die vicesima mensis Maii indiccione undecima pontificatus supradicti domini nostri pape anno xij.

Et ego Magolottus Tancoberus de Montemagno clericus Pistorien' publicus apostolica auctoritate notarius commissioni et mandatis ac terminorum assignacionibus monicioni sentenciarum prolacioni ac aliis omnibus et singulis in hac membrana contentis per supradictum dominum cardinalem ut suprascribitur recitatis et factis una cum discretis viris dominis Guillelmo Boychea de Podio Nauterio et Bertrando de monasterio de sancto Cosma rectoribus ecclesiarum testibus suprascriptis presens interfui et de premissis publicum instrumentum conficere rogatus et jussus hic me subscripsi et predicta omnia publicavi meoque signo et nomine roboravi anno a nativitate domini m⁰ ccc^mo vicesimo octavo die vicesima mensis Maii.

[*23 August 1328. Execution of the above mandate by the bishops of Salisbury and Worcester, who received it on 20 August, to the abbots of Osney and Rewley.*]

EXECUCIO MANDATI AD CITANDUM UNIVERSITATEM PREDICTAM. Permissione divina Rogerus Sar', Adam Wygornien' episcopi executores ad infrascripta una cum reverendo patre domino dei gracia . . Cant' archiepiscopo tocius Angl' primate cum illa clausula 'quatinus vos et quivis vestrum per vos alium seu alios,' et cetera, auctoritate apostolica deputati venerabilibus viris dominis . . de Oseneya et de Loco Regali ordinum sancti Augustini et sancti Benedicti [*recte* Cisterciensis] monasteriorum abbatibus Lync' diocesis salutem et mandatis apostolicis filialiter obedire. Litteras reverendi patris domini Bertrandi dei gracia sancte Marie in Aquiro diaconi cardinalis nobis exhibitas non cancellatas non abolitas nec in aliqua sui parte viciatas, quas vobis per nuncium nostrum juratum cui super exhibicione et presentacione earumdem dabimus plenam fidem mittimus, intuendas et nobis per eumdem illico remittendas xiij kalendas Septembris recepimus sub hac forma, 'Venerabilibus in Christo patribus,' et cetera.

Fo. 235^v   Quibus perlectis et plenius intellectis pro parte | reverendi patris domini Galhardi cardinalis et archidiaconi prenotati fuimus cum instancia requisiti ut que superius exequenda mandantur curaremus exequi cum effectu. Verum quia ex causis legitimis prepediti execucioni dicti mandati intendere personaliter non valemus vobis conjunctim et divisim in virtute obediencie qua sedi apostolice tenemini cujus auctoritate fungimur in hac parte firmiter injungendo committimus et mandamus quatinus mandatum hujusmodi in omnibus et singulis secundum ipsius tenorem et formam infra terminos contentos in eodem exequamini vice nostra cum ea sollicitudine et diligencia quod nichil de contingentibus omittatur, vosque censure ecclesiastice in personas vestras auctoritate apostolica ut premittitur si quod absit in hac parte negligentes fueritis promulgate dampnabiliter non involvant.   De die vero recepcionis presencium quidque feceritis et factum fuerit in premissis nobis infra sex dierum spacium dictos duodecim dies nobis et vobis ad citacionem hujusmodi faciendam superius prestitutos continue sequencium distincte et aperte rescribatis per litteras vestras patentes harum seriem ac facte per vos in hac parte citacionis diem et formam pleniter continentes ut sic per vestrum certificatorium de processu vestro in hac parte sufficienter instructi reverendum patrem dominum Bertrandum cardinalem predictum reddere possimus in hac parte super omnibus que mandantur et singulis debite cerciorem.   Datum apud Sonnyngg' x kalendas Septembris anno domini millesimo cccmo vicesimo octavo.

[*4 September 1328. The abbot of Osney's certificate to the above mandate, which he received on 24 August, to the effect that since the university vacation lasts from 6 July until 10 October the people to be cited have all gone away and he is unable to cite them within the prescribed time, and that he cited the university in the halls of Merton, Balliol, Exeter, and Oriel on 2 and 3 September and in St. Mary's church and other churches on 4 September.*]

CERTIFICATORIUM EXECUCIONIS PRENOTATE. Venerabilibus in Christo patribus et dominis reverendis dominis Rogero Sar' ac Ade Wygorn' episcopis ad infrascripta una cum reverendo in Christo patre et domino dei gracia Cant' archiepiscopo cum illa clausula 'quatinus vos et quivis vestrum per vos alium seu alios,' et cetera, auctoritate apostolica deputatis[1] abbas Oseneye salutem cum obediencia, reverencia debita tantis patribus, et honore.   Litteras vestras die sancti Bartholomei apostoli proximo preterita recepi formam que sequitur continentes, 'Permissione divina Rogerus,' et cetera ut supra. Verum quia diu ante recepcionem litterarum predictarum videlicet proxima die ante festum translacionis beati Thome martiris jam proximo preteritum magistri universitatis Oxon' predicte a lectura prout moris est cessarunt ac a die cessacionis hujusmodi durat tempus vacacionis usque in diem crastinum festi sancti Dionisii proximo futuri suntque quasi omnes magistri et scolares dicte universitatis dicto tempore vacacionis a dicta universitate et villa Oxon' in diversis locis et michi ignotis absentes ac cancellarium, magistros, et pro-

[1] *MS.* deputatos.

curatores et magistros Willelmum de Alburwyk' precentorem Eboracen', Willelmum de Skelton', Thomam de Bradewardyn, Willelmum Lovet', Simonem de Iftele, Mattheum Trivan, et Ricardum de Dodeford' cum diligencia qua potui quamplures quesitos personaliter apprehendere non potui ipsos et eorum quemlibet in locis in quibus morari consueverunt ac eciam eosdem necnon omnes et singulos de universitate predicta quos hujusmodi tangit negocium vel tangere poterit in futurum et qui sua crediderint interesse nulla tamen persona alia a personis superius expressis per partem dicti domini cardinalis archidiaconi mihi nominata seu expressa, ac universitatem predictam in aulis de Merton', de Balliolo, Exon', et Regis vel alias beate Marie nuncupatis in dicta universitate existentibus diebus Veneris et Sabbati proximis post festum decollacionis sancti Johannis Baptiste ultimo preteritum ac eciam die dominica inmediate sequenti in ecclesia beate Marie Oxon', in qua aliis temporibus anni quibus magistri regentes actualiter legunt congregaciones fiunt magistrorum et scolarium ac sermones publici diebus dominicis et fieri consueverunt ab antiquo, intra missarum solempnia ac in singulis ecclesiis dicte ville Oxon' quando in eisdem major affuit populi multitudo publico proposito citacionis edicto in singulis locis predictis juxta tenorem et formam litterarum predictarum citavi et citari feci

quod infra sexaginta dierum spacium post citacionem hujus-

Fo. 236   modi de ipsis sicut premittitur factam continue compu|-

tandum coram reverendo patre domino Bertrando dei gracia sancte Marie in Aquiro diacono cardinali in curia Romana compareant juxta tenorem et formam litterarum predictarum supradicto domino cardinali archidiacono super premissis omnibus et singulis in dictis litteris expressis, prout de jure fuerit et justicia responsuri et alias in causa seu causis eisdem processuri ac facturi et recepturi quod tenor dictarum litterarum exigit et requirit. Notificavi insuper diebus et locis predictis prefatis sicut premittitur citatis palam et publice quod si ipsi premissis loco et tempore non comparuerint venerabilis pater dominus Bertrandus dei gracia sancte Marie in Aquiro diaconus cardinalis supradictus in causa seu causis eisdem procedet prout de jure fuerit procedendum ipsorum citatorum absencia vel contumacia non obstante. Sicque mandatis vestris quatenus hoc tempore vacacionis potui in omnibus parui reverenter. Datum Oxon' ij nonas Septembris anno domini millesimo ccc^{mo} vicesimo octavo.

[*10 September 1328. Certificates by the bishops of Salisbury and Worcester, reporting the burden of the above certificate, which they received on 8 September.*]

CERTIFICATORIUM CITACIONIS FACTE UNIVERSITATI OXON'. Reverendo

in Christo patri et domino domino Bertrando dei gracia sancte Marie
in Aquiro diacono cardinali ejusdem dei permissione Rogerus Sar'
et Adam Wygorn' episcopi salutem cum obediencia, reverencia, et
honore debita tanto patri. Litteras vestras que sic incipiunt,
'Venerabilibus in Christo patribus dominis dei gracia archiepiscopo
Cant' et Sar' ac Wigorn' episcopis Bertrandus miseracione divina
sance Marie in Aquiro diaconus cardinalis salutem in domino.
Dudum sanctissimus pater et dominus noster dominus J. divina
providencia papa xxij exposito sibi,' et cetera ut supra, et sic terminantur, 'Datum Avinion' presentibus testibus discretis viris Willelmo
Boychea de Podio Nauterii et Bertrando de monasterio de sancto
Cosma rectoribus ecclesiarum Carcassonen' et Ruthenen' diocesium
ac Magaloto nostro notario infrascripto anno a nativitate domini
millesimo ccc^{mo} xxviij die xx mensis Maii indiccione xj^a pontificatus
supradicti domini nostri pape anno xij^o', quas quidem litteras vobis
per earum latorem juratum vestrum remittimus ut mandastis, recepimus xiij kalendas Septembris proximo jam effluxa; quarum
quidem litterarum execucionem tercia die sequenti religiosis viris de
. . Oseneye et de Loco Regali monasteriorum abbatibus Lyncoln'
diocesis conjunctim et divisim commisimus secundum ipsarum
exigenciam et tenorem in omnibus et singulis suis articulis fideliter
faciendam. Et subsequenter religiosus vir . . abbas de Oseneye
predictus hujusmodi execucionem reverenter amplectens per suas
litteras certificatorias patentes mandatum nostrum eis directum super
execucione hujusmodi continentes quas vestre reverende paternitati
per juratum vestrum destinamus predictum nobis vj idus Septembris
rescripsit quod quia diu ante recepcionem vestrarum hujusmodi
Fo. 236^v litterarum [*etc. in similar words to the above certificate, with the
added explanation after* existentibus | *of the university halls*, que
quidem aule ad sustentacionem magistrorum baculariorum
et scolarium ejusdem universitatis perpetuo ordinantur]. In quorum
testimonium nos Rogerus et Adam episcopi supradicti has litteras
nostras patentes sigillis nostris sigillatas vestre reverende paternitati
per vestrum predictum juratum nuncium destinamus. Datum apud
Sonnyngg' iiij^{to} idus Septembris anno a nativitate domini prenotato.

[*20 June 1328. Bull addressed to the Archbishop and his suffragans reciting a general bull of
the same date for special prayers, with a grant of twenty days' indulgence.*]

[Fo. 237]

BULLA UT ORETUR PRO ECCLESIA IN CANONE MISSE.[1] Johannes episcopus
servus servorum dei venerabilibus fratribus archiepiscopo Cant'

---

[1] *In margin*, nota.

ejusque suffraganeis salutem et apostolicam benediccionem.   Pro
statu tocius corporis mistici, qui procurantibus hoste pacis ejusque
membris turbatur sepius, sicut et in presenciarum turbatur sepius,
ad capud ejus qui Christus est cui turbacionibus hujusmodi finem
dandi subest posse cum voluerit recurrentes, quasdam speciales
oraciones in missarum solempniis fieri de consilio fratrum nostrorum
indulgencia per nos certa concessa nuper[1] ordinavimus prout plenius
continetur in litteris nostris inde confectis quarum tenor sequitur
sub hac forma:

'Johannes episcopus servus servorum dei ad perpetuam rei
memoriam.   Discipulorum Christi gesta nos instruunt ut in pelago
hujusmodi mundi procella surgente ad divinum confugium recurere
debeamus.   Illi quid commocione maris adeo grandi facta ut fluctus
naviculam quam Jhesum sequentes intraverant operirent ipsum
dormientem vocibus excitarunt supplicibus et adversus ingruentes
tempestatis impetus salutis presidium postularunt.   Cum itaque
catholicam ecclesiam que congregacione fidelium comprehendit
videamus quod dolentes referimus pacis emuli zizanniarumque satoris
malicia procurante discordiarum flatibus comminatam earumque
fluctus adeo elevatos quod quasi operiant ipsam totam hereticos
insuper ecclesiam ipsam cernamus ac scismaticos inpugnare ferociter
ac ut inconsutilem domini tunicam scindant multipliciter laborare,
cum fratribus nostris deliberacione prehabita diligenti expediens immo
neccessarium pocius estimamus ut ad illum qui ad dexteram patris
residet in excelsis, qui capud est congregacionis ejusdem, cuique
potestas omnis tam in celo quam in terra noscitur tradita eique venti
ac maria obsecundant, levemus cum manibus corda nostra ipsumque
devotis pulsantes precibus apud eum sedulis oracionibus insistamus,
ut insurgentes premisse fremitus tempestatus, que quasi universorum
Christicolarum regna concutit subditos in dominos fidelitatis violato
federe erigit, hereticis scismaticis ac rebellibus ecclesie sancte dei
insurgendi contra ipsam ejusque jura usurpandi insania dampnabili
ausum pandit, flatus cessare fluctusque predictos quiescere sua faciat
omnipotenti virtute cordaque hereticorum scismaticorum aliorum
rebellium ad dei et ecclesie unitatem et devocionem inclinet et habilitet,
vel si forsan in premissis pertinaciter intendant persistere ipsorum
elidat superbiam eorumque obstinatam maliciam sue virtute dextere
conterat et prosternat, corda quoque subditorum ad eorum superiores
ac ipsorum superiorum convertat ad subditos ipsosque dissidentes in
concordie unitate conciliet et confirmet, sicque det ipsis superioribus
presidere quod sic regant ut dirigant eorumque regimen cedat subditis

---

[1] *MS.* super.

ad salutem, perpetuam quietem, et pacem nobisque ipse cujus providencia in sui disposicione non fallitur modos et vias aperiat per quos
hec ut in votis gerimus efficaciter promovere possimus. Et quia in
missarum solempniis ad deum consueverunt preces effundi devocius
de eorumdem fratrum consilio ordinamus quod in singulis missarum
celebracionibus post dictum a celebrante *Pater noster* responsioneque
secuta antequam in missa ulterius procedatur illud canticum
Fo. 237ᵛ   *Letatus sum hiis que dicta sunt michi* totum cum *Gloria patri* a |
religiosis clericis et aliis litteratis presentibus cum devocione
dicatur, et post dicantur *Kyrieleison, Christeleison, Kyrieleison,* et *Pater
noster,* et post isti versiculi subsequantur; "Domine salvos fac reges;
et exaudi nos in die qua invocaverimus te. Salvum fac populum tuum
domine; et benedic hereditati tue. Rege eos; et extolle illos usque
ineternum. Fiat pax in virtute tua; et habundancia in turribus tuis.
Domine exaudi oracionem meam; et clamor meus ad te perveniat.
Dominus vobiscum; et cum spiritu tuo." Oraciones vero, "Ecclesie
tue quesumus domine preces benignus admitte ut destructis adversitatibus et erroribus universis secura tibi serviat libertate," et illam,
"Hostium nostrorum, quesumus domine, elide superbiam eorumque
contumaciam dextere tue virtute prosterne per Christum dominum
nostrum," dicat celebrans consequenter. Nos enim Christi fideles
ad exequendum supradicta prompcius donis volentes spiritualibus
animare, omnibus vere penitentibus et confessis tam ipsis cele-
brantibus et eis assistentibus et observantibus supradicta quam aliis
preces tunc devotas deo fundentibus pro premissis diebus et missis
singulis quibus hec fecerint viginti dies de omnipotentis dei misericordia
et beatorum Petri et Pauli apostolorum ejus auctoritate confisi de
injunctis sibi penitenciis relaxamus. Datum Avinion' xij kalendas
Julii pontificatus nostri anno duodecimo.'
Ut autem tam utiles tamque necessarie preces hujusmodi locum
exaudicionis votive facilius et uberius multiplicatis intercessoribus
optineant apud deum fraternitatem vestram monemus, hortamur, et
rogamus attente, vobis in remissionem peccaminum nichilominus
injungentes quatinus in locis vestrarum civitatum et diocesium de
quibus vobis videbitur ac in sermonibus religiosorum et aliorum
publicis contenta in eisdem litteris eis expositis nichilominus ut melius
intelligantur ab omnibus in wulgari per vos vel alium seu alios
solempniter publicantes, oraciones easdem juxta tenorem litterarum
predictarum in missis quas vos celebrare continget de cetero, et per
omnes tam religiosos quam seculares presbiteros earumdem civitatum
et diocesium, fieri circumstantibus clero et populo devote similiter
orantibus sic solerter et fideliter faciatis quod vos et ipsi possitis
indulgenciam predictam consequi et alia retribucionis eterne premia

promereri. Datum Avinion' xij kalendas Julii pontificatus nostri anno duodecimo.

[*20 June 1328. Bull addressed to the Archbishop and his suffragans for the publication of the process, dated 6 June 1328 at Avignon, against the Franciscans Michael de Cesena, Bonagracia, and William of Ockham, following their flight from the papal court in a ship provided by Lewis of Bavaria. The process is printed, with many minor variations, in Analecta Franciscana, ii. 141.*]

[Fo. 238]

Bulla ut pupplicetur processus habitus contra quosdam fratres minores in curia suspectos de heresi. Johannes episcopus servus servorum dei venerabilibus fratribus archiepiscopo Cantuar' ejusque[1] suffraganeis salutem et apostolicam benediccionem. Pridem contra Michaelem de Cesena olim fratrem ordinis minorum generalem ministrum et Bonagraciam et[2] Guillelmum de Ocham Anglicum ejusdem ordinis fratres de Romana curia fugitivos excommunicatos ac de heresis et scismatis criminibus vehementer suspectos exigente justicia processimus in hunc modum: 'Johannes [*etc.*].'

[Fo. 239]

Volentes itaque processum predictum et contenta in eo ne fratres dicti minorum ordinis fidelesque alii per astucias[3] ac fraudes et calliditates dicti Michaelis et ejus complicum circumveniri valeant in eis partibus publicari, fraternitati vestre per apostolica scripta mandamus quatinus per vos vel alium seu alios in ecclesiis et locis vestrarum civitatum et diocesium de quibus vobis videbitur in sermonibus fratrum predicti ordinis et aliorum religiosorum publicis predictum processum et contenta in eo solempniter singulis diebus dominicis et festivis publicantes, exponendo ea nichilominus ut clarius intelligantur ab omnibus in wulgari, ministros, custodes, gardianos, et alios fratres dicti minorum ordinis sub excommunicacionis in personas et interdicti in ecclesias, conventus, et loca ipsorum necnon deposicionis ab officiis et inhabilitacionis ad quoscumque honores, dignitates, gradus, et status ecclesiasticos penis et sentenciis quas non obstantibus quibuscumque privilegiis apostolicis sibi vel ordini suo sub quacumque forma vel expressione verborum concessis, que quoad hec nulli volumus suffragari, eos qui contra monicionem, requisicionem, et inhibicionem hujusmodi aliquid attemptare presumserint incurrere volumus ipso facto, moneatis et efficaciter requiratis, eisdem nichil-

---

[1] Cantuar' ejusque *written twice.*   [2] *MS.* a.

[3] *MS.* austucias.

ominus districcius inhibendo ut nulli dictum Michaelem excommunicatum et depositum ab officio ministeriatus generalis ordinis supradicti
et inhabilem ad quoscumque honores, dignitates, gradus, et status
ecclesiasticos ut prefertur habeant, reputent, seu teneant pro ministro,
nec eidem pareant vel obediant aut prestent per se vel alium publice
vel occulte auxilium, consilium, vel favorem, set pocius venerabili
fratri nostro Bertrando episcopo Tusculan', quem administratorem
generalem ejusdem ordinis quousque aliter fuerit eidem ordini de
generali ministro provisum pridem de fratrum nostrorum consilio
auctoritate apostolica constituimus, obediant in omnibus que ad
officium generalis ministri prelibati ordinis pertinent efficaciter et
intendant, ac tam eumdem Michaelem quam dictos complices velut
excommunicatos ac de heresis et cismatis suspectos criminibus studeant
evitare, ad hoc idem fideles clerum et populum sollicitis exhortacionibus
inducendo, faciendoque super hiis instrumenta confici publica
principium et finem presencium continencia que nobis transmittere
fideliter non tardetis. Datum Avinion' xij kalendas Julii pontificatus
nostri anno duodecimo.

[*1 December 1328. The Bishop's certificate to the above bull.*]

[Fo. 239ᵛ]

CERTIFICATORIUM AD EAMDEM. Sanctissimo in Christo patri et domino
suo reverentissimo domino Johanni divina providencia sacrosancte
Romane ac universalis ecclesie summo pontifici suus filius humilis et
devotus Rogerus ejusdem permissione ecclesie Sar' minister cum
omni subjeccione et reverencia pedum oscula beatorum. Sanctissime
paternitatis vestre mandatum quod sic incipit, 'Johannes [*etc. as far as*]
de Romana curia fugitivos excommunicatos, et cetera, et sic terminatur,
Datum Avinion' [*etc.*]', cum debita suscepi reverencia et illud sum in
omnibus et singulis suis articulis reverenter secundum ipsius exigenciam
executus. Reverendam vestre sanctissime paternitatis excellenciam
pro sua misericordia conservet altissimus in eternum. Datum apud
parcum Remmesbir' kalendis Decembris anno domini millesimo
cccᵐᵒ vicesimo octavo.

[*1 December 1328. The Bishop's certificate to a bull of 5 April 1328 denouncing Lewis of
Bavaria.*]

CERTIFICATORIUM CONTRA LUDOVICUM DE BAVAR'. Sanctissimo in
Christo patri, et cetera ut supra, quod sic incipit, 'Adversus[1]
Ludovicum de Bavar' de heresi et Castrucium Geri de Interminellis de

---

[1] *In margin,* copiam originalis remanentem in archivis.

fautoria hereticorum sentenciarum et pupplice condempnatus et cetera,' et sic terminatur, 'Datum Avinion' nonis Aprilis pontificatus nostri anno xij,' reverenter suscepi et contenta in eo pupplice nunciare feci secundum ipsius exigenciam et effectum. Reverendam vestre sanctissime paternitatis excellenciam pro sua misericordia conservet altissimus in eternum. Datum apud parcum Remmesbir' kalendis Decembris anno domino millesimo ccc^mo vicesimo octavo.

[*Note of delivery of the preceding certificates to the notary of the papal nuncio in London on 30 January 1329.*]

Prenotata duo certificatoria liberavit Willelmus de Ayston' Nicholao notario magistri Icherii de Concoreto nuncii sedis apostolice London' in hospicio dicti Icherii juxta ecclesiam sancti Pauli London' iij kalendas Februarii anno domini prenotato Romane curie secundum eorum exigenciam deferenda.

[*9 December 1328. Mandate from Icherius de Concoreto, canon of Salisbury and papal nuncio for the payment of Peter's Pence by 2 February 1329.*]

[Fo. 240]

PRO DENARIIS SANCTI PETRI, receptum apud Remm' iij idus Januarii. Reverendo in Christo patri domini . . dei gracia episcopo Sar' Icherius de Concoreto canonicus Sar' domini nostri pape et apostolice sedis in Angl', Scocia, Wallia, et Hibn' nuncius salutem in eo que est omnium vera salus. Dudum ad audienciam domini nostri pape fidedigna relacione deducto quod illi que denarios beati Petri colligerant et eciam tunc colligebant minus plene de ipso sancte Romane ecclesie solucionem exhibuerant, idem dominus noster reverendis patribus dominis archiepiscopis et episcopis ac aliis ecclesiarum prelatis in regno Angl' constitutis per suas dedit litteras in mandatis ut collectam et non solutam de dicto denario pecuniam prius bone memorie domino Rygaldo quondam Wynton' episcopo tunc canonico Aurelianen' et deinde ipso sicut domino placuit sublato de medio venerabili viro domino Hugoni de Engolisma archidiacono Cantuar' tunc sacriste Narbonen' apostolice sedis nunciis predicte ecclesie nomine solvere et assignare curarent. Cum autem eidem archidiacono propter debilitatem et infirmitatem sui proprii corporis premissis et aliis in dicto negocio commissis intendere comode non valenti ad apostolicam se conferendi presenciam idem dominus noster licenciam duxerit indulgendam, et nos in officio nunciacionis predicte ac aliis apostolicam sedem tangentibus in regno predicto duxerit subrogandos, prout in apostolicis litteris super hoc confectis, quas in archiepiscopali curia

Cantuar' de arcubus London' ad cautelam fecimus publicari et quarum copiam cuilibet petenti parati sumus facere in hospicio quo[1] habitamus London' juxta sanctum Paulum cum easdem litteras penes nos retinuerimus propter viarum discrimina, plenius et lacius continetur. Volentes itaque mandatum apostolicum nobis in hac parte directum fideliter exequi ut tenemur vos auctoritate apostolica qua fungimur in hac parte cum reverencia qua decet requirimus, hortamur, et eciam monemus quatinus instans festum purificacionis beate Marie quam diem pro termino peremptorio monicione canonica assignavi[mus] denarios beati Petri per vos debitos de tempore preterito quo cessatum est in solucione nobis apud London' in hospicio predicto sancte Romane ecclesie nomine integre solvere et assignare curetis, sic vos in hac parte diligencius, solliciter, ac efficaciter habituri quod jura ipsius Romane ecclesie vos sincere diligere ac illesa et integra conservare per effectum operis ostendatis, quodque contra vos durius non oporteat occasione predicta procedi set vos pocius domino nostro pape devocionem vestram dignis in dicto laudibus commendemus. De recepcione vero nostrarum presencium litterarum nos ante diem predictam certificare curetis per vestras patentes litteras vestro sigillo sigillatas harum seriem continentes. Datum London' die ix Decembris anno domini millesimo ccc^{mo} xxviij.

[*29 January 1329. Certificate to the above, which was received on 11 January, to accompany payment of £17 for the diocese for the year 1328.*]

CERTIFICATORIUM. Venerande discrecionis viro domino Icherio de Concoreto canonico ecclesie nostre Sar' domini nostri pape et apostolice sedis in Angl' nuncio Rogerus permissione divina Sar' episcopus salutem, obedienciam, et reverenciam cum honore. Litteras iij idus Januarii recepimus sub hac forma, 'Reverendo,'[2] et cetera ut supra. Denarios igitur sancti Petri in diocese nostra debitos videlicet pro hoc anno domini millesimo ccc^{mo} xxviij^o septemdecim libras sterlingorum vobis mittimus secundum prescriptarum exigenciam litterarum per presencium portitorem. Datum apud Sonnyngg' iiij kalendas Februarii anno prescripto.

Nuncio Willelmo de Ayston' qui dictam pecuniam solvit et quitanciam inde domino Hugoni de Knossyngton' liberavit.

[*9 December 1328. Letter from the bishop of London, dated at Wickham Bishops, containing the Archbishop's mandate, dated 29 November at Mayfield, for a council at St. Paul's on 27 January 1329. The bishop of London's letter was received on 16 December. A similar letter is printed in Reg. Grandisson, ed. F. C. Hingeston-Randolph, i. 446-7, and the Archbishop's mandate in Wilkins, Concilia, ii. 548.*]

---

[1] *MS.* que.   [2] *MS.* Reverende.   R

[Fo. 240ᵛ]

CITACIO AD CONCILIUM ARCHIEPISCOPI, recepta apud parcum Remm'
xvij kalendas Januarii. Venerabili in Christo [*etc.*].

[*17 December 1328. Execution of the above mandate to the archdeacon of Dorset or his official,
similar mandates being sent for the other archdeaconries and for the cathedral chapter. The
proctors of the several archdeaconries are to meet on 13 January to elect proctors for the diocese
and to consider defaults and grievances for discusson at the council, and the Bishop is to be
certified by 25 January.*]

[Fo. 241]

EXECUCIO FACTA IIIJ ARCHIDIACONIS VEL EORUM OFFICIALIBUS. Rogerus
et cetera dilecto filio . . archidiacono Dors' vel¹ ejus . . officiali salutem,
graciam, et benediccionem. Mandatum xvj [*sic*] kalendas Januarii
suscepimus continens hunc tenorem, 'Venerabili,' et cetera. Cujus
auctoritate mandati peremptorie vos citamus ac omnes et singulos
archidiaconatus predicti quos illud citari exigit secundum ipsius
formam peremptorie citari mandamus quod die et loco in eodem
contentis compareatis et compareant facturi in omnibus et singulis
quod mandatum requirit predictum; clerum eciam archidiaconatus
predicti faciatis ad aliquos certos diem et locum ad hoc congruos
evocari ac unum procuratorem ab eodem ad contenta in dicto mandato
constitui qui substituendi habeat potestatem de sic constituto procuratore taliter disponentes quod in nostra ecclesia cathedrali compareat die Lune proxima post festum sancti Hyllarii nunc venturum
sic cum procuratoribus cleri aliorum archidiaconatuum nostre diocesis
tractaturus et dispositurus quod clerus ejusdem diocesis sufficienter
compareat et faciat quod mandatum exigit supradictum. Ad quod
faciendum citari volumus ipsum clerum vosque prout ad vestram
personam attinet in hiis consimiliter faciatis. Ceterum absque more
diffugio moneatis et efficaciter inducatis clerum archidiaconatus
predicti firmiter injungentes eidem quod deliberet et vos deliberare
curetis et secundum predicti mandati exigenciam diligenter inquirere
de defectibus et gravaminibus quatenus poteritis quibuscumque in
dicto concilio disponente domino reformandis, ac defectus et
gravamina hujusmodi dilecto filio magistro Willelmo de Lubbenham
officiali nostro die Lune predicta in dicta nostra ecclesia destinare ac
cum eo vice nostra per suos informatos procuratores super illis adeo
deliberare solerter quod per nos vel suos procuratores in dicto concilio
si que sint proponi valeant et in eo mediante presidio debite reformari.
Processiones eciam fieri faciatis et alia omnia et singula in dicto

¹ *MS. has* vel *crossed out and replaced by* et.

mandato contenta quatenus archidiaconatum contingunt predictum exequamini cum effectu. Quid autem in premissis actum fuerit et duxeritis faciendum nos citra festum conversionis sancti Pauli predictum certificetis ita plene per litteras vestras patentes harum seriem et citatorum nomina et cognomina continentes quod venerabilem patrem predictum certificare possimus debite ut mandatur. Valete. Datum apud parcum Remmesbir' xvj kalendas Januarii anno prescripto et consecracionis vero nostre anno xiiij^{mo}.

Item facta fuit execucio debite tenenti locum decani Sar' ad citandum capitulum Sar'.

[*24 January 1329. The Bishop's certificate to the mandate for the council on 27 January A schedule lists those cited to attend; it is arranged in tabular form in the MS.*]

CERTIFICATORIUM DICTO DOMINO . . ARCHIEPISCOPO DESTINATUM.

Fo. 241ᵛ | Venerabili in Christo patri et domino reverendo domino Simoni dei gracia Cant' archiepiscopo tocius Angl' primati Rogerus ejusdem permissione Sar' episcopus devotam obedienciam cum omni reverencia et honore debitis tanto patri. Reverende paternitatis vestre¹ mandatum venerabili patri domino S. dei gracia London' episcopo per vos et per eum nobis directum suscepimus xvij kalendas Januarii continens hunc tenorem, 'Venerabili in Christo patri,' et cetera ut supra. Cui quidem mandato parentes quatenus potuimus reverenter capitulum ecclesie nostre Sar', . . abbates, . . archidiaconos, . . priores, . . conventus, et clerum nostre diocesis citari fecimus quod in concilio supradicto secundum predicti mandati exigenciam compareant facturi in omnibus quod ipsius tenor exigit et requirit. Reverendum vero patrem Reymundum de Fargis sancte Romane ecclesie cardinalem et ecclesie nostre Sar' decanum in Romana curia residentem citare nequivimus ut mandatur. Nos utique ad idem concilium festinamus venire quatenus inbecillis nostri vires corporis hoc permittunt. Nomina citatorum continet cedula hiis annexa. Ad ecclesie sue sancte regimen et honorem paternitatem vestram conservet et dirigat essencialiter pastor bonus. Datum apud Sonnyngg ix kalendas Februarii anno prescripto.

Capitulum ecclesie nostre Sar'.

Fratres Robertus de Abendon', Johannes de Radyngg', Robertus de Shireborn', Robertus de Middelton', Ricardus de Cernelio, Willelmus de Abbotesbir', Adam de Malmesbir' exemptus, . . de Stanlegh' ordinis Cistercien', monasteriorum abbates cum suis conventibus.

---

¹ *Three words in margin in a larger hand; the word* vestrum *after* mandatum *is cancelled.*

Fratres Johannes de Bradenestok', . . de Hurle, . . de Walyngford',
. . de Farlegh' [*the last three*] exempti ut pretendunt, priores cum suis
conventibus.

Magistri Thomas Dors', Tydo Berk', Walterus Sar', Robertus
Wyltes', archidiaconi.

Clerus nostre Sar' diocesis.

[*Statutes of the council that met on 27 January 1329. They are printed in* Spelman, *Concilia,*
493, *and* Wilkins, *Concilia,* ii. 552-4. *In Martival's register the text is virtually the same,
but the captions, which are added in the margin, are different and are set out below.*]

[Fo. 242]

STATUTA EDITA IN CONCILIO PRENOTATO.   Zelari oportet [*etc.*].   j. De
 Parasceves.   ij. De concepcione.   iij. Contra contrectantes
Fo. 242ᵛ bona ecclesiastica. | iiij. Contra impedientes testamenta.
 v. Quod pro insinuacione testamentorum nichil exigatur.
vj. Reprobacio statuti consistorii Exon' [*sic*].   vij. Contra inhibentes
 oblaciones: contra impedientes colleccionem decimarum;
Fo. 243 contra asportantes decimas; pena. | viiij. Contra presentes
 in contractibus matrimonialibus bannis non editis.   ix.
Qualiter inquisicio super defectibus fiet.

[*8 March 1329. Mandate to the dean of Salisbury or his locum tenens, the archdeacons, the
subdean, and their officials, for the publication of the above statutes. The Bishop is to be
certified by 7 May.*]

EXECUCIO STATUTORUM PRESCRIPTORUM FACTA PER DOMINUM.   Rogerus
permissione divina Sar' episcopus dilectis filiis . . decano ecclesie
nostre Sar' vel ejus locum tenenti et universis et singulis archidiaconis
nostre diocesis, subdecano ecclesie nostre Sar' et decani predicti ac
ipsorum archidiaconorum et subdecani officialibus salutem, graciam,
et benediccionem.   Statuta in concilio provinciali ad diem Veneris
proximam post festum conversionis sancti Pauli Londoniis convocato
edita suscepimus sub sigillo venerabilis patris domini Simonis dei
gracia Cant' archiepiscopi tocius Anglie primatis continencia seriem
hanc verborum, 'Zelari oportet,' et cetera.   Cum igitur parum prosit
statuta condere nisi fiat execucio eorumdem, vobis et vestrum singulis
auctoritate dicti concilii et ex dicti patris injunccione firmiter
injungendo committimus et mandamus quatinus copiam presencium
absque more diffugio assumentes et statuta predicta, et presertim ea
in quibus majoris excommunicacionis sentenciam contrarium facientes
incurrunt, vos fili tenens locum predicte in nostra Sar' ecclesia cathedrali, ac vos ceteri superius nominati in vestris capitulis et congreg-
acionibus aliis ac singulis ecclesiis infra jurisdiccionem vestram

consistentibus, cum major populi affuerit multitudo diebus dominicis et festivis solempniter et intelligibiliter, ne pretendi valeat eorum ignorancia, per vos, alium, seu alios pupplicantes, ea omnia et singula de cetero observetis et faciatis a nostris subditis pleniter observari. Qualiter autem hoc mandatum nostrum fueritis executi nos quilibet vestrum citra xv Pasche proximo nunc venturam certificare curet per litteras suas patentes harum seriem vel saltem principium atque finem apercius continentes. Valete. Datum apud Sonnyngg' viij idus Marcii anno domini millesimo ccc^{mo} xxviij et consecracionis nostre xiiij.

[Fo. 243ᵛ *blank*]

[*21 March 1329. Mandate to an archdeacon for the publication of a list of those friars admitted by the Bishop to hear confessions in accordance with the constitution* Super cathedram. *The mandate is followed by the list.*]

[Fo. 244]

AD PUPPLICANDUM NOMINA FRATRUM ADMISSORUM AD AUDIENDUM CONFESSIONES. R. et cetera archidiacono et cetera vel ejus . . officiali salutem, graciam, et benediccionem. Ex parte quorumdam rectorum, vicariorum, et presbiterorum parochialium ecclesiarum nostre diocesis nobis est gravi conquestione monstratum quod plerique fratres ordinum mendicancium ad suas ejusdem diocesis ecclesias in excessiva eorum judicio et nimis onerosa multitudine venientes statim se ingerunt ad parochianorum audiendas confessiones et ad absolvendos eosdem, nulla,[1] si quam ad hoc faciendum a nobis fortassis optineant, ab eisdem fratribus quibus in hac parte obviant jus commune dictis rectoribus, vicariis, seu parochialibus presbiteris prout jus exigit licencia preostensa, nedum eciam ostendere recusant petitam, set illico rectores, vicarii, et presbiteros hujusmodi verbis aggrediuntur probrosis et diversis contumeliis afficiunt inprudenter, in tantum quod dicti querelantes in suis graviter leduntur conscienciis dum nesciunt an parochiani sui, pro quorum animabus in districti judicis examine tenentur reddere racionem, legitimos dictis fratribus predictam licenciam ostendere nolentibus vel illegitimos animarum habeant curatores. Quamobrem nobis est humiliter supplicatum ut pro ipsorum quiete et subditorum animarum salute nomina fratrum per nos secundum formam constitucionis *Super cathedram* admissorum, et si forsan ampliorem quam dicta concedit constitucio fratribus ipsis potestatem concesserimus quam et quibus, scribere curaremus eisdem

[1] *MS.* nullo.

ut per hoc plenius informati[1] illos qui secundum dictam constitucionem admittendi fuerint prompta benignitate recipere et non admittendos non admittere valeant absque juris et sue consciencie lesione.[2] Volentes igitur animarum saluti tam rectorum, vicariorum, et parochialium presbiterorum quam fratrum predictorum pro viribus utiliter providere quieti, considerantes eciam quod in nostris civitate et diocese quinquaginta viris et pluribus, quorum aliqui in sacra scriptura sunt doctores, quidam vero bacularii in eadem, et aliqui in jure canonico presertim in hiis que regimen animarum concernunt parati, ad hoc solerter electi, penitenciarie nostre curam in reservatis nobis casibus paucis dumtaxat exceptis, per nostras alias litteras duximus committendam, quodque in singulis ecclesiis curatis nostrarum civitatis et diocesis sunt earum rectores vel saltem vicarii per nos vel apostolicarum provisionum auctoritate canonice instituti et presbiteri parochiales examinati per locorum archidiaconos et admissi continue residentes et illud idem officium quod subscripti fratres auctoritate dicte constitucionis exercent in suis ecclesiis actualiter exercentes, numerum fratrum diversorum ordinum mendicancium infrascriptum nobis secundum dicte consuetudinis formam presentatorum ad hujusmodi officium in nostris civitate et diocese exercendum universitate cleri et populi earumdem civitatis et diocesis ponderata pensatoque penitenciariorum nostrorum, rectorum et vicariorum et presbiterorum parochialium ad hoc ut predicitur electorum numero, deliberacione multiplici previa sufficere reputamus et eciam arbitramur. Sunt utique in civitate et diocese supradictis fratres secundum dicte constitucionis formam tempore dati presencium a nobis admissi quorum nomina cedula continet hiis annexa, et eorum singulis super admissione fieri fecimus litteras nostras patentes in dictis civitate et diocese quando et quociens eorum admissio in dubium forsitan revocata fuerit illis quorum interest ostendendas, et deinceps admittendum faciemus hoc idem. Per ipsam tamen admissionem non intendimus eisdem fratribus potestatem ampliorem concedere, sicut nec constitucio predicta concedit, quam curatis seu parochialibus sacerdotibus est a jure concessa, scituri quod extra civitatem et diocesim supradictas exercere nequeant dicti fratres officium memoratum, nec inviti tenemur quosvis fratres admittere ad dictum exercendum officium nisi secundum predicte constitucionis exigenciam et effectum qui taliter venientes a nostris subditis adeo recipiant benigne quod exinde beatitudinis eterne premium augeatur eisdem et animarum salutis incrementa sicut appetimus felicia procurentur. Vobis igitur injungimus et mandamus quatinus in proximis post recepcionem

---

[1] *MS.* informari.   [2] *MS.* lesionem.

presencium vestris celebrandis capitulis rectoribus, vicariis, et presbiteris parochialibus vobis subjectis publicetis patenter et publicari
faciatis omnia et singula subscripta, injungentes eisdem quod in
virtute obediencie presencium copiam et fratrum in predicta
Fo. 244ᵛ   cedula conscriptorum nomina tempestive sumentes | ea
in suis ecclesiis pupplicent et quantum ad eos pertinet
curent in omnibus observare adeo quod inter eos et dictos fratres
omnis discordie materia dei mediante clemencia de medio subducatur.
Quid autem feceritis in premissis nobis citra octaba Pasche ventura
rescribatis presencium cum tenore patenter. Valete. Datum apud
Sonnyngg' xij kalendas Aprilis anno domini millesimo cccᵐᵒ xxviij et
consecracionis nostre xiiijᵐᵒ.

[*List accompanying the above mandate.*]

PREDICATORES. Fratres Johannes de Shapwyk', Johannes de Warham,
Engeramus Loveratz, Walterus de Wynterburne, Robertus de Tarente,
Johannes Melan, Ricardus de Henle, Gilbertus de Malmesbur',
Nicholaus de Waltone, Johannes de Sar', Walterus apud Shirburne,
Johannes de Aledon', Willelmus de Deverel, Willelmus de Ambresbur',
Ricardus de Hereberfeld', Thomas de Wanetyng', Walterus de
Modlynton', Willelmus de Grutelynton', Johannes de Neubur',
Robertus Page, Johannes de Shirburne, Willelmus Bugaleys, Willelmus
de Stone, Radulphus de Bosco, Thomas de Ledrede; frater Henricus
de Domerham.¹
MINORES. Fratres Robertus de Lamburne, Johannes de Sheptone,
Thomas de Staunton', Johannes de Glouernia, Thomas le Bret,
Johannes de Chemestria, Willelmus de Southbrok', Henricus de
Olneye, Ricardus de Mandevill', Willelmus Gowys, Willelmus de
Sottesbrok', Willelmus de Clere, Warnerius Gardianus, Ricardus de
Wollop, Thomas de Nebbeleye, Willelmus Govytz, Johannes de Cotes,
Johannes Asselot, Johannes de Southam, Johannes Bandeht, Philippus
de Bidewer', Robertus de Leghton', Willelmus de Norhamton', Johannes
de Missendene, Nicholaus de Berkele, Johannes Fraunceis, Thomas
Gordinam, Joahnnes Candevere, Willelmus de Overtone, Willelmus
de Suttone, Thomas de Kyngeston', Willelmus Rauf, Robertus de
Brithwell' pro monasterio Bromham, Johannes Colswayn, Johannes
Gys, Johannes de Grimston', Philippus de Corf', Ricardus Podemor,
Adam de Arundel, Luce² de Bourne, Willelmus Michel, Johannes de
Bathon', Nicholaus de Berkele, Willelmus Fraunceis, Willelmus de
Lusteshull', Elyas de Eylesbur'.

---

¹ *Apparently added later.*
² *Sic, for* Ricardus, *which is cancelled.*

HEREMITI. Fratres Hugo de Bampton', Johannes de Wigorn', Johannes de Deversech', Johannes de Dunstaple, Johannes de Helham, Simon de Grimele, Johannes de Coueleston', Johannes Bapchild', Robertus de Lond', Simon de Scaldeby, Galfridus de Grauntfeld', Johannes de Pontefracto.

CARMELITI. Fratres Johannes de Prestebur', Willelmus Skicta, Willelmus de Malmesbur', Johannes de Alemann', Galfridus Bal, Nicholaus de Wyleby, Mattheus de Glocestr', Robertus de Abyndon'.

[Fo. 245 *and* Fo. 245ᵛ *blank*]

[*26 May 1329. The Bishop's confirmation of the undertaking by the prior and canons of Ivychurch, dated 19 April, to increase the number of canons by five (making in all a prior and twelve canons), which is made possible by the gift to the canons of Whaddon manor by Master Robert de Bluntesdon, canon of Salisbury; the five additional canons are to celebrate daily masses on behalf of the said Robert and other specified people.*]

[Fo. 246][1]

CONFIRMACIO CANTARIE R. DE BLUNTESDON' IN MONASTERIO EDEROS'. Rogerus permissione divina Sar' episcopus dilectis filiis . . priori monasterii Ederosi et ejusdem loci canonicis ordinis sancti Augustini nostre diocesis nobis inmediate subjectis salutem, graciam, et benediccionem. Co[m]misse nobis dispensacionis officium nos admonet multipliciter et hortatur subjectis nobis ecclesiis et personis vitam precipue sub arto professionis vinculo religiosam eligentibus ita vigilanti studio utiliter providere quod et ipsis nostro mediante ministerio decor quod potissime affectamus proveniat honestatis et in diebus nostris merito et numero populus deo serviens vigeatur. Et idcirco pontificalis auctoritatis illis libenter favorem et graciam impartimur qui licet non multum inmundans diucius habundantes hujusmodi pietatis et devocionis opera instinctu sancti spiritus agredi non formidant. Sane dilecti in domino filii litteras vestras nobis exhibitas inspeximus tenorem qui sequitur continentes:

'Universis sancte matris ecclesie filiis hoc scriptum visuris vel audituris frater Willelmus prior monasterii Ederosi et ejusdem loci canonici ordinis sancti Augustini Sar' diocesis salutem in domino sempiternam. Merita probitatis et pie devocionis venerabilis viri magistri Roberti de Bluntesdon' ecclesie Sar' canonici, qui manerium de Whadden' prioratui nostro vicinium in augmentum cultus divini et pro anime sue salute domini regis Angl' et aliorum quorumcumque dominorum capitalium licencia preoptenta nobis et monasterio nostro

---

[1] *At top of page*, Vicesimus nonus quaternus.

contulit perpetuo possidendum, ac eciam alia beneficia diversimode caritatis intuitu per eumdem nobis collata pensantes, ad rependendum sibi pro nostro possibilitate gratam vicissitudinem cum graciarum accione non modica sollicite conspicimus multipliciter nos teneri. Et quia juxta meritorum suorum exigenciam id efficere non valemus ne quod absit in maximum ingratitudinis vicium incidamus, deliberacione habita circa hoc facere disposuimus quod nostrarum permittit exilitas facultatum salvatoris inmensam clemenciam humiliter inplorantes ut in tempore retribucionis de sue bonitatis affluencia nostrum supplendo defectum sibi premissa remuneret, qui nullum bonum irremuneratum reliquens certus est bonorum hominum retributor. Hinc est quod nos prior et canonici supradicti considerantes et eciam experiencia optima rerum magistra certissime cognoscentes quod per factam nobis et nostro predicto monasterio collacionem manerii de Whadden' supradicti facultates nostre non mediocriter set plurimum augmentantur in tantum quod canonicorum numerus infrascriptus de hujusmodi augmentatis et aliis monasterii nostri bonis congrue poterit[1] imperpetuum sustentari, solempni, diligenti, et frequenti tractatu super hiis et omnibus infrascriptis inter nos prehabitis in communi concurrentibus et omnibus que in hac parte requiruntur de jure de communi consilio et unanimi consensu nostro et assensu venerabili patre domino Rogero dei gracia Sar' episcopo loci diocesano auctorizante, antiquum canonicorum nostrorum numerum sic duximus augmentandum. Concessimus siquidem et concedimus ac tenore presencium obligamus nos et successores nostros ad recipiendum et habendum in monasterio nostro predicto quinque viros ydoneos in canones et confratres nostros ultra numerum canonicorum antiquum sub regulari habitu divina officia tam pro salubri statu dicti magistri Roberti dum vixerit et post decessum suum pro anima sua quam pro animabus regum Angl', recolende memorie Willelmi de Grenefeld' quondam Ebor' archiepiscopi, Simonis de Gandavo dudum et eciam domini Rogeri de Martivall' nunc Sar' pontificum, Jacobi patris dicti magistri Roberti, Matilde matris ejusdem, Jacobi, Walteri, et Willelmi fratrum ejusdem, Matilde, Johanne, et Christiane sororum ejusdem, et magistri Roberti de Worth' canonici Sar', et animabus omnium illorum quorum dictus magister Robertus de Bluntesdon' debitor extitit dum vivebat, et omnium fidelium defunctorum perpetuo celebraturos in prioratu predicto. Qui quidem canonici ex ordinacione nostra et dicti magistri Roberti ac nostro consensu unanimi singulis diebus ut subsequitur per

---

[1] *MS.* poterunt.

se vel alios concanonicos suos celebrabunt, videlicet unus
Fo. 246ᵛ   de trinitate, alius de¹ | sancto spiritu, alius de sancta
Maria, alius de die, et alius pro defunctis, cum collectis
subsequentibus, videlicet pro supradicto magistro Roberto de Bluntesdon' dum vixerit, 'Deus qui justificas impium,' et pro anima sua
post mortem ejusdem, 'Deus cujus misericordie non est finis,' et pro
archiepiscopo et . . episcopis supradictis, 'Deus qui inter apostolicos,'
et pro patre, matre, fratribus, et sororibus ac benefactoribus dicti
magistri Roberti de Bluntesdon' dictoque magistro Roberto de Worth',
'Omnipotens sempiterne deus cui numquam sine spe,' et pro omnibus
fidelibus defunctis, 'Fidelium deus,' et cetera.   Cum vero quemvis
dictorum quinque canonicorum per priorem dicti monasterii ut
predicitur admissorum decedere contigerit in futurum, per loci priorem
qui pro tempore fuerit vel monasterio vacante per suppriorem loco
defuncti canonici alius infra mensem a tempore mortis continue
numerandum in canonicum et confratrem ydoneus recipiatur, et sic
deinceps de omnibus et singulis loco eorumdem canonicorum decedencium recipiendis fiat perpetuo in futurum.   Priore vero et monasterio
vacante suppriore hoc facere negligente vel alias minime faciente
infra mensem ut est dictum, extunc ad dominum . . Sar' episcopum
qui pro tempore fuerit sede plena et eadem vacante ad capitulum
Sar' canonici loco talis defuncti substituendi quando et quociens
hoc contigerit pertineat nominacio, et sic nominatum teneatur prior
et monasterio vacante subprior sine difficultate qualibet in canonicum
recipere et in fratrem in forma predicta, ita quod a tempore confec-
cionis presentis scripti sint in monasterio nostro predicto unus prior
et duodecim canonici successive perpetuo remansuri.²   Et ne nos vel
successores nostri seu nostrum aliquis tot beneficiorum per dictum
magistrum Robertum de Blontesdon' nobis ut premittitur ad nostram
et monasterii nostri utilitatem notoriam multipliciter collatorum
inmemores vel ingrati contra hujusmodi concessionem et obligacionem
nostras in hac parte factas veniamus seu veniat quod absit aliqualiter
in futurum, nos prior et canonici supradicti ad majorem securitatem
premissorum subicimus nos, monasterium nostrum predictum, ac
successores nostros quantum in nobis [est] pure, sponte, et absolute
omnimode cohercioni canonice et districcioni venerabilis patris domini
Sar' episcopi qui pro tempore fuerit et tam ipsius quam sede vacante
. . officialis Sar', qui nos ad suscepcionem et sustentacionem dictorum
quinque canonicorum in communi et eisdem succedencium in forma
predicta missarum celebracionem ut est dictum ac eciam omnium et

---

¹ de *is repeated on the verso.*
² *In margin, in a later hand,* numerus canonicorum in monasterio Ederoso.

singulorum premissorum observacionem ad solam exhibicionem presencium condempnare possint simpliciter et de plano ac sine strepitu[1] et figura judicii per quamcumque censuram ecclesiasticam compellere cum effectu, nullo nobis vel successoribus nostris contra premissa sedis apostolice privilegio appellacionis, querele, restitucionis in integrum vel quocumque alio jure valituro, quibus omnibus et singulis quoad hunc articulum pure, sponte, simpliciter, et absolute renunciamus ex certa sciencia expressius per presentes, quas ut premissa futuris temporibus recenciori memorie commendentur et efficacius compleantur[2] singulis annis semel sexta feria post festum sancti Michaelis imperpetuum in nostro capitulo propter quod specialiter congregando in canonicorum presencia distincte volumus et intelligibiliter recitari, et statim post recitacionem hujusmodi per capitulo presidentem in virtute obediencie injungatur canonicis quinque supradictis quod premissa quatenus eos concernunt plene et fideliter exequantur. Volumus insuper et de communi consensu nostro ordinamus quod . . prior monasterii nostri quicumque fuerit in futurum in admissione sua cum ipsum per venerabilem patrem Sar' episcopum qui pro tempore fuerit ad statum illum admitti
Fo. 247   contigerit[3] de premissis fideliter | observandis quantum in ipso fuerit coram dicto episcopo corporale prestet tactis vel saltem propositis sibi sacrosanctis ewangeliis juramentum, sicut et nos frater Willelmus prior supradictus modo simili juravimus illud idem. In cujus rei testimonium parti presentis scripti indentati per dictum magistrum Robertum in thesauraria Sar' deponendi sigillum nostrum apposuimus, et parti ejusdem scripti penes nos remanenti sigillum dicti magistri Roberti de Bluntesdon' et ad requisicionem ejusdem magistri Roberti et nostram sigillum officialis decanatus Sar' similiter sunt appensa, presentibus discretis viris magistris Thoma de Hoghetot, Waltero Hervy, Roberto de Ayleston', Dorsete, Sar', et Wyltes archidiaconis, magistris et dominis Nicholao Wardedieux, Thoma de Boghton', Nicholao de Lodelowe, Willelmo de Braybrok', Alexandro de Hemmyngby, et Roberto de Wynchecombe canoncis Sar' et aliis testibus propter hoc specialiter vocatis. Datum in capitulo nostro xiij^mo kalendas Maii anno domini millesimo ccc^mo vicesimo nono.'

Nos igitur Rogerus permissione divina episcopus supradictus tam dilecti filii magistri Roberti de Bluntesdon' ecclesie nostre Sar' canonici supradicti quam vestrum laudabile propositum et desiderium in hac parte presertim cum opere tam meritorio subsecuto non mediocriter

---

[1] strepitu *written twice.*   [2] *In margin,* nota.
[3] *In margin,* nota.

in domino commendantes, quia legitime nobis constat quod canonicorum numerus supradictus ponderatis[1] undique ponderandis de
augmentatis jam et aliis monasterii vestri bonis poterint inperpetuum
congrue sustentari quodque premissa omnia et singula ad honorem
dei et sui cultus augmentum animarum salutem et monasterii vestri
utilitatem notoriam, domini regis licencia et aliorum quorum interest
consensu prehabitis ut premittitur in hac parte, concurrentibus eciam
omnibus que requiruntur de jure legitime facta sunt et canonice
ordinata, concessioni, ordinacioni, et obligacioni predictis per vos
priorem et canonicos prenotatos factis superius et expressis et singulis
aliis in dictis litteris comprehensis auctoritatem nostram impartimur
ac eadem omnia et singula auctoritate nostra predicta tenore presencium ex certa sciencia confirmamus imperpetuum valitura. In
quorum testimonium has nostras litteras triplicari volumus et nostri
impressione sigilli ad perpetuam rei memoriam fecimus communiri.
Quarum primas penes vos . . priorem et canonicos supradictos et
secundas penes nos et successores nostros et tercias penes dilectos
filios capitulum ecclesie nostre Sar' volumus remanere. Datum
apud parcum nostrum de Remmesbur' septimo kalendas Junii anno
domini supradicto et consecracionis nostre quartodecimo.

[*13 June 1329. The Archbishop's mandate to resist the archbishop of York's passage through
Salisbury diocese with cross erect, to warn people to give him no reverence or aid while he has
his cross erect, and to lay under interdict the places through which he passes for as long as he
is there.*]

[Fo. 247ᵛ]

AD INTERDICENDUM ECCLESIAS PER QUAS ARCHIEPISCOPUS EBOR'
TRANSIVERIT. Simon permissione divina Cant' archiepiscopus tocius
Angl' primas venerabili fratri nostro domino R. dei gracia Sar'
episcopo salutem et fraterne dileccionis continuum incrementum.
Quoniam intelleximus archiepiscopum Ebor' cito esse per nostram
provinciam et diocesim erecta cruce in contemptum et prejudicium
nostre Cantuar' ecclesie transiturum, vobis in virtute obediencie
firmiter injungendo mandamus quatinus ipsius adventum sollicite
explorantes quantum licite poteritis obsistatis eidem, monendo et
exhortando ne quoquomodo crucem suam per provinciam nostram
erectam deferre presumat, inhibentes nichilominus districcius omnibus
per quos transibit ne quis eorum quamdiu erectam crucem habuerit
ei reverenciam exhibeat aliqualem, et villas et loca omnia vestre
diocesis per que transitum faciet quamdiu in ipsis mora traxerit

---

[1] *MS.* ponderantis.

supponatis ecclesiastico interdicto, monentes eciam canonice omnes vestre jurisdiccioni subjectos ne quis ei in hoc facto nobis prejudiciali plurimum clam vel palam prestet auxilium, consilium, vel favorem sub pena excommunicacionis quam secus facientes ex nunc proferimus in hiis scriptis. Ad hec premuniatis omnia loca vicina de adventu tam subito archiepiscopi memorati. Datum apud Octoford' idibus Junii anno domini millesimo ccc^{mo} vicesimo nono et consecracionis nostre secundo.

[*30 July 1329. The Bishop's certificate to the above mandate, which he received on 13 July.*]

CERTIFICATORIUM. Venerabili in Christo patri et domino reverendo domino Simoni dei gracia Cant' archiepiscopo tocius Anglie primati Rogerus ejusdem permissione Sar' episcopus obedienciam debitam et devotam cum omni reverencia et honore. Mandatum vestrum iij idus Julii recepimus continens hunc tenorem, 'Simon,' et cetera. Huic igitur mandato reverenter parentes et parere volentes dictique archiepiscopi Ebor' in nostram diocesim explorantes adventum et quatenus potuimus licite obsistentes eidem, ipsum monuimus et eciam hortabamur in Christo et per nostros ministros moneri fecimus et hortari ut idem archiepiscopus in vestra Cant' provincia quovis modo deferre presumeret crucem suam modo consimili, nichilominus districcius inhibendo omnibus per quos ipsum transire contingeret ne dum crucem suam haberet erectam quivis eorum aliqualem sibi reverenciam exhiberet, villas eciam et loca nostre diocesis per que fecit transitum quamdiu moram fecit in eis ecclesiastico supposuimus interdicto, libera capella domini nostri regis infra castrum de Wyndesore dumtaxat excepta; monuimus insuper et moneri fecimus subditos nostros ne quis dicto archiepiscopo in hoc facto prejudiciali consilium vel favorem impendere presumeret clam vel palam sub pena excommunicacionis in vestro mandato fulminato predicto. Ad villam insuper de Wyndesore personaliter declinantes in loci ecclesia parochiali coram clero et populo illuc in copiosa multitudine congregato mandatum vestrum pupplicavimus antedictum et ejusdem fecimus execucionem in forma superius annotata. Nullos tamen licet de hac solerter inquiri fecerimus invenimus divina contra vestri predicti mandati tenorem vel seriem celebrantes seu contravenientes eidem quod premuniendo ulterius et in omnibus suis articulis sumus cum debita reverencia pleniter executi. Reverende vestre paternitatis excellenciam ad ecclesie regimen et regni vivamen pro sua misericordia conservet et dirigat essencialiter pastor bonus. Datum apud Clyfware iij kalendas Augusti anno prescripto.

[*27 May 1329. Reply of the* locum tenens *of the dean and the chapter of Salisbury to the Bishop's letter of 19 May, which is recited in full and in turn recites a letter to the Bishop of 1 November (received 17 May) from Arnold, cardinal deacon of St. Eustace, requesting the payment of his proctor in England of the oblations at the tomb of Bishop Ghent, which he claims in right of his treasurership of Salisbury cathedral, as his predecessor as treasurer had them. The chapter says that all the oblations in the cathedral are theirs, and that the previous treasurers have had only custody of them on the chapter's behalf.*]

[Fo. 248]

CERTIFICATORIUM CAPITULI SAR' OBLACIONES TUMBE S. EPISCOPI SAR' TANGENS. Venerabili in Christo patri et domino reverendo domino Rogero dei gracia Sar' episcopo sui devoti tenens locum domini decani et capitulum Sar' salutem cum omni reverencia et honore. Litteras vestras recepimus tenorem qui sequitur continentes:

'Rogerus permissione divina Sar' episcopus dilectis filiis tenenti locum decani et capitulo ecclesie nostre Sar' salutem, graciam, et benediccionem. Litteras xvj kalendas Junii recepimus infrascriptas:

"Venerabili in Christo patri domino dei gracia Sar' episcopo Arnaldus ejusdem miseracione sancti Eustachii diaconus cardinalis salutem et sinceram in domino caritatem. Cum nos magistrum Petrum Vaurelli clericum dilectum familiarem et procuratorem nostrum ad partes Anglie pro nostris negociis et beneficiorum nostrorum pertractandis specialiter destinemus, vestram sinceritatem deprecamur attente quatinus dictum magistrum Petrum et negocia nostra recommendata habentes canonicos et capitulum ecclesie vestre Sar' inducere velitis ut eidem procuratori nostro oblaciones que veniunt ad tumbam bone memorie domini Simonis episcopi Sar' predecessoris vestri que ad nos spectant racione thesaurarie nostre Saresbir' et quas recepit dominus Lodovicus nunc Dunelm' episcopus inmediatus precessor noster in thesauraria predicta in cujus tempore hujusmodi oblaciones inceperunt, libere tradant et assignent, et absque impedimento recipere permittant, ita quod nos alias procedere contra ipsos non oporteat pro predictis, rescribentes nobis quid in hiis nostri intuitu duxeritis faciendum. Datum Avinione die prima mensis Novembris."

'Vestram unitatem inducimus et rogamus quatinus ob reverenciam dicti patris thesaurarii nostre predicte ecclesie faciatis in premissis quicquid statutis et consuetudinibus ejusdem ecclesie inoffensis de jure fieri poterit et debebit ita quod nulli fiat injuria immo plena justicia sicut appetimus utrobique. Quid autem feceritis in premissis nobis quam cicius poteritis commode per litteras vestras clausas harum seriem continentes adeo rescribatis quod venerabilem patrem dominum cardinalem thesaurarium supradictum cerciorare possimus secundum predictarum suarum exigenciam litterarum. In votive prosperitatis augmento sancta trinitas vos conservet. Datum apud parcum Remmesbur' xiiij kalendas Junii anno domini millesimo cccᵐᵒ xxix et consecracionis nostre xiiij.'

Unde attendentes quod oblaciones omnimode ad vestram Sar' ecclesiam obvenientes de statuto et antiqua consuetudine observata hactenus in eadem ad nos pertineant et pertinuerunt a tempore et per tempus cujus contrarii memoria non existit, ut sine offensa tanti patris loqui valeamus non modicum admiramur cum idem venerabilis pater ad consuetudines et statuta ejusdem vestre ecclesie observanda ut nos similiter sit astrictus quod occasione premissa in jure percipiendi oblaciones predictas que cum aliis ejusdem sunt nature ad informacionem per emulos nostros sibi factam quam pretendit que jus nostrum in hiis tollere non debet nos nititur impedire. Quis pater reverende sane judicet si officiales seu ministri ecclesie cujuscumque rebus custodiis eorum deputatis uteruntur minus juste quod ex hoc eisdem earum dominia adquirantur? Certe cercius est quod dictus dominus Lodovicus aliquando in ecclesia vestra Sar' thesaurarius et sui predecessore[s] in officio hec et alia racione officii custodienda receperant restituenda pro loco et tempore requisiti, et sic idem dominus Lodovicus nomine alieno possidens dominium ex occupacione unica sic pretensa acquirere non poterat quovismodo. Placeat igitur vestre paternitati reverende dictum venerabilem patrem ne in jure nostro predicto nos molestet quominus dictas oblaciones recipere valeamus requirere graciose set permittat si placet illas sicut et hactenus consuevimus pacifice possidere. Ad ecclesie sue sancte regimen et honorem diu conservet altissimus vitam vestram. Datum in capitulo Sar' vjᵗᵒ kalendas Junii.

[Fo. 248ᵛ *and* 249 *blank*]

[*12 August 1329. The Archbishop's mandate for the publication of papal rescripts containing processes against Peter de Corvaria (the anti-pope Nicholas V) and Lewis of Bavaria.*]

[Fo. 249ᵛ]

MANDATUM ARCHIEPISCOPI AD EXEQUENDUM PROCESSUS SEQUENTES. Simon permissione divina Cant' archiepiscopus tocius Angl' primas venerabili fratri nostro domino Rogero dei gracia Sar' episcopo salutem et fraternam in domino caritatem. Venerabilis vir dominus Icherus de Concreto canonicus Sar' quedam rescripta apostolica continencia processus factos contra Petrum de Corvaria et Ludovicum de Bavarr' nobis noviter presentavit quamvis dicta rescripta vobis sicut nobis pariter dirigantur. Vobis tamen auctoritate apostolica injungimus et mandamus quatinus receptis dictis rescriptis, que vobis mittimus per presencium portitorem cui super presentacione vobis facienda et retradicione eorumdem adhibebimus plenam fidem, ipsa per manus publicas notarii seu notarii publici transcribi et eidem portitori retradi celeriter faciatis et mandatum apostolicum in ea parte secundum omnem vim et effectum rescriptorum hujusmodi quatenus ad vos pertinet execucioni plenarie demandetis, certificantes nos absque more dispendio quid in hac parte duxeritis faciendum. Datum apud Otteford' ij idus Augusti anno domini m⁰ ccc^{mo} vicesimo nono et consecracionis nostre secundo.

[*26 October 1329. The Bishop's certificate to the above mandate.*]

CERTIFICATORIUM. Venerabili in Christo patri et domino reverendo domino Simoni dei gracia Cantuarien' archiepiscopo tocius Anglie primati Rogerus ejusdem permissione Sar' episcopus obedienciam debitam et devotam cum omni reverencia et honore. Mandatum vestrum recepimus continens hunc tenorem, 'Simon,' et cetera. Placeat igitur vobis scire quod receptis dictis rescriptis ea fecimus transcribi et portitori ipsorum retradi, mandatum apostolicum in hac parte secundum omnem vim et effectum rescriptorum hujusmodi quatenus ad nos pertinet execucioni plenarie demandantes. Ad ecclesie sue sancte regimen et decorem altissimus vos conservet. Datum apud parcum Remmesbur' vij kalendas Novembris anno domini prenotato.

[*23 May 1329. Papal rescript, received by the Bishop on 18 September, for the publication of the process in the papal court, dated 20 April 1329, against Peter de Corvaria.*]

[Fo. 250]

AD DENUNCIANDUM P. DE CORVARIA HERETICUM ET SCISMATICUM, receptum apud parcum Remm' xiiij kalendas Octobris. Johannes episcopus servus servorum dei venerabilibus fratribus archiepiscopo Cant' et ejus suffraganeis salutem et apostolicam benediccionem. Adversus hominem illum reprobum Petrum de Corvaria hereticum et scismaticum manifestum certum processum nuper de fratrum nostrorum consilio presente multitudine copiosa fidelium habuimus cujus tenor dinoscitur esse tale:

'Johannes episcopus servus servorum dei ad perpetuam rei memoriam. Quia consentaneum noscitur racioni ut quod in omnium fertur injuriam in communem omnium noticiam deducatur, iccirco inauditas injurias utique detestabiles et nephandas cuncte congregacioni fidelium hiis diebus preteritis per filios Belial irrogatas succincto sermone presenti fidelium multitudini de fratrum nostrorum consilio decernimus exponendas. Dudum siquidem propter notorios Ludovici

de Bavaria olim ducis Bavarie in regem Roman' in discordia ut
dicebatur electi excessus et culpas enormes, contumacias quoque
diucius continuatas et auctas in divine majestatis ab eodem perpetratas[1]
offensam sancteque Romane ecclesie matris omnium fidelium contemptum et contumeliam ac fidei catholice et cunctorum fidelium
periculum et evidens detrimentum, diversos contra ipsum processus
cogente consciencia et justicia exigente fecimus et eidem penas tam
excommunicacionis quam privacionis juris si quod sibi ex eleccione
predicta acquisitum fuerat ac feodorum omnium que a Romana vel
quibusvis aliis ecclesiis seu imperio optinebat et specialiter ducatu
Bavar' ac omni jure quod in eodem aut ejus occasione vel causa sibi
competebat seu competere poterat quoquomodo necnon et omnibus
privilegiis apostolicis et imperialibus quatenus ipsum tangere poterant
indultis, prout ejus excessus ac continuate et aucte continuacie exigebant,
de fratrum nostrorum consilio successive duximus infligendas manifestum eumdem hereticorum fautorem ac penas omnes incurrisse a
canonibus inflictibus talibus nichilominus declarantes; et quia ad
correccionem se non disponebat in aliquo set velut in profundum
malorum perductus ad mala malis superaddenda et offensos offensis
cumulandum totum suum studium convertebat adeo quod publice
presumpserat affirmare et presente populi multitudine coram se
facere predicari necnon et per libellos quosdam suo sigillatos sigillo ad
diversas civitates et loca tam in Alemannie et circumvicinis partibus
quam Ytalie et tyrannis eorum transmissos, quos affigi in locis publicis
et exponi publice fecerat, quod Christus et apostoli in hiis que
habuerant non habuerant nisi simplicem usum facti cujus contrarium
nichilominus asserebat hereticum, per que apercius ipsum catholicum
affirmare pertinaciter apparebat quod constitucio que incipit, 'Cum
inter hereticum,' declarabat et hereticum fore quod eadem constitucio
catholicum supponebat cum illa essent adeo notoria quod non
poterant tergiversacione aliqua occultari, nos in predicti lesionem fidei
attendentes de fratrum eorumdem consilio ipsum hereticum declaravimus, eundem nichilominus reprobantes velut hereticum et sentencialiter condempnantes. Sane quia qui in sordibus est dum sordes
tergere negligit aliis sordibus sepius se involvit, infelix homo iste sana
consilia respuens ac perversis dogmatibus acquiescens ad tantam est
deductus insaniam ut illam dampnatam heresim videlicet quod ad
imperatorem spectat papam destituere et instituere, postquam dicta
dampnacio tam in Romana curia quam in urbe fuerat
Fo. 250ᵛ   solempniter pupplicata, | faciens Rome presente clero et
populo coram se publice predicari ac ut quid ipse credebat

---

[1] *MS.* perpetratos.   S

interius pro exterioris operis evidenciam manifestius declararet, ipse
qui nec imperator erat nec capax dignitatis alicujus velut hereticus et
scismaticus et omni honore privatus contra nos sicut imperator pre-
sumsit de facto non absque nota insania publice deposicionis sentenciam
promulgare; et quia illa erant adeo tam per facti evidenciam notoria
quam per deposiciones plurium testium, quos audiri per nonnullos
ex prefatis nostris fratribus ad cautelam fecimus necnon et per patentes
ejusdem Lodowycy litteras dictam continentes sentenciam ejus sigillo
munitas, prout nos et fratres nostri predicti in eisdem litteris vidimus
plenius contineri, nos considerantes attente quod in premissis mora
periculum et dampnum dissimulacio minabantur cum jam fere per
annum expectassemus si a tanta insania resiliret, qui tamen in sua
perfidia obstinatus in ea continue fervencius mardescit, cum ex
predictis evidenter appareat ipsum in dictam heresim incidisse,
auctoritate domini nostri Jhesu Christi, cujus vices in terris licet
inmeriti gerimus cuique per premissa inaudita injuria noscitur
irrogata, ipsum Ludovicum presente fidelium numerosa multitudine
de eorumdem fratrum consilio in prefatam heresim declaravimus
incidisse et ipsum velut hereticum et scismati[cu]m reprobandum
duximus et eciam condempnandum, prout premissa in nostris processibus plenius continetur. Verum quia hiis non contentus set in
subversione fidei et tocius ecclesiastici ordinis adhuc spirans statumque
suum querens fulcire indebite usurpatum, una cum nonnullis Romanis
clericis qui cleri Romani se esse procuratores dicebant seu ad eorum
instanciam ad eleccionem Romani non quidem apostolici set apostatici
procedere non expavit, et quia simil similem sibi querit in Petrum
de Corvaria, qui dimissa uxore sua legitima cum qua pluribus annis
cohabitaverat et eam ut uxorem tam in mensa quam in lecto tractaverat,
prout per processum per venerabilem fratrem nostrum episcopum
Reatin' habitum et promulgatam sentenciam apparet clarius, fratrum
minorum assumpsit habitum et pro fratre minore se gessit, quique
ministro provinciali Romano precipienti sibi et aliis fratribus in urbe
Romana morantibus audito ad urbem predictam adventu Ludovici
predicti sub virtute obediencie ac excommunicacionis pena ut dictam
urbem exiret, licet omnes fratres alii tribus exceptis eidem ministro
prompcius obedirent, ipse tamen obedire renuens in eadem urbe
remanere presumpsit, ac post ingressum dicti Ludovici in eadem urbe
per nostros processus pupplicatos ibidem solempniter supposita
ecclesiastico interdicto immiscere se divinis in contemptum clavium
non erubuit, sicut prius propter que et alios ejus excessus minister
predictus ipsum pronunciavit in predictam incidisse sentenciam et
mancipandum carceri prout tam in litteris ministri prefati quam
capituli generalis preterito festo Pentecostes celebrati Bononie nobis

missis lacius continetur, suam dirigens cecitatem ipsum Petrum una
cum dictis clericis qui pro cleri urbis procuratoribus se gerebant seu
ad eorum instanciam in summum non quidem apostolicum set
apostaticum eligere ac nominare publice non expavit, dictusque
Petrus ipsum Ludovicum non ignorans de heresi condempnatum ac
privatum omni jure si quod sibi ex eleccione predicta fuerat acquisitum
in gravem dei offensam, fidei catholice prejudicium, ac religionis
fidelium evidens detrimentum velut imitator Luciferi, eleccioni seu
nominacioni hujusmodi tam nephande consentire presumpsit et a
Jacobo dudum episcopo Castellan' suis exigentibus demeritis prius
excommunicato et deposito consecracione seu verius exercracione
recepta a dicto Ludovico cui eciam si verus imperator et dictus Petrus
verus pontifex summus existeret competere non poterat se fecit ut
summus pontifex coronari; ac velut in profundum malorum corruens
sacrorumque canonum contemptor effectus ad omnia illicita manus
suas extendere non formidans, in presencia dicti Ludovici heretici et
de heresi condempnati presentibus quoque multis excommunicatis
et aliis hereticis in urbe interdicto supposita ut prefertur profanare
divina presumpsit, nonnullos quoque elegit quos cardinales nominavit
sedis apostolice quosque pro cardinalibus habuit et ipsi
Fo. 251   pro talibus se gesserunt, vicecan|cellarium insuper et
notarios certos ac officiales alios sicut veri summi pontifices
sunt facere soliti ordinavit, et nichilominus nonnullos archiepiscopos,
episcopos, et abbates et alios tam secularium quam regularium
ecclesiarum prelatos suis de facto privando ecclesiis, dignitatibus, et
aliis beneficiis ecclesiasticis, alios de facto instituens et consecrans seu
verius execrans in eisdem, processus quoque et sentencias tam excommunicacionis quam alias in personis diversis et interdicti generalis et
alterius in regna, provincias, dioceses, civitates, castra, et ecclesias
fulminans prout sibi sua insania persuasit, indulgencias insuper
concedere et dispensare in variis casibus ac de terris ecclesie temere
disponere et alia que ad nos et legitimos Romanos pontifices pertinent
presumpsit de facto temerarie nimium excercere. Nos itaque in
predictas lesionem fidei ac nostri salvatoris injurias patrum quoque
sanctorum contemptum et probra necnon presencium scandala et
varia posterorum pericula si memoria tam nephandorum excessuum
in succedencia temporum secula sine coreccione deferatur debita
necnon et varia que mora comminatur pericula attendentes, ac ne vir
tam reprobus qui jam quasi per annum expectatus ut a tam detesta-
bilibus resipisceret excessibus et ad unitatem ecclesie sancte dei a qua
se dampnabiliter seperaverat redire curaret velut datus in sensum
reprobum in premissis persistens pertinaciter mala malis superaddere
ac scismata et discensiones que seminant quantum in eo fuit inter

Christicolas nutrire ac augere non cessat, glorietur ulterius sue pravitatis opera absque condignis meritorum stipendiis preteriri, ac ne deinceps in suis errori[bu]s demum ad quod sua tota ferri videtur intencio plures trahat tantis malis et periculis occurrere salubriter cupientes cum premissa adeo sint notoria tam per facti evidenciam utpote presente clero prefato ac populo publice attemptata quam per innumeras litteras de urbe transmissas nobis et multis ex fratribus nostris prefatis ac aliis degentibus in curia presentatas ac testimonio quasi omnium de urbe prefata ad curiam veniencium hoc asserencium viva voce necnon per attestaciones testium auctoritate nostra ad cautelam per nonnullos ex nostris fratribus prelibatis receptorum quod non possunt tergiversacione aliqua occultari, nos de dictorum fratrum nostrorum consilio auctoritate divina et sanctorum appostolorum Petri et Pauli et nostra prefatum Petrum de Corvaria, qui audaci sua ambicione et improba ecclesiam dei que cum una sit est tamen a Christo per totum mundum in multa membra divisa, episcopatum quoque qui cum sit unus est episcoporum tamen multorum concordi numerositate per universum orbem diffusus nititur scindere ac per civitates et loca pseudo-episcopos et prelatos alios de facto instituere ut sic usurpatum statum in suo [*sic*] et multorum animarum periculum valeat retinere perpetuo anathemate, cum suis auctoribus, fautoribus, et sequacibus a liminibus sancte dei ecclesie separatum sicut antiChristum et invasorem ac tocius Christianitatis quantum in ipso est destructorem de fratrum nostrorum predictorum consilio abicimus, ipsumque ab omni gradu ecclesiastico in quo prius existeret deponimus de plenitudine potestatis. Quisquis autem eumdem recipere vel eidem qualitercumque tanquam summo pontifici adherere vel reverenciam exhibere aut in aliquo ipsum defendere presumpserit eumdem pari sentencie mancipamus. Et quia prefatus Petrus sanctam Romanam ecclesiam ambicione sua dampnabili quantum fuit in eo confundere ac perturbare temptavit, tam ipsum quam eos

Fo. 251ᵛ qui eum receperunt excommunicacioni | subjacere volumus et tocius sacri ordinis privacione mulctamus ita ut viatici eciam eis nisi in ultimis communio denegetur, qui et reputentur nisi resipiscant cum impiis qui non resurgunt in judicio ac cum Satan et Abyron quos terra vivos absorbuit recipiant porcionem. Omnipotentis insuper iram et sanctorum Petri et Pauli predictorum quorum ecclesiam presumpsit quantum in eo fuit confundere in hac vita furorem contra se senciat, in futura fiat habitacio ejus deserta et non sit qui inhabitet in tabernaculis ejus, fiant filii ejus orphani et uxor ejus vidua, commoti ammoveantur, ipse et ejus filii et mendicent et ciciantur de domibus suis, scrutetur fenerator omnem substanciam ejus et diripiat alicui labores ipsius, orbis terrarum pugnet contra eum

et cuncta sint ei elementa contraria, et omnium sanctorum quaest-
encium illum confundant merita et in hac vita super eum apertam
ostendant vindictam. Illos vero qui ei curabunt resistere ac ipsum
persequi et repellere omnipotentis gracia protegat et beatorum Petri
et Pauli predictorum absolvat auctoritas ab omnibus vinculis peccat-
orum, amen. Sane quia dictus Petrus dicti Ludovici heretici et
scismatici defensor et fautor notorius et manifestus existit et in illam
heresim scilicet quod eidem Ludovico sicut imperatori licuerit et
liceat papam deponere et instituere tam per attemptacionem eleccionis
de ipso per Ludovicum predictum vel per eum et certos electos cleri
Romani procuratores acceptatam de facto pre deposicionis sentenciam
per dictum Ludovicum de facto contra nos temere fulminatam et
propter alia multa que gessit et gerit incidisse noscatur, necnon et quia
de clavibus ecclesie comminitur perverse sentire presertim cum ante
suam ignominiosam assumpcionem ad statum prefatum seu alium
prelacionis alicujus per aliquem seu aliquos assumi non poterat velut
qui suo superiori inobediens excommunicacionis sentencia innodatus
fuerat et ad carcerem condempnatus, ac pre suam promocionem in
urbe Romana subjecta ecclesiastico interdicto presente eciam dicto
Ludovico heretico divina sicut prius celebrare presumpserat sepius
immo quantum in eo fuit verius prophanare, religiosos et seculares
presbiteros et alios constitutos in sacris ordinibus interdictum violare
compellendo ac ecclesias calicibus, crucibus, et aliis ornamentis
ecclesiasticis spoliando, necnon et quia uxori sue carnali astrictus erat
vinculo conjugali et propter multa alia que in dicta sua assumpcione
et postea tam in urbe quam alibi noscitur perpetrasse, ipsum de
fratrum nostrorum consilio hereticorum fautorem et scismaticum ac
hereticum declaramus et ut fautorem hereticorum ac hereticum et
scismaticum reprobamus et sentencialiter condempnamus, ipsum ab
omni gradu ecclesiastico de eorumdem fratrum consilio degradantes
ac in omnes incidisse penas et sentencias inflictas scismaticis et hereticis
ac hereticorum fautoribus et committentibus delicta sua in que ipse
committendo premissa incidit declarantes. Et quoniam ipse Petrus
ut premittitur in reprobum sensum datus multos destituere multosque
instituere in diversis ecclesiis et monasteriis necnon dignitates et
personatus ac officia et prebenda seu beneficia alia ecclesiastica tam
in ecclesiis cathedralibus quam collegiatis regularibus et secularibus
conferre, necnon et pseudo-cardinales ac alios officiales quos Romani
pontifices tam clericos quam laicos habere sunt soliti ordinare et
instituere, non expavit, ac de terris Romane ecclesie et inquisitoribus
pravitatis heretice in diversis provinciis ordinare presumpsit ac alia
insuper facere que consueverunt per veros summos pontifices expediri,
nos super hiis providere volentes quicquid circa ipsum Petrum per

eleccionem seu nominacionem, invencionem, seu pocius execracionem
et coronacionem de facto ut premittitur extitit attempt-
Fo. 252   atum cassum, nullum, et irritum declarantes | ipsa
nichilominus in quantum processerunt de facto cassamus,
irritamus, et viribus penitus vacuamus, ordinaciones insuper ab ipso
factas et ab ordinatis ab eo omnemque institucionem et destitucionem
et prebendarum, dignitatum, personatuum, officiorum, et quorumcumque beneficiorum ecclesiasticorum et temporalium quocumque
nomine censeantur ab eodem Petro per se vel alium seu alios
attemptatas, necnon et excommunicacionis, suspensionis, seu interdicti
et quascumque sentencias alias ab ipso per se vel alium contra quascumque personas ecclesiasticas vel mundanas cujuscumque status vel
condicionis existant, necnon et quecumque alia per ipsum Petrum ut
summum pontificem acta, gesta, data, concessa, seu allienata
imperpetuum vel ad tempus vel alias quomodolibet attemptata
decernimus cassa, nulla, et irrita eaque quatenus processere de facto
cassamus, irritamus, et viribus vacuamus. Universis quoque patri-
archis, archiepiscopis et episcopis, aliisque personis ecclesiasticis
quibuscumque in virtute sancte obediencie ac sub excommunicacionis
et suspensionis ab officiis et beneficiis quas non parendo eos incurrere
volumus ipso facto necnon privacionis, deposicionis, inhabilitacionis
prelacionum, dignitatum, officiorum, et beneficiorum ecclesiasticorum
penis et sentenciis, et insuper omnibus et singulis civitatibus, terris et
locis, ac universitatibus, communitatibus, et personis aliis singularibus
quibuscumque cujuscumque condicionis aut status existant eciam si
imperiali, regali, vel alia quacumque premineant dignitate, sub
excommunicacionis in personas singulares et interdicti in civitates,
terras, loca, eorumque communitates et universitates quas nisi
mandatis et monicionibus nostris cum effectu paruerint ipso facto
incurrant, necnon privacionis quorumcumque privilegiorum apostolicorum et imperialium ac feodorum et bonorum que ab eadem Romana
vel quibusvis aliis ecclesiis vel imperio optinent penis et sentenciis
mandamus et inhibemus expresse ne predictum Petrum hereticorum
fautorem, hereticum, et scismaticum receptent, defendant, aut sibi
adhereant, obediant, faveant quomodolibet vel intendant aut prestent
per se vel alium seu alios publice vel occulte, directe vel indirecte,
auxilium, consilium, vel favorem nec eundem pro papa seu summo
pontifice vel prelato habeant, teneant, aut nominent quovis modo,
set eum pocius velut hereticorum fautorem et scismaticum ac hereticum
et quantum in eo est sancte dei ecclesie fideique catholice destructorem
abiceant, aboreant, persequuntur, et si poterunt capiant et fideliter
custodiant subdendum ecclesiastice discipline, nec aliquos ordinatos
ab ipso clericos vel laicos, religiosos aut seculares, aut ad prelaturas

seu beneficia vel officia quecumque[1] ecclesiastica vel mundana seu
alia queque gerenda vel administranda recipiant vel admittant aut eis
in aliquo pareant[2] vel intendant seu pro talibus habeant, cum ipse sicut
premittitur nullam potestatem habuerit nec habeat ordinandi, nec
eciam cum ipso aliquam societatem, ligam, vel confederacionem
contrahant vel contractam observent nec consenciant eciam contra-
hende, a quibus quidem penis et sentenciis per alium quam per
Romanos pontifices nullum posse volumus nisi dumtaxat in mortis
articulo quo quolibet liberari, eisdem et eorum singulis nichilominus
apercius predicentes quod ad inflixionem, pupplicacionem, execucionem, et aggravacionem dictarum penarum conjunctim vel
divisim prout excessuum cujuslibet enormitas exegerit et expedire
videbimus absque citacione ac monicione alia si, quando et quociens
oportunum cognoverimus procedemus, non obstantibus quibuscumque
privilegiis, constitucionibus, seu indultis que contra processum nostrum
hujusmodi nulli suffragari volumus set ea quoad hoc pocius viribus
vacuamus. Colligaciones autem, pacciones, societates, confederaciones,
ligas contra premissa vel premissorum aliqua factas vel initas inter
quoscumque sub quacumque forma vel expressione
Fo. 252ᵛ   verborum eciam penarum | adjeccione, juramentorum
prestacione, vel firmitate alia quacumque vallatas utpote
contra deum et fidem catholicam et honorem ecclesie sancte dei ac
periculum animarum presumptas cassas, nullas, irritas, et inanes
nulliusque firmitatis existere declaramus, ipsas quatenus processisse
de facto et juramenta super hec prestita relaxantes, dissolventes, et
vacuantes viribus penitus nichilominus ad cautelam. Ut autem
processus noster hujusmodi ad predicti Petri de Corvaria heretici et
scismatici ac aliorum quos tangit seu quorum interest vel interesse
poterit in futurum communem noticiam deducatur cartas sive membranas processum continentes eundem ostiis Avinon' ecclesie faciemus
appendi, que processum ipsum suo quasi sonoro preconio et patulo
indicio pupplicabunt ut prefatus Petrus et alii quos processus ipse
contingit nullam possint excusacionem pretendere quod ad eos non
pervenerit vel quod ignorarint eundem cum non sit verisimile quoad
ipsos remanere incognitum vel occultum quod tam patenter omnibus
pupplicatur. Datum Avinion' xij kalendas Maii pontificatus nostri
anno xiijᵐᵒ.'
    Et licet processum eundem ostiis Avinion' ecclesie ut ad communem
omnium deduceretur noticiam appendi fecerimus et affigi, ipsum
tamen volentes ut clarius innotescat fidelibus solempniter in eis
partibus populis, fraternitati vestre per apostolica scripta mandamus

---

[1] *MS.* quocumque.   [2] *MS.* parcant.

quatinus per vos vel alium seu alios tam prelatos quam quoscumque
religiosos et seculares exemptos et non exemptos, quos ad id exempcionis
et quibusvis aliis privilegiis apostolicis nequaquam obstantibus
compellere si necessare fuerit appellacione cessante, valeatis predictum
processum et in eo contenta eis expositis nichilominus uti et quando
expedierit in vulgari singulis diebus dominicis et festivis in ecclesiis
et locis vestrarum civitatum et diocesium de quibus vobis videbitur
solempniter puplicare curantes, dictum Petrum hereticorum fautorem
ac hereticum et scismaticum ac de heresi et scismate sentencialiter
condempnatum et tanquam invasorem et destructorem quantum in
eo est ecclesie sancte dei ac ab omni gradu ecclesiastico depositum et
degradatum necnon omnes penas et sentencias inflictas scismaticis,
hereticis, eorumque fautoribus incurrisse, omnes quoque receptatores
ipsius et eidem adherentes vel reverenciam exhibentes aut in aliquo
ipsum tanquam summum pontificem defendentes pari ut premittitur
sentenciis subjacere, et insuper quecumque per eleccionem, nominacionem, invencionem, seu pocius execracionem et coronacionem
ipsius attemptata existunt et ordinaciones ab ipso factas vel ab ordinatis
ab eo omnemque institucionem et destitucionem prebendarum,
dignitatum, personatuum, et quorumcumque beneficiorum ecclesiasticorum et temporalium, necnon quecumque alia circa eundem
Petrum vel per ipsum ut summum pontificem aut alium suo nomine
acta, gesta, data, concessa, seu alienata imperpetuum vel ad tempus
aut alias quomodolibet attemptata fuerunt cassa, nulla, et irrita
publice nunciare curetis, facientes super puplicacione hujusmodi
confici puplica instrumenta principium et finem presencium continencia illa nobis postmodum fideliter transmissuri. Datum Avinion'
x kalendas Junii pontificatus nostri anno tercio decimo.

[*23 October 1329. The Bishop's certificate to the above.*]

[Fo. 253]

CERTIFICATORIUM AD MANDATUM PRESCRIPTUM. Sanctissimo in Christo
patri et domino suo reverentissimo domino Johanni divina providencia
sacrosancte Romane ac universalis ecclesie summo pontifici suus
filius humilis et devotus Rogerus ejusdem permissione ecclesie Sar'
minister cum omni subjeccione et reverencia pedum oscula beatorum.
Sanctissime paternitatis vestre mandatum quod sic incipit, 'Johannes
episcopus servus servorum dei venerabilibus fratribus . . archiepiscopo
Cantuarien' ejusque suffraganeis salutem et apostolicam benediccionem. Adversus hominem illum reprobum Petrum de Corvaria
hereticum et scismaticum,' et cetera, et sic terminatur, 'Datum Avinon'
x kalendas Junii pontificatus nostri anno xiij^mo,' reverenter suscepi et

processum ac contenta in eodem exponi et ulterius pupplice nunciare feci secundum ipsius exigenciam et effectum. Reverendam vestre sanctissime paternitatis excellenciam pro sua misericordia conservet altissimus ineternum. Datum apud parcum Remmesbur' x kalendas Novembris anno domini m⁰ ccc^mo vicesimo nono.

[*29 September 1329. Appointment of Master Richard de Thormerton as proctor for the Bishop and the cathedral church in the papal court.*]

[Fo. 253ᵛ]

PROCURATORIUM DOMINI IN CURIA ROMANA. Pateat universis quod nos Rogerus permissione divina Sar' episcopus ordinamus, facimus, et constituimus per presentes dilectum nobis in Christo magistrum Ricardum de Thormerton' clericum procuratorem nostrum ad impetrandum pro nobis et ecclesia nostra Sar' in Romana curia litteras apostolicas tam simplices quam legendas graciam seu justiciam continentes et ad contradicendum litteris contra nos vel ecclesiam nostram predictam a quibuscumque in eadem curia impetratis ac eciam impetrandis,¹ et in judices et loca consenciendi et recusandi eosdem, ac ad omnia et singula facienda que premissa contingunt eciam si mandatum exigant speciale, dantes eidem potestatem specialem alium seu alios procuratorem seu procuratores loco sui substituendi in premissis et substitutum vel substitutos reassumpto procuratorio officio revocandi quociens et quando sibi videbitur expedire, ratum habituri et firmum quicquid idem procurator, substitutus, vel substituti ab eo in premissis nomine nostro et ecclesie nostre predicte duxerit seu duxerint faciendum. In quorum testimonium sigillum nostrum fecimus hiis apponi. Datum apud parcum Remmesbur' iij kalendas Octobris anno domini m⁰ ccc^mo vicesimo nono.

[*Note that on 29 September 1329 the said Master Richard's proctor received Master Richard's salary of 41s. as proctor for the third year, together with a gratuity of 40s. given to him because of his losses in a fire.*]

Et tunc videlicet iij kalendas Octobris anno domini millesimo ccc^mo vicesimo nono Alanus de Haune rector ecclesie de Solbir' et procurator dicti magistri Ricardi habens ad hoc sufficientem potestatem recepit de W. de Ayst' salarium dicti magistri Ricardi pro tercio anno quo extitit procurator domini in curia Romana videlicet xli s. et eciam xl s. quos dominus racione cujusdam incendii dicto magistro Ricardo contulit graciose.

¹ *MS.* impetrandas.

[*5 May 1329. Papal rescript, received 18 September, containing the process in the papal court, dated 20 April 1329, against Lewis of Bavaria, which the Bishop is to publish, with appropriate warnings. The process is printed in Monumenta Germaniae Historica; Legum, sectio iv, tom. vi (1), 476-8.*]

[Fo. 254][1]

AD DENUNCIANDUM LUDOVICUM DE BAVAR' HERETICUM ET SCISMATICUM, receptum apud parcum Remm' xiiij kalendas Octobris. Johannes episcopus servus servorum dei venerabilibus fratribus . . archiepiscopo Cant' ejusque suffraganeis salutem et apostolicam benediccionem. Nuper videlicet die Jovis in cena domini adversus Ludovicum de Bavaria hereticum et scismaticum quemdam processum de fratrum nostrorum consilio presente multitudine copiosa fidelium solempniter habuimus, et cartas seu membranas processum continentes eumdem postmodum ostiis Avinion' ecclesie affigi ut ad communem omnium deduceretur noticiam fecimus tenoris et continencie subsequentis: 'Johannes episcopus [*etc.*].'

[Fo. 256]

Volentes igitur ex superhabundanti predictum processum et contenta in eo in eisdem partibus ut clarius innotescant fidelibus ipsique caucius vitare predicti Ludovici heretici et scismatici adhesionem et commercium valeant publicari, fraternitati vestre per apostolica scripta mandamus quatinus per vos vel alium seu alios memoratum processum et contenta in eo in ecclesiis et locis vestrarum civitatum et diocesium de quibus vobis videbitur singulis diebus dominicis et festivis publicantes, dictum Ludovicum hereticum et scismaticum pulsatis campanis et candelis accensis nuncietis et facietis publice nunciari fideles commovendo predictos ne cum eodem heretico et scismatico ac suis complicibus, sequacibus, et fautoribus communionem vel commercium habeant quovis modo nec eisdem adhereant aut prestent per se vel alium seu alios directe vel indirecte, publice vel occulte auxilium, consilium, vel favorem, quod si contrarium attemptare presumpserint quoquomodo penas in eodem ac aliis nostris processibus adversus tales inflictos eos incurrere volumus ipso facto, facientes nichilominus super publicacionem ac denunciacionem hujusmodi confici publica instrumenta principium et finem presencium continencia illa nobis postmodum fideliter transmissuri. Datum Avinionen' iij nonas Maii pontificatus nostri anno xiij[mo].

---

[1] *At top of page*, Tricesimus quaternus.

[*23 October 1329. The Bishop's certificate to the above.*]

[Fo. 256ᵛ]

CERTIFICATORIUM AD MANDATUM PRESCRIPTUM. Sanctissimo [*etc. as p. 618*]. Sanctissime paternitatis vestre mandatum quod sic incipit, 'Johannes episcopus servus servorum dei venerabilibus fratribus . . archiepiscopo Cantuarien' ejusque suffraganeis salutem et apostolicam benediccionem. Nuper videlicet die Jovis in cena domini adversus Ludovicum de Bavaria hereticum et scismaticum,' et cetera, et sic terminatur, 'Datum Avinionen' iij nonas Maii pontificatus nostri anno xiijᵐᵒ,' cum debita suscepi reverencia et illud sum pupplicando, nunciando, commovendo, ac ulterius in omnibus suis articulis secundum ipsius exigenciam pleniter executus. Reverendam vestre sanctissime paternitatis excellenciam pro sua misericordia conservet altissimus in eternum. Datum apud parcum Remmesbur' x kalendas Novembris anno domini mᵒ cccᵐᵒ xxixᵐᵒ.

[*14 November 1329. Mandate from Icherius de Concoreto, canon of Salisbury and papal nuncio, for the payment of Peter's Pence by 2 February 1330; received 27 November.*]

PRO DENARIIS SANCTI PETRI, receptum apud parcum Remm' v kalendas Decembris. Reverendo in Christo patri domino . . dei gracia episcopo Sar' Icherius de Concoreto canonicus Sar' domini nostri pape et apostolice sedis in Anglia nuncius ac collector quorumcumque debitorum Romane ecclesie in partibus antedictis salutem in omnium salvatore. Auctoritate apostolica qua fungimur in hac parte cum reverencia qua decet vos requirimus et monemus quatinus denarios beati Petri per vos racione episcopatus vestri Sar' ecclesie Romane debitos a tempore quo cessatum est in solucione nobis in hospicio quo¹ habitamus London' prope conductum infra instans festum purificacionis beate Marie virginis dicte ecclesie Romane nomine solvere procuretis, taliter super hiis vos habentes quod jura ipsius ecclesie vos sincere diligere per effectum operis ostendatis et quod contra vos occasione premissorum de quo nobis plurimum displiceat² ulterius procedere non sit opus, scituri quod super presentacione presencium fidem dabimus nuncio nostro jurato latori earumdem. Datum London' sub sigillo officii nostri die xiiij Novembris anno domini millesimo cccᵐᵒ vicesimo nono.

[*10 January 1330. Certificate to the above, in similar terms to that on p. 595 but without the record of the messenger, to accompany payment of £17 for the diocese for 1329.*]

CERTIFICATORIUM. Venerande [*etc.*]. Datum apud Poterne iiij idus Januarii anno prescripto.

---

¹ *MS.* que   ² *MS.* displicent.

[*26 October 1329. Mandate from Icherius de Concoreto, canon of Salisbury and papal nuncio, quoting in full the papal bull of 31 August 1329 for the reservation for the use of the papacy of the first-fruits of benefices in the province of Canterbury then vacant or becoming vacant in the next three years; the Bishop is to certify the nuncio within twenty days concerning the benefices then vacant and to cite those holding the fruits to appear before the nuncio, and when vacancies occur in future he is to certify the nuncio within a month of hearing of the vacancy and to cite those holding the fruits to appear before the nuncio on the fifteenth day after citation.*]

[Fo. 257]

MANDATUM PRO RESERVACIONE FRUCTUUM J ANNI BENEFICIORUM VACANCIUM PER TRIENNIUM, receptum apud parcum Remm' v kalendas Decembris. Reverendo in Christo patri domino dei gracia episcopo Sar' Icherius de Concoreto canonicus Sar' domini nostri pape et apostolice sedis in Angl', Scocia, Wall', et Hibern' nuncius salutem in domino et mandatis apostolicis firmiter obedire. Noveritis nos litteras sanctissimi patris et domini nostri domini Johannis divina providencia pape xxij^{di} more Romane curie bullatas, non viciatas, non cancellatas, nec in aliqua sui parte suspectas recepisse quarum tenor talis est:

'Johannis episcopus servus servorum dei dilecto filio Icherio de Concoreto canonico Sar' apostolice sedis nuncio salutem et apostolicam benediccionem. Curas, persecuciones, et atroces injurias quas heretici, scismatici, et rebelles adversus deum et Romanam ecclesiam fidemque catholicam in partibus Italie nequiter et inmaniter insurgentes eidem inferre et irrogare ecclesie dampnandis et periculosis insultibus presumpserunt hactenus et presumunt, quantaque ipsius ecclesie et ejusdem fidei orthodoxe in hac parte defensio perfluvia exigat expensarum, ad quas supportandas ecclesia ipsa per se non sufficit, tuam credimus prudenciam non latere. Nos autem cupientes ecclesie prelibate tam necessitatibus hujusmodi quam variis et diversis aliis multipliciter et inportabiliter pregravate oportuna quantum cum deo possimus auxilia procurare, deliberacione prehabita super hiis diligenti, fructus, redditus, et proventus primi anni omnium et singulorum ecclesiasticorum beneficiorum cum cura vel sine cura eciam dignitatum personatuum et officiorum quorumlibet ecclesiarum, monasteriorum, prioratuum, et aliorum locorum ecclesiasticorum tam secularium quam regularium, exemptorum et non exemptorum, que in civitate et diocese ac provincia Cantuarien' tunc vacabant et que usque ad triennium a dato litterarum nostrarum computandum [vacabunt] qualitercumque et ubicumque, eciam si apud sedem apostolicam ea vacare contingeret, certis tamen ecclesiis, monasteriis, dignitatibus, et beneficiis subscriptis expressim exceptis, percipiendos modo subdistincto pro nostris et ecclesie memorate necessitatum oneribus relevandis utilius et in predictorum et aliorum ipsius ecclesie agendorum subsidium convertendos auctoritate apostolica reservavimus

et nostre camere duximus deputandos, non obstantibus quibuscumque
statutis et consuetudinibus contrariis ecclesiarum, monasteriorum,
et locorum in quibus beneficia, dignitates, personatus, et officia
existunt hujusmodi juramento, confirmacione dicte sedis, seu quacumque firmitate alia roboratis, aut si fructus, redditus, et proventus
hujusmodi primi anni ex privilegio sedis ejusdem vel alias de jure seu
quacumque consuetudine vel statuto alicui vel aliquibus debeantur,
aut si sint in usus alios convertendi. Volumus autem quod si idem
beneficium bis in anno vacare contingeret non nisi semel fructus
illius pro ipsius vacacione duplici exigantur quodque predicti fructus,
redditus, et proventus juxta taxacionem decime persolvantur et
recipiantur a te super hoc tenore presencium collectore deputato seu
subcollectoribus a te constituendis ut scilicet [secundum] summam pro
qua unumquodque beneficiorum ipsorum in decime solucione taxatur
exigantur et recipiantur, totali residuo beneficia hujusmodi obtinentibus
remansuro, nisi forte tu aut subcollectores predicti residuum hujusmodi
pro nobis et camera nostra velletis recipere et habere et obtinentibus
beneficia hujusmodi ad supportanda eorum onera et sustentacionem
habendam summam pro qua beneficia ipsa taxantur in decima remanere. Nos enim percipiendi utrumlibet predictorum, scilicet
taxacionem ipsam vel residuum antedictum, te et subcollectores
predictos habere volumus opcionem, itaque quicquid tu et ipsi subcollectores elegeritis beneficiorum ipsorum, onera debeant eadem
beneficia obtinentes de parte sibi dimissa ut premittitur totaliter
supportare, nisi forte ipsi obtinentes velint omnes fructus, redditus,
et proventus beneficiorum ipsorum tibi vel dictis subcollectoribus
dimittere, quo casu tu et ipsi subcollectores habetis hujusmodi beneficia[1]
quoad curam animarum si eis immineat necnon et quoad divinum
officium et sacramentorum ecclesiasticorum ministracionem facere per
personas ydoneas deserviri et cetera supportare onera beneficiis incumbencia supradictis. Ceterum volumus et eciam declaravimus quod
deputacio nostra hujusmodi nullatenus extendatur ad archiepiscopalem
et episcopales ecclesias nec ad abbacias regulares, nec ad beneficia
illa quorum redditus et proventus annuum valorem sex
Fo. 257ᵛ   marcarum ar|genti non excedant et que ex permutacionis
causa vacare continget, nec eciam ad vicarias seu capel-
lanias ut plurimum a decedentibus secundum morem diversarum
ecclesiarum institutas ad missas pro ipsis decedentibus celebrandas
certis constitutis redditibus presbitero inibi celebranti seu aliis ut
diurnis et nocturnis horis canonicis intersint, nec eciam ad cotidianas
distribuciones quarumcumque ecclesiarum seu anniversaria vel

---

[1] *MS.* beneficiis.

obvenciones que ad certum quid deputate noscuntur. Verum quia
fructus, redditus, et proventus hujusmodi beneficiorum primi anni
debentur interdum defuncto vel fabrice aut prelato seu ecclesie
habenti annualia, declaravimus ut pretextu nostre deputacionis non
prejudicetur eisdem qui alias primi anni fructus, redditus, et proventus
fuerant percepturi de consuetudine, privilegio vel statuto quin fructus,
redditus, et proventus hujusmodi sequenti anno percipiant sicut
consueverunt percipere temporibus retroactis. Item volumus prout
est consonum racioni ad scandala evitanda quod solucio hujusmodi
fructuum, reddituum, et proventuum fiat in duobus terminis congruis
tui arbitrio statuendis, sic equidem quod ubi tu aut subcollectores tui
taxacionem decimalem fructuum, reddituum, et proventuum hujusmodi primi anni pro camera nostra habere volueritis obtinentes ipsa
beneficia dictorum fructuum, reddituum, et proventuum residuum
habituri de ipsis fructibus, redditibus, et proventibus quos eo casu
iidem obtinentes in totum colligent eandem taxacionem solvant tibi
seu ipsis subcollectoribus in duobus terminis sicut premittitur statuendis,
sufficienti caucione nichilominus prestita de solucione hujusmodi
facienda. Ubi vero tu seu subcollectores predicti taxacionem prefatam
obtinentibus beneficia ipsa dimiseritis et habere residuum fructuum,
reddituum, et proventuum predictorum elegeritis, tunc tu seu subcollectores predicti de ipsis fructibus, redditibus, et proventibus quos
in totum recipietis eo casu solvetis obtinentibus dicta beneficia taxacionem eandem in duobus terminis similiter statuendis; quodque
pretextu defectus solucionum hujusmodi ad calices, cruces, vasa sacra,
libros vel vestes, ac mobilia bona divino usui dedicata manus nullatenus
extandantur [*sic*]. Quocirca discrecioni tue per apostolica scripta committimus et mandamus quatinus per te quem collectorem dictorum
fructuum, reddituum, et proventuum tenore presencium deputamus
ac subcollectores a te super hec deputandos eosdem fructus, redditus,
et proventus primi anni per idem triennium nostro et ejusdem ecclesie
nomine petere, exigere, colligere, ac recipere juxta formam deputacionis
predicte integraliter non postponas. Nos enim super predictis necnon
subcollectores predictos invitandi seu revocandi et alios quando et
quociens tibi expedire videbitur subrogandi, contradictores quoque
quoslibet et rebelles cujuscumque dignitatis, ordinis, status, vel
condicionis existant eciam si pontificali vel quavis alia prefulgeant
dignitate per censuram ecclesiasticam appelacione postposita com-
pescendi, non obstantibus si eis vel eorum aliquibus communiter vel
divisim ab eadem sit sede indultum quod interdici, suspendi, vel
excommunicari non possunt per litteras apostolicas non facientes
plenam et expressam ac de verbo ad verbum de indulto hujusmodi
mencionem, et quibuslibet exempcionis et aliis privilegiis, graciis,

et indulgenciis et litteris dicte sedis generalibus vel specialibus
cujuscumque tenoris existant per que posset effectus impediri presencium quomodolibet vel differri, eciam si de illis et totis illorum
tenoribus deberet in presentibus de verbo ad verbum fieri mencio
specialis, plenam et liberam tibi concedimus tenore presencium
facultatem.   Datum Avinon' ij kalendas Septembris pontificatus
nostri anno terciodecimo.'

Quocirca paternitatem vestram ex parte dicti domini nostri pape
sub obediencia qua ecclesie Romane tenemini cum reverencia qua
decet requirimus et ex nostra rogamus quatinus de dignitatibus,
prebendis, et aliis ecclesiasticis beneficiis que a tempore reservacionis
predicte in vestris civitate et diocese vacaverunt, vos infra viginti dies
post recepcionem presencium per vos vel alium seu alios certificare
curetis; obtinentes vero dignitates, prebendas, et beneficia predicta
personaliter et peremptorie per vos vel alium seu alios citare curetis

Fo. 258
ut dicta vicesima die, si feriata non fuerit alioquin die
proxima | inmediate sequenti non feriata, compareant
legitime coram nobis apud London' in domo quam inhabitamus super fructibus predictis responsuri, composituri, et alias
facturi juxta formam litterarum apostolicarum predictarum quod
fuerit racionis.   Ceterum de dignitatibus, prebendis, et aliis ecclesiasticis beneficiis que a tempore recepcionis presencium litterarum
usque ad finem reservacionis predicte vacabunt in vestris civitate et
diocese predictis nos infra mensem a tempore noticie vacacionis
singulorum de singulis per vos vel alium seu alios particulariter
et distincte certificare curetis.   Illos vero qui dictas dignitates, prebendas, et alia beneficia obtinebunt in futurum durante termino
reservacionis predicte nichilominus quam primum de ipsis vobis
constiterit citetis seu citari faciatis ut quintadecima die post citacionem
per vos seu de mandato vestro factam personaliter et peremptorie
apud London' in hospicio predicto compareant coram nobis responsuri,
composituri, et alias processuri juxta tenorem litterarum predictarum.
Et de hiis que feceritis in premissis nos infra tempus citacionum
factarum legitime per vos vel alium seu alios certificare curetis, taliter
super hiis vos habentes quod jura et honorem sancte Romane ecclesie
vos sincere diligere per effectum operis ostendatur, nosque proinde
devocionem vestram domino nostro pape dignis possimus laudibus
commendare.   Datum London' sub sigillo nostro xxvj die mensis
Octobris anno domini millesimo ccc^{mo} vicesimo nono.

[*13 December 1329.   Certificate to the above mandate, which was received on 27 November.
The whole entry is marked* vacat *in the margin, and the cancellation applies also to the schedule
that follows; it had been wrongly assumed (counting the papal year from John XXII's election
and not from his coronation) that the reservation of first-fruits began on 31 August 1328.*]

CERTIFICATORIUM. Venerande discrecionis viro domino Icherio de Concoreto canonico Sar' domini nostri pape et apostolice sedis in Angl', Scocia, Wall', et Hybern' nuncio Rogerus permissione divina Sar' episcopus obedienciam et reverenciam cum honore. Mandatum vestrum v kalendas Decembris proximo preterito recepimus continens litteras apostolicas reservacionis certe forme fructuum, reddituum, et proventuum primi anni beneficiorum ecclesiasticorum cum cura vel sine cura et dignitatum, personatuum, et officiorum quorumlibet ecclesiarum, monasteriorum, prioratuum, et aliorum locorum ecclesiasticorum tam secularium quam regularium exemptorum et non exemptorum vacancium a ij kalendas Septembris pontificatus domini nostri predicti anno xiij per tres annos, quorum estis collector prout hec in dicto mandato plenius continentur. Cujus virtute mandati de hujusmodi beneficiorum vacacione inquisivimus diligenter et comperimus quod beneficia in presentibus annexa cedula conscripta a tempore reservacionis predicte usque v kalendas predictas in nostra diocese vacaverunt. Verum cum multi canonici, prebendati, et alii in dignitate constituti in diocese nostra existant ordinariam jurisdiccionem inmediatam ac institucionem et destitucionem in quisbusdam beneficiis infra jurisdicciones suas hujusmodi optinentes, in quibus per eos institutorum et beneficiorum vacancium nomina nos verisimiliter latere poterant et latebant, omnes beneficiatos in dicta cedula scriptos ad presens ad vicesimam diem subscriptam citare nequivimus brevitate temporis obsistente, quos tamen faciemus citari cum festinacione qua poterimus comode ut coram vobis compareant et faciant quod mandatum vestrum requirit et vos certificabimus de eisdem et eciam de aliis si que comperierimus sic vacasse. Quosdam vero eorum citari fecimus secundum formam mandati vestri ad comparendum legitime coram vobis London' in domo quam inhabitatis vicesima die post v kalendas Decembris predictas si feriata non fuerit alioquin die proximo inmediate sequenti non feriata ad respondendum, componendum, et alias faciendum secundum vim, formam, et effectum mandati pretacti, prout citati et non citati distinguntur clarius in cedula memorata. Ceteris autem in mandato vestro contentis parebimus cum omni reverencia diligenter. Datum apud Poterne idibus Decembris anno domini m⁰ ccc^mo vicesimo nono.

[*Schedule to the foregoing certificate, listing benefices that were vacant on 31 August 1328 or became vacant between then and 27 November 1329.*]

[Fo. 258ᵛ]

Nomina beneficiorum vacancium in civitate et diocese Sar' a ij kalendas Septembris pontificatus sanctissimi patris et domini domini

Johannis divina providencia pape xxij^{di} usque ad v kalendas Decembris proximo nunc effluxam: prebenda de Netherbur' in ecclesia, prebenda de Derneford', ecclesia de Norton' Skydemor, ecclesia de Doene, ecclesia de Tarente Monachorum, ecclesia de Roudes, ecclesia de Wynterborn' Basset, ecclesia de Silhamstede Banastre, ecclesia de Pomeknolle, medietas ecclesie de Wymborn' Sanctorum, vicaria ecclesie de Eneford', vicaria ecclesie de Canyngg Episcopi, vicaria ecclesie de Colyngborn' Abbatis.

Optinentes predicta beneficia sunt citati ad xx diem prout in nostro hic annexo certificatorio continetur.

Optinentes vero beneficia subscripta non sunt citati set citandi prout in certificatorio continetur predicto: dignitatem cancellarie ecclesie nostre Sar', prebendam de Shipton', prebendam Majoris Partis Altaris, prebendam de Aulton' Pancram, prebendam de Archesfonte in monasterio monialium Wynton', subdecanatum Sar', ecclesiam de Fissherton' sancti Nicholai, ecclesiam de Swere, ecclesiam de Englefeld, ecclesiam sancte Marie majoris Walyngford', ecclesiam de Chalk', ecclesiam de Lidezerd Tregoz, ecclesiam de Froxffeld', ecclesiam de Borefordescote, ecclesiam de Fromebelet, ecclesiam de Westgrimstede, ecclesiam de Benefeld', ecclesiam de Denchcworth', ecclesiam de Yatyngden', ecclesiam de Shernton', ecclesiam de Stourton', ecclesiam de Cheverel Parva, vicariam ecclesie de Stormynstr', vicariam ecclesie de Chuselden', vicariam ecclesie de Edyndon', vicariam ecclesie de Chauseye, vicariam ecclesie de Thaccham, prioratum de Frompton'.

[13 December 1329. Revised version of the above certificate.]

ET QUIA ANNUS PONTIFICATUS PAPE INCIPIT V DIE SEPTEMBRIS QUI EST DIES CORONACIONIS SUE ET NON DIE ELECCIONIS UT CREDEBATUR ERRATUM EST IN PRESCRIPTO CERTIFICATORIO ET IDEO IN SEQUENTI CERTIFICATORIO EST CORRECTUM HOC MODO. *[As the preceding certificate down to:]* et comperimus quod beneficia quorum nomina in presentibus annexa cedula conscribuntur a tempore reservacionis predicte usque v kalendas predictas in nostra diocese vacaverunt. Que quidem beneficia optinentes ecclesia de Inkepenne que adhuc vacat excepta citari fecimus secundum formam mandati vestri ad comparendum legitime coram vobis London' in domo quam inhabitatis vicesima die post v kalendas Decembris predictas si feriata non fuerit alioquin die proximo inmediate sequenti non feriata et respondendum, componendum, ac alias faciendum secundum vim, formam, et effectum mandati pretacti. Ceteris autem in dicto mandato contentis parebimus cum omni reverencia diligenter. Datum apud Poterne idibus Decembris anno domini m° ccc^{mo} vicesimo nono.

T

[*Schedule to the foregoing ce tificate.*]

[Fo. 259]

Prebenda de Netherbir' in ecclesia, prebenda de Derneford', ecclesia de Norton' Skydemor, ecclesia de Doene, ecclesia de Tarente Monachorum, ecclesia de Roudes, ecclesia de Pomeknoll', medietas ecclesie de Wymborn' Sanctorum, vicaria ecclesie de Eneford', ecclesia de Inkepenne adhuc vacat.

[*6 March 1330. Further certificate to the nuncio, concerning benefices that have become vacant since the last certificate.*]

ITEM. Venerande discrecionis viro domino Icherio de Concoreto canonico Sar' domini nostri pape et apostolice sedis in Angl', Scocia, Wall', et Hibern' nuncio Rogerus permissione divina Sar' episcopus obedienciam et reverenciam cum honore. Discrecioni vestre innotescimus per presentes quod post certificatorium nostrum ultimo vobis missum, reservacionem domini nostri predicti de fructibus beneficiorum vacancium per triennium contingens, vacarunt in nostra diocese prebende de Bemenstre et Harnham Combe ac ecclesie parochiales de Castelcombe, Inkepenne, Wotton', et Westwittenham, et easdem optinentes citari fecimus secundum formam mandati vestri alias nobis inde directi ad comparendum legitime coram vobis respondendum, componendum, et alias faciendum secundum vim, formam, et effectum mandati pretacti. Datum apud Poterne ij nonas Marcii anno domini millesimo cccmo vicesimo nono.

[Fo. 259v—261v *blank*]

23 January 1330. Commission to the Bishop from the bishop of Lincoln to inquire into the proposed exchange of benefices between Master William de Lubbenham, subdean and prebendary of Major Pars Altaris, and Ralph de Querendon, rector of Norton juxta Twycross, and if he approves the exchange to admit and institute Master William and have him inducted.]

[Fo. 262]

COMMISSIO PRO PERMUTACIONE SUBDECANI SAR' ET NORTON'. Venerabili in Christo patri domino Rogero dei gracia Sar' episcopo Henricus ejusdem permissione Linc' episcopus salutem et fraternam in domino caritatem. Cum dilecti nobis in Christo magister Willelmus de Lobenham subdecanus ecclesie cathedralis Sar' ac prebendarius prebende majoris partis altaris eidem subdecanatu annexe in eadem vestre diocesis et dominus Radulphus de Querendon' rector ecclesie de Norton' juxta Twycros nostre diocesis dicta sua beneficia certis ex causis libere et sine fraude et pravitate quacumque proponant sicut asserint adinvicem canonice permutare, dum tamen consensus et auctoritas eorum quorum interest interveniant in hac parte, variisque

et arduis prepediti negociis ipsius permutacionis expedicioni ad
presens intendere nequeamus, ad audiendum et examinandum et
plenarie discuciendum causas permutacionis hujusmodi faciende et
in eo eventu si hujusmodi permutacionis causas duxeritis approbandas,
prout de meritis cujusdam inquisicionis per . . officialem archidiaconi
Leyc' de mandato nostro in hac parte facte liquere vobis videbitur,
ad admittendumque [*sic*] eundem W. vel procuratorem suum ejus
nomine ad ecclesiam de Norton' predictam et rectorem instituendum
canonice in eadem, recepta prius resignacione ejusdem Radulphi de
ecclesia sua de Norton' predicta, eundemque Willelmum vel procuratorem suum ejus nomine in corporalem possessionem ejusdem
ecclesie de Norton' cum omnibus suis juribus et pertinenciis universis
induci per . . archidiaconum Leyc' vel ejus . . officialem ad quos hoc
pertinet faciendum, ceteraque omnia et singula facienda et expedienda
que in hujusmodi permutacionis negocio necessaria fuerint seu eciam
oportuna, ipsius Willelmi obediencia canonica nobis tantummodo
reservata, paternitati vestre reverende tenore presencium committimus
vices nostras, eidem humiliter supplicantes quatinus expedito negocio
supradicto nos de processu vestro in hac parte habendo cerciorare
velitis per litteras vestras patentes harum seriem continentes. Ad
ecclesie sue regimen et munimen diu vos conservet gracia redemptoris.
Datum apud Vetus Templum London' x kalendas Februarii anno
domini millesimo ccc^{mo} vicesimo nono.

[*11 December 1329. Similar commission from the bishop of Lincoln in the proposed exchange
between John of Foxton, rector of Kingston Bagpuize, and William de Eydon, vicar of Foxton.*]

COMMISSIO PRO PERMUTACIONE DE KYNGESTON' ET FOXTON'. Venerabili
in Christo patri domino Rogero dei gracia Sar' episcopo Henricus
ejusdem permissione Lync' episcopus salutem et fraternam in domino
caritatem. Cum dilecti nobis in Christo dominus Johannes de Foxton'
rector ecclesie de Kyngeston' Bakepuys vestre diocesis et dominus
Willelmus de Eydon' vicarius ecclesie de Foxton' nostre diocesis
dicta sua beneficia [*etc. as the preceding entry,* mutatis mutandis]. Datum
apud Warrewyk' iij idus Decembris anno domini millesimo ccc^{mo}
vicesimo nono.

[Fo. 262^v *blank*]

[*5 February 1330. Unfinished note of the Bishop's ordination of Preshute vicarage and of the
admission of John atte Stone as vicar. See pp. 631-41.*]

[Fo. 263]

Quinto die Februarii anno domini millesimo ccc^{mo} vicesimo nono

apud Poterne dominus vicariam perpetuam in ecclesia de Preschuit
. . custodi puerorum choristarum Sar' per eum canonice appropriata
de consensu dicti custodis et in quibus eadem consistere debet
porcionibus ordinavit, in quam quidem vicariam taliter ordinatam
Johannem atte Stone de Fiffide presbiterum ad eam per dictum
custodem ad nostram nominacionem presen. . .

[*5 February 1330. Letter from the Bishop to the archdeacon of Berks., also sent to the other
archdeacons, for limiting the number of feasts to be observed by the laity and defining the
ornaments and fittings of a church that are the property and the responsibility of the parishioners.
The letter quotes a constitution of Bishop Giles of Bridport limiting the observance of feasts,
as printed in Councils and Synods, ed.* Powicke and Cheney, *ii* (1), 561, *but omitting the
reference to Christmas, the Circumcision, Epiphany, Easter, Ascension, and Whitsun; and
quotes the first part of Archbishop Pecham's constitution about ornaments and fittings, as
printed (with minor verbal variations) in* Wilkins, Concilia, *ii.* 59. *Bishop Martival adds
statements about the observance of the major feasts (making up for the omission from the
quoted constitution) and the preservation of churchyard trees. His letter is to be published, and
copied into the parish books.*]

[Fo. 263^v]

DECLARACIO SUPER FESTIS FERIANDIS ET INVENCIONE ORNAMENTORUM
ECCLESIE.　Rogerus permissione divina Sar' episcopus dilecto filio
archidiacono Berk' vel ejus officiali salutem, graciam, et benediccionem.
Audito multociens et eciam intellecto quod non nulli subditi nostri
diversis diversa sencientibus super observacione dierum festorum curren-
cium per anni circulum, qualiter et quando et a quibus operibus debeant
observari, invencioneque et reparacione librorum, calicum, et aliorum
ornamentorum ecclesiasticorum beneficiati et eorum parochiani
esitant quamplures ad quos eorum spectare debeant et invicem
conturbantur, quamvis si canones sanctorum patrum editas in hac
parte tradiciones attenderent possent super hiis in dubio faciliter
informari, nos ipsorum tranquillitati et quieti prospicere et licium
materiam quatenus nobis altissimus inspiraverit amputare pro viribus
cupientes, quedam statuta tam a bone memorie Egidio quondam Sar'
episcopo predecessore nostro quam a pie recordacionis fratre Johanne
de Peccham olim Cant' archiepiscopo super hiis salubriter promulgata
presentibus fecimus inseri ac de verbo in verbum conscribi, quibus
visis tam de diebus feriandis quam de ornamentis ecclesie inveniendis
et reparandis poterunt hii quorum interest effici plenius cerciores,
quorum quidem statutorum tenores tales sunt: 'Cum nec unicus anni
dies [*etc.*]'; item, 'Ad doctrinam presencium [*etc.*] . . . a vicariis
reparari.'

　　De quibusdam vero festis aliis presentibus non insertis, videlicet
natalis domini cum quibusdam solempnibus sequentibus diebus,
Pasche, Ascensionis salvatoris, et Pentecostis notorie feriandis propter

eorum notorietatem sicuti nec oportuit non fit mencio in statuto predicto. Ceterum advertentes quod sacra sunt et religiosa que sacris vel eciam religiosis adherent quodque laicis disponendi de rebus sacris et ecclesiasticis nulla sit injure quevis attributa potestas quibus incumbit necessitas obsequendi, auctoritate sacrorum

Fo. 264 canonum | in hac parte suffulti laicis omnibus et ecclesiarum parochianis nostre diocesis prohibemus ne de herbis vel arboribus crescentibus seu radicatis in dedicatis cimiteriis vel aliis locis sacris quicquam disponant suo nomine quovis modo, set sint sicut et esse debent de jure herbe et arbores supradicte in disposicione et ordinacione rectorum ecclesiarum et capellarum hujusmodi quorum disposicioni ecclesie singule et earum obvenciones omnimode conceduntur. Quibus si abusi fuerint dicti rectores, et arbores in hujusmodi crescentes cimiteriis, que quidem arbores cimiteria ipsa et loca juxta ecclesias et capellas ubi plantate fuerint non modicum condecorant, absque sufficienti causa et racionabili evulserint, deturpaverint, seu radicitus extirparint, sciant se pro presumpcione hujusmodi pro modo et qualitate deliciti per nos et successores nostros tanquam jurium et libertatum ecclesie violatores canonice puniendos. Quocirca devocioni vestre committimus et mandamus quatinus has litteras nostras et contenta in eis in capitulis vestris generalibus et congregacionibus aliis jam venturis solempniter publicetis et faciatis per locorum rectores, vicarios, et presbiteros parochianos in singulis ecclesiis et capellis vestri archidiaconatus dilucide publicari, injungentes eisdem in virtute obediencie quod recepta harum copia in aliquibus ecclesiarum et capellarum suarum libris ad memoriam faciant eam scribi, ut si super hiis imposterum controversiam vel discencionem quod absit oriri contigerit eisdem finis imponi valeat facilius per premissa, denunciantes eisdem quod in visitacionibus nostris specialiter faciemus inquiri si presentes publicate et in libris scripte fuerint ut mandatur quodque non parentes vclut inobedientes ulcione canonica percellemus. Quid autem feceritis in premissis nobis citra festum Pasche venturum cum tenore presencium debite rescribatis. Valete. Datum apud Poterne nonis Februarii anno domini millesimo ccc^{mo} vicesimo nono et consecracionis nostre quintodecimo.

PRESCRIPTA LITTERA FUIT DIRECTA QUATUOR ARCHIDIACONIS VEL EORUM OFFICIALIBUS.

[5 *February 1330. The Bishop's ordination of Preshute vicarage, appropriated to the warden of the choristers of Salisbury cathedral (see p. 412), embodying (1) the presentation on 16 December 1329 by Robert de Bluntesdon, warden of the choristers, of John atte Stone of Fyfield as vicar, by letters dated 15 December, (2) the certificate of Master Ralph de Querendon as official of the jurisdiction of Marlborough Within, dated 24 January 1330, to the Bishop's commission of 14 January, which is recited in full, to inquire into the value of the church, (3) a copy of the roll setting out the yearly value, which totals £26 14s. 1½d. clear, (4) the appointment dated 15 January of William de Ayston, rector of Wootton Rivers, as the warden's proctor for submitting to the Bishop's ordination, (5) a note of the admission of John atte Stone as vicar and his resignation of Chitterne All Saints, on 5 February, and (6) the terms of the ordination, by which the vicar is to receive the whole income of the church and is to pay the warden £20 clear a year and meet all other expenses.]*

[Fo. 264ᵛ]

PRESCHUIT: ordinacio vicarie.[1] xvij kalendas Januarii anno domini millesimo cccᵐᵒ vicesimo nono apud Poterne custos puerorum choristarum ecclesie cathedralis Sar' Johannem atte Stone de Fiffide presbiterum ad vicariam ecclesie de Preschuit sue diocesis ad suam nominacionem et consequentem ipsius custodis presentacionem spectantem ordinandam domino presentavit hoc modo:

'Venerabili[2] in Christo patri et domino reverendo domino Rogero dei gracia Sar' episcopo Robertus de Bluntesdon' canonicus Sar' custos puerorum choristarum ecclesie vestre Sar' et patronus ecclesie de Preschut' vestre diocesis custodie puerorum eorumdem ad sustentacionem ipsorum canonice appropriate omnimodam reverenciam cum honore. Ad vicariam ecclesie de Preschut' predicte per vos vel successores vestros canonice ordinandam ad vestram nominacionem et ad meam presentacionem pretextu custodie supradicte spectantem, dilectum mihi in Christo Johannem dictum atte Stone de Fiffide presbiterum michi ad eam per vos nominatum vestre reverende paternitati tenore presencium intuitu caritatis presento, rogans devote quatinus ipsum ad dictam vicariam admittere dignemini et perpetuum vicarium instituere canonice in eadem. In quorum testimonium litteras has patentes sigillo meo signatas mitto vestre paternitati reverende quam ad ecclesie sue regimen conservet Jhesus Christus. Datum apud Sar' xviij kalendas Januarii anno domini millesimo cccᵐᵒ vicesimo nono.'

Et postea dominus de valore fructuum, proventuum, obvencionum, et oneribus dicte ecclesie ipsiusque circumstanciis mandavit inquiri per magistrum R. de Querendon' . . officialem suum jurisdiccionis interioris Marleberg' et ipsius . . officialis certificatorium inde recepit continens hunc tenorem:

'Venerabili in Christo patri et domino reverendo domino Rogero dei gracia Sar' episcopo vester humilis et devotus clericus . . officialis jurisdiccionis vestre Marleberg' interioris tam debitam quam devotam

---

[1] *In margin, in a later hand,* vide in tercio folio sequenti.

[2] *In margin, in later hand,* presentacio ad vicariam de Preshute.

obedienciam cum omni reverencia et honore. Mandatum vestrum
et litteras certificatorias recepi sub forma infrascripta:[1]

"Rogerus permissione divina Sar' episcopus dilecto filio . . officiali
nostre jurisdiccionis Marleberg' interioris salutem, graciam, et benediccionem. Certis ex causis et legitimis super infrascriptis volentes effici
cerciores devocioni vestre de qua plenam fiduciam gerimus firmiter
injungendo committimus et mandamus quatinus ad ecclesiam
parochialem de Preschut' nostre diocesis et jurisdiccionis personaliter
declinantes per rectores, vicarios, et presbiteros ecclesiarum ac laicos
fidedignos inquirendorum noticiam verisimiliter optinentes in forma
juris juratos diligencius inquiratis quantum valeant annis communibus
decime tam majores quam minores, oblaciones, redditus et proventus,
terre, prata, pascua et pastura, ac quodcumque aliud emolumentum
ecclesie supradicte quam custodi choristarum nostre Sar' ecclesie
pro sustentacione eorum nuper canonice appropriavimus, quot eciam
presbiteros oporteat loci rectorem habere tam in dicta ecclesia quam in
capellis eidem annexis et in castro Marleberg', et quantum pro
stipendiis percipere debeant annuatim ex more, et an dicta ecclesia
sit porcionaria vel pensionaria et in quanto et quibus, necnon de
sumptuum quantitate circa agriculturam ac ministrorum ejusdem et
expensis pro fructibus autumpnalibus colligendis, ac de aliis dicte
ecclesie incumbentibus oneribus quibuscumque. Et quid
Fo. 265 in premissis feceritis et inveneritis nos | oportuno tempore
certificetis distincte et aperte per litteras vestras patentes
harum seriem continentes. Valete. Datum apud Poterne xix
kalendas Februarii anno domini millesimo ccc^mo xxix et consecracionis
nostre xv^to."

'Cujus auctoritate mandati ipsius tenore in omnibus observato ad
ecclesiam de Preschut' predictam personaliter accedens per rectores,
vicarios, et presbiteros ac laicos fidedignos in numero sufficienti
inquirendorum noticiam verisimiliter optinentes et in forma juris
juratos de valore subscriptorum porcionum ipsius ecclesie communibus
annis et oneribus eidem incumbentibus universis diligencius inquirens
ea que inveni in rotulo certificatorio presenti annexo plene, fideliter,
et distincte conscripta vestre paternitati reverende si placet transmitto.
Ad ecclesie sue regimen vos conservet altissimus diu in honore.
Datum Marleberg' ix kalendas Februarii anno domini supradicto.'

COPIA ROTULI. Infrascripte porciones sunt ecclesie de Preschut'
taxate tam per clericos quam per laicos ad mandatum venerabilis
patris domini Rogeri dei gracia Sar' episcopi die Martis proxima post
festum sancti Vincencii martiris anno domini millesimo ccc^mo vicesimo

---

[1] *MS.* infrascriptas.

nono. In primis frumentum decimale ad dictam ecclesiam communibus annis proveniens taxatur singulis annis ad xxx quartronas que apreciantur ad vj libras precio quartrone iiij s'. Item bermankorn' estimatur communibus annis ad xv quartronas precio xl s' precio quartrone ij s' viij d'. Item ordeum decimale per annum taxatur ad lx quartronas precio viij librarum precio quartrone ij s' viij d'. Item dragetum estimatur ad xiij quartronas que apreciantur ad xxvj s' precio quartrone ij s'. Item de avenis xij quartrone que apreciantur ad xx s' precio quartrone xx d'. Item de fabis, pisis, et vessis vj quartrone que apreciantur ad xij s' precio quartrone ij s'. Summa xviij libre xviij s'.

Item frumentum proveniens de dominico rectorie per annum estimatur ad xij quartronas que apreciantur ad xlviij s' precio quartrone iiij s'. De bermankorn nichil. Item de ordeo xvj quartrone que apreciantur ad xlij s' viij d' precio quartrone ij s' viij d'. Item de drageto iij quartrone que apreciantur ad vj s' precio quartrone ij s'. De avenis, fabis, pisis, et vessis nichil. Summa iiij libre xvj s' viij d'.

In primis decima feni de Clatford' taxatur per annum ad v s'. Item decima feni de Manton' vj s' viij d'. Item decima feni prati de ponte castri usque ad fontem de Elkote xij s'. Item decima prati de Lebay apreciatur ad xiij s' iiij d'. Item decima prati castri Marleberg' apreciatur ad iij s'. Item decima de Sterremede apreciatur ad v s'. Item decima feni de Bradeston' et Langemede apreciatur ad xiij s' iiij d'. Item decima prati Johannis Goudin apreciatur ad iiij s'. Item pratum de dominico rectoris quod vocatur Brodemede communibus annis taxatur tam in primo fructu quam in secundo ad iiij libras. Item Spitelmede taxatur ad viij s' et decima prati Andree le Gard' et Willelmi de Rameshul' in Mantone apreciantur ad ij s'. Summa vij libre xij s' iiij d'.

Item decima agnorum qui communibus annis estimantur ad xl agnos valent communibus annis xxxiij s' iiij d' precio capitis x d'. Item decima lane communibus annis estimatur ad xxv petras cujus quelibet petra continet xviij libras apreciatur ad vj libras v s' precio petre v s'. Item decime vitulorum communibus annis estimantur ad ij s'. Item decima aucarum que estimatur ad iij aucas communibus annis valet ix d'. Item decima porcellorum communibus annis qui estimantur ad viij porcellos valent ij s' precio capitis iij d'. Item decima casei qui estimatur ad iij petras per annum valet xxj d' precio petre vij d'. Item decime lini que estimantur ad iij remeles valent ij s' precio cujuslibet remelis viij 'd. Item decima garelic et un[i]ones xij d'. Item decima columbarum iij s'. Item decima pom-

Fo. 265ᵛ orum et decima de dominico rectorie que estimantur ad |
iij quartronas precio quartrone viij d' valent ij s'. Item

decima iiij molendinorum que estimatur ad v quartronas per annum quorum tria quartrone frumenti precio xij s' et ij quartrone mixtilionis precio v s' et iiij d'. Summa ix libre x s' ij d'.

Item oblaciones altarum estimantur communibus annis ad xxvj s' viij d'. Summa patet.

De mortuariis per annum nichil. Item de priore de Clatford' xx s' per annum. Item de abbate de Stanle per annum xx s'. Item de parochianis sancti Martini[1] pro cantaria habenda per annum xx s'. Item de eisdem pro decimis majoribus et minoribus durante cantaria singulis annis x s'. Summa lxx s'.

Redditus annuales ecclesie de Preschut' de liberis tenentibus et nativis videlicet de Johanne Harvest' vj s' viij d' singulis annis, de Andrea Gard' per annum iiij s' iiij d', item de Matilda Toppere per annum v s', item de Willelmo Tropenel per annum ij s', item de Johanne Jossche per annum vj d', j gallum, iij gallinas precio galli j d' et precio gallinarum iiij d' ob', item de Johanne Ade xij d', j gallum, iij gallinas precio capitis ut supra, item de Margareta Therler xij d', j gallum, iij gallinas precio capitis ut supra, item de Johanne Ede per annum xij d', j gallum, iij gallinas precio capitis ut supra, item de Radulpho le Kartere per annum vj d', j gallum, iij gallinas precio capitis ut supra, item de Willelmo le Masoun per annum xij d', j gallum, iij gallinas precio capitis ut supra, item de Willelmo Sumer' per annum xj d', j gallum, iij gallinas precio capitis ut supra, item de domino Roberto Dourdi xij d', j gallum, iij gallinas precio capitis ut supra, item de Sara la Therlere xj d', j gallum, iij gallinas precio capitis ut supra, item de Editha Riche xij d'. Summa xxx s' xj d' ob'.

Summa totalis xlvij li' iiij s' ix d' ob'.

Oportebit enim rectorem loci habere unum presbiterum parochialem et unum clericum ad deserviendum ecclesie quorum salarium estimatur ad iiij libras ad minus. Item inveniet unum capellanum in castro cujus salarium annuatim est xl s' et oblaciones et proventus infra castrum. Item rector de Preschut' solvet decano et capitulo Sar' per annum xx s'[2] nomine cujusdam annue pensionis. De capella vero sancti Martini non consuevit idem rector onerari. Item pro pratis falcandis et levandis solvit idem rector annuatim iiij s' iiij d'. Item pro expensis autumpnalibus vj li' xiij s' iiij d'. Item pro decima pape vel regis cum contigerit concedenda xl s'. Item pro terra de dominico colenda singulis annis pro semine yemali iij quartronas et iij bussellos frumenti precio xiij s' vj d' precio quartrone iiij s' viij d'. Item de ordeo vj quartronas precio xvj s' precio quartrone ij s' v[ii]j d'. Item de drageto pro semine vj bussellos precio xviij d' precio busselli iij d'.

---

[1] *In margin*, nota.   [2] *In margin*, xx s'.

Item pro liberacione ij famulorum viij quartronas v bussellos ordei precio xxiij s' precio quartrone ij s' viij d'. Item pro stipendiis eorumdem per annum xij s'. Item pro liberacione unius daye iij quartronas ij bussellos ordei precio viij s' viij d' precio quartrone ij s' viij d' et pro stipendio ejusdem per annum iiij s'. Item pro ferurra equorum et pro sumptibus carucarum per annum xiij s' iiij d'.

Summa xx libre ix s' viiij d' onerum predictorum.

Dicta vero ecclesia de Preschut' non est porcionaria quod sciatur.

Quibus oneribus deductis de summa priori remanent de libero xl marce xxj d' ob'.

Quo certificatorio et aliis premissis diligenter inspectis et consideratis dominus W. de Ayston' procurator dicti custodis in hac parte se subscripte tunc faciende ordinacioni pure, sponte, et simpliciter se viva voce submisit virtute sui procuratorii infrascripti, admissaque per dominum submissione hujusmodi procuratoris dicti custodis quam idem procurator fecit coram domino ibidem secundum vim, formam, et effectum sui procuratorii quod est tale:

'Pateat[1] universis per presentes quod nos Robertus de Blontesdone canonicus ecclesie cathedralis Sar' custos puerorum ejusdem ecclesie choristarum ad quorum sustentacionem sub certa forma ecclesia parochialis de Preschut' Sar' diocesis per venerabilem
Fo. 266[2] patrem dominum Rogerum dei | gracia Sar' episcopum canonice nobis est in proprios et perpetuos usus concessa per . . capitulum ejusdem ecclesie cathedralis legitime deputatus ad submittendum nos, custodiam nostram, et ecclesiam de Preschut' predictam ordinacioni [et] disposicioni venerabilis patris predicti et successorum suorum super ordinacione perpetue vicarie per eum vel successores suos in predicta appropriata ecclesia facienda in quibusque porcionibus consistere et que eidem vel nobis onera incumbere ac ad quem fructus, proventus, et obvenciones ejusdem vicarie ipsius vacacionis temporibus provenientes pertinere debeant ac pro eodem vicario et suis successoribus mansum dicte ecclesie appropriate vel aliud competens, prout dicto patri vel suis successoribus visum fuerit ordinandum, ac ordinatis et dispositis hujusmodi consenciendum, quodlibet eciam juramentum licitum in animam nostram prestandum ac alium vel alios ad premissa quandocumque voluerit substituendum substitutosque hujusmodi revocandum et procuratoris officium resumendum, ac omnia alia et singula faciendum et expediendum nos custodiam vel ecclesiam de Preschut' predictam quomodolibet contingencia que in hac parte necessaria vel oportuna fuerint, eciam

---

[1] *In margin,* Procuratorium.
[2] *At top of page,* Tricesimus primus quaternus.

si mandatum exigant speciale vel alcioris existant nature quam sint aliquam que superius sunt expressa, dilectum nobis in Christo dominum Willelmum de Ayston' rectorem ecclesie de Wotton' Ryvers dicte diocesis nostrum procuratorem facimus et constituimus per presentes, ratum habituri et firmum quicquid dictus procurator noster substitutus vel substituti ab eo fecerit seu fecerint nostro nomine in premissis. In quorum testimonium quia sigillum nostrum pluribus est incognitum sigillum officialitatis Sar' procuravimus personaliter hiis apponi. Et nos . . officialis predictus ad predicti custodis personalem instanciam et rogatum sigillum officii nostri predicti hiis duximus apponendum in testimonium eorumdem. Datum Sar' xviij kalendas Januarii anno domini millesimo ccc^{mo} vicesimo nono.'

Nonis Februarii anno domini millesimo ccc^{mo} vicesimo nono apud Poterne dominus dictum Johannem nominatum et presentatum predictum virtute appropriacionis, nominacionis, et presentacionis de quibus premittitur ad vicariam ejusdem ecclesie appropriate admisit et perpetuum vicarium instituit in eadem, recipiens statim ab eodem instituto juramentum[1] de continue residendo et personaliter ministrando secundum formam constitucionis domini Octoboni edite in hac parte. Idemque nominatus et presentatus statim vicariam suam ecclesie de Cettre Omnium Sanctorum in manu domini re et verbo resignavit racione dicte assecucionis vicarie de Preschut' predicte, protestans quod si eamdem vicariam de Preschut' ab eo evinci contingeret redire vellet ad vicariam de Cettre predictam, quas resignacionem et protestacionem dominus predictus admisit. Juravit insuper Johannes predictus quod terminis inferius limitatis solucionem faceret infrascriptam secundum ordinacionem eamdem. Dominusque predictus nonis Februarii et anno domini millesimo ccc^{mo} xxix apud Poterne de dicti procuratoris et vicarii expresso consensu salvis omnibus ut infrascribitur de jure salvandis ordinacionem, specificacionem, declaracionem, ac porcionum assignacionem, prestacionis et annue solucionis et aliorum onerum supportacionem, ceteraque omnia et singula infrascripta, quibus omnibus et singulis ut sequitur ordinatis dicti procurator et vicarius consenserunt expresse, fecit et auctoritate sua ordinaria ordinavit hoc modo:

'Rogerus permissione divina Sar' episcopus salutem in eo quem peperit uterus virginalis. Nuper ecclesiam parochialem de Preschut' nostre diocesis et inmediate jurisdiccionis nobisque insolidum subjecte cum capella sancti Martini Marleberg' dependente ab ea aliisque suis juribus et pertinenciis universis dilecto filio . . custodi puerorum choristarum ecclesie nostre cathedralis Sar' ex causis legitimis canonice

---

[1] *MS.* juramento.

appropriavimus et in usus proprios concessimus futuris et perpetuis
temporibus possidendam, salva nobis et successoribus nostris potestate
ordinandi vicariam sufficientem et perpetuam in eadem in quibuscumque porcionibus consistere et que eidem onera incumbere, necnon
ad quem fructus, proventus, et obvenciones ejusdem vicarie ipsius
vacacionis tempore provenientes debeant pertinere, ac pro ea mansum
prout nobis vel successoribus nostris visum fuerit ordinandi,
Fo. 266ᵛ   ac | eciam nobis et successoribus nostris sede plena et ea
vacante dilectis filiis . . capitulo ecclesie nostre predicte ad
eandem vicariam quando et quociens ipsam vicariam vacare contigerit
personam ydoneam nominandi per ipsum custodem qui pro tempore
fuerit choristarum nobis et successoribus nostris canonice presentandam
ac per nos vel successores nostros instituendam perpetuum vicarium
legitime in eadem, prout in predicte appropriacionis nostris litteris
plenius continetur, procuratoremque dicti custodis pro eo et ipsum
custodem in persona ejusdem procuratoris sui in possessionem dicte
ecclesie de Preschut' de jure et de facto vacantis secundum vim,
formam, et effectum appropriacionis et concessionis hujusmodi
induci fecimus corporalem. Subsequenter eciam dominum Johannem
dictum atte Stone de Fiffide presbiterum ad nostram nominacionem
dicto . . custodi factam et ad presentacionem ejusdem . . custodis
sequentem, qui quidem Johannes coram nobis sue vicarie ecclesie
omnium sanctorum de Chitterne renuncians re et verbo et volens in
dicta vicaria ecclesie de Preschut' personaliter ministrare, inspectis et
tactis ewangeliis ad eadem corporale prestitit juramentum quod in
eadem vicaria ecclesie de Preschut' residenciam faciet continuam
corporalem, ad ipsam vicariam admisimus et perpetuum vicarium
canonice instituimus in eadem et eundem vicarium in ejusdem vicarie
corporalem possessionem induci fecimus, salvis nobis et successoribus
nostris omnibus suprascriptis et aliis de jure salvandis. Volentes igitur
in ordinando porciones ipsius vicarie et ejusdem onera prout valemus
debite procedere et tam . . custodi et pueris choristis predictis quam
dicto vicario et sue vicarie secundum predicte facultates ecclesie pro
viribus utiliter providere, fructus, proventus, obvenciones, et alia
quecumque proficua ad eandem ecclesiam qualitercumque spectancia
una cum oneribus eidem incumbentibus dicti custodis procuratore
presente et consenciente per viros fidedignos et juratos inquirendorum
noticiam verisimiliter optinentes estimari fecimus diligenter. Unde
custode predicto se et ecclesiam de Preschut' predictam nostre in hac
parte ordinacioni pleniter submittente, super vero valore ejusdem
ecclesie incumbentibusque eidem oneribus ut convenit informati,
habitis cum peritis sufficienti deliberacione multiplicique tractatu et
consilio in hac parte, ponderatis undique ponderandis nos racion-

abiliter moventibus in subscriptis, concurrentibus eciam omnibus que in hac parte requiruntur de jure, ut custos et choriste predicti divino possint sicut tenentur obsequio et suo ministerio ut subscribitur liberius et quiecius intendere in ecclesia nostra cathedrali predicta ex causis predictis et aliis legitimis id fieri suadentibus ad instar eciam appropriacionis ecclesie de Bremele vicariis nostre predicte ecclesie dudum facte et aliarum plurium ecclesiarum in nostra ecclesia appropriatarum, quarum ecclesiarum porciones ex causis hujusmodi novimus a nostris predecessoribus proinde et consimiliter ordinatas, vicariam predictam ipsiusque porciones et onera que ad eam et ipsius vicarios perpetuis et futuris temporibus pertinere debeant auctoritate pontificali, dicti custodis et vicarii ac aliorum quorum interest expresso concurrente consensu qui ut premittitur se submisit quam submissionem admisimus prout infrascribitur, ordinavimus, specificavimus, et tenore presencium declaramus:

In primis considerantes quod dictus . . custos secundum ecclesie nostre statutum est et esse debet ejusdem nostre ecclesie canonicus et actualiter residens in eadem in qua eciam choriste predicti diurno et nocturno tempore personaliter ministrare tenentur, que eo minus bene peragerent si curis exterioribus et variis forincecis negociis predictam ecclesiam de Preschut' concernentibus intenderent ac per se vel saltem per alios cogerentur eisdem ocupari, turbari frequencius, et involvi, pensatis insuper quibusdam certis oneribus ut non dicamus gravaminibus que ibidem quasi alternis diebus occurrent et occurrunt ex more que specialiter presentibus non inserimus certis causis circa que omnia utpote infra dicte ecclesie parochiam ut com-
Fo. 267¹ muniter | contingencia ipsius ecclesie vicarius comodius et facilius versari poterit veluti residens in eadem, de consensu expresso dicti custodis et virtute submissionis ejusdem de qua premittitur ad honorem dei et gloriosissime matris sue virginis gloriose patrone nostre ponderatis omnibus suprascriptis et aliis undique ponderandis hiis, ordinamus in scriptis quod vicarius supradictus ac sui successores vicarii ecclesie de Preschut' predicte colligant, levent, petant, exigant, recipiant, et infra mansum rectorie ejusdem ecclesie collocent et reponant nomine et vice dicti custodis et sue racione appropriacionis predicte omnes decimas majores et minores, obvenciones, proventus, fructus, et emolumenta quecumque proveniencia de terris, pratis, pascuis et pasturis, redditibus, finibus terrarum, et rebus aliis ad dictam ecclesiam dictosve custodem et custodiam hujusmodi pretextu appropriacionis pertinentibus quovis-

---

¹ *At top of page, in a later hand,* ordinacio vicarie de Preshute; *and in pencil in a 19th-century hand,* Vide sententia for augmentacion vicarie de Preshute that being the endowment.

modo. Et cum ecclesia de Preschut' predicta in triginta marcis sterlingorum secundum ejusdem verum valorem annuum sit taxata volumus et ordinamus de expresso consensu . . custodis et vicarii predictorum quod vicarius predictus et sui successores vicarii in eadem de fructibus et obvencionibus ecclesie de Preschut' predicte ad certos anni terminos viginti libras sterlingorum dicto custodi[1] qui pro tempore fuerit in aula choristarum infra clausum Sar' videlicet primo die mensis Octobris, primo die mensis Januarii, primo die mensis Aprilis, et primo die mensis Julii in ecclesia nostra cathedrali in similibus solucionibus constitutis pro equalibus porcionibus persolvant fideliter annuatim, primo termino solucionis hujusmodi faciende incipiente primo die mensis Octobris proximo jam venturo, toto residuo fructuum et obvencionum ecclesie supradicte in quibuscumque consistencium et quovismodo ad eandem spectancium decimarum, terrarum, pratorum, pascuarum, pasturarum, reddituum, finium terrarum, mortuariorum, releviorum, jurisdiccionis temporalis, amerciamentorum, libertatum, et aliorum proventuum, commoditatum, et emolumentorum quorumcumque quocumque nomine censeantur, in quo residuo hujusmodi ordinamus consistere vicariam predictam, dicto vicario et suis successoribus pro porcionibus suis suaque et suorum sustentacione ac subeundis oneribus sibi in hac parte incumbentibus imperpetuum remansuro, una cum clauso et manso totali, curtilagio, et gardinis rectorie ecclesie memorate. Solvent eciam dictus vicarius et sui successores quadraginta solidos vicario in castro Marleberg'[2] celebranti, ac presbitero capelle sancti Martini, quatenus ejusdem capelle cantarie debita esse et sumptibus rectoris ecclesie de Preschut' de jure fieri debere apparuerit, sua stipendia consueta, necnon et viginti solidos ecclesie nostre cathedrali prout abolim solvi solet.[3] Reparabunt eciam ipsi vicarii cancellum et de novo construent quociens opus erit ac libros et ornamenta et omnia alia onera ordinaria et extraordinaria quatenus ad ejusdem ecclesie rectorem pertinere solebant imperpetuum subeant et agnoscant, ita quod dictus custos libere percipiat viginti libras, hoc dumtaxat excepto quod decimas seu quotas alias cum eas imponi a quoquam contigerit vel concedi illas quotas dumtaxat pro rata viginti marcarum teneatur dictorum choristarum custos qui pro tempore fuerit solvere et subire et vicarii supradicti et sui successores pro residuo taxacionis ecclesie memorate. Ad majorem eciam securitatem solucionis dicte pecunie supradictis terminis atque loco imperpetuum ut premittitur faciende, volumus et eciam ordinamus quod singuli vicarii ejusdem

---

[1] *In margin, in a later hand,* nota de pensione debita choristis.

[2] *In margin,* castrum.

[3] *In margin, in a later hand,* hic nota de pensione xx s'.

ecclesie supradicte inmediate postquam instituti fuerint in eadem
corporale prestent ad sancta dei ewangelia juramentum quod supradictas viginti libras singulis annis . . custodi persolvant predicto loco
atque terminis prestitutis. Et si in aliquo hujusmodi solucionis
termino aliquis predicte ecclesie vicarius quod absit defecerit
sequestrari volumus per nos, successores nostros, seu . . officialem
nostrum sede plena et ea vacante per ipsius . . officialem omnia bona
ad vicariam spectancia supradictum ubicumque in nostra
Fo. 267ᵛ   diocese sint inventa | ac de bonis eisdem quatenus
sufficiunt levari pecuniam tunc solvendam, et nichilominus
vicarium aliquo dictorum terminorum in solucione deficientem
predicta, impedimento cessante legitimo, absque strepitu judicali et
figura judicii summaria tamen cognicione et de plano previa hujusmodi
vicarie beneficio nostra et successorum nostrorum auctoritate privari,
nisi forsitan a predicto custode aliquem solucionis terminum ad
tempus modicum optinuerit prorogari. Vicarius eciam superius
nominatus juramentum hujusmodi sub eadem forma prestitit coram
nobis. Ceterum volumus et eciam ordinamus quod fructus, proventus,
et alia quecumque proficua tempore vacacionum dicte vicarie quando
et quociens eam vacare contigerit provenientes ad illum sive defunctum
vicarium sive defuncti successorem qui predictarum viginti librarum
solucionem subibit perpetuis temporibus pertineant in futurum, de
quibus tamen solventur onera omnia que tempore vacacionis contin-
gent. Ut eciam premissa fidelius observentur et in futurum recenciori
memorie commendentur, presentes litteras volumus triplicari et
nostro sigillo muniri earumque unam penes . . custodem et aliam
penes vicarium supradictum et suos successores ac terciam in thesauro
ecclesie nostre Sar' imperpetuum remanere. In quorum omnium
et singulorum testimonium atque fidem sigillum nostrum ad perpetuam
rei memoriam fecimus hiis apponi. Datum apud Poterne nonis
Februarii anno domini millesimo cccᵐᵒ vicesimo nono et consecracionis nostre quintodecimo.'

[*14 February 1330. Letter from the bishop of London containing the Archbishop's mandate,
dated 11 February at Mortlake, which in turn contains the King's writ, dated 26 January at
Eltham, for a parliament at Winchester beginning on 11 March. The Archbishop's mandate
is printed, in a slightly shortened form, and with minor verbal variations, in* Wilkins, Concilia,
ii. 557-8,]

[Fo. 268]

MANDATUM ARCHIEPISCOPI PRO PARLIAMENTO WYNTON', receptum
apud Poterne ij kalendas Marcii. Venerabili in Christo patri domino
. . dei gracia Sar' episcopo Stephanus ejusdem permissione London'

episcopus salutem et sincere dileccionis continuum incrementum.
Mandatum reverendi in Christo patris domini S. dei gracia Cant'
archiepiscopi tocius Angl' primatis ij idus Februarii
Fo. 268ᵛ　recepimus sub hac forma: 'S. permissione divina [*etc.*].' |

Hujus igitur auctoritate mandati vobis firmiter injungendo
mandamus quatinus omnia et singula in eorumdem contenta quatenus
vos, vestras civitatem et diocesim, singularesque personas earumdem
concernere dinoscuntur celeriter juxta tenorem et formam ejusdem
execucioni debite demandetis et quantum ad vos pertinet efficaciter
observetis. Quid autem in premissis duxeritis faciendum dictum
reverendum patrem dictis die et loco in mandato suo comprehensis
legitime certificetis per litteras vestras patentes harum seriem et
citatorum nomina continentes. Datum apud Oresete xvj kalendas
Marcii anno domini supradicto.

[Fo. 269 *blank*]

[*9 August 1330. Letter of Pope John XXII to Peter de Corvaria, the anti-pope Nicholas V,
on his resignation of his claim to be pope.*]

[Fo. 269ᵛ]

Johannes episcopus servus servorum dei . . dilecto filio fratri Petro
de Corbario ordinis fratrum minorum salutem et apostolicam benediccionem. Leti percepimus hodie te spontanee iter prosequentem ad
nostram veniendi presenciam letum et incolumen. Niciam pervenisse
profecto fili talis adventus cor nostrum exultacione replevit et gaudio
non indigne. Si enim pater cedit ad gaudium videre filium inventum
qui perierat vel qui fuerat mortuus revixisse cujus causam invencio
vel revixio paucis aut forsan nulli fuerat profictura, quantum putas
tua invencio et a morte spirituali resuscitacio in nobis possit et
debeat peperisse gaudium, de cujus revixione et resuscitacione
multorum salus probabilis expectatur? Rursus si in celis est gaudium
super uno peccatore agente penitenciam cujus forsan penitencia non
utilis nisi sibi, quantum nobis immo toti ecclesie catholice super tua
conversione possit existere gaudium, que nedum tibi prodest ad meritum
set et deo ad gloriam, angelis ad gaudium, cunctisque cedat hominibus
in exemplum? Procul dubio tantum est et esse debet hujusmodi
gaudium quod lingua non possit illud de facili explicare nec tu fili
a gaudio debes esse. Si enim gaudium est ad lucem pervenire
de tenebris et de crudelissimo liberari carcere ac de jugo gravi ad
suave transire, utique tibi in quo spiritualiter concurrunt premissa
omnia ingens in domino gaudium debet esset. Ne quoad nos ne
quoad te graciarum debet cessare accio, nec vox laudis, immo debent

illi qui tam clementer tamque misericorditer nobis condignatus est agere in corde et ore jugiter resonare ac insuper ipsum supplicter exorare ut quod premissa faciendi virtutem tibi tribuat in ipsis quoque perseverandi usque in finem misericorditer largiatur. Gaude igitur in domino qui te de tantis malis et periculis liberavit et graciarum acciones non cesses agere leteque ad nos venire festines, sciturus indubie quod nos pium patrem et clementem reperies, preterita in memoria non tenentem set te tractantem sicut carissimum filium et specialem amicum. Datum Avinion' v idus Augusti pontificatus nostri anno xiiij^{mo}.

[Fo. 270—273^v *blank*]

U

INDEX OF PERSONS AND PLACES

The list of contents on pages 1–22 is not indexed except where the entries listed there are no longer extant and are therefore not printed in the body of the register. Persons have been indexed where possible under their surnames; when the surname of a person so indexed is not given in the text, the index contains a cross-reference from the forename to the surname. Archaic forms of place-names, but not variants of personal names, are printed in italic; the apostrophe is omitted from the end of a name which is not obviously abbreviated. Places are normally identified, where identification is necessary, by county, département, etc.; when the index names the diocese in which a place lay it is because the diocese is named in the text.

Fréjus (*Forijulien'*, *Forojulien'*), France, archdeacon of, *see* Balaeto, William de

Frenche, Geoffrey le, 483

Frend (Frende):
John, priest of parochial chapel of Erlestoke, 74–5
William le, tenant in West Lavington, 546

Fresepanis (Fresapanis, Frisepanis), William de, son of Gordon de, of Penne (Agen dioc.), France, canon of Salisbury, prebendary of Fordington and Writhlington, 187–8, 551

Frithe, la, see Lavington, West

Frome, see Frome St. Quintin

Frome Billet (*Frome Belet*, *Fromebelet*), Dors.:
church, 177, 627
rectors of, 177
and see Newton, William de

Frome Foghecherch, Frome Vauchurch, Dors., rector of, *see* Seym, William

Frome St. Quintin (*Frome*, *Frome sancti Quintini*, *Fromequintyn*), Dors.:
rector of, *see* Prowet, Mr. Roger
rectory, 72
vicarage, 72, 229

Frome Vauchurch (*Frome Foghecherch*), Dors., rector of, *see* Seym, William

Frome Whitfield (*Frome Wytefeld*), Dors., church, 502

Fromebelet, see Frome Billet

Fromequintyn, see Frome St. Quintin

Fromond, Mr. Robert, rector of St. Thomas's, Salisbury, 384
commissary, 57

Frompton, see Frampton

Froxfield (*Froxffeld*), Wilts., church, 627

Frye, Robert le, tenant in West Lavington, 547

Fulco, Mr. Roger, vicar of Iwerne Minster, 357, 384

Fulham (*Fulham*), Middlesex, letter dated at, 537

Fulmer (*Fulmer*), Bucks., letter dated at, 480

Fyfhyde, see Fifehead Neville

Fyfield (*Fiffide*), Wilts., *see* Stone, John atte, of Fyfield

Fyfyde abbatis de Tarent, see Fifehead Magdalen

Fyke, Simon, tenant in West Lavington, 547

Fysscherton, see Fisherton Delamere

G . . ., rector of, *see* B . . ., A. de; B . . ., R. de

Gales, see Wales

Gallinerii, Gerard, notary public, 325

Gandavo, see Ghent

Gard, Andrew le, tenant in Preshute, 634–5

Garesdon, see Garsdon

Garford, Robert de, abbot of Abingdon, 597

Garsdon (*Garesdon*), Wilts., church, 226, 228

Garston, East (*Esegarston*, *Esgarston*), Berks.:
church, 221, 225, 227
vicar of, *see* John

Garston, West (*Westgraston*), Berks., inhabitant of, *see* Forstebir', Peter de

Gascony (*Vascon'*), 471

Gaucelin, cardinal, *see* Jean, Gaucelin de

Gaucyn, William, rector of Corfe, 317

Gaytam, Francis, prebendary of Netherbury, 551

Gaythull, Thomas de, proctor, 26–7

Gennyls, Thomas, of Handley, 358

Geoffrey, rector of Warmwell, 317

Geoffrey le Clerk, *see* Clerk

Geri, Castrucius, de Interminellis, *see* Castruccio

Germans (*Aleman'*), king of, *see* Richard, earl of Cornwall

Gerumvill, Mr. John, rector of Pentridge, 384

Ghent (Gandavo):
Mr. Isweyn of, rector of Preshute, 412, 414–20, 437–8
canon and precentor of Salisbury, 437
Simon of, bishop of Salisbury, 74, 76, 312–13, 369–70, 455
admission and institution by, 321
appointment by, 310
appropriation authorized by, 95
appropriation begun by, 129
commission by, 156
commission to, 47
deputation by, to collect clerical tenth, 27–9, 56, 150–1
dispensation by, 152–3
excommunication by, 37
executors of, 26, 191–2
grant by, 71
mandate from, 563–5
manumission by, 253–4
masses for soul of, 603
ordination by, 268, 548
payment of loan by, 54, 58, 60, 92
provision for choristers by, 412–13
register of, 62
tomb of, 85, 88, 157, 608
visitation by, 90

Lavyngton (Lavynton):
Henry, 475
John de, 207
Mr. John de, notary public [? the same], 271, 275, 279
Robert de, 394
William de, tenant in West Lavington, 546
William de, vicar of West Lavington, *see* Chapman, William called le
Lavynton (Lavynton Episcopi), see Lavington, West
Lavynton, *see* Lavyngton
Ledbury (*Ledebur'*), Herefs., letter dated at, 531
Ledecombe, see Letcombe Regis
Ledecoumbe, Walter de, prior of Abingdon abbey, 352
Ledes, Hugh de, fugitive, 179, 182
Ledrede, Thomas de, Dominican friar, 504, 601
Lee, la, Leigh, *see* Donhead St. Andrew
Legh (Leghe, Leye):
Mr. Henry de la, vicar of Ashton Keynes, 384
Mr. John de, 524
proctor of the clergy of Salisbury dioc., 530, 544
rector of Uffington, 436
Roger de la, 483
William, 46–7
Leghton, Robert de, Franciscan friar, 505, 601
Leicester (*Leyc', Leycestr'*):
abbey (Augustinian), parliament at, 542
archdeacon of, 629
Leicester, William of, vicar of Elingdon [*alias* Wroughton], commissary, 310
Leigh (*la Lee*), Wilts., *see* Donhead St. Andrew
Leighton Ecclesia (*Lenghton*), in Leighton Bromswold, Hunts., prebendary of, *see* Ayleston, Mr. Robert de
Lemington, Robert de, 45
Lenghton, Leighton Ecclesia, Hunts., prebendary of, *see* Ayleston, Mr. Robert de
Lenham:
John de, lord of Buckland, 46, 148
Margaret de, wife of John, 46, 159
Letcombe Regis (*Ledecombe*), Berks., 370
vicar of, *see* Bromham, Mr. Robert de
Lettereman, Peter, 487
Leverat, Ingram, Dominican friar, 502
Levesham, see Lewisham
Lewis of Bavaria, king of the Romans, 537, 539, 592–3, 609–13, 615, 620–1

Lewisham (*Levesham*), Kent, letters dated at, 112, 141
Leyc' (Leycestr'), see Leicester
Leye, *see* Legh
Leylaco, Emeric de, notary public, 559
Lichfield (*Lich'*):
bishop of Coventry and, *see* Langton, Walter; Northburgh, Roger
canon of, *see* Holbeche, Mr. Ralph de
Lidezerd Tregoz, see Lydiard Tregoze
Lileborn, *see* Lillebon
Lill', —, notary public, 475
Lillebon (Lileborn, Lyllebon):
Anastasia wife of William de, 293
William de, knight, 293, 520, 522
Lincoln (*Linc', Lincoln, Lync', Lyncoln*):
archdeacon of, *see* Stratford, Mr. John
assembly of prelates and magnates at, 112–13
bishop of, *see* Burghersh, Henry; Dalderby, John
bishopric vacant, 8
cathedral church, 30–1, 421–2, 424
archdeacons in: Lincoln, *see* Stratford, Mr. John; Northampton, *see* Middleton, Mr. Gilbert de; Oxford, *see* Motte, Gaillard de la
canons of, 30
and see Ayleston Mr. Robert de; Eyton, Mr. Geoffrey de
chapter, 30–1
dean of, 27
and see Mansfield, Henry; Martival, Roger de
deanery, 71
prebend in, *see* Caistor
subdean of, *see* H.
city, 164
convocation at, 80–1, 421–2, 424
diocese:
abbeys in, 586
clerks of, 37, 311, 338
licence to officiate in, 164
visitation of, 313
journey to, 59–60
letters dated at, 32, 66, 71, 423
parliament at, 49–51, 59–62, 93, 207, 540–1
Lindeseye, Henry de, *see* Ade, Henry
Litelmoure, Littlemore, *see* Thatcham
Litelton, Littleton Pannell in West Lavington, Wilts., inhabitant of, *see* Grove, John de la
Litleton, Littleton [*unidentified*], clerk of, *see* Cras, Richard le
Littlemore (*Litelmoure*), *see* Thatcham
Littleton (*Littleton*) [*unidentified*], clerk of, *see* Cras, Richard le

Preshute (*cont.*):

Clatford (*Clatford*), 634
  manor or alien priory (Benedictine)
    [of St. Victor in Caux], 635
  letter dated at, 421
  Manton (*Manton, Mantone*), 634
  meadows (named), 634
  mills, 635
  parochial clergy, 635
  rector of, 633–5, 640
    and see Ghent, Mr. Isweyn of
  tenants in (named), 634–5
  vicar of, *see* Stone, John atte
  vicarage, 412, 415–16, 629–41
Prestebur', John de, Carmelite friar, 508,
  602
Preston (*Preston*), Dors., prebend in
  Salisbury cathedral, 551
  prebendary of, *see* Sancto Alberto,
    Francis de
Preston (*Preston*), in Iwerne Minster, *see*
  Iwerne Minster
Preston:
  Robert de, vicar of Latton, 463
  Stephen de, citizen of London, 100,
    110
  William de, messenger, 555
Prowet (Prouet), Mr. Roger, rector of
  Frome St. Quintin, 72, 128
Puddle, Turners (*Pudele Teners*), Dors.,
  church, 502
Puddletown (*Pudeltoune*), Dors., letter
  dated at, 145
Pudele Teners, see Puddle, Turners
Pudeltonne, see Puddletown
Pulham (*Polham, Pulham*), Dors.:
  church, 502
  rector of, *see* Ralph, Mr.
Pulston (*Poleyneston*), in Charminster,
  Dors., church, 502
Pulton, *see* Polton
Puncknowle (*Pomeknoll, Pomeknolle*),
  Dors., church, 627–8
Pureton, John de, proctor of the abbot
  and convent of Cirencester, 474–5
Puriton (Puryton), *see* Periton
Pyk, John, Franciscan friar, 506
Pymperlegh, John de, 483
Pympern, see Pimperne
Pypere, Stephen, tenant in West Laving-
  ton, 546
Pyrepound, *see* Perpont

Quappelade:
  Mr. Alexander de, vicar of Cholsey,
    385

Nicholas de, abbot of Reading, 98,
  375, 530, 544
Querendon (Querend', Querindon,
  Querondon):
  Peter de, vicar of St. Nicholas's,
    Abingdon, 385
  Mr. Ralph de, 80–1, 525
    clerk and registrar of the consistory
      court, 25
    commissary, 24
    official of the liberty of Marlborough
      Within, 631–3
    proctor of the clergy of Salisbury
      dioc., 544
    rector of Hathersage, 315
    rector of Norton juxta Twycross,
      628–9
    rector of Wytham, 149
    sequestrator of the bishop of Salis-
      bury, 24–5, 27, 45, 144–5, 208,
      396, 469, 474
Quintyn, William, 461

Radeclive, see Redcliffe
Rading (Radingg, Radyng, Radyngg), see
  Reading
Ralph, abbot of Cerne, *see* Cerne,
  Ralph de
Ralph, rector of Almer, *see* Cerne,
  Ralph de
Ralph, Mr., rector of Pulham, 128
Ralph, rector of Wraxall, *see* Wroxhale,
  Ralph de
Ramesham, see Rampisham
Rameshull (Rameshul, Rameshulle,
  Rammeshull), William de, knight,
  constable of Marlborough castle, 84,
  258, 272–3, 275, 634
Rammesbir', see Ramsbury
Rammeshull, see Rameshull
Rampisham (*Ramesham*), Dors., church,
  502
Ramsbury (*Rammesbir', Rem', Remesbury,
  Remm', Remmesbi', Remmesbir', Rem-
  mesbiri, Remmesbirs, Remmesbur',
  Remmesbury*), Wilts., 77, 279, 475,
  505, 508
  inhabitant of, *see* Mill, Adam atte
  letters dated at, 41–2, 55, 57, 79, 81–2,
    87, 225, 269, 279, 289, 296, 475,
    529, 550
    and see Ramsbury, park
  letters received at, 205, 224, 226,
    307, 388, 433, 491, 500, 594
    and see Ramsbury, park
  manor, 48, 84–6
    chapel of, 207

Wilsford (Wyvelesford), John de, rector of St. Peter's, Marlborough, 271–5
Wilt' (Wiltes'), see Wilts.
Wilton (*Willtonea, Wilton, Wiltone, Wylton, Wyltone, Wyltonia*), Wilts.:
 abbey (Benedictine):
  abbess and convent of, 321, 401–4
  abbess of, 490
   and see Blount, Emma; Percy, Constance de
  clerks of, 233
  ecclesiastical patronage of, 185, 232–4
  letter dated at, 403
  nuns of, 232–4
  prebends in, *see* Chalke, Broad; Newnton, North; Newnton, South
  declaration concerning, 321–2
 churches, 110–11
  of St. Mary, rector of, *see* Birdstret, Mr. John de
  of Little St. Nicholas, rector of, *see* Netherhampton, Mr. John de
  of St. Peter, Bulbridge, *see* Bulbridge
 congregation of St. Lambert, *see* Salisbury, archdeaconry, synod of St. Lambert
 estate in, 485–6
 friars at, 486
 hospital of St. John by, 485–9, 493–7
  brethren and sisters of, 486
  prior of, *see* Norrugge, John de
 lady of, *see* Mary
  steward of, *see* Selyman, Robert
 letters dated at, 487, 489
 mayor of, *see* Isemberd, Reginald
 mill, 486
 rural deanery:
  chapter of, 488
  penitentiaries in, 384
 South Street (*Suthstrete*), 486
 steward of, *see* Selyman, Robert
  locum tenens of, *see* Schirreveton, Walter de
 theft at, 110–11
 West Street (*Westrete*), 486
  and see Bulbridge
Wilts. (*Wilt', Wiltes, Wilts', Wyltes'*):
 archdeacon of, 61, 353, 508, 510–12, 522
  and see Ayleston, Mr. Robert de; Chadeleshunt, Mr. William de; Tilheto, Mr. Gerald de
 official of, 95–6, 100, 196, 220, 250, 342–3, 345, 400, 512
  or his official, mandates to, 70, 146, 151, 255–62, 296–9
 archdeaconry, 114

consistory court for, 293
penitentiaries in, 384–5
proctor of clergy of, 436
taxation in, 28–9, 53–6, 150–2, 167–8, 172, 220, 340, 342–3, 345, 400
tenants of the bishop in, 24
vacancy, 221
Wimborne All Saints (*Wymborn Sanctorum*), Dors., church, mediety of, 627–8
Wimborne Minster (*Wymborn minstr'*), Dors., royal free chapel or college, deanery of, 221, 225
Wimborne St. Giles (*Wymborn sancti Egidii*), Dors., church, 502
Winchelsey (Winchelse), Robert, archbishop of Canterbury:
 health of, 312
 indulgences granted by, 364
 proceedings against Templars, 183–4
 proposed canonization of, 300–2, 318–20
 registers of, 451
Winchester (*Wynton'*), Hants:
 abbey of Hyde (*Hid', Hida*) (Benedictine), abbot and convent of, 178–9
 abbey of St. Mary (Benedictine), prebends in, *see* Cannings, All; Urchfont
 archdeaconry, the bishop of Salisbury's temporalities in, 179
 bishop of, *see* Asserio, Rigaud de; Sandale, John de; Stratford, Mr. John
 bishopric, provision to, 430–2, 438–40
 diocese:
  guardian of the spirituality, *see* Poleyn, Peter
  the bishop of Salisbury's temporalities in, 178–9
 friars of:
  Augustinian, prior of, *see* Morton, Nicholas de; Skaldeby, Simon de
  Dominican, 504
   prior of, *see* Ilchester, John de
 letter received at, 191
 parliament at, 641
 payment at, 474
Wolvesey (*Wolveseye*), letter dated at, 471
Windsor (*Nova Wyndelsore, Nova Wyndesore, Wyndesore*), Berks.:
 church, 179–82
 vicar of, *see* Matthew
 vicarage house, 161–2

INDEX OF SUBJECTS

Officers and dignitaries of the bishopric, cathedral, and diocese are entered in the Index of Places and Persons, and do not have separate entries in the Index of Subjects.

Abduction, of an abbot, 579–81
Absence from benefice, *see* Non-residence
Absolution:
commission for, 12, 78–9, 232–4, 267
exhortation to seek, 89–90
grant of, 19
penitentiaries' authority to grant, 382–3
restoration of lands and goods requested following, 371–2
Adultery, 292
Alehouses, 266–7, 297, 299
Altars:
consecration, dedication, or erection of, 23, 109, 146–7, 164–5
removal of, 162–3
Apparitors, constitution concerning, 320–1
Appeal:
commission in, 77–8
revocation of, 10
to court of Canterbury, 99, 206–7, 327–9, 353–4
to the papal court, 206–7, 247, 258, 260–1, 303, 311–16, 325, 331–2, 334, 338, 353, 429–30, 524–9
Appointment:
of bailiff of a manor, 160
of clerk and registrar of consistory court, 24–5
of coadjutor, 79, 310
of custodian of a benefice, 149, 158–9, 408–9
of guardian of an incumbent, 149, 408–9
of guardian of the spirituality of Winchester, 91
of official of the bishop, 41–2
of penitentiaries, 11, 25
of prioress, confirmation of, 322–3
of proctors:
for enthronement and installation of the bishop, 42–5
of the bishop:
for his deanery of Lincoln, 71–2
for notifying a provisor, 188–9
in all suits, 311
in appeal to the papal court, 524, 528–9
in the court of Canterbury, 99

in the papal court, 302–4
to receive stock of manors, 26
to treat about profits of a church, 189–90
of the bishop and the cathedral church, in the papal court, 153–4, 200, 619
of a cathedral chapter, for the appropriation of a church, 306–7
of a university, for collection of aid, 245
of warden of the choristers, 417, 636–7
of sequestrator, 24–5
of steward of the bishop, 26
Appropriation:
acts of, 128–32, 201–3, 279–81, 307, 412–16, 508–10
agreement about rights during vacancy of church subject to, 132–4
archdeacon's right infringed by, 428–9
licence for, 126, 415, 509
proctors for, 306–7
threat to reverse, 239–40
and see Vicarages, ordination of
Appropriators:
induction of, 95–6, 177–8, 416–21
provision of consecrated bread not the liability of, 166–7
provision of a house by, 123
settlement between a vicar and, 316–18
Arabic, teaching of, 341
Archdeaconry, farm of profits of, 362
Archdeacons [*unspecified*] or their officials, mandates to, 141, 205–6, 209–11, 213–14, 235–6, 275–7, 320–1, 423–4, 465–6, 469–70, 501, 538, 542–3, 596, 598—600
Articles of complaint by the clergy, 174–5, 207
Assault:
on the bishop's commissary, 260
on a clerk, 65–6, 78–9, 161–2, 193
on papal nuncios, 216–18
Augustinian friars, names of those licensed to hear confessions:
list of, 507–8, 602
publication of, 262–4

for attack on a monastery, 555–7
for breach of a constitution, 564–5
for detention of goods, 148
for impeding the archdeacon's official, 424–5
for infraction of a park, 68–70
for infringing ecclesiastical liberties, 89–90, 237–9, 258, 262
for practising magic, 106–8
for violating sanctuary, 124–5, 180–2
for withholding property from the Hospitallers, 307–8
of invaders of the kingdom, 19, 204–5, 407
of the king of the Romans, 537–8
that has lasted more than 40 days, 186
relaxation of, for infringing ecclesiastical liberties, 275–7

Fealty, commission to receive, 26
Feasts:
change of day of, 293–4
number of, to be observed by laity, 630–1
Felons' goods, grant of, 369–70
Fire, damage by or losses in, 128–9, 277–8, 619
First-fruits, *see* Taxation, papal
Floods, 59–60
damage by, 255–6
Fornication, 159, 291
and see Adultery; Concubine; Incontinence
Franciscan friars:
names of those licensed to hear confessions:
list of, 504–7, 601
publication of, 262–4
process against, 592–3
French language:
documents in, 84–6, 118–19, 169–70, 324, 376–80
publication in, in a nunnery, 578
Friars, *see* Augustinian friars; Carmelite friars; Dominican friars; Franciscan friars; Trinitarian friars
charity to, 301
lists of those admitted to hear confessions, 502–8, 599–602

Gaol delivery, commission for, in Lent, 11
Greek, teaching of, 341–2

Hebrew, teaching of, 341–2
Hermitage, ordination of a, 19
Highway, repair of, 291
Homicide, 383

Illegitimacy, dispensation for, 11, 143–4
Illness:
incapacitating a chantry priest, 482, 569
incapacitating an incumbent, 79, 149, 192, 459
licences granted because of, 125–6, 167
of the archbishop, 80
of the bishop, 112–13, 142–4, 254, 375, 436–7
of a cardinal, 386
preventing procedure to higher orders, 152–3
Incontinence, 74–5
and see Fornication
Induction to benefices:
certificate of, 416, 420–1
commission for, 216, 432, 628–9
commission to order, 22–3
mandate for, 53, 95–6, 177–8, 203, 282, 416, 420–1
reserved from commission of exchange of benefices, 410–11
Indulgence, grant of:
for attending a feast on an altered day, 294
for contribution to repair of cathedral, 255–7
for attending parish church, 364
for hearing preaching, 295–6
for prayers, 83, 139–40, 377–8, 426, 428, 501, 532, 537, 589, 591
for prayers and processions, 365, 381–2, 465–6, 501
for visiting a tomb, 277, 299–300
on occasion of dedication, 109
Institution to benefices, 53, 248, 251, 282, 412, 455–6
belonging to others than the bishop, 215
commission for, 22–3, 215–16, 411, 432
letters of:
not in common form, 11
note of original, 454–5
proof of, 338–9
Interdict:
on a cathedral and neighbouring churches during knights' assembly in close, 561–5
on a chapel, 424, 426, 451–2, 498–9
on a church, 70